Rudolf Fahrner

WEST-ÖSTLICHES RITTERTUM

Rudolf Fahrner

WEST-ÖSTLICHES RITTERTUM

Das ritterliche Menschenbild
in der Dichtung des europäischen Mittelalters
und der islamischen Welt

Herausgegeben von Stefano Bianca

Akademische
Druck- u. Verlagsanstalt
Graz/Austria

Die Deutsche Bibliothek – CIP-Einheitsaufnahme

Fahrner, Rudolf:
West-östliches Rittertum : das ritterliche Menschenbild
in der Dichtung des europäischen Mittelalters
und der islamischen Welt / Rudolf Fahrner.
Hrsg. von Stefano Bianca. –
Graz/Austria : Akad. Dr.- und Verl. Anst., 1994
ISBN 3-201-01591-1

Für die Gesamtherstellung verantwortlich:
Akademische Druck- u. Verlagsanstalt, Graz
Reproduktion und Druck:
Print & Art, Graz
Einbandgestaltung:
Kurt Edelsbrunner, Graz
Umschlagfoto:
Alianor und Isabella von Angoulème,
gefolgt von zwei Falknern
(Ausschnitte aus der Wandmalerei in der
Höhleneinsiedelei der heiligen Radegonde bei Chinon)
© Akademische Druck- u. Verlagsanstalt, Graz 1994
ISBN 3-201-01591-1
Printed in Austria

INHALT

Geleitwort:
Zum Werk und zur Person Rudolf Fahrners
Seite 7

1.
Ritterliche Lebensauffassung
Seite 15

2.
Vom Reitertum zum Rittertum
Seite 25

3.
Dichtung und Geschichte
Seite 49

4.
Turolds Rolandslied
und das karolingische Menschenbild
Seite 55

5.
Firdausis Königsbuch
und die seldschukische Reichsgründung
Seite 65

6.
Beispiele von historischen Begegnungen ritterlicher
Gestalten aus Ost und West
Seite 83

7.
Eine Geschichte aus 1001 Nacht:
Ritterliche Erziehung eines muslimischen Prinzen
durch eine christliche Prinzessin
Seite 93

8.
Minneheere in Ost und West:
Wolframs Willehalm und seine Gestalt der Arabel-Gyburg
Seite 117

9.
Alianor: Geistige Erhebung des Rittertums
Seite 133

10.
Der Karrenritter des Christian von Troyes
Seite 169

11.
Guillaume le Maréchal – Ein Ritterleben
Seite 217

12.
Die Bedeutung der deutschen Minnedichtung
für das Rittertum
Seite 263

Nachwort des Herausgebers
Seite 276
Ausgewählte Bibliographie
Seite 278
Rudolf Fahrner – Werkverzeichnis
Seite 280

GELEITWORT

Das west-östliche Rittertum, das in unserem frühen Mittelalter hervorgetreten ist, hat etwas Einzigartiges, weil es aus Begegnungen östlicher und westlicher Reiterheere entstanden ist. Als Voraussetzung dazu hatte sich vielerorts bereits ein gehobenes Kriegertum konstituiert, das mit bestimmten Ordnungen und Auffassungen hervortrat, nicht ohne Einwirken religöser und magischer Mächte und verbunden durch verwandte Zeichen, Embleme, Riten und Begehungen. Die einander folgenden Einbrüche östlicher Reiter, wie die der Araber in Spanien, der Awaren und später der Ungarn in Ost- und Mitteleuropa, riefen im Westen zunächst Maßnahmen der Abwehr hervor: Es kam zuerst zu Karl Martells Gründung eines fränkischen Reiterheeres, dann zu Karls des Großen und seines Sohnes Pippins Feldzügen gegen die Araber in Spanien und gegen die Awaren an die Theiss, sowie zu Ottos des Großen Ungarnkampf auf dem Lechfelde. Diese Ereignisse bewirkten große Umbildungen im europäischen Heereswesen und in den europäischen Staatsordnungen, vor allem durch das Lehenswesen, das sich aus der Gründung stehender Reiterheere ergab. Gleichzeitig kam es zu einer langen Konfrontation christlicher und islamischer Krieger, die sich in den vom Westen in den Osten vordringenden Kreuzzügen fortsetzte. Die spätere Eroberung Englands durch ein normannisches Reiterheer und das Auftreten der Normannen in Süditalien, in Sizilien und im Osten sind bezeichnende Nach- und Zwischenspiele dieses Vorgangs.

Zugleich mit den äußeren Ereignissen fanden aber auch große *innere* Umbildungen statt: Neue Auffassungen von einem europäischen Gotteskriegertum traten hervor, die den islamischen entgegenstanden, aber dennoch mit ihnen innigst verbunden waren. Diese Verwandlungen ließen allmählich aus dem Reiterstand den Stand der Ritter erwachsen, und mit ihm eine verschiedene Lebensbereiche durchdringende ritterliche Weltauffassung. Eine ähnliche ritterliche Gesinnung war fast gleichzeitig im

islamischen Osten entsprungen. Beider Hauptmerkmal war die Verwandlung des Kampfes aus einem Vernichtungskampf in einen Wettkampf der
Ehre unter ehrenhaften Bedingungen: Ausschluß eines Kampfes mit allen
Mitteln, Ausschluß eines Kampfes ohne vorherige Ansage, Unterstellung
der Kampfesweisen unter beide Kämpfer verbindende Gesetze, Achtung
vor einem als gleichgesinnt erkannten Gegner, Versöhnungsbereitschaft
und Schonung, ja Pflege des Besiegten und aller Wehrlosen.

Diese Vorgänge in West und Ost aufzuklären und ihren Einfluß auf
die damalige Gegenwart und das folgende geschichtliche Geschehen zu
erläutern, ist das Anliegen des vorliegenden Werkes. Eine Frage steht
dabei im Vordergrund: Wie konnte es zu so tiefgreifenden inneren Verwandlungen kommen, im Westen wie im Osten? Für beide Seiten liegt die
Antwort in fast zu gleicher Zeit auftretenden dichterischen Schöpfungen:
im Osten in Firdausis Schahnāme, in seiner Dichtung von den kayani-
dischen Rittern Siyāwusch und Kaihusrau, im Westen in Turolds
Rolandslied, das Karls des Großen Menschenbild verherrlichte und in
Europa fortwirkte durch die folgenden Jahrhunderte.

Während der Kreuzzüge kam es dann zu einem ausgedehnten Zusammentreffen von ritterlichen Gestalten aus beiden Welten, die, aus verschiedenen Kulturkreisen erwachsen, doch gemeinsame Lebensauffassungen
vertraten: Dazu gehören etwa die Begegnung des Seldschukenherrschers
Kilidsch Arslan II. mit Heinrich dem Löwen, jene von Richard Löwenherz mit Saladin und dessen Bruder al-Ādil, den Richard zum Ritter
schlug, oder die Beziehung Kaiser Friedrichs II. mit dem Sultan al-Kāmil
von Ägypten, dem Erben Saladins.

Solche Begegnungen zwischen West und Ost haben auch zwei dichterische Werke geprägt, denen hier nachgegangen wird: Eine frühe Geschichte aus 1001 Nacht enthält einen bisher wenig beachteten Bericht von
ritterlicher Erziehung eines muslimischen Prinzen durch eine christliche
Prinzessin, und in Wolfram von Eschenbachs Epos „Willehalm" erscheint
die neuartige Gestalt der Arabel-Gyburg, die westliches und östliches
Rittertum in Verbindung bringt und durch die Idee der Minne zu adeln
weiß.

Eine weitere Stufe ritterlichen Denkens und Lebens aber wird erreicht
mit der geistigen Erhebung des westlichen Rittertums durch zwei bedeutende Frauen: Alianor von Aquitanien und ihre Tochter Marie von
Champagne, die die Artus-Welt in die europäische Dichtung eingeführt
haben. Ihren Erlebnissen und Taten sowie der Lebenssage des mit ihnen
verbundenen Guillaume le Maréchal, vor allem aber der Auslegung der

durch sie inspirierten Dichtung gilt der abschließende Teil des Buches. In der Deutung des großen Epos vom Karrenritter des Christian von Troyes wird gezeigt, wie die beiden führenden Frauen das ihnen eigene Lebenswissen und Denken durch den Poeten darstellen ließen. Dabei tritt die Erhöhung der ritterlichen Liebesbeziehung zwischen Mann und Frau durch die Idee der „Hohen Minne" hervor. Im Gegensatz zu vorausgegangenen Jahrhunderten fand sich hier die Liebe in ihren verschiedenen Stufungen wieder als göttliche Lebensmacht anerkannt. Durch die Einsetzung der Frau als Minneherrin wurde der Gefolgschaftsglauben des ritterlichen Mannes auf sein Verhältnis zur geliebten Frau übertragen, und dieses Dienstverhältnis führte auf seiner höchsten Stufe zur Heiligung der Minne und zur Aufwertung der Frau als eines Wesens von besonderer geistiger Macht. Die neuen Anschauungen haben sich auch im deutschen Minnesang ausgewirkt und dem ganzen ritterlichen Denken folgender Zeiten eine neue Ausrichtung gegeben.

Für RUDOLF FAHRNER, der im Erscheinungsjahr dieses Buches seinen 90. Geburtstag begangen hätte, war die Herausgabe seiner west-östlichen Ritterstudien ein langgehegter Wunsch, den er sich nicht mehr selbst erfüllen konnte. Das zentrale Thema des Buches, nämlich das Ritterliche im Menschen, wie es im Denken, Sagen und Handeln der Würdigsten hervortreten und wie es durch das dichterische Wort entzündet und bestärkt werden konnte, war für Fahrner ein unablässiges Anliegen. Er verstand das Phänomen des „Ritterlichen" nicht nur als historische Erscheinung, sondern als eine überdauernde, immer wieder neu aufrufbare Lebenskraft, die sich anderen, ebenso menschlichen Trieben, wie dem Streben nach Macht und Gewinn, entgegenzustellen und sie zu überwinden vermag.

Als gebürtiger Österreicher hat Fahrner in seiner Jugend noch den Ausklang des alten Habsburgerreiches unter Franz Josef I. in sich aufgenommen, hat erlebt, wie ritterliche Gesinnung und noble Haltung selbstverständliche Werte waren, an denen menschliche Taten gemessen wurden. In seinen Erinnerungen an die im Mühlviertel verbrachte Kindheit hat er auch mit Vergnügen die Suche des Knaben nach selbst auferlegten Prüfungen beschrieben, sowie den Stolz der mit ihm verschworenen kleinen Schar auf ihren unverbrüchlichen Ehrenkodex. Dem Studenten, der sich Friedrich Gundolf in Heidelberg und an Friedrich Wolters in Marburg anschloß, eröffnete sich dann die Macht geistiger Bündnisse, wie

Bildnis von Rudolf Fahrner (um 1980)

sie vom Wirken des Dichters Stefan George und der Suche nach den ursprünglichen Quellen der Dichtung ausgingen. Die Erneuerung einer menschlichen Gemeinschaft oder eines ganzen Staatswesens jenseits aller Ideologien, durch das einfache Dasein eines Vorbildes von Rang, war eine Vorstellung, die Fahrner auch später nicht mehr losließ. Sie gab den Anstoß für seine Werke über Arndt (1937) und Gneisenau (1941), und sie war mit die Grundlage für den Freundschaftsbund mit Claus Schenk Graf von Stauffenberg und seinem Bruder Berthold, die Deutschland einen neuen Beginn ermöglichen wollten und in der Erhebung vom 20. Juli 1944 der Tyrannei zum Opfer fielen.

Dichtung war ein Lebenselement für Rudolf Fahrner. Der junge Germanist – er promovierte im Alter von 21 Jahren und habilitierte sich vier Jahre später in Marburg – wurde zum Sprach-Ergriffenen, der den Zauber des schwingenden Wortes als verwandelnde Kraft empfand und auch selbst auszuüben vermochte. Nicht umsonst kreiste seine erste große Veröffentlichung um „Wortsinn und Wortschöpfung bei Meister Eckehart", ein Thema, das ihn bereits in das Umfeld der ritterlichen Welt des deutschen Mittelalters führte. Der „primären" Kraft des Wortes, wie er sie nannte, vertraute er nicht nur in seinen späteren eigenen poetischen Werken, sondern auch in seinen beschreibenden Einführungen in große Dichtung, wie etwa der 1956 erschienenen Schrift „Dichterische Visionen menschlicher Urbilder in Hofmannsthals Werk", oder dem ungedruckten Vortragszyklus „Der Dichter als Wegweiser zur Dichtung". Bei beiden gab er, ähnlich wie im vorliegenden Buch, der Darstellung und der Deutung des sprachlichen Gehaltes selbst den Vorrang vor allen sekundären Erklärungsversuchen.

Eine rege Reisetätigkeit, mit Lust und List zum Teil seines Daseins, des beruflichen wie des privaten, gemacht, führte Fahrner in viele europäische und nahöstliche Länder. Früh schon waren es Spanien und Südfrankreich, die ihn anzogen, später Griechenland, die Türkei, Syrien, Iran und Ägypten. Ein Lehrauftrag in Santander und die Einrichtung der Lehrstühle für deutsche Sprache und Literatur an den Universitäten in Athen (1939–44), Ankara (1950–58) und Kairo (1965–68) ermöglichten ihm längere Auslandsaufenthalte und dienten ihm auch als Ausgangspunkte für weitere Erkundungen ritterlicher Zonen. In Ankara und Kairo fand er kundige Freunde und Helfer, die ihn in die Überlieferungen des östlichen Kulturkreises einführten. Von diesen Aufenthalten kehrte Fahrner immer wieder zu seinem in den dreißiger Jahren zusammen mit Gemma Wolters-Thiersch begründeten Stammsitz am Bodensee zurück, der zugleich Zentrum eines großen Freundeskreises war. Anschließend an seine spätere Professur in Karlsruhe (1958–70) schuf er sich einen verschwiegenen Zweitsitz in der von ihm sehr geliebten Pfalz, unweit der Burg Trifels, wo Richard Löwenherz auf seinem Rückweg aus dem Morgenland jahrelang in Haft gehalten worden war. Von hier aus folgte er weiteren ritterlichen Spuren, nach Aquitanien zur verehrten Alianor, in die Bretagne und nach England.

Solche Reisen waren für Fahrner immer Anlaß zu gesteigerter Produktivität, weil sie dem Auffinden, der Aneignung und der Wiedergabe der in ihm angelegten inneren Bilder und Gestalten dienten. Erstaunlich war, wie er aus scheinbar geringen äußeren Anhaltspunkten, seien es die trockenen Worte einer Chronik, ein zufälliger zeitgenössischer Hinweis, die Fügung der Steine in einem zerfallenen Bauwerk oder die stumme Sprache der zugehörigen Landschaft, sofort ein lebendiges Ganzes zu gewinnen und zu vermitteln wußte. Seinem Blick leuchtete aus der verblichenen Schale unmittelbar der Kern einer Gestalt oder eines Ereignisses auf. Denn bei aller wissenschaftlichen Akribie, deren er auch fähig war, hatte er doch vor allem das Auge des Künstlers. Deshalb vermochte er es, die Verwandtschaft der Schwingungen wahrzunehmen, die zwischen einem räumlichen, plastischen oder dichterischen Gebilde bestehen, spürte sie als eine zur Form geronnene innere Bewegung, die er auf anderem Gebiet neu zur Wirkung bringen konnte.

So waren viele seiner Reisen geistige Beutezüge, und das Vorhaben wurde von Fahrner auch vor den engeren Freunden meist geheimgehalten, bis die Ausbeute gesichert und umgesetzt war. Die Zone des Geheimnisses, die er sich auf diese und andere Weise schuf, war für ihn die notwendige Bedingung für ein ungestörtes künstlerisches Wachstum, aus dem neben poetischen Gebilden auch bildhauerische Arbeiten hervorgingen. Unter den im Lauf der Jahre entstandenen Dichtungen sind viele Vergegenwärtigungen sagenhafter, historischer oder neu erfundener ritterlicher Gestalten. Darunter stehen Lancelot und Alianor, zusammen mit ihren Mitspielern und Gegenspielern, für den westlichen Bereich, während Kaihusrau, Schagarat (Schadscharat ad-Durr) und Gestalten aus „Tausend und eine Nacht" den östlichen Bereich vertreten. Ein gemeinsames Muster, das in vielen von Fahrners Stücken hervortritt, ist die Begegnung zwischen eigenständigen, aber durch gemeinsame Leitbilder verbundenen Welten, – seien es jene männlichen und weiblichen Wirkens, die sich im Minnedienst berührten, oder jene des westlichen und des östlichen Rittertums, die sich im Wetteifer um Tapferkeit und Großmut begegneten. Diese eigenen Dichtungen, bisher nur als Privatdrucke veröffentlicht, knüpften sich an frühere, im Freundeskreis unternommene Übertragungen des Rolandsliedes, des Parzival-Epos und mehrerer Gesänge der Odysee, die noch während des Krieges vorbereitet wurden und kurz danach unter dem Signum des Delfin-Verlages erschienen sind.

Die im vorliegenden Buch zusammengefaßten Prosa-Schriften haben Fahrners poetische Schöpfungen begleitet, oder sind, als Umsetzungen anderer Art, mit daraus hervorgegangen. Manche von ihnen gehen auf Vorlesungen und Vorträge zurück und wurden später ausgebaut. Ihre Niederschrift ist in einem Zeitraum von rund dreißig Jahren, zu verschiedenen Anlässen, vorgenommen worden. Auch sie kreisen um historische und sagenhafte, oder dichterisch verkörperte Gestalten, und der Unterschied zwischen diesen Kategorien ist aus der Sicht des Verfassers zweitrangig: Konnten doch die Taten der geschichtlich verbürgten Helden die Dichtung anregen, ebenso wie die Vorgabe der Dichter das Tun des Menschen wecken, bilden und prägen konnte. Beide, imaginäre und tatsächliche Verkörperung, trafen sich in der gleichen höheren Realität.

Der Plan zur Veröffentlichung dieser Studien zum west-östlichen Rittertum reifte in Fahrner in den siebziger Jahren. Um die vorher entstandenen Einzelstücke zu einem geschlossenen Ganzen zu verbinden, entwarf er die einleitenden Kapitel über ritterliche Lebensauffassung und die Entwicklung vom Reitertum zum Rittertum. Auch ergänzte und überarbeitete er einzelne Teile im Hinblick auf ihre neue Stellung innerhalb des Gesamtwerks. Einige inhaltliche Überschneidungen sind freilich geblieben und unvermeidlich, wenn jedes Kapitel in sich gerundet bleiben soll.

Herausgeber und Verlag haben sich deshalb entschlossen, keine größeren Eingriffe in das Manuskript vorzunehmen. Es wurden nur einzelne neue Unterteilungen zur besseren Gliederung eingeführt, und gelegentliche Häufungen oder Wiederholungen gleichlautender Ausdrücke gelichtet, wie es der Verfasser vor der Drucklegung wohl auch getan hätte. Der besondere Tonfall seiner Prosa sowie eigentümliche Wortsetzungen und Sprachfindungen wurden nicht angetastet, da sie zum Bild dieses Buches und seines Verfassers gehören, der verbrauchten Wendungen aus dem Wege zu gehen suchte und sich gerne eigene Topoi schuf.

Fahrners Anliegen, das auch manche Besonderheit dieses Werkes erklärt, war es, dem Leser die Beispiele und Zeugnisse selbst möglichst eindringlich vor Augen zu führen. Dies aus der Erfahrung heraus, daß die subtilen inneren Vorgänge jener Zeit dem heutigen Leser weitgehend oder ganz unvertraut sind, daß aber eine genauere Kenntnis davon doch zum Verständnis notwendig ist. Der Verfasser war der Meinung, daß wirkliches Mitteilen und wirkliches Aufnehmen erst bei gemeinsamer Vergegenwärtigung eines Zeugnisses möglich werden, wobei dem Autor die genaue auslegende Wiedergabe und dem Leser das verstehende Miterleben zufalle.

Daß Fahrner bei seiner auslegenden Wiedergabe, aus einer inneren Wahlverwandtschaft schöpfend, die Beweggründe der ritterlichen Haltung, des Minnedenkens und der damit verbundenen Dichtung so tief auszuleuchten wußte, wird vor allem jenen Lesern Gewinn bringen, die empfänglich für die vermittelten Sinngehalte sind und die nicht nur ein äußeres Wissen, sondern einen echten Zugang dazu suchen.

Gockhausen/Zürich, im Dezember 1992 *Stefano Bianca*

1.
Ritterliche Lebensauffassung

Um die verschiedenen, in vielen Gebieten der Erde auftretenden Erscheinungen ritterlicher Art in ihren inneren Ursprüngen und in ihren inneren, oft sehr bedeutsamen Verbindungen zu begreifen, muß man die Aufmerksamkeit auf eine grundgegebene Tatsache richten: auf das Ritterliche im Menschen. Und man muß sich klar machen, daß dieses Ritterliche im Menschen etwas Dauerndes, mit dem Menschen Vorhandenes ist, in Gegenwart und Zukunft ebenso Gegebenes, nicht nur etwas in gewissen beschränkten geschichtlichen Erscheinungen einmal Da-Gewesens und damit Abgetanes.

Man muß also zuerst einmal die beschränkte, primitive und konventionelle Vorstellung von jenen Harnischmännern aus sich vertreiben, die ein paar verschollene Jahrhunderte lang in Europa ihr Wesen und Unwesen getrieben haben, wenn man die Erscheinungen des Rittertums in der Welt in ihrer Weite und in ihrer Tiefe begreifen will. Dazu soll vorerst die Betrachtung verwandter Erscheinungen in verschiedenen Zonen und Zeiten dienen, dann aber das feste Ins-Auge-Fassen der Zusammenhänge, der äußeren und der inneren, in denen das europäische Rittertum des mittleren Alters entstanden ist, in denen es sich bezeugt hat und in denen es wirksam geworden und geblieben ist.

*

Rittertum ist zunächst Kriegertum, dann geistig geadeltes Kriegertum. Darüber hinaus aber wird es eine innere Haltung, die sich auch auf ganz anderen Gebieten als dem des Kampfes erweist und betätigt und die eine das ganze Menschenwesen umfassende Lebensgestaltung herbeiführt.

Gehobenes Kriegertum hat es überall auf der Erde und immer wieder gegeben. Sicher schon in vorgeschichtlicher Zeit, d. h. bevor unsere Überlieferung einsetzt. Solch frühes Kriegertum spiegelt sich schon in jenen

15

überlieferten Sagen, die weit in die Vorzeit zurückweisen. Wir kennen dort Kriegerkasten mit ausgebildeter Kastenordnung etwa im alten Indien, in Sumer, Babylon und Assur, in Ägypten oder etwa im alten Inkareich in den Hochanden von Peru, in China, in Japan. Wir kennen ferner in Zuständen allgemeinen Kriegertums der Männer (ohne besondere Kriegerkaste) doch Kriegerverbände und kriegerische Männerbünde (Paare, Gruppen, Scharen), etwa bei den alten Griechen, im alten Iran und später im achämenidischen Perserreich, oder etwa bei den Arabern, den Mongolen, oder bei Kelten oder Germanen, bei manchen Negerstämmen oder – besonders großartig und tiefsinnig ausgebildet – bei den Indianern Nordamerikas.

Dabei handelt es sich überall darum, daß sich entweder Krieger von Nichtkriegern oder bestimmte Kriegergruppen vom allgemeinen Kriegertum unterscheiden und sich in bestimmten Ordnungen, mit bestimmten Auffassungen, Sitten, Gebräuchen, Übungen und Regeln konstituieren. Daß dabei ein besonderer Kriegerstolz und eine besondere Kriegerehre, daß Kameradschaft und Freundschaft, daß Stärke und Tapferkeit, Kampfkunst und Todesmut, Ausdauer im Ertragen von Schmerzen und Mühsalen eine große Rolle spielen, liegt in der Natur der Sache – ebenso, daß zu Gefahr und Mühe auch ein gewisser Überschwang in Festlichkeit und Genüssen, Schmaus und Trunk, Gesang und Musik und in schau- und genußfreudigen Verhältnissen zu Frauen gehört. Aber darüber hinaus sind religiöse und magische Mächte, Gottesglaube und Zaubertum oft sehr bedeutsam in diesen Kriegerkasten und Kriegerbünden wirksam und bezeugen sich in Zeichen, Emblemen, Riten und Begehungen. Waffenkunde, Waffenspiele, Waffenliebe, Waffenweihe sind in das weltliche wie in das religiöse Leben der Kriegerkasten und Kriegerbünde gleich stark eingebunden, sowohl beim Einzelnen wie in der Gemeinschaft. Die Schwerter etwa genießen besondere kultliche Verehrung. Sie werden von hochgerühmten, oft sagenhaften Schmieden mit feinster Kenntnis und Kunst, oft unter Anwendung geheimer Zauber hergestellt und gehärtet. Sie werden durch übermenschliche Mächte verliehen, stecken zum Beispiel durch göttliche Fügung plötzlich in einem Felsen und nur der für sie Bestimmte kann sie herausziehen, oder ein Engel bringt sie für den besten Kämpfer vom Himmel. Sie tragen große, geheimnisvolle oder sinnverkündende Namen – Joyouse, die Freudige, heißt im Chanson de Roland das Schwert Karls des Großen –, sie sind wie Freunde, wie Geliebte, man küßt sie, man schwört auf sie, sie sind die Seele des Kriegers, ja er ist in ihnen, sie sind er selbst.

16

Waffenliebe und Waffenweihe werden auch noch auf die später erfundenen Schußwaffen übertragen. Erst in der Massenmechanisierung sind sie zum Absterben gekommen. Unter Türken wird eine einschlägige Geschichte viel erzählt: Ein junger Mann aus dem Dorf (ein Löwe, wie die Türken sagen) hat sich mit einer Schönen vermählt. Wenn er abends nach Hause kommt, hören die Nachbarn immer drei Freudenrufe: ein erstes Jauchzen, nach einer Weile ein stärkeres Jauchzen und wieder nach einer Weile einen Jubelschrei des Entzückens. Man spricht darüber viel im Dorf, aber niemand wagt, und sei es nur mit einer Frage, in das dort zu Lande noch unverletzliche Innere eines Hauses einzudringen. Endlich nehmen aber doch drei Alte im Kaffeehaus eines Tages den jungen Ehemann zu sich an den Tisch und, nach gebührenden, vorsichtigen Einleitungen wagen sie die andeutende Erkundung nach jenen abgestuften Jubelrufen. Der junge Mann antwortet: wenn ich nach Hause komme, so gehe ich zuerst in den Stall und sehe mein Pferd und muß jauchzen vor Freude. Dann gehe ich die Treppe hinauf ins Haus, und an der inneren Türe tritt mir meine junge Frau entgegen, und wieder muß ich jauchzen vor Lust. Dann aber gehe ich ins Zimmer und sehe mein Gewehr an der Wand hängen – das reißt mich hin zum Jubelschrei ... Dies wäre ein Beispiel für Waffenliebe auch in neueren Zeiten.

Alle die genannten Elemente gehobenen Kriegerwesens können eingehen in das, was wir Rittertum nennen, und können darin zu besonderer Ausbildung kommen. Aber sie machen das Rittertum noch nicht aus. Es muß vielmehr etwas Weiteres dazutreten: die Veredlung des Kampfes, die Lösung des Kampfes aus seiner dumpfen oder bewußten und berechnenden Verstrickung in Macht- und Erfolgstriebe und in Not, Bedrohung und Lebensangst, die Verwandlung des Kampfes aus dem Vernichtungskampf in den Kampf um Bewährung eines höheren Rechts und um Bewährung des besiegten oder des sich ergebenden Gegners, Schonung und Pflege der verwundeten und gefangenen Feinde, Schutz der Schwachen, der Wehrlosen, und besonders der Frauen und Kinder – und das alles nicht aus Erbarmen oder aus „moralischer" Verpflichtung, sondern aus dem Stolz der Ehre, der sich ein niedriges Denken und Handeln verbietet – das sind die bedeutendsten Zeichen dieser Verwandlung. Wie groß und wirklich sie ist für den einzelnen Kämpfer, der eine ganz neue Freiheit und Würde erhält, für das Leben von Sippen und Stämmen, für das Verhalten von Völkern untereinander, kann man ermessen. Und sie schließt etwas ganz Entscheidendes mit ein: die Achtung vor dem in gleicher Gesinnung verbundenen Gegner, in dem man sich selbst sehen kann, die Suche des besten Gegners, des gerühmtesten, auf daß er einen zum Kampfe würdige.

Ausschluß eines Kampfes mit allen Mitteln und Ausschluß des Kampfes ohne vorhergehende Ansage, Unterordnung der Kämpfenden unter festgelegte Rituale, Ausübung des Kampfes nur mit gleichen Waffen und unter gleichen Bedingungen – das sind die weithin reichenden Folgen dieser Verwandlung. Wenn der Gegner seine Lanze vertan, sein Roß verloren hat, begibt sich der echte Ritter auch seiner Lanze, steigt vom Pferd, und beide kämpfen zu Fuß und nur mit den Schwertern weiter. Öffentliche Verbote, von Päpsten unterzeichnet, ächten den Gebrauch von Pfeil und Bogen, den Gebrauch der Schußwaffe, die es möglich macht, daß ein Minderer und Schwächerer einen Edleren und Stärkeren aus sicherer Entfernung verwundet oder tötet. Und diese Befreiungen, Veredlungen, Verwandlungen des Kampfes bleiben nicht mehr nur gelegentliche Regungen und Leistungen von Einzelnen, sondern werden Leitbild und Gesetz eines führenden Standes, der durch Stämme und Völker hin über mehrere Erdteile reichen und wirken kann.

*

Unerkanntes Edeltum hat etwas Vergebliches, und wenn sich kein einziger mehr fände, der es zu begreifen und zu würdigen verstünde, wäre es von Sinnlosigkeit bedroht. Erkannte und erwiderte Ritterlichkeit aber, die sich im Andern wiederfindet und die vom Glauben und der Teilnahme ganzer Schichten oder gar ganzer Völker getragen wird, hat etwas Weltverwandelndes. Die folgenden Beispiele mögen dafür zeugen:

Als Kaiser Friedrich Barbarossa 1184 in Mainz die Schwertleite zweier seiner Söhne feiert, sind siebzigtausend Ritter aus ganz Europa versammelt. Und als der vierundsechzigjährige Kaiser mit seinen eben zu Rittern geschlagenen Söhnen ins Kampfspiel reitet, jubelt ihm die Ritterschaft Europas als dem Repräsentanten eines neu gesteigerten und geadelten Kämpferstandes zu. Vor Beginn seines Kreuzzuges stellt Kaiser Friedrich an Sultan Saladin, den Beherrscher Ägyptens und Syriens und der Blüte islamischer Ritterschaft, seine Forderungen und sagt ihm bei Nichterfüllung feierlich die Fehde an. Wir wissen, daß Richard Löwenherz, König von England und Herrscher über einen großen Teil Frankreichs, mitten in den Kämpfen des dritten Kreuzzuges den Bruder Saladins zum Ritter geschlagen hat, und wir hören Wundergeschichten über Saladins Worte und Taten von höchster ritterlicher Noblesse.

18

Daß solcher ritterlicher Umgang zwischen Gegnern nicht nur unter gekrönten Häuptern stattfand, zeigt der folgende Augenzeugenbericht über den „Grünen Ritter":

„Saladin machte keine Fortschritte bei Tyrus; es gab keinen Tag, an dem die Christen nicht gegen die Sarazenen ausfielen, zwei- oder dreimal, unter einem spanischen Ritter, der sich in Tyrus aufhielt und ein grünes Wappen führte. Wenn die Ritter einen Ausfall machten, kam es vor, daß alle sich versammelten, um ihm zuzusehen. Die Türken nannten ihn den Grünen Ritter. Er trug auf dem Helm ein Hirschgeweih. (...)" Als Saladin Tripoli belagerte, kam in Tyrus die Flotte des Königs Wilhelm (Wilhelm der Gute, König von Sizilien) an und mit ihr zweihundert Ritter. Da ließ der Markgraf (Konrad von Montferrat) Schiffe ausrüsten, um Tripoli zu Hilfe zu kommen und befahl den Rittern des Königs Wilhelm, sie sollten der Stadt helfen. Mit den Rittern, die der Markgraf schickte, fuhren sie dorthin, und unter ihnen befand sich der Grüne Ritter. Als die Hilfstruppen in Tripoli angekommen waren und sich ein wenig ausgeruht hatten, machten sie einen Ausfall und der Grüne Ritter war ganz vorn. Die Sarazenen waren sehr verwundert, als sie den Grünen Ritter sahen, und ließen Saladin wissen, daß jener (seinen Glaubensgenossen) zu Hilfe gekommen sei. Saladin entbot ihn zu sich und rief ihm zu, er solle unter freiem Geleit kommen und mit ihm sprechen. Der Grüne Ritter ging hin, und Saladin bereitete ihm viel Freude, zeigte ihm seine Pferde und seinen Besitz. Er aber machte sich nichts daraus. Und Saladin sagte, wenn er bei ihm bleiben wolle, würde er ihm große Ländereien schenken. Aber der Grüne Ritter sagte, er wolle nicht bleiben, er sei nicht in dieses Land gekommen, um bei den Sarazenen zu sein, sondern im Dienste unseres Herrn die Christenheit zu befreien; er wolle den Sarazenen schaden, soviel er könnte. Er verabschiedete sich und ging fort in die Stadt."

Im Buch Qābūs, jenem von Goethe gekannten und gerühmten Lebenslehrbuch eines Königs aus den nordiranischen Gebieten, das er 1080 für seinen Sohn verfaßte, wird die folgende Geschichte als Beispiel vorbildlichen Verhaltens erzählt: Ein reicher Kaufmann geht an einem dunklen Morgen ins Bad, trifft unterwegs einen Freund, den er mit ins Bad lädt, der ihn aber nur bis in die Nähe begleiten und dann seinen Geschäften nachgehen will. Sie gehen hintereinander, der Freund geht als zweiter und wendet sich kurz vor dem Bad in eine Nebengasse. Aus ihr tritt im gleichen Augenblick ein Räuber, der im Morgendunkel auf Beute ausgeht, und folgt dem Kaufherrn. Dem fällt angesichts des Badehauses ein, daß er viel Gold bei sich hat, er wendet sich und bittet im Dunkel den vermeintlichen Freund, in Wahrheit den Räuber, ihm sein Gold aufzubewahren, dessen Verlust er im Bade befürchtet, und übergibt ihm den schweren Beutel. Nach Genuß des Bades tritt der Kaufherr wieder heraus – es ist indessen hell geworden – der Räuber sitzt auf den Stufen des Eingangs. Der Kaufherr geht an ihm als an einem ihm unbekannten Menschen vorbei. Der Räuber aber ruft ihn an und fragt ihn, ob er sein Gold nicht mitnehmen wolle, das er ihm zur Aufbewahrung gegeben habe. Damit gibt der Räuber dem staunenden Kaufherrn den Beutel und setzt hinzu: „Unterdessen, o Kaufmann, habe ich Deiner Hinterlegung halber meine Geschäfte versäumt und habe nichts gewonnen." Der Kaufherr: „Was hast Du denn für Geschäfte gehabt?" Der Räuber: „Raub und Beutelholen. In der Dämmerung gehe ich aus und bringe so meist etwas zusammen." Der Kaufmann: „Wenn Du ein Beutelholer bist, warum hast Du dann diese Goldstücke nicht behalten und bist damit fortgegangen? Ich habe Dich doch gar nicht gekannt, sondern habe gedacht, das Gold meinem Freunde gegeben zu haben." Der Räuber: „Wenn ich das Gold durch meine eigene Geschicklichkeit gewonnen hätte, und wären es auch tausend Goldstücke gewesen, so würde ich es Dir nicht wiedergeben, noch würde ich mich vor Dir gefürchtet noch mich sonst um irgendetwas bekümmert haben. Allein, es war ein anvertrautes Gut und Anvertrautes zu veruntreuen ist kein Zeichen von Mannhaftigkeit und Großmut." Der Kaufherr: „Deiner Großmut wegen schenke ich Dir diese hundert Goldstücke, besitze sie nun als Dein rechtmäßiges Eigentum."

Diese Geschichte, erzählt im Lehrbuch eines Königs für seinen Sohn, zeigt, daß auch der edle Räuber – seit eh und je bis Karl Moor und bis in unsere Tage – ein Spiegelspieler des edlen Ritters – den Wettkampf in der Großmut kennt, und daß ein König im hohen Iran um 1080, der übrigens nicht ohne Sinn einen hohen Namen aus dem Königsbuch Firdausis führt, das zu würdigen weiß.

Eine Szene aus einem ganz anderen, weit entfernten Bezirk, in dem sich aber sehr Ähnliches und zugleich freilich auch sehr Fremdes ereignet hat, wäre vielleicht noch hinzuzufügen, wenn man darauf ausgeht zu erkennen, um wie tief im Menschen angelegte Möglichkeiten es sich bei der ritterlichen Lebensauffassung handelt. Junyu Kitayama erzählt am Ende seiner Abhandlung „Der Geist des japanischen Rittertums" die folgende Begebenheit:

„Da sie nicht nur im Frieden dichteten, sondern sogar inmitten der Schlacht, tauschten sie häufig ihre Verse mit dem jeweiligen Gegner aus. Im Jahre 1062 führte der Heerführer Yoshiie einen Feldzug nach dem

Norden des Landes. Er war als ein guter Stratege bekannt. Nach vielen Schlachten gelang es, das feindliche Heer zu umzingeln. Der Führer der gegnerischen Armee, namens Sabato, flüchtete als letzter hinter seinen Soldaten. Man sah den fliehenden Heerführer und Yoshiie zog seinen Bogen und setzte einen Pfeil auf ihn. Dann aber, anstatt gleich zu schießen, rief er dem Feind einen Vers zu:

> Die Fäden eurer Bekleidung sind zerrissen,
> mein armer Freund!

Im selben Augenblick drehte sich der Feind auf seinem Rosse um und gab einen Vers als Fortsetzung:

> Gegen meines Alters Ende
> Schreite ich der Fliehende,
> In Leiden und Kämpfen
> Sind die Fäden verwoben.

Der Sieger hörte das, legte seinen Bogen nieder und verhielt sein Roß, so daß sein Gegner ungehindert entfliehen konnte. Die Gefolgsmänner des siegreichen Führers waren alle äußerst entrüstet. Sie hatten viele Kämpfe durchfochten und ungeahnte Strapazen ertragen, um endlich den fliehenden Feind erlegen zu können, und in dem so ersehnten letzten Moment ließ der Führer die sichere Beute entweichen. Auf die Entrüstung seiner Männer erwiderte der Heerführer: „Ihr wißt, daß auch ich ein guter Bogenschütze bin. Mit einem Pfeile hätte ich meinen Feind erlegen können. Aber habt Ihr nicht gesehen, wie er auf meinen Vers erwiderte? Er ist ein Ritter von Geist und Bildung. Es gibt heutzutage sehr viele Literaten. Aber wer von diesen würde in der Lage sein, angesichts des Todes vor dem Pfeil des Gegners noch mit dem Feinde zusammen dichten zu können? Es wäre Unrecht gewesen, wenn ich ihn, einen solchen Feind, getötet hätte, ohne seine Bildung zu achten."

*

Die Verwandlung des Kampfes in ein Geschehen von freier Würde, das zur Erhöhung und Steigerung des Lebens beiträgt, war im ritterlichen Kriegertum erst ein begründender, dann ein immer wieder neu zu leistender Akt. Er diente der geistigen Bewältigung der menschlichen Triebkräfte und des gierigen Nutz- und Erfolgsstrebens, aber auch der Verbin-

21

dung mit übermenschlichen Mächten im Kosmos und der Einordnung des „Ich" und des „Du" in das höhere Ganze. Diese geistige Bewältigung mußte sich auf alle Lebensbezirke gestaltend auswirken, so wie sie auch nur aus dem Zusammenwirken aller Lebenskräfte hervorgehen konnte. Die Steigerung findet dabei vielfach durch eine Art kühner Umwertung üblicher Regungen, Empfindungen, Gewohnheiten und Anschauungen statt. Mühsal und Kampf – gemeinhin lieber geflohen – werden als Gelegenheiten der Bewährung gesucht. Ruhe, Behagen, bequemes Genießen – gemeinhin gesucht und erwünscht – werden als Stätten der Gefährdung innerer Tatkraft gemieden. Verzicht und Entbehrung – gemeinhin gescheut – werden als Fruchtboden starker Wünsche und mächtiger Spannungen geschätzt. Wunscherfüllung und Befriedigung – gemeinhin begehrt – werden als triebschwächende Gefährdungen der Lebenssteigerung gemieden oder auf seltene, um so tiefer genossene Augenblicke begrenzt. Ungebundene Willkür – gemeinhin genossen – wird als Brutstätte ungestalten Dahintreibens verabscheut. Bindung und Dienst – gemeinhin als Last empfunden – werden als Spender von Maß und Sinn leidenschaftlich gesucht und kultiviert. Der Tod – gemeinhin gefürchtet – wird als Kampftod zur Erfüllung von Ich und Selbst und zur Bekrönung des Lebens geliebt, als dessen Ursprung man ihn weiß.

So entstand etwas wie ein *geistiger Stand*, dessen Angehörige die Lust an der Nutzung aller Lebensvorgänge zu geistiger Steigerung verband – eine Lust, sich immer von neuem auf die Probe zu stellen, eine Lust, die Selbsterfüllung in immer neuen Bewährungen zu suchen. Es entstand durch alle Stufen von Macht, Ansehen, Besitz und äußerer Geltung seiner Angehörigen hindurch ein Wettkampf darum, wer den anderen, den Gegner und den Freund, an Noblesse überbiete. Darin verwirklichte sich eine alle Lebensgebiete durchdringende ritterliche Weltauffassung, deren Nachwirkungen auch in späteren Zeiten spürbar geblieben sind.

Noch unter dem Kaiser Franz Josef I. im alten Österreich aufgewachsen, hat der Verfasser die damals dort durchgehende Geltung „ritterlicher" Gesinnung noch selbst erlebt. Durch alle Stände galt als die führende Frage bei Denken und Handeln: „Ist das ritterlich?" Und als Grund der Beurteilung und Wertung galt die Entscheidung, ob ein Denken und Handeln, ob eine Haltung „nobel" sei. Nachgiebigkeit, Verständnis für den Gegner, Freigebigkeit, Großzügigkeit, gelassene Milde bezeichneten einen „noblen" Menschen. Erst langsam kam dann, von der Goetheschen Lebensgründung her, die Frage zur Geltung, ob ein Mensch „gebildet" sei, und das nicht im Sinne von Unterrichtung und

22

Wissen, sondern im Sinne von „geformt" in seiner Erziehung, in seinem Verhalten.

Die Bedeutung der ritterlichen Umwandlung des Kampfes ist vielleicht am besten von uns Heutigen zu ermessen, die wir ein Verebben erleben. Wir finden uns im Zuge der allgemeinen, durch Zivilisationseinrichtungen dürftig verbrämten Rebarbarisierungsvorgänge fast überall in der Welt zurückgesunken auf die Ebene des bloßen Macht- und Erfolgskampfes, des Not- und Angstkampfes, des nackten Vernichtungskampfes. Die Achtung vor dem Gegner, das Geltenlassen des Gegners, die Kunst, den Gegner zu begreifen und sich selbst in ihm wiederzufinden, sind so gut wie entschwunden, und wir entdecken, daß alles, was noch an weltlicher Gesittung und höherer Gesinnung geblieben ist, nur die schwindenden Reste der lebensgestaltenden Schöpfungen ritterlicher Zeiten sind.

Das Ansagen der Fehde, die Kriegserklärungen, hatten 1914 noch eine gewisse Feierlichkeit, noch etwas von Aufkündigungen unter sich Achtenden. 1939 waren diese Vorgänge schon sehr verwischt und entwertet. Seitdem haben die Kämpfe meist schon begonnen, ehe man sich, gezwungen, entschließt, sie nachträglich zu „formalisieren". Für die Zukunft rechnet niemand mehr mit Kriegserklärung, sondern mit Überfall, den der Beginner in dem Augenblick ausführt, der ihm am erfolgversprechendsten vorkommt, ob er nun aus Machtgier oder mit dem geglaubten oder nur vorgewendeten Mantel des präventiven Verteidigungskrieges den Kampf beginnt.

Noch bestehen das Rote Kreuz und der Rote Halbmond. Sie haben in den beiden Weltkriegen nicht abzuschätzende Leistungen an Verwundeten, Kranken und Notleidenden vollbracht. Und noch wurden und werden sie von Kriegsführenden bis zu einem gewissen Grade respektiert oder doch geduldet. Aber wie will man bei einem künftigen gegenseitigen Kampf mit allen nun zur Verfügung stehenden Mitteln Hospitäler schonen und Bezirke des Helfens und des Rettens abgrenzen? Noch bestehen gewisse völkerrechtliche Bestimmungen und Übereinkünfte über die Behandlung von Gefangenen und Verwundeten, und man sollte wahrscheinlich mehr darüber staunen, wieviel davon im letzten Weltkrieg noch beachtet und ausgeführt wurde, als darüber, wieviel man dagegen verstoßen hat. Aber es zeichnet sich drohend ab, daß in ihrer Respektierung immer mehr die Nutz- und Beruhigungserwägungen für die in den Kampf Geschickten wirksam werden als die ritterliche Gesinnung, aus der solche Vereinbarungen ursprünglich hervorgegangen sind. Was in russischen

und französischen Kriegsgefangenenlagern in und nach dem letzten Weltkrieg möglich war, wissen die deutschen Gefangenen, die es erlebt haben –
und die Gefangenen der Gegner Deutschlands werden wissen, was sich in
deutschen Gefangenenlagern ereignen konnte. Der Unterschied im Verhalten gegenüber Gefangenen war auch bei sogenannten zivilisierten
Nationen schon sehr groß. Viele, die in englischer Kriegsgefangenschaft
waren, haben die genossene ritterliche Behandlung gerühmt, und wie
niemand dort ihr persönliches Eigentum angetastet hat. Andere, die in
amerikanische Gefangenschaft kamen, haben auf vielen nackten Armen
der gefangennehmenden amerikanischen Soldaten und Sergeanten nach
der Durchsuchung acht und zwölf und mehr Armbanduhren, siegreich
zur Schau getragen, gezählt.

Ein solches fast harmloses und scherzhaftes Beispiel (es hätten sich
auch sehr ernste beibringen lassen) macht die Unterschiede der Auffassung klar, in denen sich das Abbröckeln ritterlicher Vorstellungen und
Gesinnungen zeigt. Wie ein Kampf ohne ritterliche Überlieferung oder
nach ihrem gänzlichen Verschwinden aussehen kann, konnte man in den
Kriegen der letzten Jahrzehnte von Korea bis zum Kongo und bis nach
Indochina beobachten. Man darf sich auch an offizielle Berichte erinnern,
wie man zum Beispiel amerikanische Soldaten für die körperlichen und
seelischen Torturen zu schulen und abzuhärten sucht, die sie im Falle der
Gefangenschaft zu erwarten haben. Ein Blick auf solche Vorgänge kann
uns den Sinn schärfen für gewisse Höchstleistungen menschlicher Lebensgestaltung, die wir in der ritterlichen Verwandlung und Veredlung des
Kampfes wahrzunehmen haben.

2.
Vom Reitertum zum Rittertum

Im Hinblick auf die geschichtlichen Abläufe stellt sich die Frage, wie es dazu kam, daß sich in Vorderasien und Europa ein erneuertes Kriegertum zu einem Stand mit tiefgewandelter Auffassung des Kampfes erhob, der viele Angehörige durch verschiedene Länder und Völker hin umfaßte. Was hat die plötzliche und etwa gleichzeitige Entstehung des islamischen und des christlichen Rittertums sowie den inneren und äußeren Austausch zwischen West und Ost ausgelöst?

Von außen her und nur in großen Zügen betrachtet, erscheinen die Vorgänge etwa so: Die Hunnen, die zuerst in chinesischen Quellen als auf das chinesische Reich einstürmende Grenzvölker erscheinen, waren, nachdem sie ein großes Reich von der Mongolei bis zum Pamirplateau errichtet hatten, durch gewisse scharfe Abwehrmaßnahmen der Herrscher Chinas einem solchen Druck ausgesetzt, daß sich zunächst die Westhunnen in ihren kriegerischen und nomadischen Bewegungen vom Osten ab und nach dem Westen wandten. Sie treffen nach weiten Zügen durch das mittlere Asien auf das Ostgotenreich Ermanarichs nördlich des Schwarzen Meeres. Im Jahre 375 werden die Ostgoten unterworfen. Der Druck der Hunnen pflanzt sich durch die Ostgoten auf die Westgoten fort, die zu ihrem großen Zuge aufbrechen: gegen Byzanz (378), dann durch die Balkanhalbinsel (Plünderung und Zerstörung Delphis 395), dann nach Italien (410 nimmt Alarich Rom ein, stirbt aber das Jahr darauf), dann nach Südfrankreich, wo sich zweihundert Jahre lang ein mächtiges Westgotenreich von der Provence bis zur Gironde erstreckt, das unter König Eurich (466–484) nach Spanien übergreift und sich dort noch hundert Jahre länger halten kann. Seine Reste, kleine westgotische Königtümer im Norden der iberischen Halbinsel, sind später die Brükkenschläger zwischen dem Frankenreich und dem Araberreich in Südspanien gewesen.

Dem Zug der Westgoten folgen wenig später unter hunnischem Druck der ganz ähnliche Zug der Ostgoten gegen Byzanz, ihre Ansiedlung in Ungarn und ihre Züge in die Balkanhalbinsel unter dem großen Theoderich († 526), der als junger Königssohn als Geisel in Byzanz gelebt hatte. Im nominellen Auftrag des byzantinischen Kaisers von Ostrom gelingt ihm die Eroberung Italiens und die Gründung des Ostgotenreiches auf weströmischem Boden (493–553).

Hinter den Ostgoten folgen die Hunnen nun selbst nach, sie treffen sie wieder in Ungarn und – schon unter Attila – finden bedeutsame west-östliche Begegnungen statt. Denn Attilas Ruhm, sein Heldentum und seine menschliche Großartigkeit ziehen Ostgoten und andere Germanenstämme mit ihren Anführern und Königen nicht nur in mannigfache Abhängigkeiten, sondern auch in freiwillige, von diesem Helden hingerissene Gefolgschaft. In der großen Schlacht in Nordfrankreich auf den Katalaunischen Feldern (451), die, wie man sagt, Europa vor den Hunnen rettete, und deren Ausgang Attila zur Umkehr zwang, kämpften Germanen, ja gotische Stämme auf beiden Seiten. Der weströmische Feldherr und Lokalherrscher Aetius hätte auf jenen Katalaunischen Feldern nicht Attila seine erste und entscheidende Niederlage bereiten können ohne jene Germanen in seinem Heere, die die Kampfesweise und Sinnesweise der Hunnen aus langem Zusammenleben und vielen Begegnungen kannten. Und die Gotensage von Dietrich von Bern, der lange mit seinen Recken im Gefolge Attilas weilt, spiegelt uns manches von diesen Begegnungsvorgängen. (Hinter dieser Sagengestalt steht bekanntlich Theoderich der Große, dessen Herrschersitz man in Verona, verdeutscht zu Bern, annahm.)

Mit den Hunnenzügen, die bis nach Nordfrankreich und bis nach Oberitalien vorstießen, drang zum ersten Mal asiatisches Reitertum in Europa ein. Auf die Hunnenwoge aber folgten – ein Jahrhundert später – die Wogen der 558 auftauchenden, vom Kaukasus zur Donau vorstoßenden Awaren, die wieder in Ungarn, am Ende des großen eurasischen Steppenweges, ein großes Reich gründeten und von dort immer wieder nach Mitteleuropa einfluteten (562 erster Einfall ins Frankenreich), bis Karl der Große sie durch seinen Sohn Pippin bezwang und ihren berühmten Mittensitz mit dreifachem Wall, den Awarenring zwischen Donau und Theiß, mit allen ihren auf vielen Zügen zusammengeraubten Schätzen (796) eroberte – auch das Begegnungen, die nicht ohne vielfache Auswirkungen blieben. Die Eindrücke der Eroberer des Königrings der Awaren angesichts des dort gefundenen wertvollsten Raubgutes aus allen Zonen, vom Kaukasus bis ins Frankenreich, könnte man auf vielen Wegen verfolgen.

Nach den Awarenwogen kamen die Wogen der Ungarn, die jenem Lande an Donau und Theiß den bis heute gebliebenen Namen gaben, und die wie ihre Vorgänger in vielen Zügen das mittlere Europa bestürmten, bis Heinrich I. (der Vogler) sie 933 an der Unstrut oder an der Saale und sein Sohn Otto der Große 955 bei Augsburg in denkwürdigen Schlachten besiegten und bannten, – Schlachten, in denen sich, besonders in der großen bei Augsburg, schon Gesten west-östlichen Reitertums zeigten.

Indessen aber war den ersten hunnischen Vorstößen asiatischen Reitertums nach Europa im Norden schon ein Vorstoß eines ganz anderen und doch auch in gewissem Sinn verwandten asiatischen Reitertums im Süden gefolgt. Mit dem Jahre 622, dem Jahre des Auszuges (Hidschra) Muhammads aus Mekka nach Medina beginnen die Muslime ihre Zeitrechnung. Als Muhammad, zugleich Prophet, Religions- und Staatsgründer, 632 starb, waren die Araber – bis dahin nomadische Stämme mit einigen Städten als Märkten und Handelsmittelpunkten – in einem Staat geeinigt. Unter Muhammads Nachfolgern brechen die Heere der neuen Religion in die Kulturländer des Ostens vor, und in wenigen Jahrzehnten sind Syrien, das Zweistromland, der Iran bis zum Oxus und Jaxartes und Ägypten erobert. 711 aber setzt aus dem inzwischen eroberten Nordafrika Tāriq, Feldherr der Kalifen von Damaskus, bei dem Berge, der noch heute seinen Namen trägt (Dschabal at-Tāriq, Gibraltar), nach Europa über und besiegt in siebentägiger Schlacht bei Xerez de la Frontera die Westgoten, so daß er und seine Araber und Berber das spanische Westgotenreich übernehmen und einen Jahrhunderte hindurch bestehenden asiatischen Reiterstaat auf europäischem Boden gründen können. 711–750 wird dieser Staat von Statthaltern der Umayyaden beherrscht, 756 flüchtet der letzte überlebende Umayyade, der den Verfolgungen der neuen Kalifendynastie der Abbasiden entrann, nach Spanien und gründet in Cordoba ein umayyadisches Gegenkalifat, das in den folgenden Jahrhunderten zu ost-westlichen Begegnungen von gar nicht abzuschätzender Wirksamkeit führte.

Man hat oft die Kreuzzüge, in denen dann das herangereifte westliche Reitertum vier-, fünf- und sechsmal, je nachdem wie man zählen will, nach Anatolien, Syrien, ins obere Mesopotamien und nach Ägypten vorstieß, als westliche Gegenstöße auf die Einbrüche östlicher Reitertümer verstehen wollen. Sicher ist, daß in diesen Kreuzzügen die Begegnungen zwischen westlichem und östlichem Reitertum sich fortsetzten und vollendeten, und daß sich erst in ihnen – nach früheren großen Ansätzen – auf

beiden Seiten der eigentliche Wandel zu einem westöstlichen und ost-
westlichen Rittertum vollzog, der zur Blüte jenes neugeistigen Krieger-
standes führte, den wir mit diesem Namen Rittertum benennen.

Als den entscheidenden Anstoß und Beginn dieser Entfaltungen müssen wir das Jahr 711 mit der Schlacht zwischen Arabern und Goten
ansehen. Der große Karl Martell (d. h. der Hammer), Herrscher im Frankenreich von 714–741, zuerst als Hausmeier neben dem König, seit 737
ohne König, Großvater Karls des Großen, hat klar erkannt, was sich bei
Xerez de la Frontera ereignet hatte: die Niederlage eines auf dem Heerbann beruhenden überwiegend aus Fußkämpfern bestehenden Germa-
nenheeres gegen ein geschultes, geübtes, aus Berufskriegern bestehendes
arabisches Reiterheer. Er hat ebenso klar vorausgesehen, daß diese östliche
Reiterwoge nicht in Spanien innehalten, sondern immer weiter nach
Norden vorstoßen würde. Und er hat die Folgerungen aus diesen Einsich-
ten kühn, weitblickend und durchgreifend gezogen. Durch seine Maßnahmen entsteht zum ersten Mal ein germanisches, ein europäisches
Reiterheer – der feindliche und doch tiefbrüderliche Zwilling des östlichen
Reitertums wird geboren.

Der Vorgang hat verschiedene Stufen, Abwandlungen und Verzwei-
gungen. Die Grundlinien sind etwa die folgenden: dem arabischen, geschulten und wohlgeübten Berufskriegertum und Berufsreitertum müssen
geschulte und geübte germanische Berufs-Reiterkrieger entgegengestellt
werden. Die alte germanische Heeresverfassung, der sogenannte germanische Heerbann, wird zwar zunächst noch beibehalten, aber Zug um
Zug durch die besondere Organisation eines germanischen Reiterkrieger-
tums ersetzt. Bei vielen Germanenstämmen dauerte der alte Zustand noch
Jahrhunderte länger und ist nach dem Untergang des Rittertums in den
modernen Volksheeren zum Teil wieder eingetreten.

Die Franken des Merowingerreiches, in dem die Karlinger Hausmeier
waren, und die des frühen Karlinger Reiches, lebten noch im alten Zustand eines Bauern-Jäger-Kriegertums, mit dem Unterschied, daß sich die
Freien, noch zügigen, nicht fest seßhaften Bauern-Jäger-Krieger in den
während der Züge der germanischen Völkerwanderung eroberten Ländern mehr oder weniger in fest seßhafte, waffentragende Grundherren
verwandelt hatten, die ihre Güter zwar verwalteten und sich sonst der
Jagd und dem Kriege widmeten, die aber ihren Boden vornehmlich von
den unterworfenen, vor ihnen ansässigen Besitzern oder deren mit-
gewonnenen Untergebenen bestellen ließen, ähnlich wie wir in den modernen Kriegen die Kriegsgefangenen als Landbesteller auftreten sehen,

während die Besitzer des Bodens durch Jahre hindurch als Krieger im Felde stehen. Vorformen dieser Einrichtung waren schon in der altgermanischen Gepflogenheit gegeben, die Feldarbeit meist durch kriegsgefangene Sklaven verrichten zu lassen.

Im Grunde funktionierte also noch der alte germanische Heerbann in der Weise, daß sich auf ihren Gütern lebende, freie Bauern und Jäger im Kriegsfalle überwiegend als Kämpfer zu Fuß zu einem Heer versammelten. Dabei spielte nach den damals obwaltenden Auffassungen und Gepflogenheiten das Wehr*recht* eine noch erheblichere Rolle als die Wehr*pflicht*. Auch war die Zustimmung dieser freien Bauern-Jäger-Krieger zum geplanten Heereszug in gewissen Formen die Voraussetzung zur Teilnahme. Für die Kampfgeübtheit und Schulung dieses Heeres gab die mehr oder weniger große Häufigkeit der Kriegszüge und die damit öfter oder seltener stattfindende Belebung alter Kampftraditionen den Ausschlag. Verständlicherweise wurden bei dieser Lage nicht selten Kriegszüge auch unter diesem Gesichtspunkt der Waffenübung unternommen. In der geschilderten, freilich sehr vielstufigen und vielgesichtigen Wandlung aus nur zeitweilig seßhaften und immer noch zügigen Bauern-Jägern in fest seßhafte Grundherren mit abhängigen Landbestellern lagen aber schon einige Anknüpfungspunkte für die Maßnahmen Karl Martells.

✳

Wie lange die Zügigkeit der germanischen Bauern-Jäger – ein Ausläufer des Nomadentums – anhielt und durch welche Zeiträume und in welcher Vielförmigkeit die Vorgänge eines festen Seßhaftwerdens spielen, kann man sich vor Augen führen – und hier lohnt ein Umblick – wenn man bedenkt, daß die sogenannte germanische Völkerwanderung, schon allein soweit wir sie geschichtlich fassen können, durch mehr als tausend Jahre spielt: vom Auftauchen der landsuchenden Kimbern und Teutonen an den Grenzen des Römerreiches um 114 v. Chr. (Schlacht bei Aix = Aquae Sextiae) bis zur Einsiedlung skandinavischer Normannen (Nordmänner) in der nach ihnen benannten französischen Normandie (ab 911), die von dort aus noch 150 Jahre später England eroberten (1066) und ebenfalls von dort aus noch ein vielbewirkendes Normannenreich in Unteritalien und Sizilien gründeten und später noch einen normannischen Kreuzfahrerstaat auf dem ersten Kreuzzug in Antiochien. Und was lag da alles dazwischen an zeitweiligen oder dauernden Niederlassungen und Staatsgründungen der Westgoten in Italien, Südfrankreich, Spanien, der Ostgoten am

Schwarzmeer, in Pannonien und Italien, der Langobarden in Pannonien, in Ober- und Mittelitalien, der Vandalen in Schlesien, Spanien und Nordafrika, der normannischen Waräger in Rußland, der Jüten, Angeln und Sachsen in England, der Franken und Alemannen in Frankreich und Süddeutschland, der Markomannen und Bajuvaren in Österreich und Bayern und so fort! Und bei der sogenannten indogermanischen Völkerwanderung lag es durchaus ähnlich. Wenn wir da (die Daten lassen sich vielfach nicht festlegen) die Indo-Arier schon vor 2000 und um 2000 v. Chr. ins Hochland von Ariana und nach Indien einwandern lassen, die Hethiter nach Anatolien, die Achaier in die Landschaften um das Ägäische Meer, die Italiker nach Italien und dann die Kelten – nach vielen früheren Landnahmen im Alpengebiet, in der Bretagne, in England, in Spanien, in Frankreich und so fort – um 600 v. Chr. Rom erobern und etwa um 250 v. Chr. in der Mitte Anatoliens auftauchen und Keltenstaaten gründen sehen, die dann erst wieder von den ostwärts vordringenden römischen Heeren zerstört werden, so ergeben sich noch gewaltigere Zeiträume und noch verschiedenartigere, zeitliche und örtliche Formen des Seßhaftwerdens.

In den Zonen des Römerreiches hatte das Seßhaftwerden der Wandervölker noch besondere Züge. Dort trat den jeweils Einheimischen und den Einwanderern mit ihren wechselnden Geschicken eine systematische Besiedlungspolitik gegenüber. Der Gebrauch der Römer, Siedler in eroberten Gebieten mit Land zu begaben und dieses neugewonnene Land in römische Verwaltung zu nehmen und darin festzuhalten, hatte mitbestimmende Auswirkungen auf die neu entstehenden Bevölkerungen und ihre Entwicklung. Es entstanden in weiten Gebieten Europas romanisierte Zonen, in denen römische Sprache und römische Lebensordnungen sich mit einheimischen oder von Zuzüglern gebrachten Sprachen und Lebensformen paarten. Und in diesen Paarungen haben sich allmählich die neuen Völker Europas herausgebildet.

Von der römischen Eroberung und Besiedlung an mischte sich in diesen Zonen die Lebensart ursprünglich eigenständiger Völker mit der römischen in vielfältigen Formen und vereinigte sich nachhaltig mit ihr.

Denkt man aber noch weiter an die großen weitverzweigten Bewegungen der slawischen Völker oder an die wahrscheinlich in Asien entspringenden Wanderungen indianischer Stämme in Nordamerika, Mittelamerika und Südamerika mit den gewaltigen Reichs- und Kulturgründungen der Azteken, Tolteken und Mayas in Mexiko und der Inkas in Peru, so kann man sich, was das Wandern und das Seßhaftwerden von

Völkern, Stämmen und Einzelnen betrifft, von allen beschränkten Vorstellungen befreien. Völkerwanderung – und das ist für alle Betrachtungen solcher Phänomene, auch für die hier unternommene, wichtig – hat es immer und in tausendfältigen Formen gegeben und gibt sie, in Abwandlungen freilich, immer noch, und wird sie geben, weil sie ein Grundphänomen der menschlichen Geschichte sind. Alle Kolonisten etwa sind Erstläufer, Mitläufer oder Ausläufer von Wanderbewegungen, ob man in Europa an die Kolonisation im deutschen Osten und an die deutschen Bauernzüge nach Siebenbürgen und ins Banat denkt, oder an den immer noch, wenn auch in anderen Formen, fortgesetzten Einbruch europäischer Völker in Amerika, Afrika, Australien, Indonesien und Asien. Auch die Rückbewegungen, freiwillige und unfreiwillige, gehören in gewisser Beziehung und mit oft sehr verwandten Erscheinungen zu diesen Wanderphänomenen: wenn etwa die Holländer, vermischt und unvermischt, aus Indonesien nach Holland zurückkehrten, Deutsche aus dem Baltikum, aus Rußland und dem Balkan, Engländer und Portugiesen aus Indien, Franzosen aus Nordafrika zurückströmten. Ebenso gehören größere Flüchtlingsbewegungen aller Art hierher, wie die Aufnahme von 70.000 Salzburger Protestanten in Ostpreußen etwa, oder jene der französischen Hugenotten in Deutschland, nicht zu reden von den Millionen von Ostdeutschen, die nach dem zweiten Weltkrieg nach Westdeutschland einströmten. Auch die zwangsweisen Verpflanzungen von Stämmen und Völkern, die schon in der älteren Geschichte von asiatischen Gewaltherrschern bekannt sind und in der modernen Welt durch Atatürk in Anatolien wieder aufgenommen wurden, führen zu Erscheinungen des Wanderns und des Wiederseßhaftwerdens, wenn sie für die Betroffenen auch unfreiwillig waren.

Bei der Betrachtung solcher Wanderphänomene darf man nicht die verborgeneren, aber um so tiefer wirkenden Erscheinungen der sogenannten stillen Unterwanderung außer Acht lassen. Sie hat sich besonders durch Sklaven in der alten Welt und im Orient, dann aber durch Kaufleute Handwerker und Arbeitnehmer aller Art und nicht zuletzt durch angeworbene Soldaten vollzogen. Man kann an die Germanen im römischen und byzantinischen Heeresdienst, die Türken und Kurden im Heeresdienst der älteren islamischen Kulturstaaten, also in Iran, im Irak, in Syrien und an die Mamluken in Ägypten denken, an die intensive tschechische, polnische, wendische und sonstige slawische Unterwanderung weiter Gebiete Deutschlands und Österreichs (mögen die Unterwanderer nun als Schneider oder Kutscher oder Landarbeiter, als Lakaien oder

31

2. VOM REITERTUM ZUM RITTERTUM

Hofleute gekommen sein). Besonders weittragend waren die Folgen des grausamen, vor allem von England her betriebenen Sklavenhandels in die „Neue Welt", die zur gewaltsamen Verschiebung einer großen schwarzen Bevölkerung führten und dadurch heute noch ungelöste soziale Probleme in Nordamerika verursachten. Nur am Rande sei dazu vermerkt, daß die islamische Welt mit ihren „Sklaven" sehr viel menschlicher umging und ihnen ganz andere soziale Integrations- und Aufstiegsmöglichkeiten bot, wie sie zum Beispiel im mamlukischen Staatswesen zutage traten, wo aus „Sklaven" Herrscher wurden.

Alle diese Erinnerungen und Umblicke können unsere Vorstellungen von Völkerwanderungen und ihren Folgen beleben, wenn wir die Maßnahmen Karl Martells angesichts der arabischen Reiterheere, die das Frankenreich im Süden bedrohten, bei seinen gleichsam in verschiedenen Nachstadien der Völkerwanderung befindlichen Franken zu verstehen suchen. Es hatte also hier, durch Überwanderung der gallisch oder keltisch-romanischen Vorbevölkerung und durch Landnahme der Franken und Alemannen, ein gewisser Wandel der noch zügigen, nur zeitweilig seßhaften germanischen Bauern-Jäger in fest ansässige Grundherren mit abhängigen Landbestellern stattgefunden, in dem für die Maßnahmen Karl Martells schon einige Ansatzpunkte lagen.

Es war nicht leicht, dem geschulten und geübten arabischen Reiterheer ein entsprechendes germanisches Heer entgegenzusetzen. Große und einschneidende äußere und innere Umbildungen waren nötig und waren nur an eben dem Gegenbild, dem man sich gegenüber sah, zu leisten. Pferde hatte es bisher bei den Germanen zwar im Einzelkampf und ferner für die Heerführer und ihr nächstes Gefolge gegeben. Sie waren aber im germanischen Heeresverband immer mehr Bewegungsmittel als eigentliche Kampfmittel. Des Tacitus Berichte, daß sich germanische Fußkämpfer beim Angriff an den Pferdemähnen in die Mitte des Feindes tragen ließen und dort die Pferde losließen, um zu Fuß weiter zu kämpfen, sprechen für sich. Ein dem arabischen entsprechendes Reiterheer war also in den alten Formen des germanischen Heerbanns weder zu begründen noch zu erhalten. Pferde müssen für den Kampf, besonders in größeren Abteilungen, geschult und in steter Übung gehalten werden. Ebenso verlangt der Kampf zu Pferde in größeren Abteilungen eine eingehende Schulung und fortwährende Übung der Reiter, sowohl im Reiten in Formationen wie im Gebrauch der Waffen zu Pferde. Eine Reitertruppe, besonders wenn sie geschulten Reiterheeren gewachsen sein sollte, ließ sich nicht einfach im Kriegsfall von Höfen und Landsitzen zusammenrufen – es ging darum, ein stehendes Heer zu gründen. Die Reiter dieses Heeres konnten nicht mehr wie bisher im Frieden ihre Güter bestellen oder verwalten. Sie mußten von anderen für ihren Reiterdienst erhalten werden.

Karl Martell ergriff die bei der obwaltenden Naturalwirtschaft gegebenen Maßnahmen: Er zog die größeren Grundherren, die über abhängige Landbesteller und auch über Verwalter ihres Landes verfügten, zum Reiterdienst heran, und dabei konnte er eben an die durch die Landnahme der Franken und Alemannen auf gallischem Boden neu eingetretenen Seßhaftigkeitsverhältnisse anknüpfen. Er brachte ferner ähnliche Abkommen in Gebrauch, wie sie die großen Grundherren wieder mit ihren Gefolgsleuten trafen, wobei die Gefolgsleute für ihren Reiterdienst Unterhalt, Schutz und Ausrüstung von ihrem Grundherrn bekamen. Außerdem aber schloß Karl Martell gleichsam private Dienstverträge des Herrschers, wenn man will Mietverträge mit freien, halbfreien, ja später auch mit unfreien kriegsdienstfähigen Leuten ab, die gegen lehnsweise Überlassung von Grundstücken und abhängigen Landbestellern den steten Reiterdienst leisteten. Diese leihweise Überlassung von Gütern zur Nutznießung (ein neues Element in der Staatsverfassung) war so eingerichtet, daß sie mit dem Tod des Beliehenen erlosch oder im Falle einer Verletzung der Dienstpflichten wieder aufgehoben werden konnte, so daß die Lehensgüter immer als Grundlage für die Aufstellung und Erhaltung eines stehenden Reiterheeres zur Verfügung blieben. Für die innere Begründung dieser Dienstverträge aber wurden die Vorstellungen des germanischen Gefolgschaftswesens in diese neuen Dienstverträge hineingenommen. Das altgermanische, für den Kriegsfall zu berufende Volksheer aller Freien blieb zugleich noch mitbestehend. Daneben aber trat ein berittenes Berufsheer aus freien Grundherren und freien Hintersassen und später auch aus unfreien, die durch die Übernahme dieses Dienstes in eine Art freien Standes übertraten, so daß von da an die von Herkunft Freien und die durch Dienst Freien zu unterscheiden sind.

Das Mittel, um unter den gegebenen naturalwirtschaftlichen Verhältnissen ein Berufsheer zu begründen und zu erhalten, war also die „Erfindung" des sogenannten Lehenswesens, das heißt die Beleihung solcher, die selbst nichts oder nicht genug besaßen, mit Land und landbestellenden Leuten, damit sie sich vollständig dem Kriegsdienst als Reiterkrieger eines stehenden Heeres widmen konnten. Innerlich wurden diese neuen Reiterkrieger unmittelbar oder mittelbar durch ihre Gefolgsherren an den Herrscher gebunden, der in diesen Verhältnissen als

33

Lehensherr auftrat. Man übertrug auf diese neuen Dienstverhältnisse die Gedanken des altgermanischen Gefolgschaftswesens – Suche der Bindung an den besten Herrn, freiwilligen Dienst auf Gegenseitigkeit, Treueverhältnis zwischen Gefolgsherrn und Gefolgsmann, in dem der Gefolgsmann dem Gefolgsherrn Schutz und kriegerischen Dienst gewährleistete (soweit eines Freien würdig), der Gefolgsherr aber dem Gefolgsmann Schutz und Erhaltung: Ernährung, Unterkunft, Kleidung, Bewaffnung verbürgte. Vermittelnd wirkte als noch vorhandener sogenannter Ausläufer des altgermanischen Gefolgschaftswesens die Gepflogenheit der Vasallität, in der der vassus (= Mann) an seinen dominus oder senior (= Herr) als sogenannter Vasall gebunden war. Immer hatte es ja solche gegeben und gab es solche, die sich freiwillig, aus inneren oder äußeren Gründen in Schutz und Dienst eines Stärkeren begeben hatten oder begaben, und der Seigneur und der Vasall waren geläufige Vorstellungen und Erscheinungen, die sich als Vorstellungen begreifen und zur Einspielung der neuen Verhältnisse ohne weiteres benützen ließen, ja ergaben.

Karl Martell zog die nach kanonischem Rechte ohnehin unveräußerlichen Kirchengüter vor allem zum Unterhalt durch Lehensvergabung heran, wofür ihm die Gründung des neuen Reiterheeres zum Kampf gegen Ungläubige und Glaubensfeinde die Handhabe bot. Schon vor Karl Martell war für Gefolgsleute, anstelle des Unterhalts im Hause des Herrn, eine Grundstücknutznießung gewährt worden. Diese Einrichtung wurde von Karl Martell ausgebaut – das Ganze als Nachbild und Gegenbild zur arabischen Heeresverfassung, bei der aber durch eine geschickte Verwendung des Geldwesens (das die Araber in den von ihnen eroberten Ländern ausgebildet vorfanden) an der Stelle der Landbelehnung eine Art Belehnung mit Steuer- oder Tributgeldern stand.

Von dieser durch Karl Martell begonnenen und von seinen Nachfolgern vielseitig weiterentwickelten neuen Ordnung für ein stehendes Reiterheer dringt das Lehenswesen in alle Zweige der mittelalterlichen Staatsverfassung ein: Schritt für Schritt werden das Reich und die einzelnen Staaten Lehensstaaten, und das von den Römern zunächst übernommene Amtsrecht bei der Staatsverwaltung wird in Lehensrecht verwandelt. In der zweiten Hälfte des 12. Jahrhunderts etwa finden wir ein ausgebildetes deutsches Lehensreich. An seiner Spitze steht der König und Kaiser als Quelle aller Lehen, der im Zuge der fortschreitenden Germanisierung des Christentums sich selbst als Lehensmann Gottes und Gott als seinen Lehensherrn sieht, so wie schon der Helianddichter die Apostel als Gefolgsleute Jesu Christi und Christus als Gefolgsherrn der

Apostel gesehen hatte. Geistliche Fürsten und weltliche Fürsten sind die Lehensleute des Kaiser-Königs und beleihen selbst wieder Lehensmänner, die ihnen und durch sie dem Reichsbeherrscher dienen.

Dieses Lehenssystem führt von Anfang an zu einer Umschichtung des führenden Standes und zu einer Neuschichtung des Adels. Auch unfreie, dienstverpflichtete Gefolgsleute verschiedenster Herkunft können bei Zutrauen des Herrschers und bei entsprechender Bewährung mit Dienstgut belehnt werden, ja ihre Belehnung empfiehlt sich für den Herrscher, weil er in ihnen unmittelbar von ihm selbst abhängige Streiter gewinnt. Indem diese „Unfreien" aber in das Lehensverhältnis eintreten und Reiterkrieger werden, wachsen sie in den neuen Reiterstand und damit in den neuen Adelsstand hinein, sie werden zu einem Dienstadel, dem sogenannten Ministerialadel. Vielerlei Kreuzungen der neuen Dienstmöglichkeiten finden alsbald statt, der Aufstieg des neuen Waffenstandes führt dazu, daß auch freie Edelleute in solche Dienstverhältnisse eintreten und daß früheres Dienstgut in Lehensgut umgewandelt wird.

Als die Araber, wie es Karl Martell vorausgesehen hatte, nach vielen Raubzügen und kleinen Einbrüchen, im Jahre 732 in einem großen Heerszug ins Frankenreich eindrangen, hat Karl Martell sie bei Tours und Poitiers mit seinem neuen Reiterheer – dem Zwilling des arabischen Reiterheers – entscheidend geschlagen. Dieser großen Schlacht gingen viele gegenseitige Erkundungen und viele einzelne Kämpfe voraus, und ihr folgten nun immer neue und immer wirksamere Begegnungen. Nach dem Sieg bei Tours und Poitiers kam es zwar zu keinem großen Einbruch der Araber ins Frankenreich mehr, aber die Araber kamen wieder, und die nächsten Jahrzehnte sind mit Kämpfen in Südfrankreich, von der Gironde bis zur Rhône angefüllt. Unter Karl Martells Sohn Pippin (751–768) und unter Karl Martells Enkel, Karl dem Großen (768–814) setzten sich diese Begegnungen immer wieder fort. 778 zieht Karl der Große auf Einladung des gegen den Kalifen von Cordoba rebellierenden Emirs von Barcelona nach Spanien. Pamplona wird erobert, Saragossa vergeblich belagert. Auf dem Rückzug wird im Roncetal Karls Nachhut von baskischen Gebirgsvölkern vernichtet, ein Begebnis, das im weitberühmten und über ganz Europa ausstrahlenden Rolandslied besungen wurde, welches für die geistige Begründung des europäischen Reiter-Ritterstandes entscheidend werden sollte. Damals gingen nach dem Rückzug Karls alle Eroberungen verloren, sie wurden aber wiedergewonnen: 795 (ein Jahr vor der Besiegung der im Nordosten drohenden asiatischen Reitermacht der Awaren durch Karls Sohn Pippin) kommt es zur Gründung der spanischen Mark.

35

801 wird Barcelona, 811 Tortosa erobert. Seit 797 steht Karl der Große in diplomatischer Verbindung mit Hārūn ar-Raschīd, dem abbasidischen Kalifen von Bagdad, weil gemeinsame Gegner, Byzanz und eben das Umayyadenreich in Spanien, die beiden Reichshäupter einander nahebringen, und Hārūn ar-Raschīd erkennt Karl dem Großen das Schutzrecht über die heiligen Stätten des Heiligen Landes und vor allem über Jerusalem zu. Die Sage wird Karl den Großen das Heilige Land selbst betreten und seine spanischen Arabersiege als Eroberer des Heiligen Landes ausfechten lassen.

*

Was sich im Reich der Karlinger, im späteren Westreich, abgespielt hatte, wurde im europäischen Ostreich, das bald nach dem Untergang der Karlinger die Vormacht gewann, nachgeholt und weiter ausgebildet. Und wieder waren es Begegnungen mit neuen asiatischen Reitern, die die Anlässe zum Vorwärtstreiben dieser Ausbildung gaben, mit ähnlichen Folgen. Mit dem Einrücken der Ungarn (jenes finno-ugrischen Steppenvolkes, das, von anderen Völkerzügen aus seinen Wohnsitzen am Kaukasus vertrieben, um die Mitte des 9. Jahrhunderts die untere Donau erreichte) begann der nördliche Zangenarm der Umklammerung Europas durch östliche Reitervölker wieder stark zu wirken. Von der unteren Donau her unternahmen die neuen östlichen Reiterheere, wie vordem die Awaren und vor den Awaren die Hunnen, ihre Raubzüge nach Westen und stießen mit Vorliebe in der Richtung auf die norddeutsche Tiefebene vor, die ihren Rossen ein weites Gefilde und gutes Futter, ihnen selbst aber ungeschmälertes Plündergut bot. Dabei trafen sie auf den Sachsenkönig Heinrich I., dem der Franke Konrad I., sein Königsrivale, in großartiger Einsicht bei seinem Tode die Krone hatte senden lassen. Heinrich handelt gegenüber den übermächtigen Gegnern sehr ähnlich wie Karl Martell. Er erkauft von den Ungarn durch Tribut einen Waffenstillstand für ganz Deutschland. Während dieser Waffenruhe legt er neue Burgen an, befestigt ältere Ortschaften und schafft so Flucht- und Schutzgehege für die Bevölkerung, wohin sie sich bei Reitereinfällen retten kann. Noch wichtiger aber: er nutzt die Zeit zur Aufstellung eines gepanzerten Reiterheeres und übt es ein, um ihrem neuen Ansturm, den er selbst zu dem für ihn reifen Zeitpunkt herbeizuführen gedenkt, gewachsen zu sein. Im Jahre 933 kündigt er den Ungarn die Tributzahlungen, die er im Jahre 926 eingegangen war, auf, die Ungarn kommen, die Landbevölkerung zieht sich in die neuen Schutzburgen zurück und Heinrichs neues, wohlgeübtes

Reiterheer schlägt die Ungarn bei Riade so wie Karl Martell die Araber bei Tours und Poitiers geschlagen hatte. Freilich war auch Heinrichs Sieg, so wenig wie der Karl Martells, schon ein endgültiger. Wie im Karlingerreich der Enkel Martells, Karl der Große, so vollendet im Ostreich der Sohn Heinrichs, Otto der Große, die Abwehr der östlichen Reiter und die Sicherung Europas. Als ein Ungarnheer, größer an Zahl als je eines zuvor, das von seinem Bischof Udalrich verteidigte Augsburg belagert, zieht Otto mit den Aufgeboten fast aller deutschen Stämme und den böhmischen Aufgeboten heran, besiegt die Ungarn in einer großen Schlacht und vernichtet ihr Heer bei der Verfolgung – eine Tat, die die Ungarn zur Sesshaftigkeit bringt, den Weg zur Rückgewinnung des Ostlandes jenseits der Enns freigibt und zur Gründung der bayrischen Ostmark, des Kerngebiets des späteren Österreich, führt, dessen Name Ostarrichi 996 zum ersten Mal auftaucht.

In der Augsburger Schlacht zeigen sich die Überlieferungen von Karls des Großen Kämpfen gegen die Araber als die Vorbild spendenden Gesten und Bilder, die den von Otto nach Heinrichs Tagen weiter geförderten Reiterstand des Ostreichs mit dem schon länger bestehenden Gegenstück im Westreich verbinden. Die Sage berichtet: Konrad der Rote, der Franke, aus dem fränkischen Geschlecht, von dem vorher die Königskrone an Ottos Vater übergegangen war, hatte, wohl nicht unbeeinflußt von dem alten fränkisch-sächsischen Gegensatz, den Aufstand von Ottos Sohn Liudolf in den Jahren 953/54 mitgetragen. Nach schweren Kämpfen hatte Otto die Aufständischen besiegt. Sie hatten sich unterworfen und ihre Herzogtümer verloren, waren aber von Ottos majestätischer Genialität von neuem zu Freunden und Mitträgern des Reiches gewonnen. In der Augsburger Ungarnschlacht von 955, so erzählt die Sage, habe dann Konrad der Rote seinen Abfall freiwillig gebüßt und seine Treue mit dem Tod besiegelt. Als der Verlust der Schlacht drohte, soll er sich, wie einst Roland im Roncetal, elf Freunde gewählt haben und mit ihnen in wütendem Angriff in das Zentrum des ungarischen Heeres vorgedrungen sein. Dort hätten er und seine neuen Pairs die Helme abgenommen und damit freiwillig im Kampf ihr Leben geopfert, dessen gewiß, was auch eintrat: die leuchtenden goldenen Locken ihres Helden und seiner Nächsten erspähend, stürzten sich Konrads Franken und mit ihnen die schon erschöpften Deutschen zu neuer Kraft entflammt auf die Ungarn, die Helden zu retten oder doch ihren Tod durch sie zu sühnen.

Ein mächtiges Nachspiel dieser beiden großen Ereignisse, die Eroberung Englands durch französierte und ins Reiterwesen hineingewach-

sene Normannen, zeigt dieselben Züge. Im Jahre 834 hatten diese Nordmänner – immer noch Fortsetzer der germanischen Völkerwanderung –
einen Plünderungszug in das Loiregebiet und ins schiffahrtswichtige
Friesland unternommen. 880 folgen neue Einbrüche und Verheerungen
westfränkischer Gebiete. 911 schließen die Nordmänner einen Vertrag,
der ihnen die Ansiedlung in der seither nach ihnen genannten Normandie
gestattet. Und nicht viel mehr als 150 Jahre später, im Jahre 1066, erobern
die romanisierten, wenn man will, französisierten und katholisch gewordenen Normannen als christliche Reiterritter das dem Heiligen Stuhl von
Rom ungehorsame, noch weitgehend heidnische, von Jüten, Angeln,
Sachsen und Dänen bewohnte England. Harald, der König dieses Landes,
der dem normannisch-westfränkischen Berufsreiterheer nur den alten
germanischen Heerbann entgegen zu stellen hat, wird in der Schlacht bei
Hastings besiegt, und England wird von jenen romanisierten Nord-
männern beherrscht und erhält eine germanisch-romanische Misch-
sprache. Vor dieser Schlacht aber, so ist es überliefert, hat Taillefer, der
Hofsänger des Normannenfürsten Wilhelm des Eroberers, vor dem normannischen Reiterritterheer auf- und niedersprengend, einen Gesang von
Karl dem Großen und von Roland und Oliver, dem führenden Freundes-
paar der zwölf Pairs, gesungen, von dem der Dichter Wace in seinem
Roman de Rou (Vers 8035 bis Vers 8040) so berichtet:

> Taillefer qui moult bien chantant
> Sor un cheval qui tost allant
> Devant le duc allant et chantant
> De Charles le Maigne et de Rolant
> Ed' Oliver et des vassals
> Qui moururent en Roncevals.

Man könnte diese Verse etwa so übersetzen:

> Taillefer, der kunstreich war im Sang,
> Auf einem Roß, das mutig sprang,
> Zum Herzog ritt er und sein Sang erklang
> Von Karl dem Großen, von Roland
> und Oliver und jener Zahl
> Die starben einst im Roncetal.

Diese Überlieferung beweist, daß die England erobernden Normannen
schon Reiterritter in dem Sinne geworden waren, in dem sich das Reiter-
rittertum seit Karl dem Großen und seinen Mitkämpfern ausgebildet

hatte, und beweist ferner, daß jene Normannen sich dessen bewußt waren und aus diesen inneren Bildern lebten, die sie sich vor der Entscheidungsschlacht durch den Sänger heraufbeschwören ließen.

Auch dieser Kampf der katholischen Normannen gegen die als heidnisch oder doch als dem Papste unbotmäßig angesehenen Angelsachsen und Dänen wird als eine Art Kreuzzug christlicher Reiterritter angesehen, und Wilhelm hatte sich sozusagen eine päpstliche Ermächtigung dazu verschafft.

Auf dem berühmten Teppich von Bayeux kann man zuerst die Schiffe Haralds bei seinem Zug nach Frankreich sehen, auf denen nach alter Wikinger Weise die gereihten Schilde die Schiffsborde erhöhen, und die Fußkämpfer hinter den Schilden stehen, weiterhin die Schiffe Wilhelms, auf denen dichte Reihen von Rosseköpfen über die Schiffsborde schauen, und schließlich die normannischen Reiterritter, die in Scharen den berittenen König Harald und sein kleines berittenes Gefolge, dann aber – der eigentliche Ursprung des Sieges – die dänisch-angelsächsischen Fußkämpfer jagen.

∗

Man kann also zusammenfassend sagen, daß ein westliches Reitertum zunächst aus den Begegnungen der Westgoten und der Franken mit den spanischen Arabern entstanden ist, daß es sich dann im Karlingerreich auch über die fränkischen Gebiete ausbreitete, im späteren Ostreich in den Begegnungen mit den Reiterscharen der Ungarn zu reicher Ausbildung kam und durch die schon ins Reiterwesen hineingewachsenen Normannen auch nach England übertragen wurde. Auf welchen Wegen aber ist es zu einer *inneren* Konstitution dieses neuen germanischen Reitertums gekommen, das aus den geschilderten äußeren Gegebenheiten und zunächst aus äußeren Maßnahmen entstanden ist? Und auf welchen Wegen drangen innere Elemente in dieses Reitertum ein und bildeten sich dann innere Elemente in ihm heraus, die aus diesem Reitertum zunächst einen Reiterstand mit eigenem Lebensgefühl und eigener Lebensführung hervorgehen ließen?

Es ist vorteilhaft, zunächst noch immer von außen her auf diese inneren Ereignisse hinzuschauen. Man beginnt vielleicht am besten mit der beim berittenen Menschen unmittelbar eintretenden und dann sich mannigfach auswirkenden Erhöhung durch das Pferd. Dabei bringt ein Äußeres, von außen Bedingtes und Herbeigeführtes große innere Folgen hervor. Zunächst findet durch das Besteigen des Pferderückens eine wirkliche räumliche Erhöhung statt, die ein Gefühl des Erhobenseins, ja der Entrückung aus der üblichen Lebensart erzeugt, ähnlich wie ein Mensch, der auf einen Baum gestiegen ist, dort in eine andere Luftschicht reicht und die erweiterte Sicht von oben genießt. Kein Zweifel, daß der germanische Reiter zugleich die Annäherung an die Lage der Fürsten, Herzöge und Anführer empfand, weil er sich beim Kampf und bei der Bewegung in eine der ihrigen ähnliche Situation versetzt fand. Es kommt weiter hinzu, daß man auch durch die in der Vereinigung mit dem Pferde gewonnene Schnelligkeit und Wucht der Bewegung gleichsam in eine andere Daseinsart gerückt wurde und sich als ein neues Doppelwesen empfinden konnte. Weiter muß man die innere Erhebung bedenken, die durch das Bewußtsein des Anblicks hervorgebracht wird, den man zu Pferde anderen zu bieten weiß und der die anderen schon einfach räumlich als untergeordnet erscheinen läßt. Bezeichnend ist, daß man einem Höheren oder irgend jemand, den man ehren muß oder ausdrücklich ehren möchte, niemals zu Pferde gegenüber tritt oder doch nur dann, wenn das gerade zu seiner Ehre geboten scheint. Es gibt viele Beispiele, wo auch Kaiser zum Gebet ausdrücklich, sei es aus innerem Gebot oder auch weil es eine inzwischen entstandene Sitte erheischte, vom Pferde steigen: so ist es zum Beispiel in der Wirklichkeit oder in Sage und Dichtung von Karl dem Großen, von Otto dem Großen und von Rudolf von Habsburg bezeugt. Die Ritterdichtung des Ostens und des Westens ist voll von Beispielen, wie der im Rang Zurückstehende (oder der den anderen ehren Wollende) dem Kaiser, dem Fürsten, dem Vater, der Mutter, der Geliebten, der Dame, dem Sieger, ja dem zu ehrenden Kinde gegenüber in jeweils angemessener Entfernung vom Pferde steigt, und wie diese Ehrung sogleich von der anderen Seite erwidert wird.

Indem man aber vielen anderen durch die Erhöhung auf das Pferd entrückt ist, ist man zugleich dem ebenfalls Berittenen, sei er gleichen oder höheren Standes, auf eine besondere Weise verbunden und zugeordnet. Der Zuwachs an Macht, Kraft und Schnelligkeit, den die Vereinigung mit dem Pferde mit sich bringt, wirkt sich auf sehr vielfältige Weise aus und trägt zur Erhöhung des Selbstgefühls bei. Dem Reiter muß der Nichtberittene ausweichen, wenn es der Reiter darauf ankommen läßt und wenn er nicht niedergeritten werden will. Die vier Rossehufe und die Wucht des Rosseleibes kommen dem Reiter als Steigerung seiner Kräfte und seiner Machtmittel zugute. Die Stoßwaffe des Reiters, seine Lanze, wird nicht nur von seiner eigenen Körperkraft vorangetrieben, sondern zugleich von einer Pferdekraft, und seine Hiebwaffen kommen vom hochgelegenen

Orte aus auf alles, was unter ihm ist, zu einer gesteigerten Wirkung, gesteigert nicht nur dadurch, daß die Schwerkraft beim Niedersausen mit im Bunde ist, sondern auch dadurch, daß es viel schwerer ist, sich gegen den Schlag von oben zu schützen und daß diesem Schlag besonders wichtige Teile preisgegeben sind.

Wichtiger aber als all dies erscheint noch die Steigerung des Menschen in der Verbindung mit einem edlen Tier, das edle Eigenschaften mit dem Menschen teilt: Mut, Treue, wettkämpferischer Eifer, hohes Ehrgefühl und Hingabe an ein Ziel. Und auch des Tieres besondere Schönheit kommt dem Reiter zugute. Sie zeichnet zugleich ihn aus, denn sie wächst unter einem guten Reiter zu einer wunderbaren, fast geistig zu nennenden Erscheinung und Haltung.

Ein arabisches Gedicht auf den Rappen, der eine weiße Blesse auf der Stirne hat und weiße Fesseln über den Hufen, spricht für das hohe Bewußtsein dieser Schönheit bei den Arabern, die ihr Gefühl dafür mit nach Europa brachten und ähnliche Anschauungen der neuen europäischen Reiter noch steigerten:

> Es kam auf dich zu der Renner, der in den Kampf gezogen,
> Der frohe, der oben und unten das Helle dem Dunklen vermählt,
> Als habe der weiße Morgen ihn auf die Stirne getroffen
> Und habe von dort den Weg zu den Hufen gewählt.

Hören wir das, so sehen wir den weißen Morgen fast ohne Dämmerung aus der Nacht hervorschlagen, wie man es in Anatolien und den arabischen Ländern erleben kann, jenen weißen Morgen, der diesem Rappen die Stirne getroffen hat und ihm dann in die Fesseln gefahren ist. Kein Zweifel, daß der Dichter auch eine Erscheinung des Weltwesens, die Vermählung von Hell und Dunkel, als eine Tat des Rappen zeigen will.

Noch mächtiger spricht vielleicht ein anderes der vielen arabischen Gedichte, die dem edlen Roß gewidmet sind oder in denen es doch miterscheint:

> Ist es ein Roß, das vorüber mir schoß,
>   doch schnell sich ins Weite verlor?
> Oder zuckte wie flammender Blitz
>   vorüber ein Meteor?
> Felsige Pfade begrüßen es froh,
>   wenn hurtig heran es schnaubt,
> Auf seiner Stirne das glänzende Mal:

das hat es dem Morgen geraubt.
Hört es Geräusch, so erschrickt es und glaubt,
der Beraubte setze ihm nach,
Doch zu so schwingendem Fluge sind selbst
des Frührots Flügel zu schwach,
Müde bleiben die Steine zurück,
wenn der Renner den Lauf beginnt,
Und nicht holen die Wolken ihn ein,
wenn sie jagen auch noch so geschwind.
Frage die Winde, wo seines Laufes
alläußerste Grenzen sei'n
Antwort weiß dir nicht einer
darauf als die Winde allein.

Die Blesse auf der Stirn des Pferdes als ein dem steigenden Morgen geraubtes Lichtmal und die Vorstellung, daß selbst der beraubte Morgen mit seiner Flügelschnelle das Lichtmal raubende Pferd nicht einholen kann, so daß es dieses Lichtmal immerzu ins Dunkel voranträgt, das sind Wendungen der Gedanken und der Bilder, die die geistige Verknüpfung des Menschen mit der Schönheit des Pferdes sehr wirksam andeuten.

Vergessen sollten wir auch nicht, daß wir noch heute eine Manifestation der ritterlichen Lebenserhöhung durch die Verbindung mit dem edlen Tier und der gegenseitigen Steigerung an Noblesse vor Augen haben können. Wenn in der spanischen Hofreitschule in Wien die weißen Hengste sich unter den mit ihnen verwachsenen Reitern lustvoll zur höchsten Schönheit der Bewegung steigern, und diese Reiter wieder von Adel und Schönheit des Tieres selbst erhoben, zu einer ritterlich vollendeten Haltung gelangen, so können wir bei solchem Anblick ahnen, wie ehedem ein vollendeter Reiter-Ritter zu Pferde saß und mit seinem Roß zusammen das, was man schlicht Schönheit nennt, erreichte.

Wir wissen – die Chanson de Roland ist voll von Zeugnissen dafür – wie sehr die neuen germanischen Reiter selbst von diesen Erhöhungen durch das Pferd und von der Gemeinschaft mit dem edlen Tier ergriffen wurden und wie sehr sie in diesen Dingen mit den arabischen Gegnern wetteiferten und sich von ihnen steigern ließen. Die Namen der Rosse, hochklingend, bedeutungsvoll oder schön oder drastisch bezeichnend, die Erwähnung des beteiligten Rosses bei so vielen großen Kämpfen, die Roßgeschenke als Anerkennung zwischen Reitern und schließlich der Roßraub sind sprechende Zeichen dafür.

Diese durch das Roß Erhöhten wurden, allein schon durch äußere Gegebenheiten, in eine besondere Erziehungsgemeinschaft hineingeführt, die starke innere Auswirkungen hatte. Es kam zu einem neuartigen Zusammenleben der Männer, die den Kampf zu Roß üben mit Einzelkämpfen, Gruppenkämpfen und großen Bewegungen in der Schlacht. Dabei mußten zu den fertigen Reitern und Reiterkämpfern immer wieder die werdenden kommen, zu den Lehrenden die Lernenden. Dieses Zusammenleben fand auf den Höfen derjenigen statt, die die neuen Reiterkrieger in größerer oder kleinerer Zahl zu stellen hatten und dafür meist mit Lehnsgütern belehnt waren, und selbstverständlich an den Höfen der Könige. Und ein solches Zusammenleben neuer Art konnte nicht stattfinden, ohne daß eine Sitte dafür und für alles, das damit zusammenhing, ausgebildet wurde. Kam es doch auf eine Sittigung der Rauhen und der jungen noch Ungezähmten und auf ein Bewahren der Haltung bei den reifen Reiterkriegern an. Die Herrinnen der Höfe, ihre Gefährtinnen, ihre Töchter und weiblichen Verwandten jeder Art mußten gerade bei diesen Sittigungen eine entscheidende Rolle spielen, schon allein um dem neu entstehenden Umgang zwischen Männern und Frauen (die Mägde mit eingeschlossen) entsprechende Formen zu geben und ihn gegen Einbrüche und Ausbrüche möglichst sicherzustellen. Aber auch die Eß- und Tischsitten, die Sitten gesellschaftlichen Umgangs und überhaupt alles, was die auf neue Weise versammelten Männer in Haus und Hof taten, mußte zugleich in das Interesse und in die Lenkungsgewalt der Hofherrin fallen. Diese einfachen Gegebenheiten sind zweifellos eine Mitvoraussetzung dafür gewesen, daß bei der Ausbildung des Reiter-Ritterstandes auch als eines geistigen Standes die Frauen als Erzieherinnen eine solch entscheidene Rolle spielten und daß die Liebe zwischen Mann und Frau dann von diesem neuen Ritterstand als Minne, das heißt vor allem als Erziehungsmacht aufgefaßt wurde.

Wie schon bei der „Erfindung" des Lehenswesens haben bei der Ausbildung des Reiterritterstandes die Anknüpfungen an die Überlieferungen des germanischen Gefolgschaftswesens größte Bedeutung gehabt. Der Hofherr und Ausbilder der neuen Reiterkämpfer mußte notwendig in die Lage eines Gefolgsherrn kommen. Auf seine Beziehungen zu seinen Reiterkriegern, auch auf die inneren, mußten notwendig die überlieferten Vorstellungen vom Zusammenspiel zwischen Gefolgsherrn und Gefolgsmann angewendet werden – also vor allem gegenseitiges Treue- und Schutzverhältnis, gegenseitige Auswahlvorgänge und alle Gedanken und Haltungen, die aus der Idee des freiwilligen Dienstes entsprangen. Neben die Sippenverfassung der Germanen trat damit notwendig wieder eine Erneuerung des Gefolgschaftswesens, das aber nun in seiner neuen Art viel weiter um sich griff und viel systematischer faktisch, rechtlich und gefühlsmäßig ausgebildet wurde.

Ganz natürlich strömten in diese neuversammelten Männergruppen und in ihre gegenseitigen Beziehungen die Überlieferungen von früheren Kriegertümern und Heldentümern ein. Das geschah sowohl mit dem aus germanischer Vergangenheit Überlieferten wie mit allem, was aus antiker Überlieferung auf die germanischen Stämme eingedrungen war und in immer neuen Kenntnisnahmen und Verbreitungen eindrang. So kam es zu einer Art Wettbewerb zwischen germanischen und antiken Vorstellungen des Helden und des heldischen Verhaltens in diesem neuen Reiterkriegertum. Und sehr vieles in der späteren Ritterdichtung kann nur aus diesen sich kreuzenden Überlieferungen verstanden werden.

Die christliche Liebesreligion begann (man möchte fast sagen trotz der Machtbedürfnisse der Kirche) ihren verfeinernden und veredelnden Einfluß auch auf die Seelen der Reiterkrieger auszuwirken. Maria, die Jungfrau und Gottesgebärerin, half auch aus christlicher Überlieferung her ein Hochbild der Frau zu bestärken, zu dem die germanischen Stämme aus ihren urtümlichen Anschauungen her ohnehin neigten. Heilige und Helden gab es auch in der christlichen Legende, und den neuen Reiterkriegern konnte es nichts Fremdes sein, den Heiligen als Helden und den Helden als Heiligen zu sehen.

Das ganz Entscheidende aber ist zuletzt noch einmal ins Auge zu fassen: Der Gegner, durch den dieses neue Reiterkriegertum überhaupt auf den Plan gerufen worden war, besaß schon das alles, was nun unter den Germanen entstand und auf sie einwirkte. Er kannte die Erhöhung durch das Roß mit allen ihren Folgen für die äußere und innere Lage des reitenden Menschen. Er kannte die Erziehungsgemeinschaften der Reitermänner und die Einwirkungen der edlen Frauen auf die Ausbildung ihrer inneren Haltung und ihres neuen Lebensgefühls. Seine Reiterkrieger waren schon zu einer Wettkampfgemeinschaft zusammengeschlossen, die sich im Frieden in Wettspielen Ausdruck gab, wie sie nun auch unter den germanischen Reiterkriegern entstanden. Die Sittigung durch ein Hofleben, das sich von den unmittelbar mit dem Herrscher zusammenlebenden Reiterkriegern durch alle Stufen herab bis zu den Einzelnen, auch den vom Herrscherhof weit Entfernten auswirkte, war ihm bekannt. Gefolgschaftsähnliche Erscheinungen waren auch bei den arabischen Reiterkriegern in gewisser Weise eingetreten. In die islamischen Heere waren

bereits die Überlieferungen älteren Kriegertums, vom eigenständigen be-
duinischen Heldentum herkommend oder aus griechischer und persischer
Überlieferung übernommen, eingeströmt. Reiterspiele und Reiterwett-
kämpfe, wie man sie eben bei sich selbst aus den natürlichen Trieben
zusammenlebender Reiterkrieger heraus ausbildete, waren bei diesem
Gegner schon in Übung. Man sah also sehr vieles, womit man im eigenen
neuentstehenden Reiterleben befaßt war, beim Gegner schon vor sich und
erfuhr bei allen Erkundungen des Gegners, wie sie die Kampferfahrung
und die Kampfinteressen mit sich brachten, immer neu und immer mehr
davon.

Dazu kam nun aber noch die innerste Angelegenheit, die bei den
neuen Reiterkriegern und für diejenigen, die sie anführten und einsetzten,
sicher die größte Rolle spielte. Dieser Gegner war „Heide", also, wie man
zu sagen pflegte, ein „Ungläubiger" (so nannte man ja in jenen und
manchen anderen Zeiten diejenigen, die einen anderen Glauben hatten).
Aber diese „Ungläubigen" knüpften ihr Reiterwesen und ihr Edeltum
gerade an ihren Glauben, ihre Religion. Es konnte nicht anders sein, als
daß die Begegnung mit einem solchen religiösen Reiterkriegertum zu
einem Erwachen uralter Vorstellungen und Triebe bei den neuen germanischen Reiterkriegern führte. Besaßen doch die Germanen eine Überlieferung, in der Kriegertum und Heldentum immer gottunmittelbar gewesen war, in der der Schlachtentod als ein Wahlakt des höchsten Gottes
erschien, der sich immer neue Kämpfer in seine walhallischen Helden-
scharen holte. Die schon mit dem Beginn der Christianisierung einsetzen-
den Versuche, auch das Christentum in eine Kriegerreligion, und auch
den Christengott in einen Kriegergott umzudeuten (man denke an den
Heliand!), mußten in dieser neuen Lage großen Auftrieb erfahren. Die
Krieger Odins wurden zu Kriegern Gottes. Und so kam es, und zwar in
einem ganz anderen Maße als bis dahin, zu dem, was man die Germanisierung des Christentums genannt hat. Der Christengott wurde mit allen
Mitteln zum Reiterkriegergott erhöht, die im Irdischen entstandenen
Lehensverhältnisse, die den neuen Stand faktisch und rechtlich konsti-
tuierten, wurden auf das Verhältnis des Reiterkriegers zu seinem Gott
übertragen. So machen die Schlachtgebete, Mahnungen und Verheißungen
des Erzbischofs Turpin in der Chanson de Roland den Christengott
eindeutig zum Gott der Reiterkrieger und das christliche Paradies zur
schimmernden, belohnenden Blumenwiese, auf die der im Kampf gefal-
lene Reiterkrieger im Jenseits gebettet wurde. Roland zelebriert bei seinem
Tod seinen Vertrag mit Gott ganz auf ritterliche Weise: Er reicht Gott

seinen Handschuh hin (das Symbol des ritterlichen Mannes, das ihn bei Kampf und Vertrag vertreten konnte), und die Erzengel Michael, Gabriel und Raphael kommen vom Himmel herunter, um das Pfand entgegenzunehmen.

Diesen religiösen Wandlungen ganz nahe stehen die rhythmischen und klanglichen Umbildungsprozesse im Gesang, wobei wir Singen sowohl als dichterisches Erklingenlassen gehobener Sprache wie als Übergang in das Melos gesungener Töne begreifen müssen. Bei der Bekehrung zum Christentum, besser beim Eintritt der Germanen in eine für sie zunächst noch ziemlich äußerliche christliche Lebensordnung haben zweifellos die Wirkungen des christlichen Gesangs eine sehr bedeutende Rolle gespielt.

Der bekannte Geschichtsvorgang: innere Überwältigung des Siegers und Eroberers durch den Besiegten, auf dessen bisherigem Boden er sich niederläßt oder den er in seine Dienste nimmt, wirkt sich auch heute noch vor unseren Augen aus: Bei den weißen Eroberern Amerikas bewährt sich dieses Gesetz darin, daß die Weißen den besiegten Indianern und den versklavten Schwarzen rhythmisch und musikalisch anheimfallen. Das ist eine innere Überwältigung, die man gewiß nicht für weniger ausgiebig und weniger wirksam halten darf als die innere Überwältigung der Germanen durch die christliche Religion, die ihnen von Unterworfenen, man kann ruhig sagen, aufgesungen wurde; und nicht für weniger wirksam als die innere Überwältigung etwa der Turkvölker durch die Religion des Islam, in deren Gebiete sie eindrangen. Die Umbildungen in den Bezirken des Rhythmus wirken noch tiefer verwandelnd als die in den Bezirken der religiösen Lehre, die viel langsamer und keineswegs so unmittelbar, den ganzen Menschen ergreifend, vor sich gehen. Man könnte sagen: der rhythmisch Besiegte ist am vollständigsten besiegt. Denn es scheint ein Gesetz der menschlichen Natur zu sein, daß eine einmal eingegangene rhythmische Bindung die darin Eingeschlossenen viel mächtiger isoliert und von andersartigen rhythmischen Gefügen abscheidet (bis zur Verständnislosigkeit und Unfähigkeit, ein rhythmisch anders geartetes Leben überhaupt noch erleben zu können), als etwa die Zugehörigkeit zu einer Religionsgemeinschaft von den Lehren und Lebensfügungen einer anderen Religion. Bei den weißen Eroberern Amerikas ist diese rhythmische Besiegung so vollständig, daß sie selbst zu den fähigsten und fanatischsten Aposteln der Rhythmik werden, der sie anheimfielen, und die sie auf die übrige Welt ausstrahlen.

Dieses moderne Beispiel kann uns ermessen lassen, was für eine bedeutende Rolle Rhythmus und Klang auch bei der Bekehrung der Germanen zum Christentum gespielt haben. Es waren in sehr vielen Fällen musikalisch-rhythmische Gewalten, die bei der Gewinnung für die neue Lehre und ihre Lebensgebärde wirksam wurden. Daß die neuen Priester sangen, daß der neue Kultus singend vollzogen wurde, muß die stärkste Wirkung ausgeübt haben. Das sehen wir aus vielen Bezeugungen und sehen es vor allem aus den schon bald beginnenden und zu unsäglicher Süße und Gewalt aufsteigenden keltisch-germanischen Musik- und Gesangschöpfungen im eigentümlich verwandelten christlichen Ton. Im Jahre 724 – um ein Beispiel zu geben – wird das nachher reichstragende Kloster auf der Insel Reichenau gegründet von jenem Pirmin, der vielleicht aus Spanien kam und ein christianisierter Westgote war, der wahrscheinlich nicht ohne den Einbruch der Araber in Spanien von 711 nach Norden gezogen wäre. (Einer anderen Vermutung nach kam er aus Irland, wo ein frühes Christentum, der europäischen Christianisierung vorauseilend, sich ausgebildet hatte.) Auf der Reichenau aber ist bald danach Graf Hermann der Lahme (Hermannus contractus) aufgestanden als einer der frühesten und großartigsten germanischen Sänger im neuen germanisch-christlichen Ton.

Die rhythmischen Gewalten, die mit dem christlichen Gesang (also in Dichtung und Musik) auf die Germanen eindrangen, haben an der inneren Konstitution des neuen germanischen Reitertums bedeutsam mitgewirkt, und auch in diesen Bezirken fand man Entsprechendes bei den islamischen Gegnern, die unter mannigfachen und darunter auch antik-christlichen Einwirkungen ihre Sangesweise ausgebildet hatten. Die so lebhaften und folgereichen Kontakte zwischen der späteren ritterlichen Sangesweise in unseren Ländern mit der des arabischen Reiter-Rittertums beruhen mit auf diesen Voraussetzungen.

Fragen wir uns nun, wie alle diese äußeren und inneren Bewegungsgründe zu einer inneren Konstitution des neuen Reitertums zusammenschmolzen und wie aus den inneren Regungen, Erlebnissen und Produktionen das Lebensgefühl eines neuen Standes hervorging und sich verbreitete, so ist die Antwort: dieser neue Stand hat sich *dichterisch* konstituiert. Das neue Lebensgefühl ist aus rhythmischen Sinngebilden hervorgegangen, hat sich in rhythmischen Sinngebilden verbreitet und so die einzelnen Glieder dieses Standes zusammengeschlossen und von anderen unterschieden. Der Reiterstand und später der Ritterstand sind im Innersten nicht aus einer religiösen Lehre und nicht aus staatspolitischen oder beruflichen Doktrinen hervorgegangen (wie sie sonst wohl zu Standesbildungen führen), sondern aus einer Dichtung, in der sich das neue Standesgefühl – eben ein neues Lebensgefühl – rhythmisch und in dichterischen Bildern verlautete. Dieser neue Stand hat religiöse, staatspolitische und berufliche Elemente in seine innere Konstitution aufgenommen und in sich eingehen lassen, aber er hat sich ursprünglich in Dichtwerken gestaltet, die aus dem Erleben seiner werdenden Träger entsprangen. Es entstand freilich später so etwas wie eine ritterliche Religion (sie ist bedeutsam genug als das neue und eigentümliche Gebilde einer weltlichen Religiosität), und es gab nachher auch so etwas wie eine Ritterlehre und wie Maximen eines Ritterberufes. Aber am Anfang stand die freie dichterische Gestaltung eines sich ausbildenden und immer neue Zonen des menschlichen Daseins in sich einbeziehenden Lebensgefühls.

Von daher erklärt es sich, daß wir den neuen Stand der Reiter-Ritter und alle Blüten des eigentlichen Rittertums primär in der Dichtung und aus der Dichtung begreifen können. Man kann sagen, daß mit dem inneren Werden des Reiter-Ritterstandes im Orient und Okzident das Zeitalter einer neuen Epik heraufkam, ein zweites episches Zeitalter nach der ersten Periode, in der die frühen Völker ihr geistiges Gesicht und ihr Daseinsbild gewannen. Und man kann sagen, daß mit dem inneren Werden des Reiter-Ritter-Standes eine neue und eigenartige Lyrik heraufkam, in der sich persönliches Regen, Fühlen und Denken mit dem Glauben an ein gemeinsames Weltfühlen und Weltdenken vereinigte: Der Reiter-Ritter dichtet und singt und lebt aus der Dichtung und dem Gesang sozusagen von Standes wegen. Ritter-Fürsten, Ritter-Könige und -Kaiser dichten aus innerem Bedürfnis heraus, haben Standesdichter in ihrer Umgebung, leben mit ihnen in echten Lebensbünden, kämpfen um die besten Sänger und ihre Werke; und wer sich als eigentlicher Ritter erweisen will, sucht zu zeigen, daß er des Gesanges mächtig ist, sei es als Ausübender, sei es als Wissender und Teilnehmender.

3.
Dichtung und Geschichte

Die Sage, die älteste Form der Überlieferung unter Menschen, und die Dichtung wachsen aus der gleichen Wurzel. Die Urgeschichte – Geschichte als umgestaltende Wiedergabe des Geschehenen – ist das Urlied. Sage und Dichtung folgen einem Gesetz des menschlichen Lebens: es muß sich selbst darstellen, es muß Bilder seiner selbst hervorbringen. Menschliches Leben kann nicht gedeihen, wenn es sich nicht in einem zweiten Element noch einmal hervorbildet und wenn es sich nicht aus seinen eigenen Gebilden zurückempfängt. Diesem Gesetz folgen im Grunde alle von Menschengeist hervorgebrachten Schöpfungen und Einrichtungen, alle Künste, Religionen und Wissenschaften, alle Kulte, Begehungen, Gebräuche und Staatseinrichtungen. Besonders aber ist es der innere Sinn von Sage und Dichtung, Lebensvorstellungen zu erschaffen, in denen der Mensch sich darstellt und aus denen er dann wieder neue Lebenskräfte empfängt.

Sage ist alle Überlieferung eines Geschehens in der *Sprache*. Ursprüngliche Sage aber ist Bildschöpfung und damit Dichtung. Dichtung hinwider ist geformter Sprachlaut für ein äußeres oder inneres Ereignis, ist Lebensgebilde in der Sprache. Dem entspricht, daß bei fast allen Völkern die Dichter als die ersten Historiker hervortreten: von den Liebesepen der Nomaden Asiens bis zu Homer, vom Gilgameschepos bis zu den Gesängen der Skopen und Barden in den germanischen und keltischen Königshallen bis zum Oghuzname bei den Türken und bis zum Königsbuch Firdausis. Karl der Große hat die germanischen Heldenlieder sammeln lassen, die sein Sohn Ludwig der Fromme dann vernichtete, und um eben diesen großen Karl ist neue Dichtung, das Lied von Roland, entstanden.

Und die Dichter sind nicht nur am Anfang und dann immer wieder die „ersten" Historiker, sie sind auch die „letzten" in dem Sinne, daß nichts unter Menschen und Völkern eigentlich lebendig bleibt, wenn es nicht „besungen" wurde. Immer wieder haben gerade die großen Tatmenschen das Verlangen empfunden, ins „Lied" zu kommen, hat ihnen all ihr Wirken unerfüllt und zeitverfallen geschienen, wenn es nicht geistiges Gebilde, wenn es nicht „Gesang" geworden ist.

Die Dichter als Bild-Wirker und Bewahrer sind damit auch die Spender von allen lebenhervorbringenden Vor-Vorstellungen, Ahnungen und Erweckungen künftigen Geschehens. Bei Homer findet sich das Königswort des Alkinoos, das die ebenso kühne wie eigentümlich griechische Deutung des Zusammenhangs zwischen Dichtung und Geschichte gibt:

All dies schufen die Götter und sie verhängten den Menschen
Untergang, daß er Gesang den künftig Lebenden werde.

Nach dieser Deutung wird das in seinem Wesen stets tragische Geschehen unter Menschen von göttlichen Mächten bewirkt, damit daraus der Gesang entstehe, der die Künftigen erhebe.

Zu allen diesen Feststellungen und Erwägungen werden viele der Heutigen sagen: Wie ferne ist uns das alles. Wir leben in ganz anderen Verhältnissen. Was uns als Dichtung berührt, ist nur Seelendichtung, wie sie in unserem Zeitalter, der „Neuzeit", begonnen hat und seitdem herrschend geworden ist. Das Wissen um die Geschichte haben längst die Fachleute, die Historiker, übernommen, die alle Länder und Zeiten durchforschen. Bei ihnen fragen wir an und müssen wir anfragen, wenn wir etwas von der Geschichte wissen wollen. Mögen Sage und Dichtung das geschichtliche Bewußtsein früherer Zeiten bestimmt und deren Leben genährt habe – wir sind kritisch geworden. Wir wollen kein fragwürdiges Bild der Geschichte, wir wollen die geschichtliche Wahrheit erfahren, wir wollen, mit Ranke zu sprechen, wissen, „wie es eigentlich gewesen ist".

Indessen: man darf Rankes bekanntes Wort nicht dahin mißverstehen, als ob es ein unverwandeltes Wissen darum gebe, wie es „wirklich" gewesen ist. Vor jedem ehrlichen Wissenwollen und Habenwollen der Geschichte, ja jedes Geschehens, muß eine Erkenntnis stehen. Eine scharfe Schneide trennt das wirkliche Geschehen von jedem Wissen darüber, von jeder Wiedergabe. Alles Geschehen verrinnt unerbittlich in sich selbst und bleibt einsam und unerforschlich. Alles, was wir davon wissen, begreifen, erfassen, aussagen können, entsteht in einem anderen, in einem zweiten, neuen Daseinsraum, ist schon eine Umsetzung, ist schon eine Deutung oder beruht auf Deutungen. Es ist schon eine Auffassung, ist im günstigen Falle: ein Bild!

50

Auch der nüchternste Historiker muß schon bei seinem Forschen und Untersuchen (wie aber erst bei seinem Darstellen!) Tätigkeiten seines Geistes und seiner Seele ausüben, die denen des Dichtens verwandt sind. Notwendig ist sein Verfahren an ähnliche Gesetze des Aussagens und der Wiedergabe in der Sprache gebunden, die immer das „Wirkliche" verwandeln. Übrigens üben alle etwas Mitteilenden solche verwandelnden Tätigkeiten aus. Jede Mitteilung, jede Wiedergabe eines äußeren oder inneren Geschehens in der Sprache setzt die Umsetzung in eine zweite Existenzart, in eine Existenz in der Seele, setzt das Entstehen und Wirken innerer Bilder voraus.

Die Aufgabe des wissenschaftlichen Historikers kann nur heißen: Suchen und prüfendes Bewähren der dem Gegenstand gemäßen Darstellung aus dem redlich eingestandenen Wissen um die innere Bedingtheit seiner Aussagen und Vorstellungen. Nüchternes Erwägen und verantwortungsbewußte Genauigkeit sind nur Voraussetzungen der Erkenntnis. Es ist durchaus eine hohe Kraft und daher eine hohe Pflicht des Menschengeistes, Erscheinungen auf ihr Wesentliches hin anzuschauen, das Wesentliche in ihnen zu suchen auch da, wo es nur bruchstückhafte, unvollkommene Bezeugungen gibt. Gerade in diesem häufigen Falle gilt es, aus unvollkommener Überlieferung den Kern zu entwickeln, das Eigentliche, das ihr innewohnt, zu gewinnen. Mit dieser ihrer höheren Aufgabe sind die Historiker jeder Art aber wieder in der Nähe der Geschichtsdichtung, die sie, gerade wegen ihrer Pflicht zu kritischer Erkenntnis, nicht ernst genug nehmen können. So ist es auch beim Verhalten des allgemeinen Bewußtseins gegenüber der Geschichtsdichtung.

Im Leben der heutigen Zivilisationsmenschen tritt uns auffallend und häufig eine eigentümliche Unfähigkeit und Unlust entgegen, große Dichtung überhaupt aufzunehmen. Schon die Begegnung mit gehobener, geformter Sprache ist sehr vielen heutigen Menschen unangenehm geworden. Die Ansprüche der Dichtung, daß man sich ihren Rhythmen füge, auf ihre Klänge horche, daß man sich an ihren Bildern messe, mit ihnen lebe oder gar sich nach ihnen ausrichte, sind ihnen unbequem. Und da man sich nicht im Stande fühlt, diese Ansprüche zu erfüllen, sucht man sie als bedrückend und unberechtigt beiseite zu schieben. Eine lange, natürliche und ausgebildete Tradition im Aufnehmenkönnen gehobener Sprache ist abgerissen.

Die heutigen dichtungsfernen Menschen dürfen aber nicht glauben, daß das bei den Menschen früherer Zeiten und noch junger Vergangenheit immer ähnlich oder geradeso gewesen sei. Diese Menschen hatten im

Orient und im Okzident eine natürliche und durch Erziehung jeweils ausgebildete Fähigkeit, Dichtung aufzunehmen, in und aus der Dichtung zu leben. Sie haben Dichtung gesucht mit starkem Triebe und als einen Lebensquell empfunden. Ein Hauptvorwurf gegen Herrscher und Staatsmänner war es, wenn sie nichts von Dichtung, nichts vom Dichten verstanden. Als ihr Ruhm galt dagegen, selbst zu dichten, Dichter um sich zu sammeln, Dichtungen genau zu kennen, in ihnen und ihnen nachfolgend zu leben. Die Dichtung wirkte auf die ersten Empfänger und durch sie auf andere und in Umbildungen durch viele Schichten. Aus ihr entsprangen Gebärden, Lebenshaltung, Formungen und Leistungen der Menschen.

Es ist in Deutschland lange her, daß ein deutscher Fürst im Mittelalter die einzige noch unfertige Handschrift der ersten deutschen Ritterepe durch seine Leute rauben ließ, um das Werk zu besitzen, den Dichter zu sich zu zwingen, des Fürsten eigenes Wirken in dieser entstehenden ritterlichen Welt und seinen eigenen Ruhm mit der Dichtung zu verbinden. Und es ist lange her, daß bei uns Fürstenhöfe dann miteinander wetteiferten, die besten Dichter bei sich zu versammeln. Es gab und gibt natürlich immer Ausnahmen, wie jenen bedeutenden Minister der Weimarer Republik, der sich stets einen Band des damals lebenden großen Dichters mit auf seine Reisen nahm, weil er sich, wie er sagte, darin besser auch über die wahre Zeitlage informiere. Ähnliches gilt für Scharnhorst, der nie ohne seine Goetheausgabe auf Reisen ging. Aber im Ganzen überwiegt meist die Dichtungsferne. Goethe selbst hatte das Glück, in dem *einen* Herzog Carl August von Weimar gerade noch zur rechten Zeit seinen Schützer zu finden. Seine Entscheidung, *nicht* zu Napoleon nach Paris zu gehen, wie jener es wollte, sondern in Weimar zu bleiben, haben die Deutschen nie ernst genommen. Sie bedenken nicht, was es für ein Ingenium bedeutet, ob es zu einem ganzen Volk sprechen kann, in einer großen Staatsgemeinschaft Stimme hat. Heute hat man sich in Deutschland vielfach daran gewöhnt und sieht es gerne, wenn die Dichter im Abseits stehen, oder man treibt sie auch durch Teilnahmslosigkeit und Unempfänglichkeit für ihre Gesichte bis in Wahnsinn und Tod, um sich dann später – bei Gedenktagen! – mit ihnen zu brüsten.

Das ist und war im Orient anders. Die orientalischen Völker lebten und leben, wie ein Kenner es ausgedrückt hat, viel mehr in und aus ihren Dichtern, und das auch unmittelbar und nicht erst nach hundert und mehr Jahren. Der Verfasser wird nie das Wort eines türkischen Freundes vergessen, der zu ihm sagte: „Ohne Dichtung ist das Leben wertlos". Aber auch in Europa, bei anderen Völkern und in anderen Zeiten können wir viele

52

Beispiele von naher Verbindung des menschlichen Verhaltens mit der Dichtung finden, wie etwa die Wirkungsgeschichte Homers zeigt: Staatsgründer und Staatsmänner, wie Lykurg und Peisistratos, haben die homerischen Gesänge gesammelt und in den Kanon gebracht, in dem wir sie heute noch lesen. In den führenden Staaten des alten Griechenlands, in Sparta und Athen, war es das Um und Auf der Erziehung, die homerischen Gesänge auswendig zu lernen. Jahrhunderte hindurch gab es keinen Staatsmann oder Feldherrn, keinen Mann von irgendwelcher Bedeutung, der sie nicht als sein Lebensbuch kannte. Aischylos hat seine Tragödien „Brosamen vom Tische Homers" genannt. Die Gedanken und Bilder Homers haben bei allen Gedanken und Handlungen dieser Menschen gestanden und ihr Verständnis untereinander mitbewirkt. Und Platon, als er das geistige Leben der Griechen auf eine andere Grundlage stellen wollte, mußte zuerst diese maßgebende Gegenwart Homers, den Homer-Menschen, wie er ihn nannte, bekämpfen. Alexander, der Platons Idee von einem Großreich der Griechen verwirklichte und Orient und Okzident verschmolz, hatte, trotz seiner geistigen Abstammung von Platon über seinen Erzieher Aristoteles, dennoch den Homer unter seinem Kopfkissen. Und als er seinen Zug begann, warf er vor Trojas Küste feierlich seine Lanze in Asiens Erde, sie an dieser von Homer geschilderten Stelle betretend, um am Grabe Achills zu beten. – Von den Scipionen ab lasen die Staatsmänner Roms den Homer, und Augustus ließ sich von Vergil ein homerisches Epos in lateinischer Sprache dichten, das ihn selbst und Caesar nach Abstammung und Gesinnung, so eng es nur anging, mit der Welt Homers verband.

Weniger bekannt ist, daß Winckelmann, der Begründer der deutschen geistigen Bewegung im 18. Jahrhundert, der der Bibel vorwarf, daß Freundschaft und Schönheit nicht in ihr vorkämen, sich ein Gebetbuch aus diesem Homer zusammenschrieb, und daß er statt der Bibel noch einmal den Homer zum Lebensbuch neuer Generationen machen wollte, und ihn zu seinem eigenen Lebensbuch wirklich machte.

*

Auch bei den Gegenständen der ritterlichen Dichtung, denen wir uns in den folgenden Kapiteln widmen wollen, handelt es sich nur scheinbar um etwas Entlegenes, ganz und gar Vergangenes. Das ritterliche Menschenbild ist das letzte große Menschenbild, das Morgenland und Abendland verbunden hat. In abgewandelter oder verhüllter Form sind manche seiner

Züge immer noch lebendig geblieben und könnten gerade für die Gegenwart von Bedeutung sein. So ist es vielleicht auch heute gar nicht so abwegig, den Ursprüngen des Ritterglaubens nachzugehen. Diese sind in zwei großen Dichtungen zu finden: im Abendland in Turolds Rolandslied und im Morgenland in Firdausis Königsbuch.

4.
Turolds Rolandslied
und das karolingische Menschenbild

Das altfranzösische Rolandslied des Normannen Turold (um 1100) ist die reichste Ausgestaltung der schon langher überlieferten Gesänge, die das Geschick Rolands und der „Gleichen" um Karl den Großen schilderten. Im großen Karl erschien der rettende, ein neues Zeitalter heraufführende Mensch des Abendlands, der Gründer Europas. Karl war auf einem Kriegszug in Spanien gewesen, hatte eine spanische Mark von Barcelona bis Pamplona gegründet. Aber die Bannung der arabischen Gefahr könnte dem geschichtlichen Blick wie ein Nebenwerk erscheinen, mit der linken Hand getan, gegenüber den vorspringenden Taten Karls: der Einigung der germanischen Stämme, ihrer Einführung in das Christentum und der Wiederbelebung antiken Gedankengutes im neu entstehenden Vielvölkerstaat.

Die Dichtung sieht es anders: Die neuen Reiter waren der Stand geworden, der die neue Schöpfung europäischer Einheit trug. Das Lied sucht den Kaiser und den Sinn seines Wirkens von den Kämpfen und dem Aneinander-Wachsen der östlichen und der westlichen Reiterheere zu erfassen.

Der Kaiser des Liedes ist nach Spanien gezogen und hat im siebenjährigen Kriegszug den größten Teil des Landes erobert. Nur in einem Bezirk, in Saragossa, thront noch der König Marsilis unter Muhammads Zeichen. Dieser östliche König ist aber nicht nur als der Fremde bezeichnet mit den scharf gesehenen Zügen östlicher Herrscher, wie sie dem abendländischen Menschen erscheinen. Er ist auch als Verwandter gesehen in der Aufgabe und in der Kunst der Menschenführung. Marsilis, vorgestellt als Lehensmann und Statthalter seines Oberherrn Baligant in Bagdad, ist äußerst bedrängt und bittet zum Schein Karl um Frieden. Karl berät mit den Seinen. Wirksam und bedeutungsvoll sind schon hier Vasallen und Reichsbeamte, Herzöge, Grafen, Ratgeber unterschieden

von den Pairs (den Pares oder den Gleichen), den zwölf Freunden um den
Kaiser. Roland, des Kaisers Nächster und Anführer der Gleichen, rät zum
Krieg bis zum Äußersten. Seine Worte: „Befehdet sie – sei's bis an Eurer
Ende!" Sein Grund, der den Frieden ausschließt: Sie haben schon einmal
ihnen gesandte Boten einfach getötet, also Ritterrecht gebrochen. Ganelon, der Schwestersohn des Kaisers und selbst Haupt einer mächtigen
Sippe, rät zum Frieden. In Rede und Widerrede entfalten sich die Gestalten und das Verhalten dieser Großen untereinander und zum Kaiser, wie
auch die Art des Kaisers unter den Seinen zu wirken, mit den Gleichen zu
leben. Die Heeresversammlung neigt sich Ganelons Rat zu, Boten zu
senden. Von Roland vorgeschlagen, und zugleich verhöhnt, wird Ganelon
zu Marsilis gesandt, die Gegenbedingungen des Kaisers zu überbringen.
Vor seinem Aufbruch schwört er Rache an Roland und den Gleichen.

Das ist die Exposition, und nun folgen klar aufgebaut die Akte des
Dramas. Ganelon, entschlossen zum Verrat, lenkt Marsilis zum Angriff
auf den Kern von Karls Gründung. Rettung vor dem Kaiser – so zeigt er
dem Gegner – kann nur die Vernichtung seines Menschenbundes bringen,
die Vernichtung Rolands und der Gleichen. Ganelon wird dafür sorgen,
daß diesen beim Abzug die Nachhut übertragen wird und daß der Kaiser
weit voraus zieht. Diese Nachhut soll Marsilis mit seinem ganzen Heer,
also mit gewaltiger Übermacht, überfallen und vernichten. Der Plan gelingt. Nach einem Heldenkampf größter Bewährung fällt die ganze Nachhut, fallen alle Gleichen bis auf Roland. Vor dem Schwerverwundeten
aber weichen die letzten Scharen der Feinde, nach einem Speer- und
Pfeilhagel, den sie noch auf ihn senden, in einer Art von magischer Scheu.
Marsilis, der seinen Sohn und die rechte Hand verloren hat, ist schon
vorausgeflohen.

Roland und die Gleichen triumphieren während des ganzen Kampfes
mit Gebärden, Worten, Taten, die ihr neues Menschentum bezeugen und
ihren Bund mit dem Kaiser, mitten in ihrem Untergang. Das bekannteste
Beispiel ist der Hornstreit zwischen Roland und Oliver: Der Kaiser hat,
schon am Paß, Rolands Horn gehört, das jener aber, nicht nach Hilfe
sondern nur nach Ehrentod und Rache für den Verrat verlangend, erst am
Ende des Kampfes geblasen hat. Karl läßt den Verräter Ganelon, der ihn
noch einmal über Rolands Hornruf zu täuschen sucht, in Fesseln werfen,
kehrt mit dem Heer zurück, verfolgt das Heer des Marsilis, erreicht von
Gott im Gebet, daß er den Lauf der Sonne anhält, erreicht die Feinde und
wirft, nach einem Vernichtungskampf, die Reste des feindlichen Heeres in
den Ebro. In der Nacht sieht der Kaiser in Traumbildern, die an Dantes

Gesichte gemahnen, die herannahenden neuen Geschicke. Am nächsten Morgen zieht er auf die Walstatt Rolands und der Gleichen zurück, findet den Leichnam Rolands, der einem alten Schwur gemäß todwund noch ein Stück ins Feindesland hineingeschritten war und sich auf einen Hügel gebettet hatte. Der Kaiser singt, dreimal mit dem Anruf „Roland mein Freund" beginnend, die Totenklage.

Da erreichen ihn die Boten Baligants, des Kaisers des Morgenlandes, die ihn zum Entscheidungskampf herausfordern. König Marsilis hatte schon vor sieben Jahren, als Karl und sein Heer in Spanien einbrachen, Boten zu Baligant, dem Padischah, dem Großherrn des Ostens nach Bagdad gesandt. Lange hatte es gedauert, bis das Heer des Großherrn aus seinen vierzig Reichen gesammelt war. Berauschend werden diese Heerscharen vom Großherrn, die Pracht der Schiffe, mit den Karfunkelsteinen und mit den schimmernden Laternen an den Masten, bei der Überfahrt und bei der Einfahrt in die Ebromündung geschildert. Der Besuch Baligants beim schwerverwundeten Marsilis ist ein Gespräch der Beiden in den Formen wie zwischen Lehensherr und Lehensmann nach neuer westlicher Prägung. Hinreißend Baligants stolzes Bewußtsein von seiner Kraft und Macht: er hat nur eine Sorge, Karl könnte entweichen, eh er ihn zum Kampfe gestellt. Er sendet an ihn eine ritterliche Kampfansage in dem Glauben, den Gegner so festzuhalten bei seiner Ritterehre, auch gegen seinen Vorteil. Die Herausforderer, ein Botenpaar, werden in größter Eile entsandt. Karl erhebt sich aus der Klage, und befiehlt die Rüstung zur Schlacht. Er betet vor dem Heer auf die Erde geworfen. Von den beiden Kaisern geordnet treffen die beiden Heere aufeinander. Eine riesige Schlacht beginnt und spielt in großen Wogen vor unseren Augen. Ihr Gipfel ist der Zweikampf der beiden Kaiser und der Sieg Karls in diesem Zweikampf, der die Schlacht entscheidet.

Aber hier steht nicht guter heller Westkaiser gegen dunklen bösen Ostkaiser. Beide stehen gleichleuchtend vor uns als Vertreter einer höchsten Aufgabe: der Einigung und Formung der zwei Welten, der Weltfügung überhaupt und ihrer entscheidenden Voraussetzung: einer neuen Menschenfügung. Fast läßt der Dichter, zum Triumph der Kaiseridee, den Ostkaiser noch heller leuchten. Baligant ist es, der zuerst Karl trifft, am Haupt verwundet, daß er wankt und zu stürzen droht. Nur der jäh herabkommende Engel Gottes kann Karl durch seine Mahnung aufrichten und ihm die Kraft zum Todesstreich auf Baligant verleihen. Und die Schilderung Baligants vor der Schlacht zeigt deutlich, worum es der Dichtung geht:

57

Der Großherr will nicht daß die Zeit verrinne
Legt an die Brünne die von Zierrat blinkte
Er schnürt den Helm dran Gold und Gemmen blitzen
Und gürtet sich das Schwert an seine Linke.
Er hängt sich um die breite Last des Schildes
Dess Buckel Gold dess Rand von Steinen glitzert
Dess Band Damast mit rosenem Gewirke.
Auf seinem Schlachtroß kommt er stolz geritten
Den starken Speer Maltet in Lüften schwingend
Mit kräftigen Schenkeln hält er sich im Sitze.
Schlank ist sein Leib und hochgewölbt die Rippen
Die Schultern breit, das Auge hell und blitzend
Sein Antlitz kühn, ums Haupt die Locken ringeln
Die weiß wie sommerliche Blüten schimmern.
Schon oft bewies er *ritterliche* Sitte –
Gott, welch ein Held wenn er für Christus stritte!

Der Ruf nach einem Helden so groß, wie er auf östlicher Feindesseite hervortrat, erklingt immer wieder auf in den Chansons de Geste und zeigt, wie nah verbunden das östliche Rittertum von denen im Westen empfunden wird. Hier gipfelt dieser Ruf in dem heißen Wunsch, der feindliche Kaiser in seiner untadeligen Größe und Schönheit möchte ein Streiter für Christus sein – ER, ein großer Erweiser ritterlicher Sitte.

Es geht in dieser Dichtung, dem Rolandslied, die die Menschenschöpfung Karls des Großen verherrlichen will, zugleich um die Anerkennung der inneren Verbundenheit der beiden Welten, östlicher und westlicher, im Ritterglauben, in der erwachten ritterlichen Weltschau und im Glauben an das Reiche einigende und erhebende Aufwachsen eines ritterlichen Menschentums. Die dichterische Preisung gilt dem Sieg dieses Menschentums, dessen Erweckung im Westen Karl dem Großen zugeschrieben wird. Es erscheint in Vorstufen und ersten Erfüllungen in des Kaisers Nächsten, seinen „Gleichen", die genau unterschieden werden von allen sonst bedeutenden Erscheinungen, die Karls Reich und seine Macht stützen und vertreten. Diese „Gleichen" erscheinen als der Kern von Karls Schöpfung, ihr Untergang erscheint als furchtbare Bedrohung dessen, was an höherem Leben und höherer Gesinnung durch den Kaiser in die Welt gekommen war. Die zwölf erwählten, ihm gleichgearteten Träger seiner Gesinnung strahlen von da ab als Vorbild in das ritterliche Geschehen Europas. Artus mit seiner erwählten „Tafelrunde" erscheint als der zweite

Karl in der ritterlichen Menschenauswahl und Menschenschöpfung. Dazu strahlen die „Gleichen" aber auch als Vorbild in die Reihen der östlichen „verwandten" Feinde. Es ist bezeichnend, daß man sich auf östlicher Seite nach Ganelons Schilderung von Karls Zwölf Getreuen einen Sieg nur vorstellen kann, wenn man selbst im Stande ist, durch Auswahl und Vereinung entsprechend Gesinnter in den eigenen Reihen eine Vereinigung solcher Gegen-Gleichen zu erzeugen und jenen entgegen zu stellen.

Ganelon, der Sendling Karls, ist es, der diese Erweckung und die nachgebildete Vereinigung bei den „Heiden" hervorruft. Als der Heidenkönig Marsilis ihn bittet, ihm von Karl dem Großen zu berichten, wann der wohl je ermüden würde, antwortet Ganelon: NIE! Aber er zeigt Karls Menschenbindung als Vorbedingung seiner Kraft:

> Er ist so groß, wer könnt es ganz bekunden?
> Mit solchen Adels Licht von Gott durchdrungen
> Will er nicht leben als *in edler Runde!*

Nur wer die Gleichen vernichten kann, beraubt ihn seiner wahren Kraft. Es fallen immer wieder sehr deutliche Worte über diesen Zusammenhang bei Ganelon:

> Wer dies bewirkte, daß Graf Roland stürbe,
> der würde Karl den Arm vom Leibe stücken
> Die stolzen Heere blieben ungerüstet,
> Gering die Macht die Karl zu sammeln wüßte
> Und stete Ruhe euer Land beglückte.

Erst diese Eröffnung bewegt Marsilis zum unbedingten Bündnis mit Ganelon:

> Dies hörend Marsil auf den Hals ihn küßte
> Er ließ der Gabenschreine Deckel lüften

und die Heidenkönigin Bramidonie spendet dem Verräter Kostbarkeiten für sein Weib.

Der Verratsplan, der Überfall auf die Gleichen mit vielfacher Übermacht, wird ausgeschmiedet. Ganelon soll dafür sorgen, daß Roland und die Gleichen zur Nachhut gewählt werden, wenn Karl zum Abzug bewogen ist. Mit diesem Versprechen bricht Ganelon auf zum Rückritt zu Karl

und überbringt die täuschen sollenden Unterwerfungsgaben und das
Unterwerfungsgelöbnis der Heiden an den Kaiser. Und drei Tage später
brechen Hunderttausende des Heidenheeres auf, nach inbrünstigem Gebet zu ihrem Propheten, und ziehen gegen die Nachhut Karls. Im Anblick
der Christenfahnen aber sprengt Aëlruth, der Neffe des Königs Marsilis,
nach vorne und erbittet von seinem König dies einzige Lehen: den Schlag
auf Roland und die Gleichen. Den gewährenden Handschuh des Königs
in Händen ruft er ihm zu:

> Mein schöner König, reich habt ihr vergolten.
> Erwählt mir zwölf der Helden die euch folgen
> Daß ich die Gleichen Zwölf zum Kampfe fordere!

Die darauf gebildete Gegen-Zwölf der Heiden beginnt den Kampf gegen
Karls Nachhut im Roncetal.

Das innigste Zeugnis von Karls des Großen Bund mit seinen Erwählten gibt einmal der Aufruf, mit dem der auf Rolands Hornruf zu-
rückkehrende Kaiser die Gefallenen namentlich anredet, und sprechen
zum zweiten die Trauergesänge, mit denen er die Gefallenen feiert nach
seiner Rachetat an Marsilis' Heer. Der erste Aufruf wird im Liede so geschildert:

> Roland ist tot, der Herr die Seele nahm.
> Ins Roncetal der große Kaiser kam.
> Da war kein Weg und nicht ein einziger Pfad
> Von kahlem Land es keinen Fußbreit gab
> Wo nicht ein Franke oder Maure lag.
> Rief Karl: „Wo seid ihr, schöner Neffe, sagt?
> Wo ist Turpin, wo Oliver der Graf,
> Wo ist Gerin, Gerer das Freundespaar
> Und wo ist Otto, wo ist Berengar
> Wo Engler der Gascogner weilen mag
> Ivor und Ives meinem Herzen nah
> Wo Sansun, Aneis von edler Art
> Gerhart von Rossiljon so hoch betagt –
> Wo sind die Zwölf? Ich ließ sie hier im Tal."
> Was half sein Ruf? Nicht einer Antwort gab.
> Gott, sagte Karl, wie foltert mich der Gram
> Daß ich gefehlt als dieser Sturm geschah!

Wir hören Karls Schmerz aus seiner wiederholten Frage, wo jeder der Geliebten jetzt sei, und hören von ihrem Merkmal, von ihrer Art, und wir hören bald danach Karls zusammenfassendes Wort über den Erfolg der Heiden:

Die Blüte raubten sie des süßen Reiches.

Und abermals sucht der Kaiser seine Nächsten, zurückkehrend von der Vernichtung des Marsilisheeres in das Schicksalstal. Er findet Roland, umarmt den Toten und sinkt in Ohnmacht. Als er erwachend den schönen Leib Rolands erblickt, nun bleich, entfärbt, mit gebrochenen Augen, beginnt er seine Klagelieder. Drei von ihnen sind Roland geweiht und beginnen mit dem Anruf: „Roland, mein Freund". Er wünscht dem Entrückten das Paradies und in dessen Blumen zu liegen. Jeder Tag wird ihn selbst von nun ab mit seinem Schmerz besiegen, und seine eigene Kraft wird ihm entfliehen. Er werde nach diesem keinen Freund mehr so wie ihn auf Erden finden und seines Reiches nur mehr in Tränen walten. Alle von Roland besiegten Völker werden sich wieder erheben. Er fühle den Schmerz so sehr, daß er selber den Tod begehre.

Und eine letzte Klagestrophe faßt alle die toten Gleichen und seinen Schmerz um sie zusammen: er bittet den Höchsten, seine eigene Seele entfliegen zu lassen, damit er sie zu seinen Freunden erhöbe.

Der Kaiser gebietet, alle die gefallenen Zwölf auf dem Schlachtfeld zu suchen, zusammen zu tragen und den Ruf von Rolands Horn zu seinem Andenken noch einmal zu erheben. Das Räucherwerk duftet um die Toten, und man gibt sie der Erde. Doch Roland, Oliver und Turpin erfahren, nach Karls Befehl, eine besondere Beisetzung. Der Kaiser läßt ihre Leichen öffnen, ihre Herzen in weiße Seide hüllen und in einem Marmorschrein bewahren. Die Leiber der Drei werden mit Gewürz und Wein gewaschen und mit Hirschhäuten umkleidet, auf drei Gespannen von zwei Grafen nach Franken heimgeleitet, mit Galazerseide bedeckt. Sie werden an der Gironde in Blaye in hellen Schreinen bestattet.

Ganelons Verrat an den Gleichen erscheint als Verrat an Karls Menschenschöpfung. Daß der Kaiser ihn so empfindet, zeigt sich am stärksten beim Gericht über Ganelon nach der Heimkehr in Aachen, zum dem der Kaiser, wie zur Probe, die Richtenden aus allen Reichsteilen beruft. Des Kaisers Anklage gegen Ganelon faßt der Satz zusammen:

Um Gut verriet er meine Zwölf die Gleichen.

Ganelon besteht auf seinem persönlichen Racherecht nach der Unbill, die ihm bei seiner Sendung zu Marsilis von Roland geworden, und stellt einen Rechtsstreiter für sich in seinem mächtigen Verwandten Pinabel. Die ratenden Richter „berechnen" Vorteil und Nachteil, den Ganelons Schonung brächte, und argumentieren zuletzt: welchen Nutzen könne Ganelons Verurteilung noch bringen? Sein Tod könne doch Roland nicht ins Leben zurückrufen! Alle Richter rufen zu dieser Berechnung ihren Beifall, bis auf Einen. Das ist der Augenblick, an dem Karl erkennt, daß er von allen verraten und getrogen sei, und er neigt sein Haupt in Düsternis und nennt sich elend in dieser Qual.

Für das Erscheinen dieses *Einen* aber, der für den Kaiser streiten will und Ganelons Verurteilung verlangt, ruft der Dichter des Liedes die Blicke seiner Hörer besonders auf:

Den Ritter Dietrich *seht* ihm gegenüber!

Es ist Dietrich von Anjou, Bruder des Reichsbannerträgers Gottfried von Anjou, der nun hervortritt, und der Dichter schildert behutsam seine Gestalt: „Hager und schlank, zartgefügt, von edlen Maßen." Dietrich grüßt den Kaiser und spricht Ganelon, der sich nicht nur an Roland, sondern am Kaiser vergangen hat, den Tod zu. Es kommt zum Kampf um das Gottesurteil zwischen Dietrich und Pinabel. Als die Kämpfer schon ihrer Rosse beraubt sind, tritt noch einmal der Gegensatz zwischen Vorteilsdenken und Ehrendenken hervor: Pinabel bietet sich an, Dietrichs Gefolgs-Mann zu werden und ihm viele Güter darzubringen, wenn Dietrich Ganelon mit Karl versöhne. Dietrich besteht auf der Kampfentscheidung. Nur dann könne er für Pinabel beim Kaiser eintreten, wenn Ganelon gerichtet werde. Dem setzt Pinabel sein Sippendenken und seine Sippentreue zu Ganelon entgegen. Im Weiterkampf wird Dietrich im Antlitz verletzt, und, dadurch zu einem Gegenschlag entflammt, trifft er Pinabel zu Tode.

Da steigt der Kaiser von seinem Hochsitz hinab in die Kampfbahn und wischt mit seinem Mardermantel Dietrich das Blut aus dem Antlitz. Der Kaiser schließt Dietrich in seine Arme und läßt ihn sorgsam entwaffnen. Man hebt ihn auf ein weißes Maultier und läßt ihn nach Aachen zum kaiserlichen Palast tragen. Ganelon wird hingerichtet. Dietrich aber erscheint als Bürge für die Zukunft der von Karl heraufgerufenen und erwählten Menschenart.

Die Hoffnung auf das Fortleben der karlisch-ritterlichen Menschenart ging in Erfüllung. Sie erscheint von Neuem in der weitausstrahlenden Sage von König Artus und seiner Tafelrunde. In einem späteren Abschnitt dieses Buches wird erzählt werden, wie Artus, der sagenhafte Britenführer gegen die in England eindringenden Sachsen, im Bewußtsein der Menschen an Karls des Großen Stelle trat, wie die Ritterkönigin Alianor die Artuswelt in die europäische Dichtung einbringt, und wie sie die durch sie geführte geistige Erhebung des westlichen Rittertums in einem Artusepos darstellen läßt.

5.
Firdausis Königsbuch
und die seldschukische Reichsgründung
in Anatolien

Das Schahnāme (sprich Schach-Namé) Firdausis, das iranische Königsbuch, ist um 1000 n. Chr. entstanden. Ein genialischer Vordichter, Daqīqī,
hat es am Samanidenhof in Samarkand im Auftrag des dortigen Fürsten
begonnen und ist vor der Ausgestaltung dem Trunk verfallen und ermordet worden. Seine hinterlassene Aufgabe wurde dem Dichter Firdausi
zuteil an einem anderen Hof, dem des inzwischen emporgewachsenen
Nachbarreiches von Ghasna unter dessen großem Herrscher Mahmūd
Ghaznawī.

Mahmūd hatte die Übermacht in Iran, bis in den Irak und bis nach
Indien gewonnen. Er war es, der nun für sein neues iranisches Reich durch
die Dichtung eine Vorgeschichte für seine Herrschaft gewinnen wollte. Er
war selbst noch der samanidischen Tradition verbunden: Ein Statthalter
der Samaniden in der Provinz Chorasan, der bedeutende Alptekin, war als
angekaufter turkmenischer Knappe an den samanidischen Hof gekommen
und dort aufgestiegen. Zur Zeit seiner Blüte als Statthalter war er, wie es
heißt, von 2.700 eigenen turkmenischen Knappen umgeben. Nach einem
Konflikt mit den Samaniden, als er von seiner drohenden Abberufung und
geplanten Ermordung erfuhr, verwehrte er sich und den Seinen den
Aufstand, ritterlich seine Gefolgstreue haltend, brach mit einer ausgewählten Schar seines eigenen Gefolges zu einem Zug gegen Afghanistan
und Indien auf und eroberte Ghasna. Sein nächster Gefolgsmann, der
Turkmene Sabuktekin, wurde sein Nachfolger als Herrscher von Ghasna,
und der Sohn und Nachfolger Sabuktekins war eben der große Mahmūd,
der Firdausi mit der Königsdichtung beauftragte.

Der Dichter Firdausi hat in seinem Königsbuch die Geschichte der
Herrscher Irans von den Sagenanfängen bis zu dem Eroberer Iskender
(Alexander dem Großen) gegeben. In seiner Darstellung ragt unter den
mythischen Herrschern, die das Schicksal Irans begründeten, einzigartig

das Sagengeschlecht der Kayaniden hervor. In ihm und unter seinem Walten spielen im Schahnāme die höchsten Gestalten und Schicksale und treiben die schönsten menschlichen Blüten. Besonders eindrücklich beschreibt Firdausi das Schicksal des Siyāwusch und seines Sohnes Kaihusrau, zweier ritterlicher Gestalten, die das menschliche Leben auf eine neue geistige Ebene heben.

Siyāwusch, der Sohn des Iranherrschers Kaikāwūs, war von Rustam, dem großen iranischen Helden erzogen worden. Als er in der Jugendblüte an den Hof seines Vaters zurückkam, entflammte seine Schönheit die zweite Gattin des Vaters, Sūdābe. Sie lud ihn in ihre Gemächer, und Firdausi schildert den Eindruck, den der junge Fürst hervorrief:

> Das ganze Frauengelaß wurde voll von Reden:
> Siehe da (den der) Kopf und Krone des Weisheitssuchenden ist,
> Es ist als ob er den Menschen nicht gleiche
> Sein Geist streut Weisheit aus.

Sūdābe versucht, ihn mit allen Verführungskünsten für sich zu gewinnen. Doch Siyāwusch widersteht. Firdausi läßt ihn zu sich selbst sprechen:

> So sprach er zum Herzen: von dem Werk des Diwen
> Halte mich fern der Herr des Saturn,
> Ich begehe nicht Treulosigkeit am Vater
> Ich schließe keine Freundschaft mit Ahriman.

Die schwer gekränkte Sūdābe bezichtigt Siyāwusch vor Kaikāwūs, die Geschehnisse umkehrend, eines gewaltsamen Eindringens und will ihn damit, sich rächend, vernichten. Freiwillig erbietet sich Siyāwusch zur Feuerprobe, und der Reine erweist seine Reinheit, indem er im weißen Kleide auf seinem Rappen in den Flammenberg reitet und weiß und unverletzt daraus hervortritt. Firdausi schildert:

> Siyāwusch trieb den Schwarzen in der Weise an,
> Als ob sein Pferd mit dem Feuer im Bunde.
> Von jeder Seite zog die Flamme herauf.
> Niemand sah Siyāwusch und das Pferd.
> Die Ebene voller Menschen mit den Augen voll von Blut:
> Bis wann kommt er aus dem Feuer heraus?
> Aus dem Feuer heraus kam der freie Mann,

Die Lippen voller Lachen, die Wangen wie eine Rose.
Als sie ihn sahen, erhob sich Getöse,
Heraus kam aus dem Feuer der junge Schah.
So kam das Pferd und das Gewand des Reiters
Als ob er weiße Blüten im Rocksaum hätte.

Nach diesem Geschehen bittet Siyāwusch den Vater, der Versucherin und Verleumderin zu vergeben, sie bei sich zu behalten und ihn in den Kampf gegen Turan, das Steppenreich im Norden, zu entsenden, das mit Iran in Urfehde liegt.

Siyāwusch, vereint mit Rustam, siegt in diesem Kampf mit so großen Siegen, daß Afrāsiyāb, der König von Turan, sein Angebot dauernden Friedens zwischen beiden Reichen an Siyāwusch sendet, mit üppigen Geschenken und mit Schwüren der Ergebenheit. Als Siyāwusch und Rustam Sicherheit verlangen durch Geiseln, die sie selbst aus Afrāsiyābs Nächsten wählen, sendet Afrāsiyāb die Ausgewählten. Darauf wird ein feierlicher Friede geschlossen und Siyāwusch sendet die Siegesbotschaft und die Botschaft vom geschlossenen Frieden an seinen Vater.

Der jähe und unversöhnliche Kaikāwūs lehnt diesen Frieden ab, bezichtigt Siyāwusch, daß er sich von trügerischen Geschenken und Gelöbnissen habe bestechen lassen, und verlangt die Auslieferung der Geiseln, damit er sie schänden und töten lasse. Siyāwusch versucht zunächst, den Vater zu beschwichtigen. Als Kaikāwūs des Sohnes und Rustams Vorstellungen höhnend zurückweist und auf seiner Einforderung der Geiseln und Erneuerung des Kampfes gegen Turan besteht, steht Siyāwusch zu seinem Ritterwort. Er kündigt zwar den Frieden auf, sendet aber alle Geschenke und die unversehrten Geiseln an Afrāsiyāb zurück.

Als der vom Vater daraufhin verstoßene Sohn eine Zuflucht für sich sucht, gelingt Pīrān, dem turanischen Heerführer und Wesir Afrāsiyābs, der für den ritterlichen Frieden eingetreten war und sich als Geistesverwandter Siyāwuschs erwiesen hatte, eine Lösung. Er bewegt Siyāwusch dazu, nach Turan ins ehemalige Feinesland zu Afrāsiyāb zu ziehen und bei dem indessen zum Freund gewordenen Feind zu leben. Afrāsiyāb empfängt Siyāwusch mit der in ihm erwachten Liebe und gibt ihm, auf Pīrāns Rat, seine Tochter Farangīs zur Frau. Diese Ehe soll nach beider Willen den künftigen Frieden und die künftige Freundschaft zwischen den ewig verfeindeten Reichen besiegeln. Afrāsiyāb verleiht dem Siyāwusch eine östliche Provinz seines Reiches, und Siyāwusch erbaut dort in paradiesischer Landschaft eine wunderbare Stadt, Gangdiz, in der er mit Farangīs seinen Sitz nimmt.

Vorher hatte Afrāsiyāb vor seinen Großen dem Kampf- und Rachedenken widersagt, hatte sich selbst zu Friede und Recht bekannt und in Siyāwusch den in Iran entstandenen Retter begrüßt. Er hatte mit ihm Botschaften getauscht, die sie beide zur Herrschaft in einem ritterlichen Reich des Rechtes und der noblen Gesinnung verbanden. In seiner Reichsversammlung läßt Firdausi den Afrāsiyāb die Großen vor dem Unrecht warnen, das die Welt verderbe:

> Wegen der Ungerechtigkeit des Padischahs der Welt
> Wird alles Gute verhüllt:
> Nicht mehr gebiert zu ihrer Zeit in der Steppe die Wildeselin
> Dem Falkenjungen wird das Auge blind
> Abgeschnitten wird in den Brüsten der Wildtiere die Milch
> Es wird das Wasser in seiner eigenen Quelle schwarz
> Es wird in der Welt die Quelle des Wassers trocken
> Nicht hat im Nabel (des Moschustieres) drinnen Duft der Moschus
> Vor dem Krummen wird fliehend das Gerade
> Es zeigt sich von jeder Seite Minderung.

Afrāsiyāb selbst will mit Siyāwusch zusammen eine Herrschaft anderer Art begründen. Pīrān hatte ihm im voraus sein Wissen von Siyāwusch verkündet:

> Ich habe es solchermaßen gehört, daß in der Welt
> Keiner ist wie er unter den Mächtigen
> An Größe und Erscheinung und Milde
> An (gutem) Verhalten, Weisheit und Würde
> Fertigkeit zusammen mit Verstand, auch vornehm von Geblüt.
> Wie er werde kein Königssproß von einer Mutter geboren.
> Doch ihn Sehen ist jetzt besser als Hören
> Er ist kostbar und Königssohn und groß.

Der Einbruch in diese auf Siyāwuschs Rittertum gebaute Welt kam durch den Bruder Afrāsiyābs, den von Ehrgeiz besessenen Garsīwaz, der in Eifersucht gegen Siyāwusch entbrannte und mit allen Mitteln versuchte, die alten Rache- und Kampftriebe wieder in Afrāsiyāb wachzurufen und das gestillte Mißtrauen in beiden wieder zu erwecken.

Garsīwaz läßt sich von Afrāsiyāb zu Siyāwusch nach Gangdiz entsenden. Siyāwuschs Schönheit und Reinheit vor Augen, erfährt er dessen
Siegeskraft in Wettkämpfen, zu denen er ihn herausgefordert. Doch er
wird dadurch nur immer tiefer bestärkt in seinem Haß- und Vernich-
tungstrieb gegen die neu entstehende Menschenwelt. Mit solcher Kunst
wußte er durch hin- und hergetragene Lügen und Verleumdungen die
Seelen der beiden Herrscher zu vergiften, daß Siyāwusch zuletzt nur eine
unentrinnbare Verstrickung vor sich sah, aus der es keine Klärung und
keinen Ausweg mehr gab. Gemälde von iranischen und turanischen
Großen, mit denen Siyāwusch Gemächer seines Schloßes zum Zeichen
der angestrebten Versöhnung hatte ausschmücken lassen, werden von
Garsīwaz als Beweis des Abfalls vom Bund mit Afrāsiyāb geschildert und
als Beweis neuer verräterischer Verbindung zu einem feindlichen Iran.
Afrāsiyābs Einladung an Siyāwusch zum Besuch am Hofe läßt Garsīwaz
vor Siyāwusch als verborgene Tücke erscheinen, die auf Siyāwuschs Vernichtung zusammen mit der schwangeren Farangīs ziele. Siyāwuschs
Zögern auf diese Warnung hin deutet Garsīwaz dem Afrāsiyāb wiederum
als Zeichen des geplanten Aufstands und des geplanten Greifens nach der
Krone. Den liebvollen Empfang, den ihm Siyāwusch in Gangdiz bereitet,
berichtet Garsīwaz dem Afrāsiyāb als feindselige Abweisung. Garsīwaz
rät dem Siyāwusch dringend, ja nicht ohne Waffen und Heer dem auf
Mord sinnenden Afrāsiyāb entgegenzuziehen und die Schwangerschaft
der Farangīs gegen ihre Mitfahrt vorzuschützen, um so das Mißtrauen auf
beiden Seiten zum äußersten zu schüren.

Firdausi läßt das vielfache Intrigenspiel des Garsīwaz als Parallele zu
dem der Sūdābe erscheinen, denn Haß und Rachsinn treiben Siyāwusch in
eine heillose Lage und zwingen ihn, abermals eine letzte Probe zu suchen.
Garsīwaz treibt indessen Afrāsiyāb an, die Mordfalle gegen Siyāwusch zu
rüsten, von dem er annehmen muß, er strebe nach Herrschaft und Macht.
Siyāwusch beschließt, wissend und vorausschauend, den eigenen Untergang auf sich zu nehmen und, trotz seines Vorwissens, dem Herrscher
Afrāsiyāb die Gefolgschaftstreue zu halten, indem er sich der Einladung
stellt und sich in dessen Hände begibt – zum Selbstopfer entschlossen.

Er vernichtet seinen Herrschersitz in Gangdiz, führt sein Roß, den
Bihzād (sprich Bichsad), der ihn zu allen seinen Siegen getragen, auf freie
Bergweide und sagt dem edlen und getreuen Wesen sein Vermächtnis ins
Ohr: Bihzād solle dort indessen der Führer edler Rosse werden, so wie er
selbst versucht habe, die edleren Menschen für seine Führung und Weg-
weisung zu gewinnen. Bihzād soll sich von keinem je besteigen lassen als

nur von Siyāwuschs künftigem Sohn, den er erkennen werde, und soll diesen Sprossen einst wiehernd zum Siege tragen.

Es folgt der vorhergesehene, als notwendiges Schicksal auf sich genommene Untergang. Siyāwusch wird von Afrāsiyābs vorbereiteten Kämpfern und Schergen überfallen und gefangen genommen. Er wird in jenen Wald bei Gangdiz geschleppt, wo er den Garsīwaz einst im Wettkampf besiegt hatte, und wird dort schmählich ermordet. Aber aus seinem Blut entsprießen sogleich jene tiefroten Blumen, die für alle Wissenden fortan „das Blut des Siyāwusch" heißen. Bei Firdausi wird Guroy-Zireh als Henker zum gefesselten Siyāwusch entsendet:

Er [Guroy-Zireh] warf den gewaltigen Elefanten auf die Erde
Es kam ihm vor diesem Fürsten weder Scham noch Furcht an
Eine goldene Schale stellte er an seine Seite.
Mit dem Kurzschwert trennte er seinen Kopf ab vom Leib
Dort wo er die Blutschale hingestellt hatte
Nahm Guroy-Zireh sie auf und kippte sie um.
Eine Pflanze kam sogleich hervor aus dem Blut
An jener Stelle, wo die Schale umgeleert wurde
Sogleich wuchs eine Pflanze aus dem Blut hervor.
Wer außer Gott weiß wie jene wuchs!
Die Pflanze bezeichne ich dir jetzt:
Man nennt sie „Blut des Siyāwusch".

Siyāwusch wird von Firdausi als Verkünder und Retter gezeigt. Den Triumph aber des von Siyāwusch heraufgerufenen Menschentums zeigt Firdausi in Schicksal und Tagen des Sohnes, den Farangīs dem Siyāwusch nach dessen Tod geboren hat als Sprossen aus iranischem und turanischem Königsblut. So steigt aus dem Untergang Siyāwuschs der Sohn auf, dem der Vater den Namen Kaihusrau vorherbestimmt hat. Zusammen mit Farangīs wird er durch Pīrān aus Afrāsiyābs hassender und angstvoller Verfolgung errettet und später in einem tiefen Walde verborgen. Dort finden ihn nach siebenjähriger Suche die Königssucher Gūdars und Gīw aus Iran, wo man von allem Geschehen erfahren hat. Sie wurden entsandt, um den Herrscher von neuem Geblüt und neuer Gesinnung auf Irans Thron zu holen.

Die Boten aus Iran erblicken den Jüngling an einem Quell: zypressengleich an Wuchs, einen Weinbecher in der Hand, ein Blumengebinde im Haar, ein sichtlicher Liebling Gottes. Sie glauben, Siyāwusch selbst vor sich zu sehen. Ein „Duft der Liebe" geht von diesem Jüngling aus. Sein Haar quillt unter dem Blumengebinde hervor. Und sie sagen sich: Dieser muß ein König sein, ein neuer Herrscher – es muß der Langgesuchte sein. Firdausi schildert die Entdeckung des jungen Kaihusrau durch den Königssucher Gīw:

Das Herz voller Gram auf jener Aue umher
Ging er [Gīw] auf der Suche nach dem Schah.
Einen Quell sah er leuchten von weitem
Eine hochgewachsene Zypresse, einen herzbeglückenden Knaben
Einen Becher Wein in der Hand haltend
Auf den Kopf gesetzt ein Gebinde aus Duft und Farben
Über ihm göttlicher Glanz
Erschien und das Banner der Weisheit.
Als ob Siyāwusch auf den Thron von Elfenbein
Gesetzt sei und auf sein Haupt die Krone aus Türkis
Der Duft der Liebe kam aus seinem Gesicht
Es kam der Schmuck der Krone aus seinem Haar.
Zum Herzen sprach Gīw: dieser kann nur ein König sein
Ein solches Antlitz paßt nur an den Königshof.

Gīw sagt zu dem Entdeckten:

O Hocherhabener
Die Welt bedarf deiner Liebe
Ich bin überzeugt, der Sohn des Siyāwusch bist du
Du bist aus Kayanidensamen und bist verständig.

Der junge Kaihusrau erkennt die Boten aus Iran sogleich als die Bringer seiner Krone, als Gottgesandte. Denn Siyāwusch hatte der Farangīs noch diese Boten Gūdars und Gīw prophetisch angekündigt, und die Mutter hatte dem Sohn die Prophezeihung zu wissen gegeben. Die Boten bitten Kaihusrau, ihnen das Kayanidenmal zu zeigen, und er streift den Ärmel zurück und zeigt an seinem Arm das dunkle Mal („wie Teer auf einem Rosenblatt"), das ihn als den echten Sprossen bezeugt.

Die Königssucher kehren mit Kaihusrau und Farangīs, die ihren Helm trägt, über den Grenzfluß, den Dschaihūn, nach Iran zurück. Kaihusrau wird Herrscher über Iran. Alle dort der neuen Gesinnung Zugewandten sammeln sich um ihn, und es zeigt sich, wie viel an ritterlichen Regungen

71

durch den Glauben an Siyāwusch und die Hoffnung auf Kaihusrau schon in Iran entfaltet worden war. Kaihusrau besiegt die alten Mächte, den Rachetrieb und das Vorteilsdenken, und stiftet ein neues Reich des ritterlichen Denkens, in dem sich die Sendung Siyāwuschs erfüllt. Er siegt über alle Widerstände von innen und außen als ein Gottverbundener.

Pīrān, der Geistesverwandte des Siyāwusch, der vornehme Vertreter ritterlichen Denkens in Turan, der den ersten Frieden mit Siyāwusch geschlossen, Siyāwuschs Ehe mit der turanischen Königstochter gestiftet und nach Siyāwuschs Tod sie und ihr Kind vor der Verfolgung Afrāsiyābs gerettet hat, erduldet indessen ein tragisches Schicksal: An Siyāwuschs und Kaihusraus Sendung glaubend, muß er doch zuletzt in ritterlicher Gefolgschaftstreue für seinen alten Herrn, Afrāsiyāb, gegen das neue Iran kämpfen. Bei der Entscheidungsschlacht zwischen diesem neuen Iran und Turan kommen die beiden Heerführer, Gūdars, der Königssucher Irans, und Pīrān überein, das Rache- und Kampfwüten der beiden Heere durch ritterliche Zweikämpfe zu ersetzen, die je zehn Paare von beiden Seiten ausfechten, und in einem elften Kampf die beiden Heerführer selbst. Die iranischen Kämpfer siegen alle, und zuletzt gewährt Gott dem Gūdars den Sieg und die Tötung Pīrāns. Kaihusrau aber, der mit einem Hilfsheer herangenaht war und nun das Kampffeld betritt, findet den Leichnam Pīrāns, hält dem toten Freund-Feind die Ruhmesrede und feiert noch dessen Gefolgschaftstreue zu Afrāsiyāb, die ihn in den Tod geführt hat:

> Den Sohn und den Bruder, Krone und Gürtel
> Kriegsgerät und Heer, Hof und Haus und Palast
> Gab er hin für die Rache des Afrāsiyāb.
> Das Schicksal hatte es eilig mit ihm.

Und Firdausi schildert die feierliche Beisetzung des ritterlichen Pīrān:

> Dann befahl er [Kaihusrau] Moschus und reinen Kampher
> In Ambra mit Rosenöl zu mischen.
> Seinen [Pīrāns] Körper rieb er ein von einem Ende zum andern
> Mit Kampher und Moschus überhäufte er den Leib
> Mit Brokat aus Rūm seinen reinen Körper
> Bekleidete er, und jener Berg wurde sein Grab.
> Einen Grabbau ordnete Kaihusrau an in Liebe
> Er [der Grabbau] brachte die Spitze bis zum Himmel.
> Er [Kaihusrau] stellte in ihn hinein kostbare Throne

So beschaffen wie es den Mächtigen ziemt.
Sie setzten den Helden auf den Thron,
Den Gürtel um die Mitte und auf dem Kopf die Krone.

Von den besiegten Turanern nimmt dann Kaihusrau den Diensteid entgegen und entläßt sie in ihre Heimat. Das Ziel des Siyāwusch, die Vereinigung der feindlichen Reiche Iran und Turan, geht in Erfüllung. Der
Herrscher der vereinten Welten, der eine Herrschaft der Gerechtigkeit
und adliger Gesinnung errichtet hat, kann die Schwerter in die Scheiden
senden und Lauten und Becher klingen lassen. Von dem Sieges- und
Friedensfest berichtet Firdausi:

Das Tor des Gartens öffnete der Zeremonienmeister
Einen Platz zum Sitzen schuf er sehr königlich
Er ordnete an, daß sie ihm die goldene Krone und den Thron
Setzten unter einen Rosen ausstreuenden Baum.
Den gesamten königlichen Schatz des Husrau im Garten
Breitete er aus, und der Garten wurde wie eine Leuchte.
Sie schlugen einen Baum auf an der Seite des königlichen Hofes
Wo er Schatten verbreitete über Krone und Thron:
Dessen Körper [Stamm] Silber, sein Gezweig Rubin und Gold,
Auf ihm vielerlei Büschel von Edelsteinen,
Karneol und Smaragd alle Blätter und Früchte
Herabhängend von den Zweigen wie Ohrringe.
Die ganze goldene Frucht Orangen und Quitten,
Die Mitte der Orangen und Quitten war hohl.
In ihr Moschus, zermahlen in Wein,
Jede ihrer Gestalten durchbohrt wie eine Rohrflöte.
Wen der Schah auf diese Stelle setzte,
auf den streute der Wind Moschus [aus dem Baum] aus.
Er kam und setzte sich auf den goldenen Thron,
Auf seinen Kopf rieselte Moschus aus dem Baum nieder.
Alle Weintrinker standen bei ihm
Alle auf den Köpfen Diademe aus Edelsteinen.
Gewänder aus Goldbrokat und Chinaseide.
Alle vor dem Thron des Herrschers aufrecht [stehend].
Alle [hatten] Halsketten umgebunden und Ohrgehänge,
Auf dem Leib bei allen golddurchwirkte Gewänder.
Jedes Herz voll Freude, und Wein in der Hand,

Die Wangen rot wie die Blüten des Judasbaumes und nicht betrunken.
Jede Wange wie Brokat aus Rūm an Farbe
Aloeholz entzündet und Laute tönend.

Im Vollbesitz aller Macht aber begibt sich dieser Herrscher der Macht,
deren zu lange Dauer ihm die Gefahr des Mißbrauchs brächte, bestimmt
einen Nachfolger, den ihm der Engel des Himmels gewiesen hat und der
die dem Edlen Dienenden beglücken wird – Kaihusrau erbittet von Gott
seine eigene Entrückung. Seine Bitte wird gewährt. Er verteilt Schätze und
Lehen, zieht sich von der Welt zurück, nimmt Abschied von den ihn
Betrauernden und gebietet ihnen, sein Scheiden mit einem frohen sieben-
tägigen Festmahl zu feiern.

Er selbst bricht mit Geleitern zu einem Zug ins Gebirge auf. An einem
Rastort hoch in den Bergen finden sie einen reinen Quell, in dem wäscht
sich Kaihusrau Haupt und Brust, nimmt letzten Abschied für den Tag und
für die Zukunft und wird ohne Tod in der Nacht von Gott aus der Welt
hinweggenommen. Die zurückgebliebenen Geleiter bedeckt tiefer Schnee,
sie werden in brunnentiefen Schlaf versenkt, so daß keiner der Ritter von
Kaihusraus Entrückung etwas aussagen kann.

*

Firdausi zeigt in seinen Sagen von Siyāwusch und Kaihusrau die beiden
Gipfel des Kayanidengeschlechts und ihr Geheimnis ritterlicher Verwandlung der Menschen zu neuem Denken und Verhalten. Siyāwusch
erscheint wie ein Heiland, der durch Selbstopfer die Frucht seiner Sendung sichert, Kaihusrau als der Erfüller der Verwandlungen, die aus
Siyāwuschs Geist und seinen Taten entsprangen. Niemand wird verkennen, daß die in der Dichtung Firdausis geschilderten Haltungen und Geschehnisse eine innere Verwandtschaft mit jenen aus Turolds Rolandslied
aufweist, das auf die älteren Quellen der „Chanson de Geste" zurückgeht.
Beide haben neue Formen menschlichen Daseins begründet, die sich in
entsprechenden Taten und Schöpfungen ritterlicher Herrscher widerspie-
geln. In Iran und besonders in der Türkei lassen sich diese Zusammenhänge an einer Reihe von seldschukischen Herrschern ablesen, die sich auf
Gestalten und Namen des Firdausi berufen. Die Zeit, als die turkmenischen Ahnen der Dynastie, Seldschuk und seine Söhne und Enkel, in die
wechselnden Schicksale von Iran und Turan eingriffen, war die gleiche
Zeit, als Mahmūd Ghazawī um 1000 n. Chr. sein Großreich errichtete, das

74

nur kurze Zeit Bestand hatte, aber gleichsam das Vorreich aller weiteren turkmenischen Gründungen war – die gleiche Zeit auch als das Schahnāme gedichtet wurde. Im nächsten und übernächsten Jahrhundert aber haben die Nachfahren Seldschuks, aus dem Schahnāme schöpfend, Geschichte gestaltet.

Nach dem Aufbruch ihres Ahnherrn Seldschuk von Turkestan nach Süden und nach seinem und seiner Sippe Übertritt zum Islam sind die nach ihm sich nennenden Seldschuken erst allmählich in den Grenzraum zwischen Turan und Iran eingetreten, der auch eine Scheide zwischen Nomaden und Seßhaften war. Vortrupps wurden wieder zurückgerufen oder aufgesogen. Sehr viele Jugendliche wurden von den in Iran herrschenden Dynastien aus ihren Nomadenzelten an die Herrscherhöfe geholt. Sie wurden durch Prüfer ausgewählt, als Knappen angekauft und stiegen nach einem gewissen Ritual dann dort weiter in bedeutende Machtstellungen auf. Endlich stießen große Züge des Stammes unter Seldschuks Enkel Toghrulbey in das iranische Hochland vor, den der erfahrene Großvater, der das Alter von 107 Jahren erreichte, noch für die Aufgaben der Zukunft erzogen und vorbereitet hatte. Toghrulbey gründete zunächst ein starkes seldschukisches Reich in Iran. Dann brachte er im eroberten Bagdad als Amīr al-Umarā, als Emir der Emire, d. h. praktisch als Herrschender, den Kalifen in seine Abhängigkeit und dehnte die Seldschukenherrschaft weithin aus. Toghrulbeys Neffe, Alp Arslan, besiegte im Jahre 1071 bei Malazgirt, nördlich des Vansees, den byzantinischen Kaiser Romanos Diogenes IV., so daß Anatolien den Seldschuken zufiel.

Unter Alp Arslans Sohn Melikschah und dem bedeutenden Wesir Nizām al-Mulk blühte das seldschukische Großreich, mit Iran und dem Irak in der Mitte, vom Marmarameer bis nach Indien und von Turkestan bis nach Syrien – ein großes Staatsgebilde, das nach kurzer Dauer in unseligen Bruderkriegen zugrunde ging. Aber auf anatolischem Boden entstand unter anderen Nachkommen Alp Arslans ein Seldschukenstaat, der es bis zu jener Selbstvollendung brachte, die Prägekraft und Dauer über sich selbst hinaus verleiht. Die Nachfolger und Erben dieses Seldschuken-Anatoliens, die Osmanen, haben dann bis ins frühe 20. Jahrhundert hinein islamische und christliche Völker von Algerien bis Ägypten, Syrien, Mesopotamien, Anatolien und in Europa bis Ungarn zu einem zusammenhängenden Gefüge verbunden.

In der Mitte der seldschukischen Herrscherreihe in Anatolien steht Kilidsch Arslan II. Er regiert fast 40 Jahre (1155–92), etwa gleichzeitig mit

Kaiser Friedrich Barbarossa. Durch Kilidsch Arslan II. erhebt sich der Seldschukenstaat von Konya zum Reichsgebilde. Bis dahin war er nur eines von mehreren Emiraten gewesen, die – ringsum von Zweigen der seldschukischen Familie oder von anderen turkmenischen Familien regiert – sich in wechselnden Fehden und Bündnissen die Waage zu halten trachteten. Dieser Kilidsch Arslan II. (der Name bedeutet Schwert-löwe) gibt dem Jüngsten seiner elf Söhne, den er später zu seinem Nach-folger macht, einen hochbedeutenden Namen aus dem Schahnāme, den Namen Kaihusrau, türkisch Keyhusrev. Eine solche Namengebung aus dem Schahnāme geschah damals zum ersten Male im Hause Seldschuk, dessen Glieder bisher ihre türkischen Namen oder solche aus der Über-lieferung ihrer neuen islamischen Religion getragen hatten. Und es blieb nicht dabei. Von nun ab trugen auch Enkel und Urenkel Kilidsch Arslans Namen aus Firdausis Königsbuch: Kaikāwūs, Kaiqubād und wieder Kaihusrau (türkisch Keykavus, Keykubad, Keyhusrev).

Die Träger dieser Namen aus der Dichtung sind es, die die Blüte des Reiches der Rumseldschuken heraufführen. Und diese Herrscher dichten:

Keyhusrev I. hat in einer Art Kurzepos selbst einem Freund seine bewegten Schicksale geschildert und ihn mit diesem Gedicht an seinen Hof zurückgerufen. Keykawus dann ruft seiner belagerten Stadt einen Großen, der früher sein Freund gewesen und nun unter den Feinden steht, mit einem Gedicht an seine Seite zurück. Von Keykubad berichtet sein Geschichtsschreiber ausdrücklich, daß er viel dichtete. Schöne Vers-gebilde ritterlicher Art sind von ihm überliefert, und einmal auch die beachtenswerte Tatsache, daß er in einer hoffnungslosen Kriegslage einen Traum, der ihm den Ausweg zeigte, am Morgen in einem Gedicht dar-stellte und es seinen Großen vorlas – ein wichtiger Beleg, wieviel dichte-rische Mittel auch im politischen und kriegerischen Umgang bei diesen Herrschern und ihren Vornehmen bedeuteten.

Alaeddin Keykubad, der die großen Stadtmauern Konyas neu erbaute (die noch Moltke mit ihren zwölf Toren und 108 Türmen gesehen hat) läßt in vergoldeten Buchstaben auf diese Stadtmauern Sprüche setzen aus dem Koran und – auch dem Königsbuch Firdausis! Ibn Bībī, der Geschichts-schreiber nicht nur Alaeddin Keykubads, sondern des Seldschukenhauses von Konya, schreibt Reichsgeschichte. Er setzt in vollem Ton und breiter Darstellung erst ein mit dem Reichsgründer Kilidsch Arslan II. Sein Werk ist voll von Vorstellungen und Wendungen aus Firdausis Königsbuch, mit denen er wieder dasjenige, das sich hier unter dem Einwirken Firdausis ereignet hatte, zu begreifen sucht.

76

Was aber hat Kilidsch Arslan zu dieser Namenswahl aus dem Firdausi für seinen jüngsten, ihm treuen Sohn bewogen? Was hat ihn gerade diesen Namen Keyhusrev wählen lassen? Was hat die Folgeherrscher bestimmt, ihm mit ihrer Namensgebung zu folgen? Was hat dazu geführt, daß auf den Mauern Konyas, der Hauptstadt, die Sprüche Firdausis standen? Was konnte und mußte Kilidsch Arlsan II. und seinen Nachfolgern in Firdausis Königsbuch so entscheidenden Eindruck machen? Was fanden sie in dieser Dichtung für ihre eigene geschichtliche Aufgabe?

Ein neues Herrschertum türkischen Stammes in den von den Turkmenen gewonnenen Kulturländern bedurfte einer Rechtfertigung vor sich selbst und vor anderen, ähnlich den germanischen Herrschern im römischen Kulturkreis, und dies um so dringender, wenn es kein lokales Machtspiel bleiben, sondern Reichsaufgaben übernehmen wollte. Es bedurfte einer Weihe der Herrscherfamilie aus großen Aspekten heraus, an die die Herrscher bei aller Eigenmacht gebunden bleiben sollten. Das war nicht nur eine Frage des Sippenansehens, sondern auch eine Frage des Reichsgedeihens, das immer durch Nachfolgekämpfe am schlimmsten bedroht war. Es bedurfte einer neuen Lösung für die Bluts- und Stammesfragen, die sich aus dem Zusammenleben der eingedrungenen Seldschuken mit den alten Bewohnern des Reichsgebiets ergaben, und die wir uns in jenen blut- und sippengebundenen Zeiten nicht wichtig genug vorstellen können. Iran, Turan und Rūm (der Name für Anatolien) – schon bei Firdausi die großen Gegensätze – lagen noch immer im Kampf, wenn es jetzt auch ein innerer war.

Es bedurfte einigender Gedanken auch in Religionsfragen. Da war der neue Eingottglaube, der Islam, in dem sich aber Sunna und Schī'a stritten. Da war das Christentum im Lande und bei mächtigen Nachbarn, gleichsam mit Boden und Lage mitgeerbt. Es gab christliche Frauen im Harem der Herrscher, die ihr Bekenntnis behielten und ihren Kult ausübten. Da gab es Sternenglauben und Schamanismus aus alter Heimat mitgebracht, tief verwurzelt in Großen und Untertanen und auch in der Seele der Herrscher selbst und verstärkt und aufgeweckt durch die immer neu aus Turkestan nachströmenden Züge der Turkmenen. Wir hören in der Geschichte Kilidsch Arslans II. von eigenen Hofreligionsphilosophen, mit denen er die religiösen und philosophischen Probleme diskutierte, von seiner Anfechtung und Verdächtigung in islamischen Kreisen aus Glaubensgründen, von leuchtenden, aber auch zugleich politisch gemeinten Handlungen seiner Toleranz: Wie er etwa dem christlichen Priesterfürsten von Malatya sagen läßt, er selbst werde ihn mit Bibel und Kreuz empfangen, und wie die Christen Malatyas Kreuze tragend und ihre heiligen Lieder singend vor ihn ziehen dürfen; wie er den Handkuß des Priesterfürsten nicht annimmt, sondern ihn umarmt und mit ihm über die Bibel und religiöse Fragen redet. Wie er nach einem Sieg über die Byzantiner den Christen Malatyas in einem Brief schreibt, daß er seinen Sieg ihren Gebeten verdanke.

Ein neues Herrschertum und ein neues Reich bedurften aber vor allem bindender Gedanken und Vorstellungen, die im Leben des Einzelnen, unter den Großen des Hofes, den Helfern der Staatslenkung und in den alten und neuen Untertanen ordnend und aufbauend wirken konnten. Vorstellungen, die helfen konnten, anstelle eines blinden Machtdenkens jedes Einzelnen und in allen Ständen, Interesse an einer höheren gemeinsamen Lebensordnung zu wecken, und helfen, den Glauben an das unbedingte Recht des Stärkeren und die Gewöhnung an das Steppengesetz gegenseitiger Vernichtung zu überwinden. Die selbstzerstörerischen Triebe, denen – auch dies sehr ähnlich wie bei den Germanen – seit dem Einzug der Turkmenen in die alten Kulturländer und noch immer ringsum so viele Ansätze zum Aufbau zum Opfer fielen, mußten gebändigt werden und ersetzt durch die Bereitschaft, ein größeres Lebensgebilde mitzutragen.

All das fand Kilidsch Arslan II. und fanden seine Nachfolger im Königsbuch Firdausis, das ganz von den Gedanken des Aufbaus einer höheren Menschenordnung erfüllt war, und das die Zeiten von fünfzig Königen aufrief, um diese Gedanken an Beispielen und Gegenbeispielen einleuchtend zu machen, auf geheiligte ewige Gesetze zu begründen, und zugleich auch den höheren irdischen Vorteil für alle und jeden aufzuzeigen als den Ertrag, der aus der Befolgung dieser Gesetze entspringen konnte. War doch dieses ganze Buch aus dem Verlangen gedichtet nach neuen vorbildlichen Herrschern und Gestalten der Welt:

Da standen Herrscher lenkend, bindend, fordernd und sorgend, schützend und spendend zu ihren Nächsten, ihren Pahlawānen, die sie nicht viel anders umgaben als Karl den Großen seine Gleichen und König Artus seine Tafelrunde. Da suchten und ehrten die Herrscher die Besten im Lande als die Träger und Sinngeber ihres eigenen Daseins und Wirkens. Da drangen durch diese Nächsten der Herrscherwille und die Herrscherforderung, aber auch die Herrschergaben, Recht und Schutz und Spenden, weiter durch das ganze Reich. Da wurde auch im schwachen Herrscher von den stärkeren Großen das Herrschertum und das geweihte Blut geehrt, erschien doch eine herrscherlose Zeit als die schlimmste. Da suchten die Pahlawānen und mit ihnen die Völker nach dem besten, dem echten Herrscher als der notwendigen Mitte einer fruchtbaren Ordnung und triumphierten selbst vor allem in ihrem Dienst an einem solchen Bürgen guter Fügung.

Da standen Helden-Ritter neuer Art, trauernd und die eigene Schmach fühlend, vor einer wilden Tat, bei der sie unbewältigten Trieben nachgegeben hatten, und erschienen in vollem Glanz, wo sie als Kämpfer für das Recht, das Helfende und Rettende gestritten, den Gegner versöhnt, verwandelt, sich verbunden hatten statt ihn zu vernichten. Da standen Iran und Turan einander gegenüber als große Gegensätze – gefügte Welt und wilde Welt – und doch zugleich gezeigt als eines gemeinsamen Ursprungs und einander fruchtbar durchdringend. Denn beide waren unter dem Weltenkönig Farīdūn noch Eines gewesen, unter Kaihusrau wieder Eines geworden und konnten wieder Eines werden, und diese Dichtung ersehnte den neuen Farīdūn.

Da waren einige Gedanken in alle Religionen getragen und über alle Religionen gestellt von einem Dichter, der keine Freude am Religionshader hatte und der meinte: *wie* Gott sei, könne man nicht wissen, *daß* er sei, zu glauben, sei das Entscheidende.

Da wurden uralte Bluts- und Sippenfragen nicht etwa abgetan, sondern tiefsinnig verwandelt, Ehen sorgfältig erwogen und Bündnisse der Leidenschaft sorgfältig gewogen. Da wurden alle so wichtigen Fragen bei der Fortpflanzung des Blutes unter die wichtigste gestellt: wie die Legitimität einer edlen Abstammung und Gesinnung auch vom Geblüt her entstehen und bewahrt werden könnte.

Und nicht nur in den großen Elementen dieser ganzen Dichtung fanden Kilidsch Arslan II. und seine Nachfolger das, was sie suchen mußten. Sie fanden es gleichsam konzentriert in der Geschichte und Gestalt des Kaihusrau, dessen Name nicht umsonst als der erste gewählt wurde. Sie fanden es in den ausgeprägten Zügen der ganzen Geschichte der Könige aus kayanidischem Stamm, die im Schahnāme und im Herzen seines Dichters die erste Stelle haben, und deren Namen sie für sich und ihre Söhne wählten, um unter diesen Namen ihre Söhne den Großen und der Mitwelt zu zeigen.

Für Kilidsch Arslan II. waren die genannten Fragen eines neuen, reichsverbindenden Herrschertums am brennendsten, für seine Nachfolger noch brennend genug! Immer wieder hören wir von schweren Auseinandersetzungen mit den übrigen Herrscherfamilien und zwischen den Gliedern der eigenen Familie, oft in grausamen und wilden Formen. Wie

Schmerzliches hat Kilidsch Arslan allein mit seinen zehn ersten Söhnen erfahren, ehe der Jüngste ihn und den Reichsgedanken rettete. Und immer wieder erfahren wir von der notwendigen Verbindung und dem notwendigen Abstand von den stets neu zuströmenden Turkmenen, den Nomadenverbänden aus eigenem Stamm, von jäh aufflammenden, nur scheinbar bezwungenen Steppentrieben unter den Nächsten. Die Berechtigung der Herrscher wird angezweifelt und angefochten aus Glaubensgründen, wegen ihrer Abstammung von christlichen Müttern fränkischer oder byzantinischer Herkunft, wegen ihrer zugleich schicksalsgegebenen und hochstaatspolitischen Ehen mit Frauen anderen Stamms und anderer Religion. Man kann sich vorstellen, mit welchen Augen Kilidsch Arslan II. und seine Nachfolger schauen mußten, mit welchen Ohren hören, wenn sie im Königreich Firdausis die Geschichte von Siyāwusch und seinem Sohn Kaihusrau vernahmen.

In Kaihusraus Herrschaft bei Firdausi bestätigen sich die Grundzüge einer neuen Ordnung. Die Rachekämpfe Kaihusraus für seinen Vater Siyāwusch sind eigentlich nicht mehr gegen Turan gerichtet, vielmehr gegen die Mächte, die dem neuen Menschentum entgegen stehen, das sich, lang vorbereitet und nun von Kaihusrau wirklich ins Leben gerufen, in ihm und den Seinen bewährt. Es erscheinen, wenn man europäische Ausdrücke verwendet, der Lehensherr und der Lehensmann in ihrem eigentlichen Wesen und in reiner Ausprägung. Da erscheint der ritterliche Bund auf Gegenseitigkeit, die Machtinteressen des einen und des anderen dem Gesetz gegenseitiger Bindung unterstellt. Der wahre Lehensherr und der wahre Lehensmann werden vor allem durch Kaihusrau und Rustam verkörpert. Ihr Zusammenspiel ist unauflöslich, weil der König in Rustam den Helfer und Freund, den mit ihm selbst gleichartigen und gleichgesinnten Menschen preist, während Rustam den ihn durch seine Wesensart beglückenden Herrn rühmt, der bindend die gemeinsam anerkannten Vorstellungen vom Sinn des menschlichen Lebens vertritt.

In den Königsworten wird der Mann und Freund nicht mehr so sehr wegen seiner Stärke, wegen seiner unbändigen Siegeskraft gepriesen, die sich ja auch zum Unheil verwenden ließe – vielmehr weil er und seinesgleichen ein Königtum erst sinnvoll machen, weil Königtum erst durch sie und für sie leben kann, weil er als Starker mild, als Reicher freigebig, als Kämpfer hilfreich, als Sieger gerecht und versöhnlich ist, und weil er seine Verpflichtung gegen den Herrn als Sinnbild der Gottverpflichtetheit seines ganzen Lebens eingegangen ist und innehält. In Rustams Worten aber wird der König nicht mehr so sehr als Allherrscher, dem unbedingter

Gehorsam gebührt, gefeiert – vielmehr als derjenige, um den es ein wohl-
beherrschtes Leben geben kann, als derjenige, mit dem und für den es sich
zu leben lohnt. Rolands schlichtes Wort für Karl:

> Für seinen Herrn geziemt es einem Manne
> Mühsal zu dulden, Heißes wie das Kalte

werden noch übertönt von Rustams Wort für Kaihusrau:

> Die Mutter hat mich für Deinen Kummer geboren
> [um ihn zu vertreiben]
> Du mußt ruhig und glücklich sein.

Dieser König und die Seinen erscheinen in der Dichtung nicht nur in
strengen, fordernden und freilich darin unendlich wichtigen Zügen, sie
erscheinen auch, und das hundertfach mit allem Rausch und aller Sinnlich-
keit als Wirker und Genießer der großen Lebensfreude. Sie feiern tage-,
wochen- und monatelange Feste, als die größten Trinker und Freuden-
winker, als solche, die das Freudehaben und das Freudemachen von
Grund auf verstehen. Und wir nüchterne Menschen der Gegenwart hören
und schauen mit staunender Lust, wie beim Gartenfest eine silberne
Platane groß aufwächst mit rubinenen Zweigen, Trauben aus Perlen,
Früchten und Blättern aus Karneol und Saphir, und wie aus goldenen
Früchten Moschus mit Wein gemischt seine Düfte über die unter diesem
Baum Versammelten aussprüht, schauen mit bewegter Teilnahme das
Bild, wie Kaihusrau in seiner Halle nach wunderbaren Trünken über
seinen Pahlawānen thront, gleich dem vollen Mond über sich wiegenden
Zypressen. Auch hierfür fanden die Seldschuken Vorbilder bei ihrem
Dichter, und Alaeddin Keykubad hat wohl gewußt, warum er auf seine
Stadtmauern die Sprüche des Firdausi setzte neben den Sprüchen aus dem
Koran.

6.
Beispiele von historischen Begegnungen ritterlicher Gestalten aus Ost und West

Die innere Verwandtschaft des christlichen und des islamischen Rittertums ist vielfach bezeugt, durch Taten, Ereignisse und dichterische Ausformung. Daß aber handelnde Figuren aus beiden Kulturkreisen trotz unterschiedlichen Herkommens auch in unmittelbare und sehr enge Beziehung zueinander treten konnten, ist zu wenig beachtet und hervorgehoben worden. Die nachfolgenden Kapitel sind solchen Begegnungen gewidmet, vor allem den dichterisch ausgestalteten, wie sie sich in einer Geschichte aus 1001 Nacht und in Wolfram von Eschenbachs „Willehalm" ereignen. Als Einstimmung dazu sind hier eine Anzahl historischer Begegnungen zwischen ritterlichen Herrschern aus West und Ost beschrieben – solche, die tatsächlich stattgefunden haben und solche, die sich angebahnt hatten und hätten stattfinden können, wenn nicht plötzlich wichtige Ereignisse dazwischengetreten wären.

Heinrich der Löwe und Kilidsch Arslan II.

Als Heinrich der Löwe 1170/71 seinen Zug ins Heilige Land unternahm, wurde er auf dem Rückweg von Kilidsch Arslan II., dem eigentlichen Gründer des kleinasiatischen Seldschukenreiches, gerettet. Kilidsch Arslan hatte ihn gewarnt vor den Plänen der armenischen Christen, die darauf lauerten, ihn auf seinem Heimzug gefangen zu nehmen. Er hatte ihm ein stattliches Reiterkontingent an die Küste Kilikiens entgegengeschickt und den Bewahrten dann in seine Hauptstadt Konya geleiten lassen. Er berief sich bei seinem freundschaftlichen Verhalten auf ihre gemeinsame Abstammung von einer fränkischen Fürstentochter, an die er glaubte, und die beiden hatten vertraute Gespräche, auch über ihre Religionen. Es ist überliefert, daß der Löwe dabei äußerte, daß für die Anhänger Muhammads das jungfräuliche Gebären Marias besonders schwer zu begreifen ist. Kilidsch Arslan aber habe erwidert: das sei keineswegs schwierig für islamisches Denken. Für Gott, der die ganze Erde und alle Menschen erschaffen hat, sei es doch ein leichtes, auch eine Jungfrau gebären zu lassen.

Beim Abschied schenkte er Heinrich dem Löwen erlesene Rosse und drei Jagdleoparden, samt den Kamelen, die sie trugen, und den Dienern, die sie warteten. Es wäre seltsam, wenn die Nachricht von diesen Erlebnissen des Löwen im Seldschukenreich nicht an den Hof der Hohenstaufen gedrungen wäre und von dort rings nach Europa.

HOHENSTAUFEN UND SELDSCHUKEN

Vier Jahre nach dem Ritterschlag seiner Söhne beruft Kaiser Friedrich Barbarossa 1188 zu Ende März auf den Sonntag Laetare Jerusalem (Freue Dich Jerusalem) in das gleiche Mainz die Reichsversammlung, auf der der dritte Kreuzzug beschlossen wird. Christus wird als Lenker dieser Beratschlagung angesehen. Der Kaiser läßt für ihn den erhöhten Thronsessel frei und sitzt zu Füßen von Christi Thron.

Die Heerfahrt wird auf den 25. April, den Georgstag 1189 festgesetzt, die sorgfältigsten Vorbereitungen werden getroffen: Gesandtschaften an alle Durchzugsländer, um freien Durchzug und Verpflegung zu sichern, strenge Vorschriften für Auswahl und Ausrüstung der Mitziehenden, Fehdeankündigung an Saladin. In Regensburg findet strenge Musterung statt: nur Ritter und Knappen, also Anwärter an die Ritterschaft, werden zugelassen und Handwerker für Pferdebeschlag, Sattelzeug und Kriegsgerät. Niemand darf teilnehmen, der nicht ein Pferd oder Barmittel für zwei Jahre in seinem Besitze aufweist. Keine Damen, keine Dirnen. König Wilhelm von Sizilien erhält den Auftrag, alle diejenigen abzufangen, die versuchen, ungemustert über Italien zu Schiff ins Heilige Land zu kommen. In Wien wird die Musterung wiederholt und fünftausend Eingeschlichene werden ausgeschieden.

Noch in Regensburg war eine Gesandtschaft mit üppigen Geschenken erschienen von Kilidsch Arslan II., dem Herrscher über das kleinasiatische Seldschukenreich, freien Durchzug und offene Märkte zu bieten. Kilidsch Arslan, wie Friedrich Barbarossa im vierten Jahrzehnt an der Herrschaft, hatte schon Heinrich den Löwen auf dessen Pilgerzug von 1170/71 aus der Falle der christlichen Armenier gerettet. Da er eine fränkische Fürstentochter, die auf dem ersten Kreuzzug in Gefangenschaft geraten war, zur Mutter hatte, konnte er sich auf Verwandtschaft berufen. Kilidsch Arslan wünschte Friedrich im Heiligen Land als Bundesgenossen gegen seinen Gegenspieler Saladin. Saladin aber wußte mit seiner Politik in Kilidsch Arslans Sippe einzudringen und im stillen die meisten seiner elf Söhne zu gewinnen, die unter dem Vater die Provinzen des Seldschukenreiches verwalteten. Schwere Goldkisten, aus Ägypten nach Anatolien wandernd, sollen dabei mitgewirkt haben und die Saladintochter, die Kutbeddin, ältester Sohn Kilidsch Arslans und Verwalter der Zentralprovinz und der Hauptstadt Konya, zur Frau hatte.

Als der Kaiser mit seinem Heer das anatolische Hochland erreichte, setzte Kutbeddin seinen Vater Kilidsch Arslan auf der Burg von Konya gefangen, begann mit Überfällen die Feindseligkeiten und wußte dem vertragsmäßigen Bundesgenossen durch Kampf und Verhinderung jeder Zufuhr so zuzusetzen, daß die Deutschen nur mit größten Mühen, unter schweren Verlusten und furchtbaren Entbehrungen, ihre Pferde schlachtend und verzehrend und dann die Pferdehäute kauend, Konya erreichten. Bei diesem Zuge ist als Führer der Nachhut bei einem Überfall im Gebirgsland der führende Dichter am Hofe Barbarossas, Friedrich von Hausen, gefallen. In Konya verlangt Kutbeddin ein Geschenk von dreihundert Zentnern Gold und die Überlassung des christlichen Armenien als neue Preise für freien Durchzug und freien Markt. Der Kaiser erwidert: Eisen, nicht Gold, werde den Weg bahnen. Er und sein Sohn Herzog Friedrich, an der Spitze des durch Gebet und Rede entflammten und der Erschöpfung entrissenen Heeres, erstürmen Konya – Kilidsch Arslan, Kutbeddin, alle Ihren und alles Ihre sind in des Kaisers Händen. Die Rache für den Verrat, Züchtigung und Plünderung steht zu erwarten. Der Kaiser aber bietet Versöhnung, nach allem Geschehenen verlangt er doch nichts als die Erfüllung des Vertrags, freien Markt für Nahrungsmittel, Pferde und Lasttiere, mit gemischten Schiedsgerichten bei Schwierigkeiten im Kauf – und bald weiß der vordere Orient zu erzählen, daß dieser Sieger alles ihm Zugebrachte zu gutem Preise bezahlt habe.

Nach der Eroberung Konyas und der Befreiung und Wiedereinsetzung Kilidsch Arslans kamen Gespräche zwischen dem Kaiser und dem Sultan zustande. Diese Unterredungen fanden in einem bedeutsamen Augenblick der seldschukischen Geschichte statt. Kilidsch Arslan hatte die Städte seines Reiches an seine Söhne als Statthalter gegeben und nur den Jüngsten bei sich in Konya behalten. Diesen Jüngsten aber hatte er Kaihusrau genannt nach dem von Firdausi hochgerühmten iranischen

Herrscher, der in Iran ein Reich der Gerechtigkeit errichtet hatte, und der als Sohn des rittergläubigen Siyāwusch, dessen Wirken erfüllend, den uralten Streit zwischen Iran und dem nördlichen Steppenreich Turan beendet hatte. Er hatte die feindlichen Reiche friedlich zu einem großen Reich verbunden, in dem die Rittergesinnung herrschte. Kilidsch Arslan mag bei dieser Namengebung für seinen jüngsten, ihm getreuen Sohn eine Anwartschaft seines Geschlechtes auf eine dichterisch begründete Herrschaft in der östlichen Welt im Sinne gehabt haben. Die Vermutung wird dadurch bestätigt, daß alle Herrscher des Seldschukenreiches in Kleinasien, seit dem jüngsten Sohn Kilidsch Arslans, Kayanidennamen trugen: Kaihusrau, Kaikāwūs und Kaiqubād, statt der bisher im ganzen Geschlecht üblichen türkischen oder islamischen Namen. Und als ihr größter, Alaeddin Keykubad, später die neuen Mauern Konyas erbauen ließ, standen, wie schon berichtet wurde, auf den Türmen dieser Mauern eingemeißelt, wechselnd mit Sprüchen aus dem Koran, die Sprüche aus dem Königsbuch des Firdausi.

Und wieder wäre es seltsam, wenn Barbarossa bei seinen Gesprächen mit Kilidsch Arslan in jenem dramatischen Augenblick seines Kreuzzugs nichts von den geistigen Hintergründen der Seldschuken und nichts vom Schahnāme und seinen ritterlichen Idealen erfahren hätte. Sicher nicht ohne Absicht hatte er doch seinen Hofdichter Friedrich von Hausen, den ersten der ritterlichen Sänger in Deutschland, auf dem Kreuzzug mit sich geführt, und hatte ihn, der in den Kämpfen mit den feindlichen Arslansöhnen gefallen war, gerade verloren. Und seltsam wäre, wenn dieses Wissen von der Ritterdichtung des Ostens nicht nach Deutschland gedrungen wäre und sich nicht zu den Höfen Europas verbreitet hätte. Man darf sich in Gedanken ausmalen, wie sich diese Verbindung ritterlicher Herrscher des Ostens und Westens ausgewirkt hätte, wenn Barbarossas Kreuzzug nicht, wie ein Zeitgenosse sagte, „enthauptet" worden wäre, als der große Kaiser auf seinem Weiterzug im Saleph ertrank.

Das zweite Mal, daß Hohenstaufen und Seldschuken sich nahe kommen, geschieht in der nächsten Generation. Da berühren sich die Geschicke des Kilidsch Arslan-Sohnes Keyhusrev und des Barbarossa-Sohnes Philipp von Schwaben (1192–96). König Philipp hatte die byzantinische Prinzessin Irene zur Frau, die „Taube sonder Gallen", und deren Bruder zog nach Deutschland und erbat dringend Philipps Hilfe, als ein Usurpator seinen und Irenes Vater und ihn selbst vom Throne gestoßen hatte. Zu dieser Zeit war Keyhusrev, den ein Bruder nach ihres Vaters Tod besiegt und vertrieben hatte, nach langer Flucht durch Kilikien, Syrien,

Persien und über das Schwarze Meer von jenem Usurpator in Byzanz, Alexius III., aufgenommen worden. Er erlebte, wie er später in einem selbstgedichteten Epos berichtet, in den byzantinischen Heerlagern im Westen den Krieg mit den Franken als Mitkämpfer. Und so steht es in seinem Epos: „Fest war ich entschlossen, nach Deutschland zu ziehen, als die Freudenboten kamen vom Tod meines Gegners in Konya und mich zurückriefen". Das spielt beim Herannahen des Vierten Kreuzzugs, der unter Philipps Mitwirken den Bruder der Irene, den jungen Alexius II., nach Byzanz zurückgeführt und ihm dort zum Thron verhilft.

Ein neuer Umsturz in Byzanz, die Eroberung der Stadt durch die „Kreuzfahrer" und die Gründung eines lateinischen Kaiserreiches dort zerstörte alles vordem Geplante. Aber was ließe sich ausdenken, wenn Keyhusrev nach Deutschland zu Philipp gezogen wäre, wie er es vorhatte, und Philipp verbündet mit den Seldschuken nach Byzanz gezogen wäre, das Erbe der Irene einzufordern, den Verbündeten auf den Thron von Konya zurückgeführt hätte und auf Barbarossas Spur ins Heilige Land gezogen wäre! Philipps Bruder, der große Heinrich VI., der schon 1195 sein Kreuzzugsgelübde abgelegt hatte, stand in Sizilien auf der Wacht und blickte nach Osten. Er hatte schon erhebliche Vortruppen und seine Sendlinge ins Heilige Land vorangeschickt und seine Nachfolge angekündigt.

Ein drittes Bild einer Verbindung zwischen Hohenstaufen und Seldschuken läßt sich ebenfalls nur in Gedanken heraufrufen, die aber auf vorgegebenen geschichtlichen Möglichkeiten beruhen. Auf Keyhusrev folgte, nach einer Zwischenherrschaft seines älteren Bruders, der jüngere Sohn des Keyhusrev, Alaeddin Keykubad. Er erschien als großer Ritterkrieger und Dichter im Osten, schmiedete das Seldschukenreich neu zusammen und mehrte es nach allen Seiten. Er war wie ein Artgenosse Heinrichs VI. Wäre Heinrich nicht durch eines der tragischen Geschicke der Staufer unerwartet 1197 von einem Fieber in Sizilien hinweggerafft worden, und wäre er in den Osten gekommen, wie er es plante, dann hätte der Dichterkaiser mit Keyhusrev dort um die Wette dichten können, oder später mit Alaeddin Keykubad, so wie er es mit dem nach dem Dritten Kreuzzug bei ihm gefangenen Ritter Löwenherz nicht weit vom Trifels, in der Pfalz Hagenau, getan hatte.

Richard Löwenherz und Saldin

Als Richard von Löwenherz, König von England, an Barbarossas Stelle das Haupt des Dritten Kreuzzuges geworden war (1191), traf er auf den ayyubidischen Sultan Saladin (Salāh ad-Dīn), der kurdischen Ursprungs war und nach dem Sieg über die Fatimiden ein neues Herrscherhaus in Ägypten begründet hatte. Beide erkannten sich als Angehörige der indessen ausgebildeten Ritterwelt. Ein großes Jahr lang standen sie sich mit wechselnden Kampferfolgen im Heiligen Land gegenüber. Und zum Erstaunen und zum Befremden, oder zur hohen Lust der Miterlebenden, je nach ihrer Gesinnung, handelt – trotz aller Härten und Grausamkeiten des Kampfes – Ritter mit Ritter. Daß Richard einen Bruder Saladins damals zum Ritter schlug, ist schon erzählt. Durch nichts aber läßt sich Saladins Großmut überbieten: Er sandte, als er von Richards Erkrankung hörte, frisches Obst an ihn, Trank und Eis vom Berge Hermon und geeignete Nahrung für den Kranken, und das mehrere Male, und er sandte ihm seinen Arzt. Er sandte Richard in der Schlacht von Jaffa (1291), als Richards Pferd getötet wurde, zwei neue frische erlesene Rosse mitten in den Kampf. Er sandte seinen Bruder al-Ādil mehrmals als Unterhändler zu Richard, und der Umgang Richards mit al-Ādil nahm nicht nur die Züge einer Freundschaft an, sondern wurde noch dadurch besiegelt, daß Richard den gewonnenen Freund zum Ritter schlug. (Der junge Saladin war ehedem schon vor Alexandria von Humfrit von Toron, dem Templermeister, 1174 zum Ritter geschlagen worden).

Die Krönung dieser Begegnungen sollte die Gründung eines neuen Reiches in dem beiden Religionen heiligen Lande sein, zu dessen ritterlichem Garanten sich Saladin und Richard vereinen wollten. Die beiden waren entschlossen zur ritterlichen Lösung: Sie sahen die Ehe vor zwischen Saladins Bruder al-Ādil und Richards Schwester Johanna, das neue Paar als Herrscher in Jerusalem, das Saladin mit entsprechendem Gebiet aus seinem Reich entließe, freie Ausübung der christlichen und der islamischen Religion in der beiden Parteien heiligen Stadt, freier und sicherer Zugang für alle Pilger beider Religionen. Der Plan scheiterte an der leidenschaftlichen Weigerung Johannas, mit einem Muslim die Ehe einzugehen. Man vermutet aus guten Gründen, daß diese Weigerung gestärkt, ja herbeigeführt wurde durch starken Einfluß von päpstlicher Seite, die nichts mehr fürchtete, als daß im Heiligen Land ein die Religionen versöhnendes Ritterreich entstand, statt einer päpstlichen, unduldsam auf

Feindschaft gegen die Muslime bestehenden christlichen Herrschaft. Richards letzter Versuch, seine Schwester Johanna bei der vereinigenden Ehe durch die junge Tochter seines Bruders Geofrey, Konstanze von der Bretagne, zu ersetzen, konnte erst zu spät ins Werk gesetzt werden, als die indessen eingetretene Kriegslage die geplante Einigung unmöglich machte.

FRIEDRICH II. UND AL-KĀMIL

Wenn man diesen Plan als phantastisch abtun oder belächeln will, so ist dagegen zu bedenken, daß drei Jahrzehnte später, nach dem vollständigen Verlust des Heiligen Landes an Saladin, der zweite Friedrich mit dem zweiten Stern der islamischen Ritterwelt, dem großen Sultan al-Kāmil, zum Schrecken und Zorn des Papstes auf ganz ähnlichem Weg der Begegnung und des Verständnisses von Ritter zu Ritter, ohne Kampf, zu einem ganz ähnlichen Vertrag gekommen und mit Erfolg als selbstgekrönter König von Jerusalem aus den ritterlichen Verhandlungen hervorgegangen ist (1229). Neben Jerusalem erhält er mit al-Kāmils Zustimmung alle Städte der palästinensischen Küste dazu. Diesem Gelingen gingen lange Beziehungen zwischen Friedrich II. und al-Kāmil voraus, die sich durch mehrere Gesandtschaften kennen und achten lernten. Al-Kāmils Haltung bezeugte sich großartig bei folgendem Vorfall: Als die Templer, ganz unter päpstlichem Einfluß, an al-Kāmil schrieben, daß Friedrich zu bestimmtem Zeitpunkt eine Pilgerfahrt zum Jordan an Christi Taufstelle machen werde, und daß man ihn dabei leicht gefangennehmen und töten (!) könne, sandte al-Kāmil das Schreiben der Templer, von diesem niederen Verrat angeekelt, an Friedrich (1228). Daß al-Kāmil selbst wie Friedrich ein Dichter war, mag beide besonders innig verbunden haben.

Der bedeutende Mittler dieser Beziehungen war der hochgebildete Wesir al-Kāmils, der ritterliche Fahr ad-Dīn, der Friedrich II. in Apulien besucht hatte und von ihm zum Ritter geschlagen wurde. Er war es, der während Friedrichs Kreuzzug ins Heilige Land die Verhandlungen über die Friedenslösung führte und zum Erfolg brachte. Hilfreich für Fahr ad-Dīns Einfluß bei Friedrich und al-Kāmil war Friedrichs Kenntnis der arabischen Sprache, in seiner sizilischen Jugend erworben, und später gepflegt im Umgang mit seiner sizilisch-arabischen Leibwache und mit vielen arabischen Gelehrten.

Fahr ad-Dīns Wirken blieb auch unter Europäern in lebendiger Erinnerung: Noch in der nächsten Generation, als ein Gesandter der Sultanin

Schadscharat ad-Durr mit König Ludwig dem Heiligen verhandelte, trat ihm ein Franke entgegen, der diesen Fahr ad-Dīn ehrend als „Ritter", als „Mann des Stolzes" und als „großen Krieger" benannte. Und die Mamluken glaubten, daß sein Ruhm bei Freund und Feind bei ihrem Siege über Ludwig mitgewirkt habe (1250).

Freilich erhoben sich Widerstände auf beiden Seiten gegen die friedliche Vereinbarung über Jerusalem. Fahr ad-Dīn wurde von einem fanatisierten Assassinen wegen seines angeblichen Verrates an der Sache des Islams ermordet. Auf der christlichen Seite verhinderte der erbitterte, aller Mittel sich bedienende Widerstand eines Papstes, dem dieser Weg ein Greuel war, daß die christliche und islamische Welt über das Rittertum für längere Zeit zusammenfanden. Hat man die heutige ungelöste und mit modernen Mitteln unlösbare Lage im Nahen Osten vor Augen, die den von England in den arabischen Bezirk gewaltsam eingeschobenen und nun freilich mit zusätzlichen Leidenschaften beladenen Staat Israel zum Streiter gegen den Islam machte, so kann man die Vollständigkeit des päpstlichen Erfolges nur mit Schrecken bestaunen.

Ludwig der Heilige und Schadscharat ad-Durr

Und noch einmal standen sich östliche und westliche Ritterheere im Kampf um die Herrschaft im Osten gegenüber, als Ludwig der Heilige von Frankreich seinen, den sogenannten Fünften Kreuzzug nach Ägypten lenkte, um die islamische Macht, die sich dort unter den Mamlukenherrschern zu bilden begann, zu zerstören. In der Schlacht von Mansūra (1250) trat ihm eine kühne Herrscherin entgegen, die Sultanin Schadscharat ad-Durr (der Name bedeutet „Perlenbaum"), die den Tod ihres Gemahls, des letzten Ayyubidenherrschers as-Sālih verbarg und mit Hilfe der ihr ergebenen „Mamluken" die Schlacht zu Ende führte. Der junge Mamlukenstaat war nicht mehr dynastischer Prägung, sondern beruhte auf einem von as-Sālih begründeten und ausgebildeten ritterlichen Gefolgschaftswesen. Schadscharats von as-Sālih erzogene Heerführer schlugen in der Schlacht die christlichen Ritter vernichtend, nahmen König Ludwig mit allen seinen Großen und 15.000 Christenritter gefangen, und viele drängten auf die Tötung aller dieser Gefangenen. Schadscharat ad-Durr aber gab aus ritterlichem Denken den gefangenen König Ludwig und alle 15.000 Gefangenen frei, gegen den Eid Ludwigs, daß keiner von ihnen je wieder in den Osten kommen werde. Ludwig schwur diesen Rittereid, und er hielt ihn und lenkte seinen nächsten Kreuzzug nach Tunis – zu einer neuen Niederlage.

Besucher der ebenso einfachen wie edel gebauten kleinen romanischen Kirche auf dem Hügel von Brancion in Burgund sehen auf einem Sarkophag die Steingestalt des Ritters Joscerand, Graf von Brancion, der bei Mansūra an Ludwigs Seite gefallen ist, und können dabei an Ludwigs Rettung und die seines Heeres durch den ritterlichen Entschluß der islamischen Fürstin denken.

7.
Eine Geschichte aus 1001 Nacht:
Ritterliche Erziehung
eines muslimischen Prinzen
durch eine christliche Prinzessin

Die Geschichte von König Umar Ibn an-Nu'mān und seinen Söhnen Scharkān und Dau' al-Makān ist die längste Erzählung in Tausend und einer Nacht. Die darin geschilderten Episoden werden von den Orientalisten zum Teil auf ein sehr hohes Alter geschätzt. Es scheinen ihnen manche dieser Schilderungen schon früh entstanden zu sein und vielleicht in die Zeit des ersten Kreuzzugs (1099/1100) anzusetzen. Eines der frühesten Stücke ist bestimmt die Erzählung von der anatolisch-griechischen Königstochter Abrīza und ihres Zusammentreffens mit dem muslimischen Prinzen Scharkān. Dem Kommentar zu den darin enthaltenen Handlungen sei eine zusammenfassende Wiedergabe der Geschichte in rhythmischer Prosa durch den Verfasser vorausgestellt:

> Als der Königssohn Scharkān die großen Heere
> Führte wider die Christen, und einmal vom Rastplatz
> Nachts allein in den Wald ritt spähend zu kunden
> Rings in den Waldgefilden – und auf eine Wiese
> Kam, die glänzte in vollem Monde, da schaute
> Dieser Reiter ein köstliches Wunder. Er staunte,
> Band sein Roß an den Baum und trat an die helle
> Flur. Da sah er, was liebliche Stimmen und Lachen
> Ihm schon angekündigt: vor einem Bache
> Eine Herrin mit ihren Gespielinnen – Vögel
> Hüpften, Gazellen spielten und wilde Kühe
> Grasten friedlich am Rain daher, und der ganze
> Ort war mit bunten Blumen bedeckt. Und Scharkān
> Schaute und sah ein Kloster fern, überragt von

Hoher Burg. Und er sah im schimmernden Mondlicht
Jene Frau, und es standen vor ihr ihre Mädchen
Zehn gleich Monden, in reichen Gewändern geschmückte,
Ihn bezaubernd durch zarte Bewegung und Blicke.
Und unter ihnen war jene Maid, die dem vollen
Monde glich: unter Locken die weiße und klare
Stirne, mit Augen dunkel und groß, vollendet
In ihrem Wesen, in ihrer Art. Und sie schaute
Strahlend und sprach zu den Mädchen: „So kommt mir heran doch,
Daß ich ringe mit euch, bevor noch der Mond uns
Untergeht und der Morgen sich naht." Da trat ihr
Eine heran und die andere, und ringend warf sie
Alle zu Boden und fesselte sie mit den Gürteln.

Da aber sagte ein altes Weib, das vor ihr stand,
Zürnend: „Freust du dich, Metze, daß du sie warfest?
Siehe, ich bin ein altes Weib, und ich warf sie
Vierzig Mal, und was hast du mit ihnen zu prahlen?
Wenn du es wagst, mit mir zu ringen, so tu es,
Und ich leg dir den Kopf dann zwischen die Füße."
Aber lächelnd im Antlitz und innen voll Zürnen
Fragte die Maid die Alte: „Oh Frau Dawāhī
Willst du wirklich ringen mit mir oder scherzest?"
Sprach die Alte: „Jawohl, ich will mit dir ringen."
Und die Alte geriet in Wut, und die Haare
Sträubten sich ihr auf dem Leib wie stehende Borsten.
Nackend wollte sie ringen. Sie riß sich die Kleider
Ab und warf sich ein Tuch herum um die Lenden,
Beugte sich vor und verlangte von ihrer Feindin,
Daß sie das gleiche tue. Und jene, sie schürzte
Sich die Hosen hinauf und zeigte da Schenkel
Wie Alabaster, kristallenen Hügel darüber,
Glatt und rund, und Moschus enthauchte
Aus ihren Fältchen, und Äpfel zwei wie Granaten
Bot ihre Brust. Und sie schlang sich ein edles Tuch auch
Rings um den Leib. Da faßten beide sich beugend
An. Doch die Maid griff zu sogleich mit der Linken
Packte am Gürtel an die Alte, die Rechte
Faßte ihr Nacken und Hals, und mit ihren beiden

Händen hob sie sie hoch, und die ringende Alte
Fiel auf den Rücken hin. Da ragten die Haare
Hoch empor, und man sah ihr Haar in dem Mondlicht.
Und zwei Winde entfuhren aus ihr, und der eine
Wirbelte Staub von der Erde, der andere dampfte zum Himmel.

Scharkān fiel auf den Rücken vor Lachen und stand doch
Gleich wieder auf, trat näher und hörte die Reden.
Und zu der Alten trat die Maid und sie warf ihr
Um einen Seidenschal und zog ihr die Kleider
Über und sagte: „Ich wollte dich nur an den Boden
Bringen und nicht das andere, was sonst noch geschehen."
Doch die Alte stand auf und wankte sich schämend
Weg und die Maid stand allein vor ihm. Aber Scharkān
Stürzte hervor mit dem Schwert, und: „Allāh ist größer!"
Rief er. Doch mit den Füßen sich stemmend vom Bachrand
Sprang mit einem Satze die Maid an das andere
Ufer, sechs Ellen weit, stand hoch und rief ihm herüber:
„Sag wer du bist, und lüge mir nicht, denn die Lüge
Ist gemein. Jetzt wäre ein schnelles Entrinnen
Dir das Beste. Denn wisse, stoß ich nur einen
Schrei heraus, so kommen die Ritter, viertausend,
Mir zu Hilfe! Doch bist du verirrt und suchst du
Hilfe, so wollen wir sie gewähren." – Und Scharkān
Sagte: „Ein Muslim bin ich, ein Fremder, und Beute
Sucht ich in dieser Nacht, und nicht eine schönere
Konnte ich finden als diese zehn Mädchen. Ich nehm sie
Mit und reite zurück zu meinen Gefährten."

Sie aber rief: „Beim Messias, das wisse, mitnichten
Sollst du sie haben. Ich schreie den helfenden Schrei und
Voll ist die Wiese mit Rossen und Helden, die schnell dich
Fassen. Doch habe ich Mitleid noch mit dem Fremden.
Wenn du jetzt Beute suchst, so fordre ich von dir hier,
Daß du mir schwörst bei deinem Glauben, daß nicht du
Irgend mit einer Waffe mir nahst. Dann könnten
Wir ja ringen, und wenn du mich würfest im Ringen,
Setzt du mich auf dein Roß und nimmst mich zur Beute.
Werfe ich dich, so bist du in meiner Gewalt.

95

Willst du mir schwören, so komm ich hinüber zu dir." Und
Scharkān rief: „So nimm den Eid der mich bindet,
Bis du bereit bist und sagst: komm her, daß wir ringen.
Wenn du mich wirfst, so kann ich mich frei noch immer
Kaufen. Werfe ich dich, so ist's mir die schönste
Beute!" – Doch schwören mußt er bei Allāh, dem Allgott,
Und wenn er's bräche, so sei er bereit zu sterben
Ohne den Glauben seines Islams. Und er schwor es
Wie sie verlangte und gürtete sich und rief ihr:
„Komm herüber über den Fluß", doch sie sagte:
„Nicht ist das Kommen an mir. Komm doch selber."
„Wahrlich, das kann ich nicht", sprach er, doch sie sagte:
„Jüngling, ich komme zu dir", und siehe sie schürzte
Auf ihren Saum und sprang zu ihm herüber.

Und sie beugten sich vor und klatschten mit Händen.
Aber sobald er sah die Gestalt die durch Allāhs
Hände mit Farbenblättern der Feen gefärbt war
Und vom Zephir des Glückes geküßt, da verwirrte
Sich sein Geist. Und die Maid rief ihn an mit den Worten:
„Muslim, komm laß uns ringen noch vor dem Morgen."
Und sie streifte die Ärmel am Arm in die Höhe,
Daß die Wiese sich hellte von seiner Weiße.
Scharkān, geblendet, neigte sich vor und klatschte
In die Hände. Sie faßten, umschlangen einander,
Rangen. Doch als seine Hand auf den schlanken Rumpf griff
Und seine Fingerspitzen die Weiche des Leibes
Ihr berührten, da wurde er schlaff in den Gliedern
Wie von Unheil gerüttelt, von Fieber geschüttelt.
Sie aber hob ihn empor und warf ihn zur Erde,
Setzte sich auf seine Brust mit Wangen, die glichen
Hügeln von Sand, seine Seele verlor den Verstand.
Und da fragte sie ihn: „O Muslim, Christen zu töten
Gilt bei euch als erlaubt, was sagst du hinwider
Wenn ich dich töte?" Und er: „Ganz unerlaubt wär ein
Solches Töten. Denn unser Prophet hat verboten,
Frauen, Kinder und Greise und Wehrlose
Zu erschlagen!" „Wenn solches eurem Prophet sich
Offenbarte", sprach sie, „so ziemt uns ein Gleiches

Mit dem Gleichen nur zu vergelten. Wohltat
Ist doch nimmer verloren an den vom Weibe
Ausgeborenen." Sie hob sich von seiner Brust und
Scharkān hob sich auf und schüttelte sich den
Staub vom Haupt. Und jene, ihr Antlitz neigend,
Sagte: „Schäme dich nicht. Doch wie ist's möglich,
Daß zum Lande der Christen wohl einer ziehe,
Raub zu suchen und nicht der Kräfte genug hat,
Einem Geschöpf der krummen Rippe zu wehren?"
„Nicht vom Mangel an Kraft", erwiderte jener
„Nicht durch Kräfte, die deinen, hast du mich geworfen,
Nein, dein Schönsein hat mich besiegt. Und wenn du
Mir einen zweiten Gang gewährst, ein Geschenk wär's
Deiner Gunst." – Und sie lachte und sprach: „Ich erfüll dir
Deinen Wunsch. Doch die Mädchen sind lange gefesselt,
Und ihre Arme und Seiten sind müde. Ich muß sie
Lösen. Denn länger vielleicht wird dauern der neue
Gang." Und sie löste die Mädchen und sagte zu ihnen:
„Geht an sicheren Ort, bis daß das Verlangen
Dieses Muslims nach euch sich lege." Und jene
Gingen davon, doch blieben so nah, daß sie beide
Schauen konnten.

      Da trafen die Gegner sich beide
Nah. Und er stemmte die Brust entgegen der ihren.
Doch als sein Leib den ihren berührte, da schwand ihm
Alle die Kraft, und sie hob ihn empor noch schneller
Als der blendende Blitz und warf ihn zu Boden.
Und sie sagte zu ihm: „Steh auf, denn ich schenk dir
Jetzt dein Leben zum anderen Mal. Zum ersten
Male verschonte ich dich um deines Propheten
Willen, der nimmer erlaubte, die Frauen zu töten.
Diesmal tu ich's um deiner Schwäche und Jugend
Willen, und weil du ein Fremdling bist. Aber sende,
Wenn im muslimischen Heer ein Stärkerer als du bist,
Den zu mir." Und Scharkān, dem jäher Zorn schwoll,
Rief: „Bei Gott, o Herrin, durch deine Gewalt nicht
Hast du gesiegt. Nur weil du ganz meine Sinne
Mir bestricktest. Wir Männer vom Zweistromlande

Lieben die Schenkel, die vollen, zu sehr, und es blieb mir
Einsicht nicht noch Verstand. Doch solltest du jetzt noch
Mit mir ringen, sobald bei mir mein Verstand ist!
Dies ist der letzte Gang nach der Regel, schon bin ich
Wieder erfrischt." Und sie sagte: „Was hoffst du, Besiegter,
Noch von dem neuen Ringen? Doch komm nur und wisse
Dies ist der letzte Gang." Und sie beugte sich vor und
Scharkān beugte sich vor und rang mit dem ganzen
Ernste und nahm sich in acht. Die Maid aber spürte
Neu eine Kraft in ihm, eine andere, und sagte:
„Muslim, jetzt hütest du dich!" Sie lachte ihn an und
Scharkān lachte mit ihr. Da griff sie ihm über
Seinen Schenkel und hob ihn und warf ihn zur Erde.
Und sie schalt ihn lachend: „Ein Kleiefresser
Bist du oder ein Spiel des Winds, das ein Lufthauch
Umbläst. Geh doch zurück zu deinem Heere
Schick einen anderen der kräftiger ist als du bist.
Denn dir fehlt es an Kraft." Und sie sprang auf die andere
Seite des Flußes und rief ihm zurück: „Jetzt geh nur
Zu den Gefährten, den Deinen, damit dich die Christen-
Ritter nicht finden und spießen dich auf auf die Spieße!"

Doch als sie abgewandt zum Kloster hinschreitend
Ging, da flehte sie Scharkān: „Oh, stolze Herrin,
Gehst du hinweg und läßt den bittenden Fremdling
Jetzt allein, den Sklaven der Lieb, dem das Herz du
Brachest?" Und jene: „Was willst du ich will dir dann
Deine Bitte erfüllen." Er sagte: „Da ich den Fuß schon
In dein Land gesetzt und gekostet die Süße
Deiner Huld – wie könnte davon ich jetzt ziehen,
Eh ich von deiner Speise genoß? Dir zu Füßen
Lieg ich." Sie sagte: „Nur der Gemeine verweigert
Freundliche Güte. Beehre uns denn in des Gottes
Namen. Hol dir dein Roß und reite am Fluße
Mir gegenüber entlang. Jetzt bist du ein Gast mir."
Scharkān bestieg sein Roß und ritt dahin
Während sie drüben ging, bis beide gelangten
Zu einer Brücke, allwo die Mädchen standen
Wartend auf ihre Herrin. Die sagte zu einer:

„Nimm seines Rosses Zügel und führ ihn zum Kloster."
Und der Verwirrte sprach: „Der Lieblichkeit Wunder
Du, jetzt hab ich ein Anrecht auf dich, ein doppelt
Starkes: Das eines Kampfgenossen und weil du
Mich genommen als Gast. Jetzt stehe ich unter
Deiner Leitung. Gewähr mir die Gunst und ziehe
Mit in mein Land, daß du wissest, wer ich bin."
Doch sie zürnte und sprach: „Jetzt weiß ich es aber
Welch ein Unheil wohnt in deinem Herzen.
Siehe, wie kannst du vermessene Worte sprechen,
Die deine Absicht zeigen zu schlimmem Verraten?
Denn wie könnte ich dieses tuen, damit ich
Niemals wieder befreit in euren Mauern wohne."
Und sie bedrohte ihn und tat noch als ob sie
Ihn noch nicht erkannt, und wünschte den Scharkān
Her, den Königssohn. Dem wolle sie dann im Harnisch
Kämpfend begegnen, und nach ihrem Sieg ihn
Fesseln, nachdem sie ihn vom Sattel heruntergerissen.
Zorneswoge erhob sich in Scharkān und Stolz und
Ritterehre und Gier. Er wollte sie greifen.
Doch ihre Anmut hielt ihn zurück, und die Verse
Sprach er für sich: „Wenn die Schöne nur einen Fehl tut
Treten Fürsprecher tausend vor sie: ihre Reize!"
Und er folgte ihr nach, von ihrem Wuchse bezaubert
Bis an das Klostertor und die marmornen Bogen.

Und sie traten hinein, von kerzentragenden Schönen
Dienend empfangen. Und drinnen ergriff ihn ein Staunen
Über die Prächte der Mosaike, die Becken
Und die goldenen Speier, aus denen das Wasser
Sprang wie geschmolzenes Silber, und über den Thronsitz
Den mit Goldstoff belegten für einen König.
Aber die Schöne sprach: „Steig auf zu dem Throne!"
Doch als er saß, da ging sie hinweg. Und die Mädchen
Sagten: „Sie ist in ihr Schlafgemach nun gegangen."
Und sie bewirteten ihn mit Speisen, erlesenen,
Brachten die goldene Schüssel ihm dann und die Kanne
Silbern. Er wusch sich die Hände und lag dann
Auf dem Lager. Und seine Gedanken schweiften

Zu seinem Heer, dem Wesir, zum Vater, dem König.
Und ihn regte und zerrte dahin die Unruh
Bis der Morgen erschien.

                  Da kam ihm entgegen
Ein erlesener Reigen von zwanzig Mädchen
Mondsicheln gleich. Und die Mädchen die schönen umgaben
Wie die Sterne den vollen Mond ihre Herrin.
Als er die hohe Gestalt in den schönsten Gewändern
Und mit dem Perlennetz im Haare erblickte,
Wich von Scharkān jede Besinnung an Heere
Und Wesir, und er sah nur sie und staunte.
Sie aber sah ihn lange an, und dann wieder
Bis sie sich sicher war des ganzen Erkennens.
Und dann sprach sie zu ihm: „Der Sitz, der dich trägt, wird
Hochgeehrt und erleuchtet durch dich, o Scharkān!
Held, wie hast du die Nacht verbracht? Denn die Lüge
Zwischen Königen ist gemein. Du bist Scharkān
Sohn des Königs Umar. Verbirg deinen Rang nicht
Länger und laß mich die Wahrheit von dir vernehmen.
Dich durchbohrte des Schicksals Pfeil und dein Teil ist
Ihm nun sich ergeben." Und Scharkān bekannte die Wahrheit:
„Ich bin Scharkān, des Umar Sohn, den das Schicksal
Hat geschlagen und zu dir getragen. Verfahre
Nun mit mit nach deinem Belieben." Sie senkte
Lange das Haupt. Dann sprach sie: „Getrost nun
Sei, denn du bist mein Gast. Unter meinem Schutze
Kannst du sicher sein. Wenn Leute des Landes
Kämen dir Leids zu tun, sie könnten dir niemals
Nahe kommen, es sei denn, es wiche um deinet-
Willen das Leben davon aus meinem eigenen Leibe."
Und sie setzte sich ihm zur Seite und scherzte
Bis sein Sorgen entschwand, und schickte die Mädchen
Aus, die mit Tisch und Speisen zu ihnen kamen.
Scharkān zögerte noch zu essen. Er dachte im Herzen:
In die Speisen vielleicht ist ein schlimmes Mittel
Eingetan. Sie erriet sein Denken und sagte:
„Beim Messias, so steht es nicht, wie du argwöhnst."
Und sie aß von jeder Schüssel, und er auch

100

Aß von ihnen, da freute die Maid sich. Und beide
Aßen und sättigten sich und wuschen die Hände.
Und süßduftende Kräuter befahl die Herrin,
Goldne und silberne Becher zu bringen, kristallne,
Und die Weine, und immer zuvor trank die Herrin
Aus dem Becher vor ihm, so wie bei den Speisen
Sie getan, und er trank ihn aus, und sie sagte:
„Muslim, schau, wie du hier in aller Freude
Weilst in des Lebens Lust." Und sie tranken bis Scharkān
Seine Besinnung verlor durch den Wein und den Rausch der
Liebe. Dann ließ sie Mardschāna bringen die Klänge-
Bildner, die Instrumente herbei, und Laute,
Persische Harfe und Flöte und Zither brachte
Wieder das Mädchen. Die Herrin griff in die Laute
Stimmte, begann mit sanfter Stimme zu singen
So wie die Wasser die springen im Paradiese.
Und die Mädchen sangen. Und als dann die Herrin
Fragte: „Verstehst du die Worte", und Scharkān erwidert:
„Nein, ich bin von den Spitzen der Finger, der deinen,
Schon bezaubert", da lachte die Herrin und fragte:
„Wenn ich arabisch sänge, was tätest du dann?" Und sie griff von
Neuem ein Klangholz und sang in anderen Rhythmen.
Als sie nach Scharkān schaute, da war er dem Leben
Lange entrückt, und als er erwachte, da neigte
Er in Entzücken sich. Und sie tranken und spielten
Bis sich der Tag gewendet und sich die Flügel
Spannten der Nacht. Dann ging die Maid und die Mädchen
Sagten: „sie ist in ihr Schlafgemach nun gegangen."

Aber am Morgen kam und sagte ein dienendes Mädchen:
„Siehe, die Herrin entbietet dich", und er folgte.
Und die Mädchen führten ihn ein mit Flöten
Durch eine Tür von Elfenbein mit Perlen und edlen
Steinen besetzt, in die Halle, die weite. Am Ende
War eine breite Estrade mit seidenen Decken.
Und durch vergitterte Fenster erblickte man Bäume
Sah die Bäche. Doch rings im Saale da standen
Menschengestalten, geschnitzte, und wenn der Wind sie
Strich, dann schwangen in ihnen verborgene Saiten,

101

Und der Beschauer vermeinte sie sprächen. Dort saß die
Herrin versunken im Anschauen der sprechenden Bilder.
Sie erhob sich, ergriff seine Hände und ließ ihn
Neben sich setzen und fragte, ob seine Nacht ihm
Wohl vergangen. Und als er mit Segenswünschen
Ihr erwidert, da fragte sie ihn: „Oh, weißt du
Etwas über die liebenden Sklaven der Liebe?"
Und sie bat ihn, es hören zu lassen, und sprach dann:
„Oh dieser Dichter sprach schön, war keusch, und er hat auch
Azza aufs höchste gepriesen. Es hat ihr die Gottheit,
Wenn ihr die Tadlerinnen der Liebe sich nahten,
Deren Wangen zu Schuhen gemacht." Und sie fragte:
„Prinz, wenn du Verse und Lieder noch weißt von Dschamīl
Trag sie mir vor." Und als er gesungen, sprach sie:
„Schön von Buthaina hast du gesprochen, und schön sprach
Dschamīl. Aber was hat ihm die Schöne, meinst du,
Angetan, daß er dann gedichtet: den Tod nur
Wünschte sie mir, nur den Tod!?" Sprach er: „Meine Herrin
Siehe, sie wollte an ihm nur tun, was auch du mir
Antun willst, und auch das kann nicht dir genügen."
Aber da lachte die Herrin, und Nacht war erschienen
In des Dunkels Gewand. Da hob sie sich auf und
Ging in ihr Schlafgemach und suchte den Schlummer.

Scharkān schlief bis zum Dämmern des Morgens und Mädchen
Kamen bei seinem Erwachen mit Zimbeln und Harfen.
Und sie küßten den Boden vor ihm und sie sagten:
„Komm im Namen Gottes. Die Herrin entbietet
Dich zu sich." Und er ging im Reigen der Mädchen
Bis sie durch jenen Saal die neue Halle erreichten,
Wo die Bilder von Vögeln und Tieren standen, noch schöner
Als man sie schildern könnte. Da staunte bewundernd
Scharkān über die Kunst. Die Herrin erhob sich
Ihm zu Ehren und nahm seine Hand und ließ ihn
Neben sich setzen und fragte: „O Sohn des Königs
Umar, bist du gewandt im Schachspiel?" Er sagte:
„Ja, aber du sei so nicht wie es der Dichter
Schildert, daß die Geliebte mit schwarzen und weißen
Steinen spielte, doch ohne den Liebeswunsch zu erfüllen.

Und wenn der Freund den Sinn ihrer Augen ergründend
Folgte, den Sinn ihm nahm durch das Spiel ihrer Blicke."
Als sie dann spielten, da schaute er hin auf ihr Antlitz
Und er setzte den Springer anstelle des Läufers
Und den Läufer anstatt des Springers. Da lachte
Seine Herrin ihn an, und sie schlug ihn im Spiele
Zwei- und dreimal und vier- und fünfmal, und sagte
Endlich: „Du bist in allem geschlagen." Sie ließ die
Speisen bringen, den Wein danach, sobald sie gegessen,
Und sie tranken, sie griff zur Zither, gewandter
Hände, und spielte und sang ihm vor diese Verse:
„Zwischen Enge und Weite schwankt unser Schicksal
Bald will es vorwärts gehen, so scheint's, bald zurücke.
Darum trinke auf seine Schönheit, so lang es
Dir vergönnt, damit du nicht unbefriedigten Blickes
Scheidest."

Dann tranken sie weiter bis daß die
Nacht sich niedersenkte, und fanden den Tag noch
schöner als den vorher. Und als es dunkelte ging die
Herrin ins Schlafgemach und ließ ihn allein.
Und er legte sich nieder und schlief bis zum Morgen.
Bis die Mädchen kamen mit Zimbeln und Flöten.
Und sie führten ihn wieder zur Herrin. Die nahm ihn
An der Hand und zog ihn an ihre Seite.
Und seinen Segenswunsch erwidernd sang sie
Mahnend, er solle nicht ans Scheiden denken.

Da hob sich
Jäh ein mächtiger Lärm, und christliche Ritter
Stürzten mit blinkenden Schwertern herein, und sie riefen:
„Scharkān du bist erkannt, so sei deines Todes
Nun gewiß." Und er wähnte, er sei in die Falle
Seiner Herrin gegangen, die ihn gehalten
Bis ihre Männer gekommen. Er wollte sie schmähen.
Doch er sah ihre Züge verändert, erbleicht ihr
Antlitz. Sie aber rief der Menge: „Wer seid ihr?"
Und der Führer der Ritter befragte sie: „Weißt du
Nicht wer der Mann da ist an deiner Seite?"

„Nein", erwiderte sie, „ich kenne ihn nicht." Doch der Ritter
Rief: „Das ist der Verwüster der Länder, der Führer
Seiner Reiter, ist Scharkān, der Sohn des Umar
Ibn an-Nu'mān, der Burgenbezwinger! Dein Vater
König Hardūb hat den Bericht der Herrin Dawāhī
Wahr gefunden und siehe, du hast nun der Griechen
Heere gerettet, indem du den Löwen gefangen!"
„Wie doch" fragte die Herrin, „wie kannst du es wagen
Ohne Erlaubnis, die meine, vor mich zu treten?"
„Herrin" sagte der Ritter, „ich kam ans Tor und
Niemand hielt mich an, und die Hüter der Tore
Fragten nicht. Denn dein Vater, der König, erwartet,
Daß wir kämen zurück mit diesem Prinzen
Daß er ihn töte und seine Leute vertreibe
Ohne noch schwere Schlachten zu kämpfen." Da sagte
Die Prinzessin: „Das sind nicht gute Worte.
Frau Dawāhī, gelogen hat sie und Unsinn
Hat sie geredet. Denn dieser bei mir ist nicht Scharkān.
Sondern ein fremder Gast. Doch wär auch bewiesen,
Daß er Scharkān ist in eigner Person, es
Würde übel doch meiner Ehre wohl anstehn,
Wenn ich den in die Hände euch gäbe, der meinem
Schutze sich anvertraut. So mach mich nicht zum Verräter
An meinem Gast und zur Schande bei allen Menschen.
Kehr zum König zurück und küsse den Boden,
Sag ihm, daß alles anders steht als er's hörte."
„Oh, Abrīza, Herrin" rief da der Ritter
„Niemals kann ich zum König zurück mich wagen
Ohne den Prinzen, den argen Feind!" Da verfärbte
Sich das Antlitz der Herrin. Sie rief ihm zu:
„Keine Worte hier mehr. Der Mann mir zur Seite
Wäre nicht eingetreten ohne sein Wissen,
Daß er Hunderten träte allein gegenüber.
Ja, hier steht er bei mir, und ich will ihn
Vor euch treten lassen mit Schwert und Schild.
Aber er ist ein einzelner Mann und ihr seid
Hundert. Wollt ihr ihn greifen, so tretet einzeln
Vor ihn, damit der König es sehe, wer tapfer
Sei von den Seinen. Ihr wartet bis ich ihm alles

Sagte und hörte, was er erwidert, und ist er
Willens, so soll es sein. Doch wenn er sich weigert,
Nimmermehr kommt ihr an ihn. Denn ich und die Mädchen
Treten vor ihn und alle, die wohnen im Kloster."

Und dann ging sie zu Scharkān und sagte ihm alles.
Und dann lächelte er und erkannte, daß sie nicht
Irgend von ihm gesagt, und die Kunde im Lande
Gegen den Willen von ihr zum König gedrungen.
Und er sprach: „Wenn sie einzeln alle mir stünden,
Wäre es für sie Belästigung. Sollen zu zehnt sie
Mit mir kämpfen." Doch sie: „Nein, einer mit einem!"
Da sprang Scharkān hinaus mit dem Schild und gerüstet
Und der Führer der Ritter der stürzte sich auf ihn.
Aber Scharkān schlug ihm das Schwert in die Schulter
Und es fuhr ihm den Rücken herab ins Geweide.
Als die Prinzessin sah den Hieb, da wuchs noch
In ihren Augen des Helden Kraft. Sie erkannte
Daß sie im Ringen nicht durch ihre Kraft ihn besiegte,
Sondern durch ihre Schönheit und Anmut. Und sie wandte
Sich zu den Rittern rufend: „Rächt euren Führer!"
Einer griff Scharkān an nach dem andern. Er ließ sein
Schwert über ihnen tanzen und schlug die es wagten.
Schrecken faßte die andern, sie flohen. Die Herrin
Aber zog Scharkān an ihre Brust und wandte
Sich zum Palast mit ihm zurück und sie sagte:
„Solch ein Mann wie du ist der Ruhm der Ritter.
Beim Messias, ich will vorm Gast mit mir selbst nicht
Geizen." Sie ging und kehrte zurück im Harnisch
Und in der Hand ein indisches Schwert und spähte
Den Geflohenen nach und richtete über der Hüter
Lässigkeit an dem Tor.

Dann wandte sie sich zu
Scharkān, daß ihren Namen sie ihm jetzt verkünde:
„Wisse, ich bin Abrīza, die Tochter des Königs
Hardūb, der inne hat dies Land. Und die alte
Tochter des Unheils Dawāhī, ist seine Mutter.
Und sie hat ihm von dir erzählt und sicher

Sucht sie jetzt eine List, mich zum Tode zu bringen
Da sie von unserm Bund nun weiß und da du
Meines Vaters Ritter erschlagen nach meinem
Willen, weil ich es wollte, und weil's meine Ehre verlangte.
Besser, ich scheide von hier. Und sieh, ich verlange
Eben die Gunst von dir, die ich dir erwiesen.
Feindschaft wird nun erstehen um deinetwillen
Zwischen mir und dem Vater. Drum säume nicht länger,
Das zu tun was ich sage – durch dich ist alles gekommen."

Und in Scharkān entsprang eine Seligkeit, weit nun
Ward ihm die Brust. Und er rief: „Dir wird nun keiner
Nahe kommen, so lang mein Leben mir währe.
Aber hast du den Mut, die Trennung vom Vater zu tragen
und von der Sippe?" Und: „Ja" sprach jene und Scharkān
Schwor ihr und beiden schworen darauf ein Gelöbnis.
„Noch ist eine Bedingung", so sprach sie, „du mußt nun
Wenden mit deinem Heere und ziehn in dein Land, denn
König Hardūb und Afrīdun dort der König
Von Byzanz sind verbündet. Verstellt ist der Weg dir.
Mächtige Heere drohen, die dich umfangen.
Jetzt nur kann noch die Umkehr gelingen, so lang ihr
Nah seid an eurem Land. Und bald, in drei Tagen
Werde ich folgend euch erreichen. Gemeinsam
Ziehn wir Bagdad zu. Vergiß das Gelöbnis
Nicht, das jetzt zwischen dir und mir wir geschlossen."

Und sie gönnte ihm Abschied an seinem Halse,
Ließ ihn reiten. Und Scharkān kam zu den Seinen,
Ließ sie zur Umkehr wenden. Und gleich nun
Brachen sie auf und zogen davon bis zur Grenze
Ihres eigenen Lands. Doch mit hundert Reitern
Blieb noch Scharkān zurück. Und einen Tag später
Zog er mit seinen Hundert bis daß sie kamen
Zu einer Schlucht zwischen Bergen – Da stand eine Wolke
Vor ihnen auf von Sand und Staub. Und sie hielten
An und hundert Reiter in eisernen Panzern
Kamen heraus aus der Wolke und riefen: „Ergebt euch!
Daß wir das Leben euch schenken." Und hochgerötet

In seinen Wangen rief Scharkān den seinigen Hundert
Zu: „Greift an die Hunde, sie sind euch
Gleich an Zahl." Sie begannen zu kämpfen. Da traten
Ihnen die Franken entgegen mit Herzen wie Eisen.
Mann traf nun auf Mann und Ritter auf Ritter.
Immer zog einer gegen den andern hinaus und
Schrecken mehrte sich da und Lärm und das Grausen.
Und sie kreuzten die Klingen mit aller Gewalt
Bis die Nacht sich nahte in dunklem Gewande.
Und sie zogen sich voneinander zurück.
Seine Leute sammelte Scharkān und fand da
Viere nur verwundet und die nur leicht.
Und er sagte zu ihnen: „Bei Allāh, mein Leben
Lang bin ich Kampferprobten genaht und kämpfte
Oft mit dem tapfersten Mann. Doch niemals fand ich
Standhafter noch im Kampf einen Helden als diesen."
„Wisse," sagten die andern: „Da ist ein Franke
Unter denen, ein tapferer Held, ihr Führer.
Dessen Speere dringen hindurch, doch er schont uns
Alle mitsamt. Denn wer in den Weg ihm komme
Den entläßt er und läßt ihn gehen. Bei Allāh,
Hätt er gewollt, er hätte uns alle erschlagen."
Und bestürzt war Scharkān und sagte: „Morgen
Wollen wir wohl gereiht vor ihnen stehen
Und von Manne zu Mann mit ihnen kämpfen.
Und wir wollen das Hundert mit unsern Hundert erproben."
Auch die Franken sammelten sich und sagten
Ihrem Führer: „Wir haben heut unser Ziel noch
Nicht erreicht. Aber morgen, Mann mit dem Manne
Wollen wir kämpfen." Dann ruhten auch diese entschlossen.

Doch als Allāh das Licht des Morgens entsandte
Saßen Scharkān auf und die Seinen und ritten
Zu der Walstatt hinab und fanden die Franken
Aufgestellt in der Ordnung. Und Scharkān sagte:
„Schaut, sie stehen bereit schon wieder. Greift an sie."
Doch ein Herold trat hervor bei den Franken
„Heute", rief er, ‚soll keine gemeinsame Schlacht sein
Sondern der Zweikampf nur. Es trete nur einer

Gegenüber hervor!" Da stürmte ein Ritter
Aus des Scharkāns Reihen heraus, und schallend
Rief er: „Wer kommt auf den Plan? Wer wagt es? Doch komme
Mir kein träger und schwächlicher Mann!" Doch ein Franke
Kam heran von Kopf bis Fuße gewappnet
Mit einem golddurchwirkten Mantel, ein graues
Roß da ritt er, und ohne Flaum seine Wangen.
Und sie begannen zu kämpfen mit Hieben und Stichen.
Aber nicht lange, so traf der Franke den Muslim
Mit seiner Lanzenspitze und warf ihn vom Rosse.

Und er nahm ihn gefangen und führte ihn abseits.
Und ein anderer kam hervor und ein Muslim
Trat ihm entgegen, ein Bruder des eben Gefangenen.
Beide ritten sie an und kämpften die Weile.
Doch der Franke wandte mit Listen dem Muslim
Seinen Rücken zu und traf mit dem untern
Ende der Lanze den Gegner, hob ihn vom Ross und
Nahm ihn gefangen. Und einer ritt nach dem andern
Der Muslime hervor, und die Franken nahmen
Sie gefangen ohn Unterlaß, bis die Nacht kam
Und sie hatten der Muslime zwanzig gefangen.

Scharkān sammelte traurig die Seinen und sagte:
„Welch ein Unheil hat uns befallen. Am Morgen
reite ich selber hinaus und fordre den Führer
Dieser Franken zum Einzelkampf, und kämpft er,
So bekämpfe ich ihn. Doch will er Frieden
Biet ich den Frieden ihm an." So nächtigten sie bis
Allāh das Licht des Morgens gesandt und zogen
Wieder zur Schlacht. Und Scharkān ritt auf die Walstatt.
Siehe, da stiegen die Hälfte der Franken herab von
Ihren Rossen und gingen vor Einem her
Ihrem Führer. Er trug einen Mantel von blauem
Atlas, sein Antlitz war wie der volle Mond, wenn
Er sich erhebt. Er trug einen Kettenpanzer
Und in der Hand ein indisches Schwert und ritt ein
Schwarzes Roß mit der Blesse auf seiner Stirne
Wie ein Dirham so groß. Auf der Wange des Ritters

108

Zeigte sich noch kein Flaum. Er trieb sein Roß in die Mitte,
Winkte dem Muslim zu, und sprach in gewähltem Arabisch:
„Scharkān, du Sohn des Umar, der Vesten bezwungen,
Länder zu Wüsten gemacht: zum Kampfe auf und
Jetzt zum Streite geeilt, zum Zweikampf mit jenem,
Der das Feld mit dir teilt. Du bis der Fürst ja
Deines Volkes, ich bin der Fürst unter Meinen.
Wer von uns seinen Gegner besiegt, dem sollen die andern
Huldigen alle."

Und Scharkān sprengte daher da
Und sein Herz war vom Zorne schwer, und er trieb sein
Roß an jenen heran und focht wie ein Löwe.
Aber der Franke trat ihm entgegen und kämpfte
Wie ein erfahrener Degen. Sie stachen und schlugen.
Ansturm wechselte ab mit Abwehr, wie Berge,
Die aufeinanderprallen. Sie hielten im Kampf nicht
An, bis der Tag entschwand und die Nacht sich senkte.
Da erst ließen sie ab und kehrten zu ihrem
Volke. Doch Scharkān sprach zu seinen Gefährten:
„Nimmer hab einen Ritter wie den ich gesehen.
Denn ich sah an ihm ein Tun wie ich keines
Je an einem gefunden. Soblad er die Blöße
Sieht am Feind für den Todestoß, dann kehrt er
Seine Lanze herum und stößt mit dem Ende.
Wahrlich ich wollte, wir hätten nur einen wie ihn bei
Unseren Leuten!"

Und es legte sich Scharkān zur Ruh. Doch am Morgen
Zog der Franke gegen ihn an, und Scharkān
Trat ihm entgegen und wieder begann das Streiten.
Und sie zogen um sich die Ringe des Kampfes
Weit. Und sie reckten die Hälse einander zu und
Kämpften und rangen bis Nacht sie mit Dunkel umfangen.
Und sie kehrten zurück zu den Ihren, und jeder
Konnte erzählen den Freunden, was ihm widerfahren.
Endlich sagte der Franke zu seinen Gefährten:
„Morgen soll die Entscheidung fallen." Sie ruhten
Beide in jener Nacht.

109

Doch am Morgen saßen
Beide auf, und sie kämpften bis Mittag nahte.
Da aber tat seine große List der Franke,
Jagte sein Roß und hielt es plötzlich, glitt ihm
Über den Hals herab und Scharkān zu Füßen.
Scharkān beugte sich jäh herab und wollte
Ihn erschlagen, in Angst, er müsse noch länger
Mit ihm kämpfen. Da rief der Franke: „O Scharkān,
Das steht Rittern nicht an. So tut der von Frauen
Schon besiegte Mann." Da hob er die Augen
Auf zum Franken, und als er genau ihn beschaute
Sah er in ihm die Prinzessin Abrīza: sie von dem Kloster.
Und er warf das Schwert aus der Hand und küßte
Da den Boden vor ihr und fragte: „Was trieb dich
An zu solchen Taten?" Sie sagte: „Ich mußte
Dich im Feld doch erproben und schauen ob du standhaft
Bist im Kampfe. Die andern sind meine Mädchen:
Junge Fraun, die im Kampf deine Reiter bezwangen."

Siehe, da lächtelte Scharkān ob ihrer Worte
Und er rief: „Sei Allāh der Dank für die Rettung
Und für die Einung wieder mit dir, Du Große
Königin unserer Zeit."

Dann rief sie den Ihren
Zu, sie sollten die zwanzig Gefangnen freien
Und sie bringen und steigen vom Roß. Sie gehorchten
Und sie traten heran und küßten den Boden
Vor Abrīza und Scharkān. Der sagte zu ihnen:
„Euresgleichen bewahren sich Könige freilich
Für die Stunde der Not." Er winkte seinen Gefährten
Die Prinzessin zu grüßen. Die sprangen ab und
Küßten den Boden vor ihr, denn sie wußten es, was da
Eben geschehen war.

Dann saßen die zweihundert Reiter
Auf und zogen dahin bei Tag und im Nachten.
Und Abrīza zog mit Scharkān und beide
Zogen dahin, dem dunklen Schicksal entgegen.

Die Geschichte der Begegnung Abrīzas, einer Christin, mit dem islamischen Prinzen Scharkān von Bagdad ist nicht nur ein bedeutendes Zeugnis ritterlichen Denkens im Osten, sondern vermittelt auch das Bild einer hohen Frau, das sich dort erhoben hatte, und ihres Wirkens in den ritterlichen Verwandlungen. Man sollte die entscheidenden Punkte in dieser Erzählung beachten, auch dort, wo sie in mancherlei östliche Vorstellungen und Erlebnisarten eingebettet erscheinen:

Die Ringkämpfe am Anfang der Erzählung sind in vieler Beziehung einzigartig. Das Ringen Abrīzas mit ihren Mädchen tritt als ritterliche Übung hervor, so wie zur Bestätigung der Überlegenheit Abrīzas auch in leiblicher Stärke und Gewandtheit. Und diese Übung wird später durch das Hervortreten der kampfbereiten und siegenden Amazonenschar auch im Waffenkampf bestätigt. Daß die Vatermutter Abrīzas, die alte Dhāt ad-Dawāhī, bei ihrer Herausforderung auf ihre eigenen siegreichen Ringkämpfe mit den Jüngeren verweist, zeigt noch einmal das Bestehen einer unter den Frauen gepflegten Übung an. Das Verhalten Abrīzas zu der Alten nach dem Kampfe zeigt ritterliche Züge. Die Siegerin windet selbst der Besiegten einen seidenen Schal um, zieht ihr die zum Kampf abgelegten Kleider wieder über, und zeigt ihre Großmut gegenüber der körperlichen Schwäche, die der alten Herausforderin widerfahren ist, und die die Siegerin nicht gewollt zu haben beteuert. Nur den regulären Kampf habe sie gewollt. Auf die Drohungen der Alten vor dem Kampf hat sie mit keinem Wort, das ihre Überlegenheit betone, erwidert, sondern hat nur vorsichtig gefragt, ob jene wirklich mit ihr ringen wolle oder nur scherze, und den Kampf erst nach erneuter Herausforderung begonnen.

Als Scharkān aus seiner Verborgenheit mit Waffen hervorstürzt, springt die junge Herrin mit einem Satz über den sechs Ellen breiten Fluß und fragt ihn von drüben, wer er sei und verbittet sich eine Lüge, die gemein macht. Sie warnt ihn vor dem großen Hilfsheer, das ihr auf einen Ruf bereit stünde. Sie sagt ihm aber ritterliche Hilfe zu, wenn er als Verirrter und Hilfsbedürftiger käme.

Als Scharkān sich als Muslim und Feind bekennt, der Beute zu suchen gekommen sei und die zehn schönen Mädchen ihres Gefolges als Beute nehmen und zu seinen Gefährten bringen will, droht sie, nach ihren Rittern zu rufen und weist seine Begierde nach den Mädchen zurück – aber sie bietet ihm als einem „Fremden" Mitgefühl und Teilnahme. Und sie schlägt ihm den Ringkampf mit ihr selbst vor und bietet sich selbst zur Beute an, wenn er sie besiege. Freilich verlangt sie zuvor seinen großen Eid, daß er sich ihr, der Unbewaffneten, nicht mit Waffen nahen wolle, und daß er sich im Falle ihres Sieges ihr ganz ergebe. Und diesen Eid muß er bei seiner Religion ablegen und sich dieser seiner Religion begeben, wenn er ihn bräche. Dies ist ein Angebot zu durchaus ritterlichen Bedingungen. Und erst als Scharkān den Schwur nach ihrer Vorschrift leistet, springt sie wieder zu ihm hinüber.

Nach ihrem Sieg im ersten Ringkampf fragt sie ihn: Da den Muslimen das Töten von Christen als erlaubt gelte, was er denn sagen würde, wenn sie ihn jetzt töte? Scharkān erwidert eifrig, solches Töten von wehrlosen Besiegten sei bei Muslimen ganz unerlaubt und von ihrem Propheten verboten. Darauf erhebt sich Abrīza, läßt ihn aufstehen und bekennt sich zu der gleichen ritterlichen Gesinnung. Sie fügt ihren Glauben hinzu, daß Wohltat nie verloren sei, ja, sie tröstet den besiegten Gegner.

Scharkān bittet um einen neuen Gang und sie gewährt diese Bitte, ritterlicher Regel entsprechend („Ritter ohne Gnade ist Ritter ohne Ehre"), und geht indessen die gefesselten Mädchen zu lösen, deren schmerzhafter Lage sie gedenkt. Sie mahnt die Befreiten, so lange an einen sicheren Ort zu gehen, bis das Verlangen des Muslims nach ihnen sich lege. Nach ihrem zweiten Sieg sagt Abrīza zu dem Besiegten: ‚Steh auf, ich schenke dir das Leben zum zweiten Mal. Zum ersten Mal verschonte ich dich um deines Propheten willen. Jetzt tue ich es um der Schwäche deiner Jugend willen und weil du ein Fremdling bist. Als Scharkān nach seiner zweiten Niederlage einen letzten Gang nach der Regel verlangt, da gewährt sie ihm auch diesen.

Der nach ihrem dritten Sieg zum Kloster hin sich Abwendenden Abrīza ruft Scharkān flehend nach und bittet sie um Speise und Trank. Sie beruft sich auf das Gebot, daß nur ein Gemeiner freundliche Güte verweigere, lädt ihn ein, heißt ihn sein Roß holen und nimmt ihn als Gast an. Damit ist er nach ritterlicher und altarabischer Sitte in einen neuen Stand getreten. Er darf auf seinem Ufer bis zu einer Brücke reiten, und sie geht auf ihrem Ufer mit. Auf der Brücke aber stehen die Mädchen, und sie gebietet Einer, sein Roß am Zügel zu nehmen und ihn zum Kloster zu führen.

Im Kloster erfährt der von der Schönen Besiegte und Gebändigte neue Bezauberungen. An den drei heiligen Gasttagen läßt sie ihn in alle Schönheiten ihres Klostersitzes tauchen und der dort gepflogenen Lebensführung: in alle Gunst von Speise, Trank und Gruß, in wunderbare Anblicke der Gemächer, in Spruch und Gesang und Dichterworte, und mahnt ihn, sich dem Schicksal zu ergeben, das ihm geworden. Aber an jedem Abend verläßt sie ihn und geht allein in ihr Schlafgemach. Bei seinem Sichergeben sieht sie ihn an mit langen Blicken, bis sie ihres Erkennes gewiß ist. Sie läßt ihn einen königlichen Thron besteigen, sagt ihm, daß sie den Königssohn in ihm erkannt, nennt seinen Namen und verbannt alle Täuschung zwischen ihnen, die zwischen Königen gemein sei – damit zum zweiten Mal die Bewährung ritterlicher und nun auch königlicher Haltung zwischen ihnen verlangend. Und Scharkān bekennt sich als Sohn des Königs Umar Ibn an-Nu'mān und unterstellt sich ihren Befehlen. Da bietet sie ihm, nach stiller Besinnung mit gesenktem Haupt, Sicherheit und Schutz als ihrem ebenbürtigen Gast, dem unter ihrem Schutze niemand mehr feindlich nahen dürfe, so lange sie lebe.

Sie scherzt ihm dann seine Sorgen hinweg und sein sich immer wieder meldendes Mißtrauen, ißt von jeder Schüssel und trinkt von jedem Becher voraus, ehe sie ihn essen und trinken heißt. Sie spielt ihm die Laute vor und singt ihm vor, erst griechisch dann arabisch, und läßt am nächsten Tag ihn singen, was er von Liedern über Liebende weiß. Sie führt ihn zum Erkennen des keuschen Liebesgesangs des Dschamīl. Am dritten Tag besiegt sie ihn immer von neuem im Schachspiel und singt ihm die Verse vom Schwanken des Schicksals, dessen Gaben er genießen solle, so lange sie ihm vergönnt sind.

So stellt sie ihn in diesen Tagen auf alle Proben ritterlicher Lebenskunst: des Gesprächs, des Singens und Hörens, des Wissens vom Dichterwort, des Vernehmens der Sprachbilder und der zaubernden Musik, des königlichen Spieles. Und immer wieder läßt sie ihn am Abend allein und geht allein in ihr Schlafgemach. Am vierten Morgen aber, als sie ihn singend mahnt, nicht ans Scheiden zu denken, bricht eine Hundertschar christlicher Ritter herein mit großen Schwertern und bedroht den fremden Königssohn im Namen des Vaters der Herrin, des christlichen Königs von Anatolien, dem die alte Dhāt ad-Dawāhī ihn angezeigt hat, mit Gefangenschaft und Tod.

Und Scharkān wähnt sich von der jungen Herrin verraten und will sie schmähen. Aber diese Herrin scheucht die feindlichen Ritter im Namen ihrer Ehre zurück von ihrem Gast, führt Scharkān dann in Waffen ihnen entgegen und gebietet ihnen ritterlichen Zweikampf von Mann gegen Mann, nicht einen Kampf von Hundert gegen Einen.

Scharkān schlägt in Einzelkämpfen jeden der Feinde, der ihm entgegentritt und läßt sein Schwert so über ihnen tanzen, daß die noch Übriggebliebenen fliehen. Da zieht Abrīza – die Sendlinge des Königs haben sie, die Tochterprinzessin, mit ihrem Namen angerufen – Scharkān an ihre Brust, rühmt ihn als Ritter, verfolgt mit ihm die Geflohenen, und straft die

113

lässigen Torhüter, die diese Sendlinge ohne ihre Erlaubnis eingelassen haben.

Dann aber verkündet sie Scharkān selbst ihren Namen, ihre Herkunft und ihr nun entschiedenes Los: ihre Feindschaft mit ihrem Vater durch ihr Eintreten für Scharkān und die Notwendigkeit ihrer Flucht. Scharkān ist von Glück überströmt, er fragt sie nun noch einmal, ob sie die Trennung von Vater und Sippe ertragen könne, und nach ihrem „Ja" schwören sich beide das Gelöbnis zu, sich gegenseitig zu schützen.

Freilich macht Abrīza noch eine Bedingung. Scharkān müsse mit seinem Heere in sein Land zurückziehen, und sie werde ihm in drei Tagen folgen und gemeinsam mit ihm nach Bagdad ziehen. So allein könne sich Scharkān in diesem Augenblick den heranziehenden großen Heeren ihres Vaters und seines indessen gewonnenen Bundesgenossen, des Königs von Byzanz, entziehen und sie beide retten.

Scharkān nimmt Freundesabschied von ihr, bringt, wie er geheißen, sein Heer zur Umkehr, bleibt aber mit hundert Rittern zurück, mit denen er dann zur Grenze des Landes zieht. In einem Tal zwischen Bergen steigt mit einmal eine Wolke von Sand und Staub vor ihnen auf. Hundert Reiter in eisernen Panzern treten daraus hervor und verlangen ihre Ergebung, damit sie ihnen ihr Leben schenken. Sie scheinen fremde Franken, und Scharkān treibt die Seinen statt zur Ergebung zum Kampf. Aber er selbst und die andern gewahren bei diesen Franken einen Ritter, der alle besiegen könne, aber sie schont und von seinen Mitstreitern schonen läßt. Am Morgen soll von neuem der Kampf beginnen. Doch ein Herold tritt aus den Reihen der Franken hervor und bietet Zweikämpfe an statt allgemeiner Schlacht. Alle Einzelkämpfer von Scharkāns Seite werden besiegt, aber sie werden geschont, und ihrer Zwanzig gefangen von ihren Besiegern davongeführt.

Am nächsten Tag will Scharkān die höchste Probe. Er reitet auf die Walstatt, aber die Hälfte der schon wartenden Franken steigen von ihren Rossen und schreiten zu Fuß einem Ritter voraus, der ihr Führer ist. Dieser hat ein Antlitz wie der volle Mond, wenn er eben aufgeht, und auf seinen Wangen zeigt sich noch kein Flaum. Er trägt einen blauen Mantel und reitet ein schwarzes Roß, dem eine edle Blesse die Stirne ziert. Er reitet in die Mitte des Feldes und ruft zu den Muslimen in gewähltem Arabisch: „Scharkān, Sohn des Umar, komm zum Kampf mit Jenem, der das Feld mit dir teilt. Du bist der Fürst der Deinen, ich bin der Fürst der Meinen. Wer von uns siegt, dem sollen die andern sich unterwerfen." Also wird ritterliche Übereinkunft angeboten und angenommen. Die beiden

Anführer kämpfen in immer neuen Stürmen gegeneinander bis zum Abend. Bei der abendlichen Rast sagt Scharkān zu den Seinen, daß er in seinen vielen Kämpfen noch nie einen Ritter wie diesen gefunden. Wenn der eine Blöße erspähe am Feind, dann drehe er seine Lanze um, stoße mit dem stumpfen Ende.

Am Morgen beginnt der Zweikampf der beiden von neuem, und sie kämpfen bis zum Mittag. Da aber zeigt der Franke seine große List. Er stürzt sich selbst bei seinem Angriff über den Hals seines Rosses herab dem Gegner zu Füßen. Als Scharkān aber, in der Angst vor neuen Kämpfen, den gestürzten Feind erschlagen will, da ruft der Gestürzte ihn an. „O Scharkān, das steht Rittern nicht an!" Und seinem Auge zeigt sich der vor ihn gestürzte Ritter – als Abrīza.

Scharkān wirft sein Schwert aus der Hand und küßt den Boden vor ihr und fragt sie, was sie zu diesem Tun getrieben. Und sie erwidert, daß sie ihn doch im Felde erproben müßte, ob er im Kampfe standhaft sei. Ihre Mitstreiter aber seien ihre Mädchen, „junge Frauen, die seine Reiter besiegten". Scharkān dankt Allāh für seine Rettung und für die Wiedervereinigung mit Abrīza und er nennt sie: „Du große Königin unserer Zeit". Abrīza ruft den Ihren, die zwanzig Gefangenen zu befreien und zu bringen und selbst von den Rossen zu steigen. Sie küssen den Boden vor Abrīza und Scharkān, der die Frauenkrieger rühmt: „Euresgleichen bewahren sich Könige für die Stunde der Not". Und er ruft den Seinen, die Prinzessin zu grüßen. Die springen ab von den Rossen und küssen den Boden vor ihr – und es heißt: „Denn sie wußten, was da eben geschehen war".

Nun besteigen die zweihundert jetzt Vereinten ihre Rosse und ziehen Nacht und Tag weiter. Und Abrīza zieht mit Scharkān, und beide ziehen ihrem dunklen Schicksal entgegen.

In dieser Erzählung erscheint Abrīza im Sinne ritterlicher Minne als die Erzieherin des noch in „wilder Tat" befangenen Mannes. Schritt für Schritt erweckt sie in ihm die höheren Fühlungen, die zu ritterlicher Art von Selbstbändigung führen, und läßt ihn ihrer beider Bündnis als Wächter der alles entscheidenden Ehre empfinden. Das in ihm angelegte ritterliche Verhalten lockt sie in vielen Zügen und mit vielen Mitteln hervor und erprobt zuletzt dessen unverbrüchliche Geltung durch ihr Selbstopfer: als Siegende dem Besiegten sich ergebend.

Als Erzieherin erscheint sie auch vor ihren Amazonen und führt ihr Frauenheer der männlichen Gewalt gegenüber zum Siege. Die Kühnheit und Eigenkraft, derer sie bei sich selbst gewiß ist, entfaltet sich noch in sich selbst und bei den Ihren und läßt sie so die Mittel zur Durchsetzung ihrer höheren Anliegen auch in der überlegenen Kampfkunst gewinnen.

Besonders zu beachten scheint mir dabei das Folgende: Abrīzas erzieherisches Wirken erfolgt sehr viel weniger durch „Lehre" als durch wirksames Beispiel. In ihrem eigenen Verhalten tut sie dasjenige kund, dessen Entdeckung durch den Gegenspieler sie in ihm selbst hervorrufen will. Dafür gibt es viele Beispiele sowohl in ihrem Kampf- und Siegesverhalten, wie bei dem Einsatz sinnlicher Reize und bei dem Wirkenlassen beider Pole menschlichen Verhaltens von Rührbarkeit und Härte. Die Unterliegenden werden von ihr nicht entwürdigt, sie verhilft ihnen vielmehr zur Selbstachtung zurück und zur Achtung der Schicksalsmacht. So auch bei der Behandlung der alten Dhāt ad-Dawāhī, und besonders wenn sie den überwältigten Scharkān tröstet, den sie zur bereitwilligen Annahme des Geschickes zu gewinnen sucht und zu Würdigung und Genuß der Geschenke, die es gewährt.

Die Bedeutung und Macht sinnlicher Reize im Liebesgeschehen weiß sie einzuschätzen, ja sie weiß sie zu steigern und zum Aufschmelzen des Liebenden zu verwenden, als wirksames Mittel zu seiner Verwandlung, so daß ihre Bändigung der Stärkung der gegenseitigen Achtung und des Selbstgefühls dient. Und sie weiß um die Steigerung der Genußfähigkeit und ihrer Dauer durch klare Enthaltsamkeit. Auch darin geht sie selbst voran. Über allem ihrem Tun steht eine heilige Wachsamkeit, die sie unberührbar macht, ihr den Stolz der Unantastbarkeit verleiht und sie mit den Frauengestalten, die später im westlichen Rittertum hervortreten, verschwistert.

8.
Minneheere in Ost und West:
Wolframs „Willehalm"
und seine Gestalt der Gyburg

Überraschend tritt uns im zweiten Jahrzehnt des 13. Jahrhunderts ein mittelhochdeutsches Epos entgegen, das an die alten Chansons de Geste anknüpft und sie in gewisser Weise erneuert. Und dieses Gebilde stammt gerade von dem großen Übertrager der Artuswelt in die deutsche Dichtung, dem Parzivaldichter Wolfram von Eschenbach. Es ist, als ob er seine Hingabe an die Artusdichtung, die die alten Tatenlieder abgelöst und verdrängt hatte, nun sühnen wollte mit dieser neuen Chanson de Geste. Allenthalben knüpft das neue Werk an die alten Tatenlieder an, vor allem an das Rolandslied und an die Überlieferungen von Karl dem Großen.

Wie im Rolandslied Baligant, der Ostkalif, dort in Spanien dem Heidenkönig Marsilis von Saragossa, den Karl der Große bedrängte, zu Hilfe kommt mit einem Riesenheer, und der Kampf zwischen Christen und Heiden erst mit einem Zweikampf der beiden Kaiser entschieden wird, so kommt hier Terramer, der jetzige Herr des Ostens und der halben Welt, mit einem Riesenheer und unendlichen Nebenscharen in die Provence, um Markgraf Willehalm von Orange zu bekämpfen. Und die neuen Schlachten in der Provence setzen gleichsam die spanischen Kämpfe Karls fort. Baligant ist der Oheim Terramers und Marsilis der Oheim des Tybalt, des stärksten Mitkämpfers in Terramers Zug, Roland und die Gleichen, die Paladine Karls, werden in den Schilderungen der neuen Kämpfe immer wieder erinnernd beschworen. Der Schlachtruf Karls „Munschoye", von Willehalms Heer übernommen, klingt auf in den neuen Schlachtfeldern. Willehalms Schwert trägt den Namen von Karls Schwert „Joyouse".

Terramer will nichts Geringeres, als nach der Eroberung von Willehalms Sitz Orange nach Paris zu ziehen, Karls Sohn Ludwig den Frommen vom Thron zu stoßen, Aachen zu erobern und endlich sich selbst in Rom die Herrscherkrone der Welt aufs Haupt zu sezten, die ihm als einem Sprossen des ehdem von Caesar in den Osten vertriebenen Pompeius im Grunde gebühre. Willehalm, selbst ein Enkel Karl Martells, hat schon unter Karl dem Großen mitgekämpft, hat unter Karls Sohn die gefährdete Mark der Provence als Statthalter zugeteilt erhalten und den Kampf der Christen gegen die muslimischen Streiter weitergeführt.

Eine erste große Schlacht auf dem Feld von Alischanz, das bei Arles zwischen Orange und der Küste gedacht ist, gegen die eingebrochenen Scharen Terramers bringt Willehalm große Verluste. Die schönste junge Blüte seines Heeres, sein eigener Neffe Vivianz, fällt nach langen heldenmütigen Kämpfen und stirbt in Willehalms Armen. Willehalm selbst, seiner letzten Gefährten und seines Rosses beraubt, flüchtet auf einem eroberten Pferd und mit arabischen Waffen, kommt schlachtzerrüttet und entstellt vor die Burg von Orange und wird von seiner Gemahlin Gyburg nicht erkannt und nicht eingelassen, bis er Beweise seiner Echtheit erbracht hat. Mit Gyburgs Zustimmung beschließt er einen Ritt zu König Ludwig dem Frommen, dem Karlssohn und Karlserben, um dessen und aller verwandten Fürsten Hilfe zu erbitten. Er wird auf seinem Weg verkannt, am Hofe verkannt und abgelehnt von der Königin, seiner Schwester, die er dann so wild angreift, daß sie in ihr Schlafgemach flüchten muß. Die schöne und liebende Kunst der Königstochter Alyze bringt die Wendung: Nach langem Zögern des Königs fällt Willehalm endlich dessen Hilfsversprechen zu. Einen jungen noch unentfalteten Knappen, der geheimnisvoll mit Alyze verbunden ist, erhält er vom König als Geschenk. Die zum Hoftag versammelten Fürsten verbinden sich ihm, und er zieht mit einem starken Hilfsheer nach Orange.

Dort hat Gyburg mit der kleinen Besatzung und mit ihren zu Amazonen gerüsteten Mädchen, kämpfend und kühne Listen ersinnend, die Burg so lange gegen die Feindesheere gehalten, daß Terramer seinen vom Leichengeruch und vom Hunger in der verwüsteten Landschaft gequälten Heeren den zeitweiligen Abzug zur Küste und zu den Proviantschiffen befehlen muß, während die Vorstädte von Orange in Flammen aufgehen. In dieser Atempause treffen Willehalm und seine Heerscharen ein, und es vereinigt die Befreiten mit den Befreiern ein Festmahl, bei dem Gyburg allen ihr eigenes Schicksal und ihre hohe Gesinnung enthüllt. In ihrer Rede kommt zum erstenmal der Glaube an die Gotteszugehörigkeit Beider, der Christen und der Heiden, bedeutungsvoll zum Ausdruck. Dann zieht Willehalm mit seinen Hilfsscharen den Heiden entgegen und auf ebendem Feld von Alischanz geschieht die zweite noch größere

Schlacht, die, nach einer Hochflut von Kämpfen, mit dem Sieg der Christen endet.

Der Kreuzzug Karls des Großen in Spanien wird von Willehalm und den Seinen wieder aufgenommen. Von den Rachetrieben auf beiden Seiten wird ein ungeheurer Schlachtrausch entflammt. Aber wie schon unter Karl dem Großen und seinen Gleichen treten die Heiden als gleichwertige Heldenkämpfer in vielen Beispielen den Christenhelden entgegen, und nur ihr „falscher“ Glaube und ihre „falschen“ Götter unterscheiden sie von den dem wahren Gott dienenden Christenrittern. Die neuen Züge dieses erneuten Kampfes zwischen Ostwelt und Westwelt lassen sich etwa so beschreiben:

Jetzt treten sich nicht mehr nur Glaubenskämpfer und Glaubenshelden auf beiden Seiten gegenüber, nicht mehr nur gottverbundene Reiter-Ritter, die miteinander wetteifern und streitend siegen und unterliegen. Und nicht mehr führt der Verrat eines Christenritters zum Untergang von Karls Gleichen, nicht mehr siegt der Kaiser, die Menschen seiner Art rächend, über die Ostmacht und hält dann Gericht über den Verräter nach der Rückkehr ins „süße Franken“.

Jetzt stehen sich – als Zeugen einer großen Wandlung – zwei Minneheere gegenüber. Der Dichter wird nicht müde, in immer neuen Beispielen und Beteuerungen die Minnemacht zu schildern, die auf beiden Seiten in den Kämpfenden wirkt, die sie entsendet und bestimmt, und die sie als eine Gottesmacht zugleich verbindet und in den Kampf gegeneinander treibt. „Um Gott und um der Frauen Lob“ ziehen diese neuen Minneritter in den Kampf. So sehr sie auch, auf beiden Seiten, die alte Rachepflicht und Rachelust schüttelt, und altes Sippendenken sie bewegt und beherrscht – das neue Element tritt nun auf beiden Seiten mit Kraft hervor und läßt die kriegführenden Welten ihre Verbundenheit in Gottes Schöpfung und der in ihr wirkenden Liebesmacht erkennen. In den Schlachten treten uns auf beiden Seiten minnedurchdrungene Heidenhelden entgegen, und die Beschreibungen der Minneblüten, die der Dichter von muslimischen Rittern gibt, überwiegen fast noch die Beschreibungen dieser neuen Macht bei der christlichen Ritterschaft. Die Damen der Helden entsenden ihre Minner nicht nur mit edlen Gewändern, Waffen und Schmuck in den Kampf, sie wirken auch in ihnen und bewirken ihren Mut, ihre Kraft und ihre Gesinnung.

Bei der Entscheidung zwischen Willehalm und seiner Gemahlin Gyburg über ihr weiteres Handeln nach der Niederlage und nach den furchtbaren Verlusten in der ersten Schlacht läßt der Dichter seinen

Helden den Bund mit der hohen Frau, der er dient, mit folgenden Worten zusammenfassen:

> Wohin immer Dein Rat mich treiben wird
> Dahin will ich mich kehren bis an den Tod.
> Deine Minne hat mir immer den Dienst geboten
> Seit mich Deine Güte empfangen hat. (96_{1-4})

Durch Gyburg sei ihm die Hohe Minne zuteil geworden, für die er sein Leben gäbe und alles, was er je gewonnen (96_{2-15}).

Entsprechendes wird von Willehalm in seiner großen Rede an seine Ritterkämpfer vor der zweiten Schlacht angesprochen:

> Eines jeden Ritters Ehre
> Gedenke, wie ihn sehre
> Als er das Schwert empfing ein Segen:
> Wer Ritterschaft recht pflegen will
> Der soll Witwen und Waisen
> Beschirmen vor ihrem Schrecken.
> Das wird sein endloser Gewinn.
> Er mag sein Herz auch hinkehren
> Auf Dienst um der Frauen Lohn,
> Wo man lernt solchen Ton,
> Wie Lanzen durch Schilde krachen,
> Wie die Frauen darum lachen,
> Wie Freundin des Freundes Schmerzen
> Sanftet. Zweierlei Lohn ist uns bereit
> Der Himmel und edler Frauen Gruß.
> Bin ich so fromm, dann muß ich nun
> Auf Alischanz darum werben,
> Oder ich will dafür ersterben. (299_{13-30})

Dieser Stimme Willehalms läßt der Dichter gleichsam die Stimme des Oberherrn der Heiden, des großen Terramer antworten, als dieser vor der neuen Schlacht seine Streiter mahnt, für ihre Götter und für die Frauen ihr Leben hinzugeben, so wie die Fürsten und Könige es schon auf diesem Schlachtfeld getan haben (338_{1-4}). Und er berichtet von sich selbst:

In meiner Jugend konnte ich den Leib
Wohl schmücken um der Frauen willen.
Das teile ich noch den Jungen zu.
Als mir der erste Bart entsprungen
Nahm mich die Minne in ihr Gebot
Noch strenger als irgend einer meiner Götter.
Um der Götter und um Minne willen
Sollen wir noch heute werben
Nach des Ruhmes Gewinn. (338$_{9-17}$)

Wieder werden vor der zweiten Schlacht hohe Minnehelden der Heiden genannt, und wird an die Minne als führende Macht gemahnt, und daran, wie die Heidenedlen ihren Anführern im Minnedienst nachstreben: Arupin von Ganfasasche (348$_{2-16}$), Josweiz der Held, dem Terramer rät, „laß Dir die Minne Rat geben" (349$_{1-6}$), und der später noch einmal zum Minnedienst im Kampf berufen wird (386$_{1-12}$), sowie Heinrich der Alte, Willehalms Vater, den jungen Rittern zum Minnedienst im Streite rät (385$_{13-15}$).

„Um Gott und die edlen Frauen" das klingt immer wieder als gültiger Kampfruf auf, für die Minneritter auf beiden Seiten (vergl. 381$_{21}$), auf daß sie sich unter die Macht stellen, die die „Hohe Minne" genannt wird.

Und der nach allen seinen Verlusten trauernde Held Willehalm, der sein Unglück als Schande für Christus ansieht, in dessen Namen er alles hingegeben habe (456$_{1-3}$), ruft Gott um seinen Beistand an und begründet seinen Anspruch auf die Gotteshilfe mit den Worten:

Wenn Deine Tucht ohne Wanken besteht
So sollst Du auch an mir nicht wanken
Und meines Unglücks gedenken,
Da Du doch selbst es so entworfen hast,
Daß der Freund die Freundin fand
In seinem Arme durch die Minne,
Und echter Mannessinn
Dient um der Frauen Lohn. (456$_{6-13}$)

Neben der Schilderung der beiden Minneheere und des Minneglaubens, der sie beseelt, entwickelt der Dichter als ein neues Element des Glaubenskampfes, den seine Epe schildert, eine besondere Theologie, die man Kreuzzugstheologie nennen könnte. Schon im Rolandslied hatte einer von

121

Karls Gleichen, der Erzbischof Turpin, die Idee vertreten, daß die Gefallenen im Glaubenskampf, ähnlich wie es Muhammad seinen Kriegern im Heiligen Krieg versprochen hatte, ins Paradies eingehen und auf den Blumen des Paradieses gebettet würden. Und Roland, der führende Held, wurde bei seinem einsamen Tod zu seinem göttlichen Herrn von den Erzengeln heimgeholt, denen er zum Zeichen seiner Gottesgefolgschaft seinen Handschuh entgegenstreckte.

Willehalms neue Christenkämpfer gegen die Heidenmacht, die in ihr Land gedrungen ist, gewinnen im Schlachtentod die ewige Seligkeit (229_{29-30}), ja sie werden von den Engeln als Heilige empfangen (259_{5-7}). Ihr Kirchhof auf den Gefilden von Alischanz ist gesegnet. Die neuen Chöre der Engel hören ihre Waffen im Streit (230_{27-28}), sie fliegen von Engeln geleitet in den Himmel (14_{10-11}). Der Himmel glänzt von ihnen in einem neuen Sonderglanz (14_{9-10}). So wie die Menschen in der Schöpfungsgeschichte den abtrünnigen Engeln ihren Platz abgewonnen haben als zehnter Engelchor, dann aber von Gott abfielen, so werden jetzt die im Glaubenskampf Gereinigten von den treugebliebenen Engeln empfangen (308_{1-30}). Der Zauberer Jesus bestreut ihr Schlachtfeld mit steinernen Särgen, in denen sie unverwest liegen (357_{22-30}). Gott selbst ist es, der zuletzt durch diese seine Kämpfer siegt (434_{22}–435_9).

Die bedeutendste Neuheit aber, die in der neuen Epe, mitten in der Erneuerung der Chanson de Geste-Dichtung, auftritt, ist die Tatsache, daß eine große Frauengestalt zur eigentlichen Heldin in Wolframs Heldenlied wird. Gyburg ist eine Araberin, mit Namen Arabel, die Tochter des Heidengroßherrn Terramer und seine Pracht. Sie war mit Tybalt, dem Neffen Terramers vermählt, Königin an seiner Seite und Mutter seiner Söhne. Erst als Willehalm in früheren Kämpfen in Tybalts Gefangenschaft geriet, lernt sie den eingekerkerten Gefesselten kennen und lieben. Sie befreit ihn, nimmt die Taufe und zieht mit ihm in seine Stadt Orange. Um ihretwillen wird der ganze Zug der Heiden unter Terramers Oberbefehl gegen die Provence, Willehalms Markgrafenschaft, unternommen. Er hat die Wiedergewinnung Gyburgs, ihrer Arabel, zum Ziel. Aber die vermeintlichen Befreier finden sie, tief verbunden mit Willehalms Liebe und seinem Glauben, als neubenannte Gyburg und als Heldin der Christen.

In der ersten Schlacht von Alischanz erscheint Gyburg als ferne Minneherrin, die Willehalms Kampf beflügelt und den ihrer Zöglinge, der jungen Helden Myle, Willehalms Brudersohn, und des jungen einzig schönen Vivianz, Willehalms Schwestersohn, dessen Heldentum und Tod die Schilderung der Schlacht beherrscht. Gegen Myle reitet Terramer selbst zum Tjost heran und tötet ihn im Zweikampf. Gegen Vivianz aber tritt der Minneritter Nöupatris auf, der den Gott Amor auf seinem Lanzenbanner führt. Sie durchbohren sich beide Harnisch und Brust mit den Lanzen, und das Liebesbanner des Nöupatris dringt Vivianz durch den Leib. Vivianz aber schlägt den fremden König durch den gekrönten Helm und zu Tode. Dann zieht er die Lanze des Gegners heraus, bindet sich mit dessen Lanzentuch die ausgetretenen Eingeweide hinein und stürzt sich von neuem in die Schlacht (23_{24-26}). Die geht in hohem Bogen weiter, und Terramers Bruder Arofel, der Perserkönig, wird getötet.

Auf dem Höhepunkt der Schlacht aber hält der Dichter inne und ruft die Frau mit den zwei Namen an: Arabel-Gyburg, deren Minne und deren Leib sich nun mit Jammer verflicht und die sich dem Schaden verpflichtet hat. Ihre Minne schneidet die Getauften, und die Getauften meiden nicht, ihre Schneide gegen die zu richten, denen sie entstammt (30_{21-27}). Und der Dichter fragt sich nach ihrer Verantwortung, aber er kommt zu der Einsicht: Diese Königin, die ehdem Arabel hieß, ist unschuldig, denn sie hat um dessentwillen ihren Namen aufgegeben und die Taufe genommen, den die Jungfrau gebar, und der für uns sein Leben in den Tod gab. Wer um seinetwillen in die Not kommt, empfängt endlosen Lohn, dem sind die Engel hold, deren Tönen so hell erklingt (31_{12-15}). Wohl ihm, der so nah stehen darf, daß ihn dieser Ton erreicht, ich meine der Himmelsengel Klang, der süßer ist als süßer Sang (31_{16-20}).

Hier hebt der Dichter die Heldin seines Gedichts zum ersten Mal in die Zone der Heiligkeit hinauf. Und in dem weiterwogenden Großkampf bringen die Streiter Willehalms den Himmel zum Erklingen und die Engel zum Singen, wenn ihre Schwerter für sie klingen (38_{22-24}), und Willehalm ruft zuletzt im Gram über die vielen gefallenen Seinen Gyburg an:

> Ey Gyburc, süeze âmîe
> Wie tiwet ich dich vergolten hân!

Und er beklagt die ihrer geliebten Zöglinge beraubte Herrin noch mehr als sich selbst und den Verlust seiner Nächsten (39_{21-24}).

Als dann noch der junge Fürst Vivianz, in seinen weiteren Kämpfen abgedrängt, in den Fluß Larkant gestoßen wird, und das Fahnentuch Amors sich von seiner Wunde löst, will er, der von Gyburg Erzogene, nicht fliehen (41_{10-12}), bringt einem Helfer, der sein Pferd verloren hat, noch ein neues Roß (42_{20}) und wird endlich, nach seinen vielen Siegen, vom Heidenkönig Halzebier aus dem Sattel gehoben, sinkt in Ohnmacht

(46_{28}) und wird von den Heidenrossen überritten (47_{24-25}). Als er noch einmal erwacht, rettet er sich, von Engeln geführt, zu einer Quelle, wo er Bäume und eine Linde stehen sieht. Dort bittet er Gott, daß er ihn seinen Oheim Willehalm noch einmal erblicken ließe, und ein Cherub kommt zu ihm und verspricht es ihm (49–50). Als Willehalm den Todwunden findet, nimmt er das Haupt des Vivianz in seinen Schoß und preist den Geliebten: „Dein auserwähltes edles Herz war lauterer als der Sonne Glanz. Und solche Süße lag an Deinem Leib, daß ein kleiner Teil von ihm das Meer versüßen würde, wenn man ihn hineinwürfe. Wie Spezerei und Ambra duften deine Wunden" (62_{8-17}). Ein nie vergehender Schmerz werde Gyburg, die Königin ergreifen. Sie habe ihn ja, wie ein Vogel sein Vöglein ammt und brütet, in ihre Hut genommen und in ihren Armen aufgezogen. Und als er ein Ritter geworden war, habe sie ihm und seinen Gefährten je drei Gewänder aus ihrer Sonderkammer zuschneiden lassen, kostbare Seidenstoffe für sie ausgesucht und den Scharlach aus Gent, den man „Brautlaken" nennt. Wo ihn die Frauen erblickten, sagten sie, sein An-blick sei eine Maienzeit (62_7–64_{11}). Als Vivianz endlich, mit einem großen Gebet und einem Kuß von Willehalm Abschied nehmend, stirbt, verbrei-tet sich ein Wohlgeruch als ob lauter Bäume aus Aloe entzündet worden wären (69_{10-16}). Der Dichter hat seine Heldin Gyburg aufs innigste mit dieser schönsten jungen Ritterblüte verbunden, und ihr Erziehertum im Namen der Minne an ihr erscheinen lassen.

Bei Willehalms Rückkehr aus der ersten Schlacht nach Orange zeigt sich Gyburg zuerst als vorsichtige Wahrerin der Burg, dann als zarte und starke Liebende, die ihren Minner pflegt und zaubrisch beglückt, und endlich als heldische Frau, die den Minner, der ihr die Entscheidung an-heimstellt, kühn entsendet, daß er Hilfe hole, und indessen die kämpfende Bewahrung der Stadt auf sich nimmt. Sie will sie gegen die andringenden Feinde halten oder sterben (90–103). Sie hat zum Allmächtigen gebetet und meint, daß es seiner Gottheit Schande brächte, wenn er jetzt den für ihn Bewährten nicht helfe (99_{28}–102_{17}).

Gyburgs heldische Kampfbewährung zeigt der Dichter in sprechen-den Zügen. Sie lehnt alle Versuche der Belagerer, sie zurückzugewinnen, mit fester überzeugter Kühnheit ab. Sie hat sich selbst und ihre Jungfrauen bewaffnet, und in Harnischen nehmen sie alle am Kampf teil. Sie selbst schießt mit Armbrüsten und schleudert große Steine. Als von ihrer klei-nen Schar der Verteidiger fast alle erschlagen auf den Wehrgängen liegen, greift sie zur List. Sie läßt den Gefallenen die Helme auf die Häupter bin-den und besteckt die Zinnen mit allen freigewordenen Schilden (111_{15-22}).

Sie lehnt selbst die Gefallenen in voller Rüstung an die Zinnen und bewegt sie so kunstreich, daß die draußen verzagen (230_{1-4}). Das ankommende Hilfsheer aber findet sie kampfbereit mit erhobenem Schwert und ihre Mädchen im Harnisch, weil sie glaubt, die Heiden kämen zurück (227_{12-17}).

Die weiteren Erscheinungen von Gyburgs Wesen und Gestalt gibt der Dichter in ihren großen Reden, in denen sie ihren Glauben entfaltet. Die eine dieser Reden tritt uns im Zwiegespräch mit Terramer, ihrem Vater, entgegen, der sie mit Bitten, Drohungen und Versprechungen für die Heidenwelt zurückgewinnen will. Gyburg ist alleingelassen nach Willehalms Wegritt von Orange, von großen Heidenheeren belagert. Ihr Vater hat nachts unter ihrem Fenster eine Unterredung mit ihr gesucht und ihr mit allen Todesarten gedroht. Sie erwidert, daß ihr Hilfe nahe. Dann fleht ihr Vater sie an, daß sie ihren Entschluß ändere. Was er ihr je angetan oder noch antun werde, das sei zu seiner eigenen Qual. Muhammad sei sein Zeuge, daß er auf Tybalts Bitte nur ungerne gegen sie ausgezogen, bis ihm die Priester ihren Tod als Buße für seine Sünden auferlegten. Doch auch so habe er seine Treue nie gebrochen. Sie sei sein Kind, sie möge zu ihrem Geschlecht zurückkehren und den Göttern dienen (217_{10-30}).

Gyburg sucht hingegen den Vater zu bekehren. Er müsse doch die Weissagungen kennen über Adams Fall. Platon und die Sybille hätten verkündet, daß Eva allein die Schuld träfe, um die Adams Kinder zur Hölle fahren sollen. Und den, der die Höllentore sprengte, den Sendling der Dreieinigen Gottheit, solle er um Gnade bitten. Terramer argumentiert dagegen: den *einen* Sendling hätten doch die zwei anderen vor dem Tode bewahren können.

„Hab ich Dich denn um dessentwillen verloren, den die eigenen Verwandten, die Israeliten, ans Kreuz hängten und an dem sie Schmähliches begingen? Von Jesus aus Nazareth kann ich nicht glauben, daß er unseren Vater Adam erlöst habe." (219_{1-22}).

Und Gyburg erwidert: „Als Mensch zwar hat Jesus am Kreuz gelitten, indessen blühte sein Leben aus seiner Gottheit Stärke. Indessen die Menschheit in ihm starb, gewann seine Gottheit dieser Menschheit das Leben. Ihm will ich bis zum Tod treu bleiben, der immer edlen Frauen ihr Recht so zusprach, daß man ihn dienstreich streiten sah unterm Schilddach, dort wo man den Leib für die Ehre opfert und dem Laster den Ruhm verwehrt." (214_{23}–220_{20}).

Die zweite Rede der Gyburg, die ihr Wesen und ihren Glauben enthüllen, spielt zwischen ihr und dem Vater Willehalms, dem sie auch ihre Gespräche mit ihrem eigenen Vater und mit ihrem arabischen Sohn Ehmereiz erzählt. Diese Unterredung mit Alt-Heinrich findet nach dem Einzug der Fürsten der Hilfsheere statt, die Willehalm aus Frankreich brachte, und die er zum Festmahl auf seine Burg einlädt. Gyburg war den Fürsten im Glanz ihres schönes Leibes entgegengetreten, in erlesenen Gewändern, als ein Bild, das niemand besser erdenken konnte als die Kunst Gottes (248_{24}–249_7). Der alte Heinrich sieht sie am Fenster des Saales stehen. Er führt ihr die Fürsten zu und nimmt nach schönen Begrüßungen neben ihr Platz. Er preist sie mit den Worten, daß alles durch sie und ihre Tapferkeit gewendet worden sei. Und die Tränen Gyburgs werden von Heinrichs Tränen begleitet, die seinen weißen Bart benetzen. Er spricht zu ihr: „Herrin, Eure Treue und Euer Weibtum hat uns gelehrt, daß unser Leid in Freude gewendet wird. Ihr hättet uns schänden können, wäret Ihr nicht in Stete bei uns geblieben, und wir hätten unsere Würdigkeit verloren. Und hättet Ihr meinen Sohn verlassen, so wäre damit dieses Land und die Veste Orange verloren. Aber Eure Treue hat Euch geboten und gebietet Euch noch, was Euch zum Ruhm wird, was der Freund vom Freunde erwarten darf." ($251_{6–27}$). „Ihr habt der Minne ihr Recht gegeben, so daß immer tapfere Männer Eures Lohnes gedenken sollten und nie im Dienste wanken, wenn sie edler Frauen Minne begehren." ($252_{15–19}$).

Ihre Hand lag in der seinen und sie sprach zu ihm: „Der mich aus dem Nichts in diese Welt brachte, hat mich zur Unzeit erweckt. Ich bin die Geisel der Schöpfung dessen, der Beide, Christen und Heiden, geschaffen hat und erhält, und dem Beide als seine Schöpfung ‚seine Handgetat' zugehören. Ich habe Beiden Verlust gebracht. Aus mir erwuchs Leid jenen und uns. Damit habe ich für Euren Sohn bezahlt." ($253_{6–15}$).

Sie bittet Willehalms Vater, ihren Kummer verlauten zu dürfen, denn sie beweine den schönen jungen Vivianz zuvorderst mit tiefgehendem Gram. „Was hat der bittere Tod getan an dem klaren, süßen, reinen Kühnen! Aller anderen Männer Antlitze waren ein Nebel, wo sein Anblick erschien. Sein Glanz war wie ein zweiter Tag. Aus seinem lichten Schein hätten junge Sönnlein wachsen können." (253_{20}–254_6).

Ihr Vater Terramer habe seine Ritter fortbefohlen, als er da unter ihrem Fenster weinend stand und ihr sagte, er sei aller Freuden beraubt, weil der Tod uns so viel hohe Verwandte genommen, die mehr die Minne hierher geboten habe als seine Bitten. Und sie habe erwidert, dieser ihr Vater habe in Einfalt seine Heere herangeführt gegen sein eigenes Kind ($254_{21–26}$). Ihr Vater hätte alle Verluste verschmerzt, wenn sie ihre Taufe aufgegeben und wieder seinen Göttern gehuldigt hätte (256_{11-17}). Und ihr Sohn von König Tybalt, Ehmereiz, habe sich erboten, allen Schaden wiedergutzumachen, den dieses Land erlitten habe. Zehnfach wolle er alles vergelten, und das Geld wäre bereit (256_{18}–257_{10}). Sie aber habe erwidert: sie ließe sich nicht zur Ware machen wie ein Rind, und dieses Angebot stünde seinem Adel schlecht (257_{11-17}). Nichts könne sie von Willehalm trennen (257_{28-29}).

Da antwortet der Alte Heinrich auf ihre Erzählung zugleich in aller seiner Söhne Namen. Er dankt es ihr, daß sie ihres Vaters Rat nicht folgte und kein Angebot ihres Sohnes angenommen. Sie habe dem höchsten Gott und ihre Hohe Minne am Markgrafen geehrt und ihr eigenes Heil gemehrt (260_{1-10}).

Es folgen viele Hilfeschwüre der Angekommenen und ihre Reden über die verlorene erste Schlacht. Und der Alte Heinrich verteilt die Plätze an der Festtafel und bittet Gyburg, ihre Tränen zu verbergen um der rechten Sitte willen. Willehalm aber führt seinen neuen Knappen und Freund, den jungen Rennewart, heran, der nun ein neuer, geheim verbundener Zögling Gyburgs werden soll, und zeigt ihn den Gästen. Und der Dichter wird nicht müde, diesen neuen Knappen und sein besonderes Wesen ausführlich zu schildern. Nach vielen Reden und Erinnerungen aber besiegelt Alt-Heinrich noch einmal den Ruhm von Gyburgs und ihrer Frauen Heldenkampf. Er lädt zum Mahle und mahnt die Gäste daran, daß alles, was sie nun verzehrten, von Frauenhänden gegen starke Feinde gerettet worden sei. Bei der Bewahrung von Orange hätte der Frauen Hand den Ruhm erjagt: man habe sie unverzagt gefunden (264_{1-8}).

Alt-Heinrich sitzt beim Mahl neben Gyburg und fragt sie noch einmal nach ihren Bedrängnissen. Gyburg aber hebt nun aus den Angreifern ihren Sohn Ehmereiz und sein Gefolge heraus. Alle Feindeshelden (sie nennt sie „die werden", d. h. die Würdigen) hätten sie bekämpft. Ehemreiz aber und seine Ritter hätten weder Bogen noch Schild und Schwert gegen sie geführt. Er habe es nicht für würdig gehalten, daß Gyburg von seinem Volk bedrängt würde. Ihre Tore und Mauern wurden von ihnen nicht berannt. Er und die Seinen seien im Minnedienst gekommen und könnten ihr Leid nicht an ihr und all den anderen Frauen rächen. Erst wenn der Markgraf Willehalm ihnen Streit brächte, sei ihre Rachestunde gekommen. Es wäre sehr unwürdig, wenn sie gegen ein Weib anstürmen wollten. Da der Landesherr besiegt um Hilfe ausgeritten, sollten Edle gegen edle Frauen immer ihren Dienst anbieten und dafür ihren Lohn von ihnen begehren. Auf Heinrichs Bitte verbirgt sie ihre Tränen, um des Frohmuts der Gäste willen, ihr Mund würde zu lachen versuchen, ihr Herz den Jammer behalten (268_{13-16}).

Es folgen Szenen, in denen Gyburgs Erziehertum abermals gezeigt wird. Wir wissen im allgemeinen von den Erziehungsaufgaben, die den Herrinnen und Frauen an den Höfen und Burgen der Ritterwelt zukamen und ausgeübt wurden. Aber niemals sind sie uns so eindringlich und im einzelnen überliefert wie bei Wolfram in seinen Schilderungen von Gyburgs Wirken an den jungen Knappen, wie es schon bei Vivianz und Myle dargetan wird, und wie es nun, noch gesteigert vom Dichter beschrieben wird.

Das Festmahl nach der Ankunft der hilfebringenden Heere in Orange kann der Held der Epe Willehalm in voller Lust genießen, nachdem sein Fastengelöbnis gelöst, Gyburg gerettet und in seine Arme zurückgekehrt ist. Und während dieses Festmahls läßt er seinen neuen jungen Knappen Rennewart, der sein Freund geworden ist, vor den Gästen erscheinen. Und der Dichter schildert, selbst begeistert, die Schönheit dieser Jugend: Die Schweißtropfen des mit seiner Eisenstange im Lauf Herbeigeeilten haben den Staub auf seiner klaren Haut geteilt. Sein Antlitz bot einen solchen Glanz wie eine betaute Rosenknospe, wenn sie ihre Kelchblätter lösen und doch noch zum Teil an ihr hangen. Vom Staub befreit, wohnte ihm das Glänzen einer Blumenwiese bei. Seine Augen waren groß, lauter und licht, man sah den Adel der Mutter an ihm, die solche Frucht geboren. Sein Antlitz war ganz nach Wunsch und auch alle seine Glieder. Sein Anblick gab durch den Staub hindurch noch ein solches Zeichen wie damals der junge Parzival, als er mit dem Glanz seiner Farbe vor dem Grafen Karnahkarnanz im Walde kniete (270_{16}–271_{21}).

Diesen jungen Schönen hat Willehalm, der ihn von König Ludwig als Geschenk empfing, zu Gyburg gebracht, und sie befand: Seit Karls des Großen und des hohen Heidenherrschers Baligant Tod ist in ihren beiden Reichen keiner Mutter eine so klare Frucht geworden (272_{14-17}). Er habe fügsame Zucht, man könne ihn wie ein Mädchen lenken, er tue gerne, was man ihm sagt. Ihr Herz sei ihm zugewandt, so daß sie immer seufzen müsse, seit sie ihn diesen Morgen sah. Er habe ein Antlitz wie einige aus ihrem eigenen Geschlecht. Ihr Herz erlasse es ihr nicht, daß sie ihm hold sei, sie wisse nicht warum (272_{4-29}). Und nun beim Festmahl sendet Willehalm den jungen Freund ihr zu: „Geh zu Hofe zu der Herrin und zu ihm mit den weißen Haaren dort. Die sind Beide des Dienstes wert!" (273_{7-9}).

Da sitzt Rennewart am Ende der Tafel nah und zu Füßen der Königin, und das war ihr sehr lieb. Sie zögerte nicht, ihm das Tischtuch über den

Schoß zu legen. Er ragte hoch zu ihr auf, und ihrer beider Schein konnte sich so verschwistern, daß kein Unterschied war bis auf seinen Bartflaum. Wäre der nicht, dann hielte man den Mann wohl für das Weib. So glichen sie sich (274_{1-26}).

Als später der junge Rennewart sich bescheiden in die Küche gebettet hat und der Koch ihm den Bart versengt, wirft er den Schänder in die Glut und erhebt seine Klage, was ihm alles seit seiner Entführung als Kind widerfahren, und wie an ihm seine hohe Sippe verhöhnt worden sei. Denn, so spricht er es am Ende aus, sich als jungen Bruder Gyburgs bekennend: „Ich bin Terramers Sohn" (286_{14}–288_{30}). Willehalm, von Rennewarts Klage hörend, sendet Gyburg zu ihm, ihn zu besänftigen.

Und nun beginnt Gyburgs bezauberndes Wirken. Sie führt den Knappen mit sich, läßt ihm von den Wappenrockschneidern bessere Kleider bereiten, läßt ihr Auge nicht mehr von ihm und fragt ihn nach seiner Herkunft. Er deutet seine hohe Abkunft an, und sie bittet ihn, neben ihr zu sitzen, und nimmt ihn unter ihren Mantel (290_1–291_5).

Dann fragt sie ihn nach seiner Religion, nach Vater, Mutter und Geschwistern, im Herzen schon die Wahrheit wissend, und er gesteht ihr viel von seiner Abkunft. Jetzt will sie ihn auch rüsten, um sein junges Leben künftig im Kampf zu schützen, und bietet ihm die Rüstung, die König Synagun getragen, als er Willehalm, den zu weit im Kampfe Vorgedrungenen, von den Christen Entfernten, umstellen ließ, ihn gefangen nahm und an Tybalt übergab. Und sie erzählt ihm von ihrem Königtum in Arabien als Gattin Tybalts, wie sie Willehalm dort in Eisenfesseln gesehen und geliebt, wie König Synagun, ihr Neffe, ihr jene Rüstung geschenkt, und wie sie mit Willehalm entflohen war, die Rüstung mit sich nehmend. Und Rennewart nimmt die Rüstung und endlich auch das Schwert Synaguns, das er erst, auf seine Eisenstange bauend, zurückgewiesen hatte. Gyburg und ihre Jungfrauen rüsten ihn (291_{16}–295_{30}), und sie läßt ihn in der Unterhaltung mit den Mädchen zurück.

Gyburg geht indessen zur Messe, kommt mit Willehalm und allen Fürsten und Anführern zurück, und ein großer Rat findet statt vor der neuen Schlacht. Gyburg bittet sich ihre Teilnahme an dieser Beratung aus. Alle setzen sich, nur Willehalm, der Markgraf, bleibt stehen. Er klagt die Heiden ihres Angriffs an und ihrer Missetaten und Grausamkeiten und mahnt alle zur Hilfe. Er schildert seine Gefangenschaft bei Tybalt und wie er dort Gyburgs Minne erbeten und durch sie befreit worden sei. Dann schildert er seinen jüngsten Bittgang zu König Ludwig und seinem eigenen Vater und seinen Brüdern und ruft erst ihre Ritterehre an, der sie sich verpflichteten, dann ihre Minneehre als Schützer und Begehrende der Gunst der Frauen, und endlich ihre Pflicht vor dem Gottessohn, der für sie sein Blut vergossen. Und alle schwören sich Willehalm zu, nehmen das Kreuz und bereiten sich zum Kampf (304_{16}–305_{12}). Doch es fällt bei ihnen das Wort: *durch Gyburg sei alle Not gekommen* (306_1).

Da erhebt sich Gyburg und spricht ihre dritte große Bekenntnisrede. Alle, die sich entfernen wollen, hält sie zurück, damit sie sie hören: „Wenn ich schuld bin", sagt sie, „so möge es Gott mir vergelten. Euch aber sage ich: Ihr macht durch euren Kampf dem Christentum Ehre. Doch wenn ihr siegt, so achtet auf Eure eigene Seligkeit und ‚schont des Gotes Handgetat' " (306_{28}).

Hier beginnt ein Bekenntnis der geborenen Araberfürstin und der neuen Christin Gyburg, das zugleich ein Bekenntnis des Dichters Wolframs von Eschenbach ist. Man hat bei dieser Rede Gyburgs von „Toleranz" gesprochen. Aber es geht um weit mehr: um das Geltenlassen des Gegners in sich selbst, um das Fühlen und Achten der Verwandtschaft im Feind als der Voraussetzung der Versöhnung und des Zusammenlebens.

„Alle Menschen" so begründet Gyburg ihre Mahnung, „sind Gottes Geschöpfe. Und alle sind ursprünglich Heiden. Der erste Mensch, den Gott schuf, war Heide. Elias und Ennoch waren Heiden. Noah war Heide, den Gott nicht verstieß. Die Drei Könige waren Heiden, die Christus ehrten. Nicht alle Heiden sind verdammt. Alle Mütter seit Eva gebaren und gebären Heiden. Auch das getaufte Weib trägt immer einen Heiden aus" (306_{28}–307_{21}).

Diese Worte Gyburgs lassen einen verwandten Ausspruch des Propheten Muhammad anklingen, wonach jedes Neugeborene als „Muslim" zur Welt komme, wo immer es sei, und daß erst seine Eltern es zu einem Juden, Christen oder Feueranbeter machten. Solche überlieferten Aussprüche des Propheten (Hadith) waren allen Muslimen geläufig, und wenn es auch fraglich ist, ob der Dichter des „Willehalm" den Ausspruch kannte, bleibt die Parallele bemerkenswert. Denn der Sinn des Ausspruchs liegt ja gerade darin, daß es unter allen anerzogenen Lebensformen immer ein gemeinsames, auch vom Gegner anzuerkennendes Ur-Menschliches gibt, das dem Göttlichen nahe ist. Weiterhin führt Gyburg in ihrer Rede aus:

„Was immer die Heiden euch angetan, ihr sollt ihnen doch zurechnen, daß Gott selbst denen vergab, durch die er das Leben verlor. Wenn Gott euch nun in der Schlacht den Sieg verleiht, so seid barmherzig im Kampf

130

(309_{1-6}). Gottes erbarmungsreiche Minne schließt alle Wunder ein. Gott kann alles, so wie er Wasser und Land geschaffen, wie er die Planeten ihren Lauf vollenden läßt. Die wärmen und kälten, sie schaffen Eis, und dann saften sie die Bäume, wenn die Erde ihr Gefieder wechselt und der Mai sie lehrt, sich zu mausern, und wo Reif lag, Blumen aufzustecken (309_{11-30}). *Dieser* Gott hat mich zur Taufe geführt. Meine Verwandten hassen mich, und die Getauften hassen mich, weil sie glauben, daß ich um menschlicher Minne willen diesen Krieg herbeigeführt hätte. Wahr aber ist, daß ich dort [im östlichen Reich] Minne zurückgelassen habe und großen Reichtums Hort und schöne Kinder bei einem Mann, an dem ich prüfen konnte, daß er keine Untat je beging, seit ich von ihm die Krone empfing: Tybalt der Araber ist von aller Untat frei. Ich trage die Schuld allein um der Huld des höchsten Gottes willen, und ein Teil um des Markgrafen willen. Ach Willehalm, Du wahrer Held, daß Dir meine Minne so sauer werden sollte! Wieviel Edle sind gefallen. Glaubt mir, meine Freude ist mit ihnen tot." $(309_1–310_{30})$

Nach Gyburgs Rede löst sich die Beratung auf. Ein neues Mahl wird gefeiert und Rennewart sitzt wieder zu Gyburgs Füßen. Das Heer bricht auf zur neuen Schlacht. Gyburg hat die Fürsten noch weinend geküßt. Dann eilt sie zu den Fenstern und schaut den Ziehenden mit ihren Jungfrauen nach.

*

Der Dichter Wolfram von Eschenbach hat in Gyburg eine Gestalt zwischen Heiden und Christen gestellt, die beiden Reichen angehört und beide verbindet. Und ihre eindringliche Mahnung an die Christenkämpfer, ehe diese in die zweite Schlacht ziehen: daß Beide, Christen *und* Heiden, Gottes Geschöpfe seien, wird vom Dichter in seinem eigenen Namen feierlich bestätigt. Er läßt innerhalb der Christenwelt, mitten in der Kreuzzugszeit, eine unvergleichliche Stimme sich erheben. Am Ende der Siegesschlacht, als die Heiden besiegt sind, und der geplante Zug ihres Herrschers zum Kaiserthron nach Aachen und dann zum Weltenthron nach Rom abgewendet ist, als Jesus mit der höchsten Hand dem Helden Willehalm die reine Gyburg und sein Land zurückgegeben hat, wirft der Dichter selbst die Frage auf, ob es nicht Sünde sei, Ungetaufte wie Vieh zu erschlagen, und er antwortet: Ja, für große Sünde halte ich es. Denn alle Menschen der zweiundsiebzig Sprachen stehen in Gottes Hand, sind Gottes Geschöpfe, sind Gottes „Handgetat" $(449_{16}–450_{30}$, besonders $450_{15-20})$.

131

Wie hoch der Dichter seine Gestalt der Gyburg einschätzt, bezeugt sein Anruf am Beginn des neunten Buches der Epe, vor der Schilderung der Entscheidungsschlacht:

> Ey Gyburg, heilige Frau
> Dein Segen füge mir die Schau
> Daß ich Dich dort erblicke
> Wo meine Seele Ruhe finde.
> Um Deines süßen Ruhmes willen
> Will ich noch immer grüßen:
> Dich selbst und die Dich schätzen. (403_{1-7})

Willehalm, der Enkel Karl Martells, des ersten Siegers über den islamischen Einbruch in Europa, nach Roland der größte Glaubenskämpfer der Sage, wird ein Heiliger, der in seiner späten Gründung, dem Wilhelmskloster, in das er sich im Alter zurückgezogen hat, noch heute segnend waltet. In Analogie dazu erhebt Wolfram in seinem Epos auch Gyburg zu einer verehrten Heiligen.

9.
Alianor:
Geistige Erhebung des westlichen Rittertums

Marie:
Die schrieen freilich auf: zu hoch der Traum
Zu fremd der Wirklichkeit, den irdischen Mannen.

Alianor:
Zu hoch der Traum? Er kann nicht hoch genug
geträumt sein, daß die Irdischen ihr Teil
davon erfüllen.

Eine tiefgründige, dann hochaufwachsende geistige Erhebung haben dem westlichen Rittertum zwei große Frauen gebracht: Mutter und Tochter: Eleonore von Aquitanien (die eigentlich Alianor hieß und so genannt werden sollte) und ihre Tochter aus dem Jugendbund mit Ludwig von Frankreich, Marie von Champagne.

Vielerorts und aus mannigfachen Gründen hatten schon zwei Generationen vorher dichtende Männer die besonderen geistigen Kräfte der edlen Frau entdeckt, diese Kräfte für ihr Ritterleben zu gewinnen gesucht und sich in ein verehrendes Dienstverhältnis zu ihnen begeben. Seit der Zeit von Alianors Großvater Wilhelm des IX. von Aquitanien hatte diese Strömung in der sogenannten Troubadourdichtung ihren Ausdruck gefunden, vielfach freilich auch mit anderen Trieben vermischt. Die Dichtung der Troubadours hatte sich, sicher nicht unbeeinflußt vom arabischen Spanien, zunächst im südlichen Frankreich verbreitet, wo Fürstinnen und Schloßherrinnen diese Regungen anzuspornen und sich ihrer zu eigenem Wirken zu bedienen wußten.

Die beiden Großen aber, Alianor und Marie, haben außer ihren inneren Erlebnissen, die sie in ihre Umgebung ausstrahlten, auch die berühmte Minneschule von Poitiers gegründet und sieben Jahre lang geführt. In die große Minnehalle von Poitiers, Alianors Gründung, kamen Fürsten- und Adelskinder aus vielen Zonen und wuchsen dort zu einer neuen Lebensgemeinschaft zusammen. Sie erfuhren eine große Umbildung und Ausbildung, die sich nach vielen Richtungen in ihrem weiteren Leben auswirkte. Das dort Gelernte und Gelehrte wurde weithin zu einem Gemeingut neu heraufwachsender Ritterschaft.

Was sich um Alianor und Marie ereignete und so viele in seinen Bann zog, brachte einen neuen geistigen Aufwuchs in das europäische Ritterwesen, der eine große Entfaltung hatte. Was in Poitiers an Dichtern, Sängern, Jung-Rittern und edlen jungen Frauen zusammenkam, läßt sich in vielen Beispielen erfassen und darüber hinaus in vielen Beispielen ahnen, die nicht direkt bekannt und nicht ausdrücklich verzeichnet wurden. Man konnte von neuen Lebensklängen sprechen, von der Garonne und Gironde bis zur Rhone, bis zum Rhein und bis zur Donau, die Alianor – man nannte sie die Königin der Troubadoure – erweckte. In diese Sänge klangen nun auch Frauenstimmen mit ein, und die bisherige Dichtungs- und Sagenwelt wurde durch eine große neue abgelöst, in deren Mitte die als eine Gottheit und als göttliche Macht erkannte Minne eine neue Herrschaft in den Seelen entfaltete.

Alianor hat ihr angestammtes Wissen und ihre südliche aquitanische Lebensart schon als junge Königin nach Paris gebracht. Auf dem von ihr mit herbeigeführten zweiten Kreuzzug in Byzanz, in Antiochia und Palästina hat sie bedeutende Kenntnisse des Orients und seiner Kulturen erworben und mit nach Europa gebracht. Sie hat dann als junge Herzogin der Normandie, als sie mit ihrem neuen Gatten, Heinrich Plantagenet, der englischen Königskrone zustrebte, die Artuswelt ganz in ihr Sinnen und Wirken einbezogen und hat, auf England vorausblickend, die Geschichtsdichtung des Galfrit von Monmouth vom britischen Weltherrscher Artus durch den normannischen Hofdichter Wace in französische Verse übertragen lassen und damit, schon ehe sie England betrat, deren Auswirkung in Europa und in England selbst eingeleitet. Als englische Königin hat sie durch 15 Jahre auch dort große Lebensverwandlungen herbeigeführt, bis sie endlich im angestammten Poitiers eine eigene Herrschaft begründete, in der sie gemeinsam mit ihrer Tochter Marie ihre großen Antriebe in Taten verwandeln konnte.

Marie war durch ihre Ehe mit Heinrich von Champagne die Gräfin von Champagne geworden. Sie hat aus ihrer Residenz viele von ihr entdeckte Begabte ihrer Mutter zugeführt, mit der sie immer verbunden blieb. Und sie hat, nach ihrem Heranwachsen, als Menschenführerin unter vielen der Dichtung Zugewandten gewirkt. Der bedeutendste Zuwachs, der von ihr zum Umkreis Alianors kam, war der Dichter Christian von Troyes, den sie, als Alianor ihre Eigenherrschaft in der Lieblingsstadt der Herzöge von Aquitanien gründete, in Poitiers, der Mutter zubrachte. Dort wurde auch Alianors Lieblingssohn von Heinrich Plantagenet, der junge Richard, der spätere Löwenherz, als Knabe der Lieblingsschüler Maries im Dichten und Singen.

In Poitiers ist Alianor auch ihr Bündnis mit dem Ritter aller Ritter, Guillaume le Maréchal, eingegangen, der ihr und allen Plantagenets lebenslang in unverbrüchlicher Treue und tief eingeweiht in Alianors Denken zur Seite stand. Guillaume hat den Minnehof von Poitiers erlebt und hat selbst Alianor als den „Zweiten Artus" und als Inbegriff der drei weiblichen Leitbilder: Minerva, Venus und Heilige Jungfrau gesehen. Er hat die Verwandlung der Männer durch ihre geistigen Taten erkannt und sie als diejenige begriffen, die die höchste Macht, die Macht der Liebe, als Meisterin des Lebens eingesetzt hat. Alianor aber hatte bewirkt, daß Guillaume zum Erzieher von Jung-Heinrich, dem Erbsohn des Königspaares gewählt wurde, und sie verfolgte, wie Guillaume Jung-Heinrich aufzog, bis zu dessen Aufstand gegen den Vater mit allen Hoffnungen, die sich an einen Sieg des jungen Königs knüpfen konnten.

Diese Hergänge werden in den folgenden Abschnitten eingehender dargestellt und geben zugleich den Hintergrund für zwei wichtige Bezeugungen der Alianor-Welt, die in den nachfolgenden Kapiteln über den „Karrenritter" des Christian von Troyes und das Lebensepos des Guillaume le Maréchal zu Wort kommen.

*

Zwei Frauen, Forscherinnen von Ansehen, haben die große Alianor entdeckt und geschildert: Amy Kelly in ihrem Werk „Eleanor of Aquitaine and the four Kings" von 1950, und Régine Pernoud in ihrem Buche „Aliénor d'Aquitaine" von 1965. Die männliche Forschung hatte die große Königin bis dahin entweder ganz unbeachtet gelassen oder, in erstaunlicher Unkenntnis der Überlieferung und aller Tatsachen, einer aus kirchlicher Gegnerschaft entsprungenen Tradition folgend, schmählich herabgesetzt. Bezeichnend ist, daß im Großen Brockhaus langehin unter Eleonore von Aquitanien nur die Sätze zu lesen standen: „Gemahlin König Ludwigs VII. von Frankreich, wegen ihres leichtfertigen Lebenswandels von ihm verstoßen." Den beiden forschenden Frauen aber hat sich aus eingehender Untersuchung aller Quellen und Erforschung der geschichtlichen Zusammenhänge das Bild und die Kenntnis einer der großen Frauen der Geschichte enthüllt.

Alianor wurde 1120 oder 1122 als Enkelin des ersten Troubadours Wilhelms IX., Herzog von Aquitanien, und als Tochter seines Nachfolgers Wilhelms X. in Bordeaux geboren. Ihre Mutter war Anor von Châtellevrault, die Tochter der Gräfin Dangerosa von Châtellevrault, die die kleine Anor aus einer früheren Ehe mitbrachte, als der zügellose Troubadour sich Dangerosa zur „Geliebten" raubte und sie im Turme seines Schlosses, dem „Maubergeon", einquartierte. Er verstieß seine rechtmäßige Gemahlin Philippa von Toulouse, von der er seinen Erbsohn Wilhelm und noch einen späteren Sohn Raymond gewonnen hatte, und vermählte seinen Erbsohn mit der mitgebrachten Tochter der Dangerosa. So ist Alianor die Enkelin der angebeteten Dame und leidenschaftlich Geliebten des ersten Troubadours geworden, und die Geschichte ihrer Herkunft war allgemein bekannt durch den Ruhm, den sich Dangerosa als die vielbesprochene „Maubergeonne" gewonnen hatte.

Der Name, den man diesem Kind gab, wurde damals als Alia-Anor, die andere oder die zweite Anor, gedeutet, was darauf hinweisen kann, daß man sich diese Mutter in der Tochter wiedergeboren wünschte. Der Name wurde erst später einer üblichen Namensform „Eleonore" angeglichen.

Anor gebar vor Alianor noch einen, dann früh verstorbenen Sohn Agret und nach ihr eine Tochter Petronilla. Aber sie selbst starb schon, als Alianor noch im kindlichen Alter war. Hätten die erste und die zweite Anor noch eine längere Weile zusammengelebt, so hätte das der Verbindung von Mutter und Tochter vielleicht noch eine tiefere Bedeutung gegeben. Alianor hat ihre Schwester Petronilla später zu sich nach Paris mitgenommen und sich ihrer bei deren Kampf um den erwählten Gatten leidenschaftlich angenommen.

Die jugendliche Alianor wuchs an einem groß- und freizügigen, mit der Dichtung verbundenen Herzogshof auf. Sie hatte früh einen Spielgefährten und Waffengefährten in dem jungen Vaterbruder Raymond, er war ein Wetteiferer mit der jungen Kühnen in den Künsten des Reitens und des Bogenschießens, des Dichtens und Singens. Auf den Landritten ihres Vaters begleitete Alianor ihn oft und lernte Volk und Adel kennen. Sie galt von Jugend auf als die künftige Herzogin von Aquitanien und war von allen aufwachsenden Großen im Adel des Landes umworben und zur Ehe begehrt. Der Vater aber, als ihn auf einer Wallfahrt nach Santiago de

Compostela die Ahnung nahenden Todes überkam, sandte eilende Boten an den französischen Königshof Ludwigs VI. nach Paris, den Kronprinzen von dort als Werber der Tochter willkommen zu heißen. Abt Suger von St. Denis, der Hauptberater des kranken Königs und Mitlenker des Königsreichs, erkannte gut die Bedeutung dieses Angebots, und brach, zusammen an der Spitze des Werbezugs und eines reichen Gefolges zusammen, mit dem siebzehnjährigen Kronprinzen Ludwig zur Werbung um die Erbin reicher Länder auf.

Jung-Ludwig war als zweiter Sohn zunächst zum Priesterstand klösterlich erzogen und erst nach dem Unfalltod des älteren Bruders aus der Klostererziehung herausgeholt worden und zum Kronprinzen aufgestiegen. Die Begegnung des schüchternen Bräutigams mit der strahlend überlegenen sechzehnjährigen Herzogin, deren Vater indessen verschieden war, führte zu schnellem Ehebund. Des Bräutigams Vater war mittlerweile ebenfalls gestorben, und so zog das jungvermählte Paar als König und Königin in Paris ein.

Alianor brachte aquitanisches Leben und aquitanisches Geleite an die Seine, zunächst den sehr liebenden Gatten und manches im Staate verwandelnd, dann aber von den dortigen Gegenmächten, vor allem von denen der Kirche, bekämpft und eingeschränkt. An der Universität hörte sie Peter Abälard, der damals dort lehrte, und lernte bei ihm das höhere „Diskutieren", das Gedanken-Zerschneiden und -Durchleuchten. Bernhard von Clairvaux, der auf Alianor in kirchlichem Sinne einzuwirken suchte, hat das mit Mißfallen an ihr bemerkt. In St. Denis aber lernte sie durch Bernhards Gegenspieler Abt Suger die Lehre des Dionysios Areopagita kennen, von dem Weg zu Gott durch das Schöne und durch die Schönheit, und stärkte daran ihre schon mitgebrachte Glaubensart. An der Teilnahme an Staatsgeschäften, besonders an denen, die ihre eigenen ins französische Königreich eingebrachten Länder betrafen, ließ sie sich durch Bernhard von Clairvaux und seine Sendlinge nicht hindern und vermochte auch darin eine Weile lang so manches über ihren Gatten. Das aquitanische Leben und sein Sängertum, das ein neues Singen im nördlichen Frankreich hervorrief, ihre schönen Gewänder und ihr reicher Schmuck, wie der ihrer Frauen, breiteten sich zu Bernhards Kummer und zu Alianors Freude sehr rasch in Paris aus.

Bei der Einweihung des neuen Klosterdombaues in St. Denis mit seinen prunkvollen und erlesenen Zierden, auf die Abt Suger alle Sorgfalt verwendet hatte, wirkte sie bedeutend mit und sah, wie ihr junger König den Schrein mit den heiligen Resten des Dionysios in seine neue Herberge trug, während sich die Schreine der übrigen Heiligen vor dem des Königs verneigen mußten. Damals traf sie in einem Sondergemach Bernhard von Clairvaux und begegnete seinen Mahnungen zur Unterwürfigkeit unter die kirchliche Leitung mit der durch Abälard gesteigerten Gewandtheit ihrer Rede, mit ihrem edlen Freimut und mit ihrer strahlenden Schönheit siegend. Berühmt sind die Worte Bernhards, die er ihr, als sie nach der Verabschiedung das Gemach verließ, nachgesprochen haben soll:

> Wenn es der Satan ist, der in ihr wohnt,
> Dann ist er mir noch nie so schön begegnet.

Alianors überlegene Selbstbehauptung auch in der großen Politik erwies sich, als sie, von ihrem jungen Oheim Raymond, der indessen Fürst des Kreuzfahrerstaates Antiochia geworden, heimlich durch Boten gerufen, ihren Gatten für den Zweiten Kreuzzug gewann. Die Kirche und Bernhard, die den Kreuzzug wollten, aber nicht durch Alianors Zutun, bemerkten kaum, daß deren Hand im Spiele war. Es schien, daß sie ganz mit der Kirche und Bernhard zusammenwirkte, als sie bei Bernhards Kreuzzugspredigt in Vézelay mit ihrem Frauengefolge, ihren Amazonen, die sie indessen um sich versammelt hatte, auftrat und so mächtig den Umschwung des zögernden Adels anspornte, daß Bernhard zuletzt seine Kutte zu Kreuzen zerschneiden lassen mußte, weil nun so viele Willige nach Kreuzfahrerkreuzen auf ihr Gewand verlangten.

Alianors und ihrer Amazonen Mitzug – sie trugen bei Aufzügen Silberstiefel und Alianor selbst goldene – gab diesem französischen Kreuzzug ein eigenes Gepräge, das den byzantinischen Staatsschreiber Niketas, der ihren Einzug in Byzanz beobachtete und beschrieb, zum Vergleich der Goldgestiefelten mit der Amazonenkönigin Penthesilea hingerissen hat. Alianor und die ihren waren nicht nur mitkämpfende Mitreiterinnen dieses Zuges, sie führten auch schönste Gewänder mit sich und beherrschten, schnell verwandelt „wie in Paris aus dem Bade kommend", mit großer Wirkung die festlichen Empfänge in Byzanz und dann in Antiochia.

Die Liebesbeziehung Alianors und ihres jungen Oheims Raymond, die in Antiochia bei ihrer beider Ausflug nach den „Schönen Wassern" von Daphne zutage trat, war es nicht allein, die König Ludwig, beraten von seinen kirchlichen, von Bernhard beigegebenen Begleitern, zum Einschreiten bewegte. Vielmehr fürchtete er die Verbindung Alianors mit den strategischen Plänen Raymonds, der den Zug zum islamisch eroberten Edessa lenken wollte, um die Flanke des Königreichs Jerusalem zu dek-

ken. Ihre Drohung, ihr aquitanisches Rittergefolge von Ludwigs anderen
Wegen zurückzuziehen, zwangen ihn, seinen ihm vom Gewissen und von
seinen Gelübden gebotenen Weiterzug zu den Heiligen Stätten von
Jerusalem mit Gewalt durchzusetzen. Alianor mußte Antiochia als Gefangene Ludwigs nächtens verlassen und blieb in dieser Gefangenschaft bis
zur Heimkehr nach Europa, nach der aus der strategischen Schwäche
Ludwigs und Kaiser Konrads entspringenden Niederlage der Kreuzfahrer
vor Damaskus.

Nach diesen Ereignissen war Alianor entschlossen, sich von Ludwig
zu trennen. Auf der abenteuerlichen Heimfahrt auf getrennten Schiffen
traf das Königspaar wie durch Schicksalsfügung in Sizilien wieder zusammen und wurde von Papst Eugen III. noch einmal für kurze Zeit vereint.
Der eifrige Papst bereitete ihnen mit eigenen Händen in Tusculum ein
prunkvolles Versöhnungslager. Aber Alianors Trennungswille blieb trotz
diesen Erlebnissen nach der Heimkehr in Paris noch immer lebendig,
und gerade Bernhard von Clairvaux mußte ihr, von ihrer Kunst gelenkt,
die Dispens des Papstes zu dieser Trennung (mit der üblichen kanonischen
Begründung zu naher Verwandtschaft der Ehegatten) erwirken! Er hoffte
wohl, durch diese Trennung der Kirche noch freieres Spiel im französischen Königreich zu gewinnen, und ahnte wohl kaum, daß indessen für
Alianor ein Ereignis eingetreten war, das ihr die Entfaltung ihrer großen
Person in einem ganz anderen neuen Königtum versprach, das freilich für
Ludwigs Reich den Wiederverlust aller Länder der aquitanischen Herzogin mit sich bringen sollte.

*

„Plantagenets", oder „Ginsterzweigler", gab es, seit sich Gottfried von
Blois, Graf von Anjou und Herzog der Normandie, als erster den Ginster-
zweig an den Hut steckte. Gottfried hatte Mathilde, die Tochter Heinrichs
I. von England, des zweiten Nachfolgers von Wilhelm dem Eroberer, zur
Gemahlin erhalten. Es war jene Mathilde, die ein Jahrzehnt lang als Gattin
Kaiser Heinrichs V. deutsche Kaiserin gewesen war. Bei ihrer Rückkehr
nach des Kaisers Tod sah sich ihr Vater seines zum Nachfolger bestimmten einzigen Sohnes beraubt. Der war beim Untergang des Schiffes, das
ihn und seine junge Gemahlin nach England bringen sollte, umgekom-
men. Da wurde Mathilde vom Vater feierlich zu seiner Erbin bestimmt.
Und als sie sich diesen Thron gegen einen Neffen Heinrichs I. erstritt,
gewannen Gottfried und sein Sohn von ihr, der junge Heinrich Plantagenet, die Anwartschaft auf den Königsthron von England.

Nun ritten im Jahre 1151 Gottfried und Heinrich nach Paris, angeblich, um dem französischen König, ihrem nominellen Oberherrn, von dem sie Anjou und die Normandie zu Lehen hatten, zu huldigen. Sie huldigten – aber einer Anderen. Man wußte nicht, ob vorher eine geheime Abrede mit Alianor bestanden hat. Aber damals in Paris sah Alianor den jungen Heinrich und wählte ihn, den blonden Wiking mit den langen Armen, zu ihrem neuen Gatten.

Sie lernte ihn als einen jungen, kampfstarken Fürsten von ausgebildetem Geiste kennen, dem man die Kenntnisse vieler Sprachen, darunter des Lateinischen und des Englischen nachsagte, und der auch ihre eigene Muttersprache die Langue d'oc beherrschte. Von ihm konnte sie sich eine geistige Gemeinsamkeit und gemeinsame Taten erwarten.

Nach verborgenen Absprachen mit Heinrich und Gottfried in Paris erreichte Alianor ihre Scheidung von Ludwig. Danach waren freilich noch mancherlei Abenteuer zu bestehen. Auf dem Heimritt von der Scheidungsverhandlung nach ihrer Stadt Poitiers suchten gleich zwei verschiedene blutjunge Werber an verschiedenen Wegstellen der nun freien reichen Geschiedenen als Wegelagerer aufzulauern und sie in ihre Gewalt zu bringen. Aber von Heinrich gewarnt, konnte sie den Überfällen ausweichen, erreichte den angestammten Sitz in ihrer Lieblingsstadt und konnte dort Heinrich empfangen. Noch im Mai des Jahres 1152, zwei Monate nach der Scheidung, wurde Alianor, die Dreißigjährige, und der achtzehnjährige Heinrich in neuer Ehe ein neues Paar.

Da der Vater Heinrichs, Gottfried von Blois, auf dem Heimritt aus Paris nach einem kalten Flußbad plötzlich gestorben war, wurden Alianor und ihr Ehegemahl Herzog und Herzogin der Normandie und Anwärter auf den englischen Königsthron. Alianors politischer Weitblick paarte sich mit dem Entschluß, in ihrem neuen Wirkungskreis die geistigen Kräfte, deren sie sich teilhaftig fühlte, in verwandelnde Taten umzusetzen, und sie zog alle Gegebenheiten, die sich ihr dazu anboten, an sich heran.

In den dreißiger Jahren des Jahrhunderts hatte der Diakon Galfrit von Monmouth, bretonischer Herkunft aus jenem „Klein-Brittanien", in das viele Kelten aus England bei der sächsischen Eroberung geflüchtet waren, ein großes Werk unternommen. Dieses Werk war damals gedacht im Dienste der Sachsenbesieger, der neuen normannischen Herrscher Englands, die den Briten als ihre Befreier erschienen. Galfrit bot sein Werk unablässig den herrschenden Normannen an. Er hatte in seiner „Historia regum Britanniae" den in jener Zeit in der übrigen Welt fast unbekannten

Britenanführer gegen die Sachsen, jenen Artus, zu einem Weltkönig aufgewertet, der als Gegenbild Karls des Großen Frankreich erobert und Rom in einem großen Kriege besiegt haben sollte, und der zu einer Leitgestalt des britischen Weltreiches aus bretonischem Glauben heraus geeignet schien.

Alianor, von dieser erfolgreichen Geschichtsklitterung im Dienste der normannischen Englandkönige wissend, beauftragte, noch ehe sie einen Fuß auf den Boden Englands gesetzt hatte, den Hofdichter der Normandie, Wace, Galfrits Geschichte in französischen Versen nachzudichten, und ließ sich dieses Werk, den „Roman de Brut", widmen. Darin findet sich zum erstenmal unter den Taten des Königs Artus die Gründung seiner Tafelrunde. Zugleich aber sorgte Alianor dafür, daß ein angelsächsischer Dichter Layamon Waces Werk in angelsächsischen Langzeilen als Epos nachdichtete. Sie blickte voraus auf die zu erwartenden Aufgaben in England, wo sich auch noch viele Sachsen gegen die normannische Herrschaft auflehnten. Die galt es mit der Normannenherrschaft zu versöhnen und in den neuen britisch-normannischen Reichsglauben einzubeziehen.

Die ersten zehn Jahre des gemeinsamen Herrschens sahen Alianor zusammen mit Heinrich, dem unermüdlichen, England und Alianors Länder auf dem Festland auf sturmschnellen Ritten durcheilen, durch seine Rechtsleidenschaft Menschen gewinnen und das Reich und seine Macht stärken. Und Heinrich wünschte sich, die geistige Welt Alianors, deren Grundlage sie schon vorbereitet hatte und dann, durch Verwandlung des englischen Lebens, zur Entfaltung brachte, in liebendem Bunde wohl zu nutzen und sich selbst dieser Welt einzufügen. Er ließ in einem alten Kloster die angeblichen Gräber der Ginever und des Königs Artus auffinden und das berühmte Artusschwert Excalibur. Er begann, sich als der neue Artus zu fühlen.

Alianor hat nach den zwei Töchtern, die sie Ludwig von Frankreich schenkte, ihrem neuen Gatten fünf Sohne und drei Töchter geboren. Sie hat oft, auch schon schwanger, seine Reichsritte mitgeritten und seine kühnen Sturmfahrten über den Kanal geteilt. Denn ein Hauptmittel seines Herrschens war jähe Überraschung von Feinden und von lässigen oder unredlichen Sachwaltern in der Reichsverwaltung, vor allem aber von ungerechten und Unrecht stiftenden Richtern, die er mit Vorliebe ungewarnt überfiel.

Ein Kenner der Heinrich-Quellen beschreibt den jungen König von England, der an Alianors Seite wirkte:

„In jenen glühenden Tagen wurde er von einer unerschöpflichen Energie angetrieben, die er einer großen Mannigfaltigkeit von Unternehmungen zuwandte. Bei Strapazen zeigte er mehr Ausdauer als seine tapfersten Gefährten. Wenn er nicht eben auf einem Streifzuge begriffen war oder auf der Jagd seinen Hunden oder seinen Falken folgte, bis das Tageslicht erlosch, ritt er rasch und weit, um zu unerwarteter Zeit seine Diener und Burgvögte zu überraschen. Er stieg nur vom Pferde, um ununterbrochen zu stehen, im Gespräch mit Männern, die Mark und Tatkraft bewiesen hatten, und deren Gedanken und Sorgen er sich mit einer geistigen Unermüdlichkeit zu eigen machte, die seiner körperlichen gleichkam. Seine Männer wunderten sich über seine Kenntnisse von jederlei Sache. Alle seine Sinne arbeiteten gleichzeitig und packten eine mannigfaltige Erfahrung mit ihrem Griff. Während er sprach oder zuhörte, bewegten sich seine Finger und tasteten praktische oder schöne Dinge ab. Alles – Waffen, Gemmen, Stoffe, Instrumente, Vögel oder Hunde – prüfte er mit Auge, Ohr und Hand. Außer im Sattel, saß er selten, und dann nur, um zu essen oder Schach zu spielen. Zog er sich schließlich zurück, dann massierten Pagen seine geschwollenen Füsse, indes andere, die mit seiner Unterhaltung beauftragt waren, mit Violen oder einem Buche die Spannung seines Geistes lösten. Sogar während der Messe schweifte sein Blick umher: er zupfte seinen Nachbarn am Ärmel, wechselte den Platz, kritzelte etwas, flüsterte leise oder schritt ungeduldig auf und ab. Seine Kleidung war prächtig und wie es sich für ihn geziemte, aber er trug sie nachlässig. In Gebärde und Wort war er frei und leicht mitteilsam, ein heiter-geistreicher Gefährte für den, der sein Interesse zu gewinnen verstand. Keiner jedoch mißverstand seine Rastlosigkeit als Verstörtheit oder seinen heiteren Witz als Mangel an herrscherlicher Würde."

Außer ihren gemeinsamen Zügen und Taten teilten sich Heinrich und Alianor oft in ihre Herrscheraufgaben. War Heinrichs Anwesenheit auf dem Festland vonnöten, so führte Alianor in England die Regierungsgeschäfte, und war Heinrich in England gebunden, so waltete Alianor in beider Namen in den festländischen Bereichen: in der Normandie, im Anjou, im Poitou und in Aquitanien, und oft ganz selbständig in ihren angestammten Gebieten. Sie sprach Recht und setzte Recht, Heinrichs Schroffheiten und Gewaltsamkeiten mildernd, kontrollierte und verwaltete die Finanzen, betreute die Bauten, die Klöster, die Stiftungen. Sie bezauberte oder bändigte die immer auflehnungsbereiten Barone und wirkte überall mit am Zusammenschmieden des neuen Reiches der Plantagenets. Was ihr dabei auf ihren vielen Zügen gelang, hätte sie nicht erreichen können ohne ihre erlesene Reitkunst und ihre sagenhafte Ausdauer im Reiten. Sie hat ihre Länder, wie man es von Heinrich sagt, „im Sattel gemessen".

In England eröffnete sich ihr, auch über die staatlichen Aufgaben hinaus, ein weites Feld des Einflusses. London war eine Hafenstadt. Am Themse-Ufer drängten sich Schenken und Garküchen. Fischgeruch und die Gerüche von Wolle und von Bier füllten die Luft, und die Schifferrufe und das Aalweibergeschrei klangen laut und unablässig. Frohsinn und Wohlhabenheit waren weithin zu spüren. Reiche Bürger, Kaufleute, Schiffsbesitzer und Schiffslenker und die Geldwechsler hatten ihre Niederlassungen und Warenhäuser, und elegante Wohnhäuser gab es mit Schutz gegen Nebel, Nässe und Kälte. Tätigkeit und Vergnügen waren überall gepaart. Im Winter konnte ein Beschauer auch Schlittschuhläufer auf Kufen aus Tierknochen bei ihrem heiteren Treiben genießen. Aber die Stadt war eine Stadt der Männer, die Frauen lebten zurückgezogen und in alter Zucht gehalten. Und auch im Lande draußen, mit seinen belebten Städten, seinen Burgen, seinen tiefen Wäldern, Schlupfwinkel nicht weniger Räuber, mit seinen einsamen Gehöften, Feldern und Hirtengefilden und seiner Brombeerfülle, beherrschten die Männer das Lebensbild mit ihrem Tun und ihren Kämpfen und Jagdzügen.

Mit Alianor und ihrem Gefolge von Edelfrauen aus südlichen Ländern, von Dichtern, Sängern, Spielleuten, Geschichte- und Sagenkundigen, trat eine große Wandlung des gesellschaftlichen Lebens ein, in die, was es an geistigen Traditionen von Heinrich I. her gab, einmündete. Am Hofe gingen viele ganz andere Leute aus und ein, andere Themen der Gespräche und Unterhaltungen kamen auf. Die poetischen Freuden in der Art der Chansons de Geste, der Tatenlieder, wurden abgelöst durch Troubadourgesang und Troubadourmusik. Man sprach nun von antiken Überlieferungen, von Vergil, Ovid und Statius, von Rom und Byzanz – aber auch von neubelebten britischen, keltischen Stoffen. Außer Gedichten, Romanen über Troja, über Theben und über die Aeneide, entstanden solche über die Tristansage, über König Artus und seine Ritter und über die künftige Wiederkehr des Keltenkönigs. Man sah in Heinrich II. den neuen Artus und wallfahrtete nicht mehr nach dem Roncetal, sondern nach Carleon am Üsk, wo des Artus Burg gestanden und seine Tafelrunde die Lebensführung bestimmt hatte.

Neue Gesänge klangen so zahlreich auf, daß ein Bewunderer meinte, die schöne Alianor, der die Poeten mit so vielen Widmungen huldigten, sei für die Dichter damals gewesen „wie die Morgenröte für die Vögel!" Und es fehlte auch nicht an szenischen Darbietungen, und Mimen, Tänzer und Akrobaten boten so reiche, und nach Meinung der Altgesonnenen so sittengefährdende, Unterhaltung, daß diese ein neues Babylon an der Themse entstehen sahen.

Aber die besorgnisserregenden Wandlungen gingen noch tiefer. Aus dem neuen Leben, das Alianor brachte, erwuchs eine neuartige Gesittung unter den Männern. Diese durften nicht mehr vor ihr erscheinen mit Gossen- und Straßengerüchen behaftet, ohne ihre Falkenhandschuhe auszuziehen, und nicht mit ungekämmten Haaren, die „wie eine schlechtgestellte Gerstenmandel" auf ihren Köpfen standen. Ein neues Ehren der Frauen wurde ihnen eingeprägt mit Vorstellungen, die sie eine Abhängigkeit von geistiger Übermacht der Frauen lehrten. Und wieder warnten die Altgesonnenen laut und bange: „Hütet euch vor dem ganzen mächtigen Geschlecht!" Da war nicht mehr die Rede, wie bisher, von den Frauen als dem „minderen" und den Männern als dem „höheren" Geschlecht, sondern von Verehrung der Frau und von einem Frauendienst, der die Männer erheben und zu höherem Leben führen könne.

Heinrich bekam diese verwandelnde Kraft Alianors zu spüren, und er begrüßte sie als eine Macht, die ihn selbst erhöhte und emportrug und sein Ansehen und seinen Glauben an sich selbst vermehrte. Und er hatte teil an Alianors geistigem Wirken und ihrem Ruhm. Benoît de Sainte-Maure hat seinen Trojaroman um 1165 ihnen beiden gewidmet, und diese Widmung enthielt das berühmte Siegel auf ihre Verbundenheit, und verknüpft den Preis Alianors mit dem ihres Königs. Sie heißt da und von da ab den Zeitgenossen: „riche dame de riche rei."

Glanzvolle Jahre gemeinsamen Herrschens brachten außer der Taterfüllung auch die Erfüllung einer *geistigen* Gemeinschaft, wie sie sich Alianor von ihrem gewählten zweiten Gatten erhofft hatte. Die Krise des großen Bundes zwischen Alianor und Heinrich brachte erst Heinrichs innige Freundschaft mit Thomas Becket, dem Normannen, dem Archidiakon aus der Schule Erzbischof Thibaults von Canterbury, den Heinrich zu seinem Kanzler machte. Der schien ihm als hochgebildeter Geist, als blühender Ritter und strahlender Vertreter gehobener und heiterer Lebensart, das Wirken Alianors als geistiger und sittigender Regentin für England entbehrlich zu machen. So entstand ein empfindlicher Wettstreit zwischen Alianor und Thomas um die Führung der Hofgesellschaft und die Bewirkung des Königs.

Das hinderte zwar nicht vieles kühne gemeinsame Planen von Königin, Kanzler und König. Alianor war 1158 Beckets wirksame Beraterin für

dessen berühmten, prächtigen Werbezug nach Paris, von dem er die Ver-
lobung der kleinen Margarete, der Tochter aus Ludwig Capets zweiter
Ehe, mit dem jungen Heinrich, dem Kronprinzen des Plantagenetreiches,
nach Hause brachte, die die kühnen Hoffnungen Heinrichs und Alianors
auf eine künftige Vereinigung der beiden Reiche nährte und große poli-
tische Aspekte eröffnete, da dem französischen Reich noch immer ein
männlicher Thronerbe fehlte. So hat Alianor für Beckets Ruhm in der
damaligen Staatenwelt mit gesorgt. Und andererseits rüstete Becket im
Jahre 1159 ein eigenes stattliches Ritterheer aus und führte es Heinrich zu,
als dieser die Ansprüche Alianors auf das Erbe ihrer Großmutter Philippa
von Toulouse, die Stadt belagernd, durchsetzen wollte. Und Alianor hat
zwar später Heinrich aus guten Gründen eindringlich gewarnt vor der
Erhebung Beckets zum Erzbischof von Canterbury, doch enthielt sie sich
im dann ausbrechenden Zwist zwischen Heinrich und Becket aller Teilnahme.

Aber die alte Gegnerschaft im Streit um den ersten Platz an der Seite
des Königs hatte indessen immer weiter gewirkt. Heinrich war in seiner
Zuneigung zu Alianor erlahmt und so auch in seiner lange so vielversprechenden Einfügung in ihre neue geistige Welt. Diese in ihr aufgewachsene
geistige Welt aber weiter auszugestalten und wirksam zu machen, schien
Alianor möglich, wenn sie nun zu selbständiger Herrschaft in ihre eigenen
angestammten Länder zurückkehrte, um in ihrem geliebten Poitiers ihre
eigenen geistigen Gründungen zu verwirklichen. Und Heinrich ließ sie
aus manchen eigenen Interessen und seine eigene Freiheit erstrebend nicht
ungern ziehen. Er gab ihr noch ein Schutzgeleit mit gegen aufständische
Barone unter seinem vertrauten Patrick von Salisbury, der wohl auch
Heinrichs Interessen bei dieser Übersiedlung im Auge haben sollte.

*

Die sieben Jahre der Eigenherrschaft in Poitiers (1168–74) waren erfüllt
mit Alianors geistigen Taten. Sie hätte sie nicht vollbringen können ohne
die hingebende Gefährtenschaft ihrer ersten Tochter von Ludwig, der
hochgeistigen und hochherzigen Marie von Champagne, und ohne die
Liebe und Gefolgschaft zweier ihrer Heinrichsöhne: Jung-Heinrichs des
Rittergläubigen und Jung-Richards des Dichters und Ritters, den man
später Löwenherz nannte.

Alianor baute vieles – wir wissen nicht genau wann und was alles – in
ihrem Poitiers. Sie gestaltete die alte Herzogsburg zu ihrem schönen und

festen Sitz. Sie wandelte die große Burghalle zu einer einzigartigen „wunderbaren" Minnehalle neben der Burg, in der ihr großer, aus sechzig Edelfrauen gebildeter Areopag tagte, dem Ermengarde von Narbonne und Isabella von Flandern neben ihr selbst wechselnd vorsaßen. Dieser Areopag sprach Recht und gab Rat in den Konflikten und Fragen von Minnenden. Sie baute gewiß an dem Dom von „Notre Dame la Grande" mitten auf dem Hauptplatz der Stadt, ließ ihre Eindrücke von ihrer Kreuzfahrt in Byzanz und in Palästina auf den Bau einwirken und machte ihn zu einem Hauptwerk romanischer Baukunst von eigener Art.

Und sie baute in Fontevrault, in dem geliebten Kloster, das die Herzöge von Aquitanien gegründet hatten und mit besonderer Neigung pflegten. Dort, wo sie den wachsenden Dom miterlebte, baute sie mit an manchem der Klostergebäude, und dort baute sie selbst einen neuen achtseitigen Rundbau, die zauberische Klosterküche als Anbau an das Refektorium mit fünf Kaminen in den fünf Absiden an den freien Seiten, und der hochaufsteigenden Kuppel mit dem achtteiligen steilen Pyramidendach. Die Abzüge der Feuerstellen sind außen mit zarten Türmchen gekrönt, und alles ist mit einem steinernen Schuppendach, wie es auch „Notre Dame la Grande" in Poitiers zeigt, überzogen. Westliche und östliche Baugedanken vereint dieses gebaute Kleinod zu einem besonderen Gebilde.

In ihrer Minnehalle versammelte Alianor Fürsten- und Adelskinder aus vielen europäischen Staaten, und es entstand eine Schule von Poitiers, deren Zöglinge später Alianors Geist und ihren Ritterglauben in viele Zonen hineintrugen. Ein besonders bedeutender Schüler dieser Schule war der junge Richard Löwenherz, der der Lieblingsschüler Maries von Champagne im Dichten, im Sagen und im Singen wurde. Was sich alles an Geistern und an Dichtern um diese Mitte versammelte, können wir nur ahnen und aus vielsagenden Beispielen erschließen. Auf die hochgemuten Feste, die hier gefeiert wurden, weisen nur einzelne erhaltene Berichte von Frühjahrsnächten, in denen die Fackeln in den blühenden Birnbäumen leuchteten, und von zusammengeströmten festlichen Menschen, deren Fülle so dicht war, daß man keinen Apfel hochwerfen konnte, der nicht beim Fallen dann einen Menschenkopf getroffen hätte.

Ehe aber dies alles begann und sich ausgestaltete, drohte eine große Gefahr, die Heinrich II. bei der Entsendung Alianors in ihre Länder vom dortigen Adel vorausgesehen hatte. Er gab Alianors zu ihrem Fürstenumritt in den Süden jene Schutzmannschaft mit, an deren Spitze er Patrick von Salisbury stellte, und in die der Jung-Ritter Guillaume le Maréchal aufgenommen war, der einem bedeutenden, mit Patrick von Salisbury verbundenen Geschlecht entstammte und in der ritterlichen Erziehung Wilhelms von Tancarville, des Großkämmerers der Normandie, aufgewachsen war. Dieser junge Guillaume sollte der Retter der Königin werden. Das mächtige aquitanische Adelsgeschlecht der Lusignans unternahm einen sehr unritterlichen und tückischen Überfall auf den Zug der Königin. Patrick von Salisbury wurde dabei, ehe er sich wappnen konnte, durch einen Lanzenstoß in den Rücken ermordet, und nur dem jungen Guillaume gelang es, einen Freiraum zu schaffen, durch den die Königin mit ihrer Reitkunst auf einem schnellen Pferd entfliehen konnte. Er stellte sich mit dem Rücken gegen eine Hecke, zog durch seine mächtigen Kampfschreie an die sechzig Gegner auf sich und bestand sie siegreich, bis ihn ein Übellistiger von hinten durch die Hecke mit einem Lanzenstoß schwer am Schenkel verwunden konnte, und man den Gestürzten gefangen nahm.

Alianor kaufte Guillaume aus dieser Gefangenschaft los und stattete ihn mit neuen Waffen und Kleidern aus. Für Patrick von Salisbury stiftete sie eine dauernde Totenmesse im Dom des Hl. Hilarius in Poitiers. Durch ihre Verwendung wurde im Jahre 1170 der junge Guillaume zum Lenker und Geleiter Jung-Heinrichs bestimmt, der bis dahin in der Obhut von Thomas Becket gewesen war und dem der Vater soeben die Königswürde als seinem künftigen Nachfolger verliehen hatte. Jung-Heinrich aber trat in ein so nahes Zöglings- und Freundschaftsverhältnis zu Guillaume, daß man von Guillaume sagen konnte, er sei der Herr und Meister seines Herrn geworden. Damit war Alianors Einwirken auf die Geschicke des Plantagenetreiches gesichert, und sie ließ es nicht an Bestätigung dieses Einwirkens fehlen. In Poitiers entstand nicht nur eine Schule der neuen Rittergesinnung, sondern auch der Mittelpunkt des Widerstandes gegen Heinrich II., der sich so sehr von Alianors geistigen Plänen entfernt und schon vielfach als ihr Gegner und Unterdrücker erwiesen hatte. Die künftigen Kriege der Söhne, Jung-Heinrichs und Richards gegen den Vater sind von hier, von diesen geistigen Ursprüngen ausgegangen, und der Vater wußte nur zu gut, wer ihm diese Söhne entfremdet und sie innerlich gegen ihn angeführt hatte. Von Jung-Heinrich erhoffte Poitiers nach dem Sturz des Vaters, daß er als neuer Herrscher die neue Rittergesinnung zur Obmacht auch im äußeren Staate führen werde. Und diese Hoffnungen Alianors waren nicht unbegründet.

In dem großen Zwist, der nach seiner Erhebung zum Erzbischof von Canterbury zwischen Becket und Heinrich II. entstand, war Thomas vor

Heinrichs Verfolgungen nach Frankreich geflohen und hatte Ludwig Capets und des Papstes Schutz und Hilfe gewonnen. Heinrich war gezwungen, Versöhnung mit Thomas zu suchen und in langen Verhandlungen dessen Rückkehr nach Canterbury einzuleiten. Der Mord an Thomas aber, bei seiner Rückkehr in der Kathedrale von Canterbury, hatte Heinrichs Ansehen und seine Macht schwer geschädigt und untergraben.

Jung-Heinrich, schon gekrönter König von England, hatte in der Gemeinschaft mit seinem „Meister" Guillaume die Führung der freien Ritterschaft gewonnen und hatte es durch sein strahlendes Wesen, durch seine Wesensgüte und seine Freigebigkeit zum Ansehen eines künftigen Herrschers gebracht, von dem man sich Gerechtigkeit mit Güte verbunden und ein viele beglückendes Wirken erwarten konnte. Alianors Lieblingssohn Richard war als ihr Erbe eingesetzt und feierlich zum Herzog von Aquitanien gekrönt worden. Und als Alianor ihre junge Tochter Mathilde, die sie ganz in ihrem Sinne erzogen hatte, im Jahre 1168 an Heinrich den Löwen zur Ehe gab, konnte man von Mathildes künftigem Tun eine große Stärkung der in Poitiers begonnenen geistigen und politischen Wandlung erhoffen.

Indessen sann Alianor noch mächtiger und tiefer auf die innere Begründung ihres Lebensglaubens und die Leitbilder eines neuen Rittertums. In Troyes war durch Marie von Champagne ein neuer Dichter entdeckt und herangezogen worden: Christian von Troyes. Wir wissen nicht genau, wann Marie den Zögling zu Alianor nach Poitiers brachte. Aber wir wissen wohl, *wie* stark ihr Einwirken und das ihrer Mutter Alianor auf ihn gewesen ist. Der mit schönen, aber vergleichsweise noch üblichen schlichten Ritterepen begonnen hatte, wurde von den beiden fürstlichen Frauen zu einem Werk ganz neuer Art erweckt und von Schritt zu Schritt inspiriert, dem Epos von Lanzelot oder dem Karrenritter. Die Widmung an Marie von Champagne zu Beginn des Werkes ist vielsagend genug: Sie, seine große Dame, habe ihm Stoff und Sinn (san et matiere) seines Werks gegeben. Er selbst wolle streng getreu ihren Weisungen in allem folgen und habe *nichts* dazu getan außer der Arbeit an seinen Versen.

Die geistige Lage, die im Werk geschildert wird, ist ein klares Gegenüber der hellen Artuswelt des Reiches Logres und der dunklen Welt des Reiches Gorre. Seltsam und eindrucksvoll zeigt es sich, daß die „Gefangenen" aus dem Reich Logres, auf die er trifft, eigentlich gar keine Gefangenen im üblichen Sinne sind, sondern solche, die innerlich der Artuswelt zugehören, aber gezwungen sind, in diesem Gegenreich zu leben. Ja es zeigt sich, daß im Gorrereich auch ritterlich Gesonnene leben,

an ihrer Spitze der König von Gorre Bagdemagus, der Ginever vor ihrem
Entführer, seinem wilden Sohn Meleagant, geschützt hat und diesen Sohn
zu ritterlichem Denken und ritterlichem Verhalten zu mahnen und
zu gewinnen sucht. Und die Tochter des Bagdemagus und Schwester
Meleagants befreit zuletzt den Helden aus schwerer Gefangenschaft bei
Meleagant, in die er durch einen tückischen Überfall nach seinem ersten
Sieg über den Entführer noch geraten ist.

In all dies eingebettet aber ist das große Minnegeschehen zwischen
Ginever und ihrem Heldenritter, das die Königin als Minneherrin zeigt
und ihren Befreier als den ihr Ergebenen und Verbundenen im Minnedienst. Erst tiefe Wandlungen in ihr, vom vermeinten Tod Lanzelots
hervorgerufen, und tiefe Wandlungen in ihm, durch den vermeintlichen
Tod der Königin entspringend, machen beide nach ihrer Katharsis bereit
und fähig zur freien und eigentlichen Begegnung. Die führt die Minnende
und den Minner zur Vereinigung in einer einzigen, vom Dichter mit
einläßlicher Sorgfalt geschilderten Minnenacht.

In dieser Schilderung ist das Einwirken Alianors und Maries in das
ganze Werk am stärksten zu spüren. In einer bis dahin nicht erschienenen
geistigen Haltung sind hier die Schranken geschwunden, die im Christentum seit seiner Umprägung durch Paulus die Heiligung der Liebesbegehung und die Feier ihrer Gottnähe verhindert haben. Statt dessen
wird die Vermählung sinnlicher und geistiger Kräfte und Triebe, wie sie
dem Menschen geschenkt sind, als eigentliches Wunder der Gottesschöpfung gepriesen. Es ist tiefe Andacht, mit der sich hier der Liebende
der verehrten Geliebten nähert, und in der die Liebenden ihre Beglückungen empfangen. Kein anderer Heiliger Leib, so heißt es, ist dem
Liebenden teurer als der der Geliebten und beim Abschied neigt er sich
wie vor einem Altar. Nichts von gottesferner irdischer Verstrickung ist
auch nur angedeutet, sondern ein heiliges Geheimnis.

Wir wissen leider nicht, aus welchen „Quellen" Alianor und Marie
den Stoff, die matiere, für diese Dichtung gewonnen haben. Vieles daran
macht den Eindruck eigener Ersinnung, etwa daß sie Lanzelot vom See als
erste zum führenden Ritter der Tafelrunde und zum Helden eines
Minnebundes mit König Ginever machten. Wir wissen aber sehr
gut, daß der „Sinn", der „san", der Gehalt dieser Dichtung nur aus der
Geisteswelt kommen konnte, die Alianor vertrat, und in der die beiden
Frauen vereinigt waren. Wer diese in der Ritterzeit einzigartige Dichtung
überschaut, erkennt in ihren Elementen, im Gang der Geschehnisse, in der
Haltung und Gesinnung ihrer Gestalten die spiegelnden Bilder jener Welt

von Poitiers, die Alianor in diesen Jahren gründete und ausgestaltete. Er erkennt im Gegenüber der Artuswelt und der Welt von Gorre das Gegenüber von Alianors Welt des in Poitiers neu vergeistigten Rittertums und der sonst zwar schon bestehenden, aber noch unverwandelten politischen Ritterwelt, wie sie sich der Begründerin eines neuen ritterlichen Lebens ringsum noch darbot, und gegen die sie zu wirken hatte. Und er erkennt in den „Gefangenen" im Reiche Gorre leicht diejenigen, die in den Zwängen einer unverwandelten, dem Macht- und Gewinnstreben ergebenen Welt noch leben mußten, während sie in ihrer inneren Gesinnung schon der neuen Geisteswelt zugehörten. Er erkennt in der Entführung des Kleinods der Artuswelt, eben der Königin Ginever, die immer neu versuchten Entführungen und Zwänge, die Alianor in die Hände von Machtmenschen bringen und in ihnen festhalten wollten. Er erkennt in Ginevers Befreiung die Befreiung der Herrin von Poitiers aus der Vertrickung einer ihr entgegenstehenden politischen Machtwelt, und ihre Einkehr in ihre geistige Eigenwelt. Endlich aber erkennt er in den Hochbildern des im Werk geschilderten Minnegeschehens jene Visionen und Erscheinungen des Minneglaubens, der in der Schule von Poitiers hervortreten sollte und schon hervorgetreten war.

Ein persönliches Bekenntnis Alianors trat noch hinzu: Lanzelot vom See erschien in diesem Werk als Alianors erwählte Rittergestalt der Sage. Diese Sagengestalt hatte eine Verkörperung in der Gegenwart ihres Lebens: Guillaume le Maréchal in seiner steten Treue und tiefen Ergebenheit. Alianor konnte den Ritter ihrer Sage in diesem wirklichen Ritter ihrer geistigen Erziehung erkennen.

Alianors Einfluß auf die Ritterjugend und ihr staatliches Wirken und Planen erweckten die Gegenwehr Heinrichs II. Er ließ Alianor gefangen nehmen – man erkannte die auf der Flucht als Knappe Verkleidete an ihrem Reiten – und führte sie für fünfzehn Jahre in eine strenge Gefangenschaft nach England, wohin er angeblich auch die Zöglinge von Poitiers in vierzig Schiffen verbringen und dort gefangen halten ließ. Diese Gefangenschaft fiel in die Zeit der Kriege der beiden Söhne gegen den Vater und dauerte, mit wenigen Unterbrechungen, bis zu Heinrichs Tod im Jahre 1189. In dieser Zeit behielt Alianor nur unter großen Schwierigkeiten Verbindungen mit der Außenwelt. Einzig Guillaume gelang es, wie es scheint, manche wichtige Nachricht an sie zu bringen.

Aber Heinrich II. hatte ihr doch die Botschaft von Jung-Heinrichs Tod und offenbar auch von dem Versöhnungsring mit dem kostbaren Saphir, den er dem sterbenden Sohn aufs Sterbelager sandte, zukommen lassen. Diesen Ring suchte der sterbende Sohn sich als Einziges von allen Gütern zu bewahren und mit sich zu nehmen als Zeugnis vor Gott, daß er die Versöhnung des Vaters noch empfangen. Selbst als man ihn dem Toten vom Finger ziehen wollte, weigerte sich der Ring, ihn zu verlassen und blieb unverrückbar an seinem Finger. Es ist der Goldring mit dem kostbaren Saphir, den Alianor auch in ihrem Traumgesicht an Jung-Heinrichs Finger schaute, das ihr noch *vor* dem Empfang der Todesbotschaft erschienen war. Sie sah im Traum, wie der Priester, dem sie ihn erzählte, Thomas Agnell, berichtet, dieses Bild: „Ihr Sohn Heinrich, der junge König, lag mit gefalteten Händen ausgestreckt auf seinem Lager wie auf einem Totenbett. Er trug einen Ring mit einem kostbaren Saphir am Finger. Über seinem edlen, lächelnden, aber sehr bleichen Gesicht schwebten zwei Kronen. Die eine war die Krone, die er am Tage seiner Krönung zum König von England getragen hatte. Die andere hingegen schien aus überirdischem Stoff, aus reinem Licht geschaffen." Und Alianor deutete diesen Traum, wie weiter berichtet wird, als Zeichen einer himmlischen Krönung Jung-Heinrichs.

So sehr auch Jung-Heinrich in seinem letzten Willen noch den Vater um die Befreiung Alianors angefleht hatte, gelang es erst Richard, nach dem Tod Heinrichs II., den Befreiungsboten an sie zu senden: Guillaume! Der fand sie, schon befreit, dabei, die ihr wieder zugefallene Herrschaft neu anzutreten. Sie erschien ihm edler und schöner als je. In Guillaumes epischer Biographie, in der dieser Moment geschildert wird, findet sich auch eine neue Deutung ihres Jugendnamens: Der Dichter fand in ihr, wie er sagte, den Gold-Adler. Auch bei anderen schreibenden Zeitgenossen trifft man nicht selten auf den Vergleich Alianors mit einem Adler, der seine Schwingen über zwei Reiche ausbreitet.

Bei der folgenden Krönung Richards trägt Guillaume das Königsszepter voran, und Alianor sitzt auf goldgeschmückter Balustrade im anderen Chor des Domes von Canterbury inmitten ihrer befreiten und ihrer neugewonnenen Freundinnen und Zöglinge.

Alianor führte ihre neue Herrschaft gemeinsam mit Richard und mit ihrem Vertrauten Guillaume, jetzt Marschall von England, zur Seite. Die Staatsgeschäfte kamen immer mehr in ihre Hand, da Richard erst mit der Vorbereitung seines Kreuzzugs beschäftigt, dann auf dem Kreuzzug und während seiner folgenden Gefangenschaft in Österreich und bei Kaiser Heinrich VI. auf dem Trifels abwesend war. Sie war zu Beginn des Kreuzzugs, der über Sizilien ging, dorthin nachgereist und hatte Richard die von ihr geworbene Königstochter von Navarra, Berengaria, als Braut

zugebracht. Sie hatte ihre Tochter Johanna, jetzt Witwe und Erbin ihres
verstorbenen Gatten, König Wilhelms von Sizilien, dann als Geleiterin
Berengarias mitgegeben zu Richards Hochzeit auf Zypern und ins Heilige
Land. Auf ihrem Heimweg hatte Alianor, nach ihrem Zusammentreffen
mit dem jungen Barbarossa auf ihrem eigenen Kreuzzug, auch den Staufer
Heinrich VI. und seine sizilianische Angetraute Konstanze auf deren
Südfahrt in Italien getroffen, und die Eindrücke dieser Begegnung waren
ihr lebendig geblieben. Denn Alianor war es, die, geleitet von ihren Erfahrungen, selbst mit dem endlich zusammengebrachten riesigen Lösegeld
nach Deutschland fuhr und die besonderen Wege fand, nach wieder und
wieder verzögerten Verhandlungen endlich bei Heinrich VI. die Befreiung
Richards wirklich zu erreichen. Mutter und Sohn kehrten, noch Hinter-
halte befürchtend, auf listig gewählten Umwegen nach England zurück
und begrüßten die Getreuen.

Glücksjahre waren ihnen nun beschieden: Auf hundert Schiffen setzten Mutter und Sohn von England aus auf das Festland über zu festlichen
Empfängen der Heimgekehrten in der Normandie, im Anjou, in Poitou
und in Aquitanien. Ein langer Jubelrausch hob an. Die Mutter aber führte
den verräterischen Johann ohne Land an einem Abend in Lisieux als
Bußfertigen vor Richard. Dieser nahm ihn großherzig vergebend auf und
ließ dem Bruder einen frischen Salm vorsetzen, der für ihn selbst gerade
bereitet war. Und Richard besiegte den anderen Verräter, Philipp August,
der sich nur durch den Fluß der Epte schwimmend aus seiner Niederlage
retten konnte.

Dann aber baute Richard, als Krönung seiner Erfolge, in Wunder-
schnelle seine Freuden-Burg, das Château Gaillard, auf einem Felsenberg
an der Seineschleife bei Andelys, nicht weit seineabwärts von Paris, dem
Verräter Philipp August ins Angesicht. Alianor gegenüber nannte er die
geliebte Burg seine junge dreijährige Tochter, die den erlesenen Töchtern
seiner Mutter den Schönheitsrang streitig machte. Viele Ratsversamm-
lungen und Lustbarkeiten Richards und seiner Freunde fanden in dieser
Burg des Frohsinns statt, die nach neuen, aus Palästina mitgebrachten
Baugedanken errichtet war. Hier wuchsen auch die Pläne zu einem neuen
Kreuzzug, mit dem Richard und Alianor die Frucht des Ostens endlich zu
pflücken hofften.

Dem Glück dieser gemeinsamen Jahre nach Richards Befreiung aber
folgte der jähe Absturz. Noch hatte Alianor Richard dazu bewegen
können, die ihm nach Heinrichs VI. Tod von den deutschen Fürsten
angebotene deutsche Königskrone abzulehnen, und die Wahl der Fürsten

auf ihren Enkel Otto hinzulenken, der dann als Otto IV. König und Kaiser wurde. Viele neue Wege der großen Politik schienen offen. Aber beim abendlichen Umritt um eine von ihm belagerte Burg wird Richard von einem Ferngeschoß eines Knechtes aus einem Burgwinkel heraus tödlich getroffen. Er stirbt in den Armen der Mutter, nachdem er dem Schützen vergeben und mit ihr die verbleibenden Pläne für die Zukunft des Reiches ausgetauscht hat.

Wie ein Wunder erscheint es, daß Alianor aus der Erschütterung durch den Tod nun auch ihres Lieblingssohnes Richard ungebrochen und tätig hervorging. Einig mit Richards Denken betraute sie eilends Guillaume, die Nachfolge für den allein noch lebenden dritten Sohn Johann vorzubereiten, für jenen Johann ohne Land, den Liebling des Vaters, der Richard so oft und am schwersten während dessen Kreuzzug und dessen Gefangenschaft verraten hatte, und der im Bunde mit Philipp August von Frankreich die Lösung Richards aus der Gefangenschaft beim Deutschen Kaiser zu verhindern gesucht hatte. Aber Johann war der einzige verbliebene Sohn Heinrichs II. Es galt, die Nachfolge Arthurs zu hintertreiben, jenes Arthur, den Frankreich auf den Thron der Plantagenets bringen wollte.

Johann wurde König von England, doch ihm beigegeben der treue Guillaume, der in aufopferndem Wirken die schlimmsten Folgen von Johanns Mißwirtschaft verhindern und die Thronfolge für Johanns Sohn, den künftigen Heinrich III. sichern konnte. Guillaume ist später auch noch die Versöhnung Johanns mit den gespaltenen englischen Baronen gelungen, und das Zustandekommen der Magna Charta auf der Wiese von Runcimede, die die Einheit Englands wahrte und das große Rechtswerk Heinrich II. krönte, war sein Verdienst.

*

Alianor blickte auf Großes zurück und blickte auf Großes voraus. Die Dauer des Plantagenetreichs in England schien ihr vor allem durch Guillaumes Wirken gesichert. Und ihre Erwartungen wurden erfüllt. Der Sohn Johanns, Heinrich III., wuchs unter Guillaumes Obhut heran und bestieg unter dieser Obhut den englischen Thron. Eine versuchte französische Invasion unter Philipp Augusts Sohn wurde durch Guillaumes Führertum und Kämpfertum abgewehrt. Die eigenen Länder waren fest in Alianors Hand. Ihr Traum von einem neuen Ostreich ihres Sinnes ging freilich unter mit dem dritten schicksalhaften Todeslos, das sie traf: Marie von Champagne hatte ihren vielversprechenden Sohn Heinrich auf Alianors Vorschlag dem Kreuzfahrer Richard, ihrem Dichterzögling, mitgegeben, damit dieser Sohn König von Jerusalem werde. Der Traum schien erfüllt. Der junge Heinrich von Champagne hatte unter Richards Einwirken den Königsthron des Heiligen Landes gewonnen. Da stürzte der junge König bei einem unvorsichtigen Schritt auf einer von keinem Geländer geschützten hohen Galerie, als ein Gesandter zu ihm herantrat, rückwärts in den Tod.

Alianor hatte dem Kreuzfahrer Richard auch ihre Tochter Johanna, die Witwe des Sizilienkönigs Wilhelm, mitgegeben, als Geleiterin Berengarias. Als Richard nach vielen ritterlichen Begegnungen dem großen Saladin nahegekommen war und dessen Bruder al-Ādil zum Ritter geschlagen hatte, kam es zum gemeinsamen Plan: al-Ādil sollte die Schwester Richards, Alianors Tochter Johanna, zur Gemahlin empfangen. Die beiden sollten mit Saladins und Richards Bürgschaft über Jerusalem und das Heilige Land herrschen, und ein west-östliches Ritterkönigtum sollte die den beiden Religionen heilige Stadt für Christen und Muslime offen halten. Da verweigerte Johanna, wohl auf geistliches Betreiben, die Ehe mit dem Andersgläubigen. Richards Angebot, seine Nichte Konstanze von Bretagne (seines Bruders Geoffrey Kind) an Johannas Stelle zu senden, kam zu spät, und der große Plan versank noch einmal.

Aber Alianor blickte auch über Europa hin. Die Achtzigjährige ritt an den kastilischen Hof nach Spanien und wählte unter den Töchtern ihrer Tochter nicht die älteste, Urraka, die ihr angeboten wurde, sondern die jüngste, Blanka, aus, in ihr ein ihr selbst verwandtes Wesen erkennend. Sie schützte, halb im Scherz, die Unaussprechbarkeit des Namens Urraka für die Pariser Zungen vor, nahm Blanka als Blanche mit sich und brachte sie, mit ihren Ratschlägen ausgerüstet, auf den französischen Königsthron. Und diese Königin wurde die Mutter jenes Ludwig, den man später den Heiligen nannte und der als Alianors Urenkel noch einmal versuchte, ein Ostreich zu gründen.

Schon lange aber hatte Alianor die Einwirkung ihres Geistes im Nachbarreich in Deutschland vorbereitet durch die Ehe ihrer Tochter Mathilde mit dem Welfenfürsten Heinrich dem Löwen, dem Gegenspieler Barbarossas. Mathilde folgte dem Löwen nach Braunschweig und kam mit ihm, dem indessen von Barbarossa Geächteten, ins Plantagenetreich zurück für die Jahre der Verbannung. Mathilde trug ein Kind von ihrem Gemahl, den künftigen Kaiser Otto IV., als Bertran de Born, von ihrem Bruder Richard zu ihr geladen, sie mit den Versen pries:

Du schöner junger Leib so frei von Art
Aus hohem Königsstamm gekürt
Um dich jenseits Anjou zieh ich auf Fahrt
Fern meinem eigenen Land entführt.
Ihr ragt vor allen, Herrin, ohnegleichen
Daß Euch der höchste Ruhm gebührt;
Der römischen Krone würd's zur Ehr gereichen
Wenn Eure Stirne sie berührt.

(Franz Wellner)

Der junge Otto wurde dann durch Jahre an Alianor übergeben als Lehrling ihrer Kunst des Herrschens. Auf Richards Vermittlung ist dieser Otto, der Alianorenkel, dann als Otto IV. Kaiser der Deutschen geworden, und wurde erst vom heimkehrenden Puer Apuliae, Friedrich II., dem Erfüller des Staufertums, besiegt.

Die Königin der Lieder aber, wie man Alianor nennen könnte, hat noch weitere und vielleicht größere Wirkungen als die weitschauende Staatslenkerin vollbracht.

Alianor war in der Sphäre der Troubadourdichtung herangewachsen, die neue Dichter über alle Standesgrenzen hinweg heraufgerufen hatte, und sie hatte ihre Grundgehalte tief in sich aufgenommen. Die Erhöhung der verehrten Frau zur Domina, zur Herrin, die Übertragung des germanischen Gefolgschaftsglaubens und des aus ihm entwickelten Verhältnisses zwischen Lehnsherrn und Gefolgsmann auf den Liebesbund zwischen Mann und Frau, das Gebot des Geheimnisses um die besungene Herrin und das Wissen um den Wert der sie steigernden und erhaltenden Nichterfüllung in der ritterlichen Liebe – das alles war ihr von Jugend auf vertraut, und ihre Begegnungen mit Dichtern dieser Gesinnung, und mit deren Besten, hielten ihr Wissen und ihren Glauben daran lebendig.

Dazu aber kam noch ein anderes, was den Menschen gemeinhin nicht bewußt ist: das geheimnisvolle Wirken des Liedes, an dem doch das Wachsen und Dauern, das Leben der Seele hängt, und das doch in tausend Weisen, Erlebnissen und Vermittlungen alle durchdringt und bestimmt. Dieses Geheimnis hat Alianor, in ihr Wesen eingeboren, innegehabt, gekannt und dann erkannt. Die Enkelin des ersten Troubadours wuchs in einer Liederwelt heran. In ihrem Jugendgefährten fand sie nicht nur die erlesene Reitkunst und die Waffenkunst, sondern auch die das Leben

begleitende Kunst des Singens. Die Braut und junge Königin hat die aquitanische Übung des Singens ihrem Gemahl, dem Hof und der Welt von
Paris eingebracht. Die Stärke des Wirkens der sie begleitenden Dichter
und Sänger können wir erschließen aus den Klagen der aufgeschreckten
Geistlichkeit, die eine große Lebensmacht als Feindin in ihrem Bezirke
erscheinen sah.

Damals geschah die Verpflanzung der in west-östlichen Begegnungen
mit den arabischen Nachbarn entstandenen Kunst der Troubadoure aus
dem Süden Frankreichs in nördliche Zonen. Die Trouvers traten zu den
Troubadouren und es begann die Ausstrahlung der neuen Kunst und ihrer
Gesinnungen durch ganz Europa, und besonders nach Deutschland, wo
der Minnesang erblühte.

Doch zugleich setzte auch schon die Verwandlung dieser Kunst durch
Alianor ein: Alianors leiblich und innerlich schöne Gestalt hat viele der
südlichen Sänger betroffen und ist in ihre Lieder gedrungen. Einer der
Troubadoursänger aber, vielleicht der dichterischste unter ihnen, ist ihr
persönlich nahegekommen, gerade in der Zeit, als ihr neuer Gemahl Heinrich II. ihr schon nach England vorausgegangen war zum Antritt seines
englischen Königtumes, und sie als Vorauswirkende, aber noch als Wartende in Poitiers zurückgelassen hatte: Bernart von Ventadorn. Als der
sieggewohnte Preiser seiner bisherigen Herrin, der Gräfin von Ventadorn,
der indessen durch deren Gemahl von ihr verbannt war, neue Nähe zu
Alianor suchte und gewann, und diese Nähe auszusingen begann, und,
wie er es ausdrückte, am liebsten in ihrem Schlafgemach ihr Schuhaus-
zieher werden wollte, da bewirkte Alianor durch eine Botschaft an ihren
Gemahl, daß Heinrich den erglühten Bernart zu sich nach England berief.
Sie tat das aus ihrem inneren Wissen um die Bedeutung der Nichterfüllung
in der Minne-Liebe, führte den sehnsüchtig Rückkehrenden ein in das
Geheimnis dieser Bedeutung und sandte ihn abermals zu ihrem König
nach England. Und der so Verwandelte brachte ihr viele neue und seine
schönsten und glühendsten Lieder dar: Das von den Blumen im Themse-
schnee, die ihm sproßten, wenn er der fernen Herrin gedachte, wenn ihr
Paradieseshauch herüberwehte, – das von ihrer Übermacht, die ihn hilflos
mache wie ein Kind, und wie Espenlaub zittern ließe, wenn er vor ihr
stand, – das von seinem unverlierbaren Triumph beim Denken, daß sie
seine Lieder hören werde und hören müsse –, und Strophen wie die folgenden:

Ich lieb die Herrin ja so zag
Ich dien ihr ja so scheu und bang
Daß ich mein Sehnen ihr nicht sag
Ihr nichts entbiete, nichts verlang

In wahrer Treu und ohne Trug
Lieb ich die schönste aller Fraun
Die Seufzer wehn, die Tränen taun
Die Liebe bringt mir Leids genug

Von meiner Liebe dringt der Strahl
Mit solcher Süße in mein Herz
Sterb hundertmal ich auch vor Schmerz
Erwach vor Lust ich hundertmal

Lust ist das Lied und Lust die Blumenzier
Lust ich mir selbst und Lust die Herrin mir
Von Lust bin ich umgürtet und umhegt
Doch *sie* ist Lust die alle andern schlägt
(Franz Wellner)

Doch über alles hinaus, was Bernart pries und erfaßte, tat diese Minneherrin in dem ihr zugehörigen Lanzelotepos noch jenen großen Schritt,
dem eine Weltgeltung zukam: den zur Heiligung der Liebe in ihrer
Verschwisterung des sinnlichen und geistigen Wesens des Menschen, in
ihrem göttlichen Ursprung, ihrer Gottesnähe, ja Göttlichkeit. Als Alianor
ihre Eigenherrschaft in Poitiers aufrichten konnte und die dortige Minneschule und Minneerziehung ins Leben rief, führte diese Verwandlung des
Minnedenkens zu vielen Blüten. Und als Marie von Champagne, wieder
aus ihrem Troyes Andreas Capelanus dem Minnehof in Poitiers zuführte,
gewann Alianor sozusagen noch einen neuen Theoretiker des Minne-
wesens.

Das Werk des Andreas „De Amore" entstand unter der Anleitung
Maries als der Meisterin der Minneschule, aus dem Streben, einen Sitten-
codex in Umlauf zu setzen, in dem nicht die rohe Gewalt, die überall
vorherrschte, galt, sondern das Erwecken eines feineren Sinns für das
Schickliche. Marie hatte mit Alianor erwogen, wie ein Fortschritt im
Denken bei unerzogenen Junkern und Wildfängen zu erzielen sei, und wie
ein ritterliches Verhalten sich in dem Gebiet der Liebe begründen ließe.

157

Marie gab diesem Andreas das damals vielgekannte und vielbesprochene Werk des Ovid über die Liebeskunst (ars amatoria) als Modell und Ovids anderes Werk über die Hilfs- und Heilmittel der Liebe (remedia amoris). Aber sie sorgte für eine große Umwandlung dieser Modelle im Werk des Andreas. Dieses sollte ein Führer zur Zulassung in die neue auserwählte Gesellschaft von Poitiers werden. Die von Ovid den Männern gelehrte Kunst zu Verführung und Ehebruch sollte verwandelt werden in ein veredeltes und verfeinertes Denken in Liebesdingen. Bei Ovid sollen die Männer die Kunst der Verführung an Frauen zum eigenen Vergnügen ausüben – bei Andreas erschienen die Frauen als Herrinnen und die Männer als ihre Schüler im Huldigen und Dienen. Aber Andreas konnte aus eigenem Sinn die zügellosen Lehrbeispiele Ovids nicht mit den hohen und kühnen Vorstellungen Maries vereinigen und versuchte nur, in gutes Latein zu bringen, was er unter dem Einwirken seiner Herrin begriff, und das mit deren Einschüben, Verbesserungen und Streichungen, wie man vielfach wahrzunehmen meint. Und in dem dritten Buch seines Werkes, entsprechend den Remedia Amoris des Ovid, widerruft er später, von Marie schon entfernt, die wesentlichen Gedanken der beiden ersten Bücher und warnt vor ihrer Befolgung. Indessen hat Marie in vielen Zügen *ihre* Gedanken in diesen „Führer" der Männer in Dingen des Liebesverhaltens gebracht, wie sie in den Erörterungen und Urteilen des Liebesgerichts von Poitiers, die Andreas schildert, zum Ausdruck kommen.

Das bedeutendste der von Andreas berichteten Rechtsbeispiele ist vielleicht der Streit darüber, ob Minne und Ehe sich vereinigen ließen. Die strenge Marie, so berichtet Andreas, verneinte die Frage aus innerster Überzeugung und mit tiefen Begründungen. Echte Minne sei nur freies Geschenk und freier Dienst der Minnenden aneinander. Ehe schließe durch Zwänge und äußere Bindungen diese Freiheit aus. Zuletzt wird Alianor angerufen und entscheidet: Marie habe in tiefstem Sinne recht. Allein, wenn es einem ehelichen Paar doch einmal gelinge, die Freiheit der Minnenden zu verwirklichen, so dürfe man es sich wohl gefallen lassen. Wahrscheinlich war diese Entscheidung auch eine still rühmende Anerkennung für Maries eigene ritterliche Ehe mit ihrem von Zwängen freien ritterlichen Gatten Heinrich von Champagne.

Alianors Minneglauben mit seinen Erhebungen und Forderungen hat Aufnahme bei vielen Menschen gefunden, bei Dichtern und dichterisch Bewegten, bei Fürsten und ihrem ritterlichen Gefolge, bei allen nach edlem Leben Begehrenden, gleich welchen Standes. Er stieß freilich auch auf Betroffene, davor Zagende, sich mächtig gegen die Anforderungen dieses Glaubens Wehrende – oder auf solche, die ihr eigenes Ungenügen vor ihnen fühlten und sich zürnend verteidigten. Alianors Antwort auf den Widerstand und die Abwehr solcher „Ungläubigen" war ihre siegende Kunst, „Ideale" in Menschen zu erwecken und zur Geltung zu bringen, soweit deren Kräfte ihnen zu folgen vermöchten. Ihr Minnedenken verleugnet nicht, daß es Liebesregungen sicher auch auf anderen Stufen, und in anderen Weisen hervortretend, gibt. Aber auch für diese sieht sie die Verkündung ihrer Ideale als bedeutsam und bei deren Gestaltungen wirksam an.

Sowohl die begeisterte Aufnahme als auch die tiefgründige Abwehr haben sich in den folgenden Jahrhunderten fortgesetzt und stehen sich noch heute gegenüber. Die Abwehr zeigt sich besonders deutlich in abschätzigen Urteilen und Meinungen späterer – vor allem männlicher – Vertreter der wissenschaftlichen Forschung. Die Forderungen an den Menschen, die vom hohen Minnedenken ausgehen, erscheinen manchen von ihnen kaum zu erfüllen, ja unerfüllbar, und vielen menschlichen „Bedürfnissen" zu widersprechen. Zur Abwehr solcher Ansprüche an Kräfte und Lebensführung der Menschen benützen sie gerne die übliche Denkweise, indem sie das hohe Minnedenken als bloße, nur erträumte Ideale hinzustellen und ihnen gegenüber die sogenannten Wirklichkeiten auszuspielen suchen.

Dabei übersehen viele gerne, daß Ideale und Hochgedanken ebenso wirkliche Wirklichkeiten sind und auf die sogenannte Realität mächtig und vielfältig einwirken. Man kann dabei an das Beispiel der christlichen Ideale denken, wie sie Christus verkündet und gelehrt hat, die so selten erfüllt werden konnten und so unerfüllbar erschienen, und die doch zweitausend Jahre lang Menschen zur Erhöhung ihres Lebens geführt haben. Der große Unterschied ist freilich, daß bei den christlichen Idealen moralische Gebote in Verbindung mit Sünden- und Vergebungsvorstellungen eine große Rolle spielen, während die ritterlichen Ideale in der Selbstachtung und Selbsterhöhung des Menschen und in den frei gewählten Ehrbegriffen gründen.

Und das Folgende übersehen die Bekämpfer von Idealen gewissermaßen grundsätzlich: Wenn hohe Ideale einem Einzelnen oder Gruppen und Gemeinschaften entschwinden, dann ist es doch nicht so, daß diese dann ohne „Ideale" leben, sondern es finden sich bei ihnen, bemerkt oder unbemerkt, sozusagen gefälschte „Ideale" ein, Vorstellungen niedrigerer Art, auf die sich ihre Lebensführung ausrichtet. Für das „Wie" gibt es eine

Fülle von Beispielen, von Moden und Ersatzbildern, die eine unausweichliche Macht ausüben. Wer höhere Leitbilder und Leitgedanken nicht in sich hervorbringen und nicht in sich aufnehmen kann, verfällt der Nachahmung solcher Vorbildfälschungen, die sich unablässig anbieten und aufdrängen.

Es entsteht dann auch, vielfach gewollt, der Anschein, als ob menschliches Leben höhere Leitbilder und Leitgedanken überhaupt entbehren und als ob man sie ohne Folgen vergehen und entschwinden lassen könnte. Aber sie tauchen ebenso unentrinnbar wie die niederen Triebe und Regungen immer von neuem empor, nämlich immer, wenn Menschen geboren sind oder geboren werden, die sich nur in einem höheren Leben erfüllen wollen und erfüllen können.

Die Leistungen des ritterlichen Minnedenkens, die Veredelung der Liebe zwischen Mann und Frau, ist eng verschwistert mit der anderen großen Leistung des Rittertums, der Veredelung des Kampfes aus einem Vernichtungskampf, aus einem Kampf um die bloße Existenz, einem Kampf um äußere Macht, um Vorteil und Gewinn, in einen Wettkampf zum Erweis des höheren Rechtes und des höheren inneren Ranges. Dieser ritterliche Kampf stellt sich unter Gesetze des edlen Verhaltens und edler Gesinnung gegen den Feind, und in den Dienst einer zu erstrebenden künftigen Gemeinschaft mit ihm und künftigen Miteinanderlebens.

So sind ähnlich wie die christlichen auch die ritterlichen Ideale im Menschen angelegt und ihm von Grund auf mitgegeben. Auch wenn sie sich nicht überall und jederzeit im vollen Masse auswirken konnten, wird ihre Verletzung unabweisbar als Vergehen gegen den Menschen gebrandmarkt. Sind sie einmal herrschend geworden wie in Alianors Reich, so haben sie trotz aller Verdunkelungen und Schwankungen ganze Zeitalter bewirkt und erhellt. Und ihr Untergang wird nur jenen endgültig scheinen, die schon ihr Heraufkommen nicht als Wirklichkeit sehen wollen, und die sich die Zukunft ganz ohne ihre Forderungen an das menschliche Verhalten denken möchten – in einem Wunschdenken entgegengesetzter Art.

*

Zur Begehung und Feier ihres Todes (1204) hat sich Alianor nach Fontevrault zurückgezogen, wo sich unter ihrer Obhut, gestützt und gefördert durch ihre vielen Besuche und immer erneuerten Spenden, ein klösterliches Frauenleben entfaltet hatte, zu dem sich Töchter erlesener Familien verbanden. Sehr oft hatte Alianor hier geweilt und Umgang mit den Trägerinnen dieses Frauenlebens gepflogen. Hier hatte sie auch, auf dessen eigenes Begehren, ihren Gemahl Heinrich II., den Gründer des Plantagenetreiches, der mit ihr eine neue Herrschaft begann, bestattet, und ihren Lieblingssohn Richard, mit dem verbündet sie lange, und oft allein, dieses Reich beherrscht hatte.

Alle ihr Nahen kannten und ehrten diese Stätte, die dem Leben in der „Welt" den geheiligten Gegenhalt bot. Hier konnten sie zu ihrem Tod alle vor ihr erschienen, vor dem wissenden Blick, wie ihn das nahe Sterben verleiht, und Alianor konnte den ihr Erscheinenden noch ihre Abschiedsgrüße sagen – die innigsten vielleicht der Tochter Marie, die ihr am meisten im Leben und im Geiste verbunden war.

Die Nonnen von Fontevrault, die alle Lebensstationen Alianors gut kannten, widmeten der Entrückten einen Nachruf, mit dem herabsetzende Äußerungen über Alianor zum Schweigen gebracht sind durch den Hinweis auf ihre Unantastbarkeit und ihre menschenlenkenden Kräfte: „Sie erhöhte die Hoheit ihrer Geburt durch die Würdigkeit ihres Lebens, die Reinheit ihrer Sitten, die Blüte ihrer Wirkungskräfte. In der Führung ihres untadeligen Lebens übertraf sie fast alle Königinnen der Welt."

Die bedeutendste Darstellung Alianors ist ihre Gestalt auf dem Sarkophag in Fontevrault. Dort liegt sie zwischen den Bildgestalten Heinrichs II. und ihres Sohnes Richard, die ihr auf den Nachbarsarkophagen zu Seiten sind. Die leibliche Erscheinung Alianors, die so viele Menschen bezauberte und die zugleich so sehr die Erscheinung ihres Geistes war, zeigt sich hier in beeindruckenden Zügen: den langen, kräftig gewölbten Beinen, den schlankkräftigen Hüfen, der frei aufwachsenden Brust, der königlich stolzen Haltung des Halses und im erhabenen Antlitz: über langen Wangen das Augenpaar mit gesenkten Lidern, die klare Stirne, die ein würdiges Hauptgebinde trägt mit der Krone darüber, der fein gezogene Mund über dem kräftigen Kinn, an der Brust die schönen Arme mit schönsten erhobenen Händen, die ein Buch halten, in dem sie liest.

Dazu ist noch einmal ein Denkmal ihres Antlitzes erhalten, eine Kupfermaske, die vielleicht einmal vergoldet war, und vielleicht, wie es bei Großen öfter geschah, das Gesicht der Toten bei der Bestattung bedeckt haben könnte. Dieses kostbare Gebilde war früher im Museum von Angers aufbewahrt. Manche Forscher haben versucht, diese Maske einem anderen Urbild zuzusprechen. Die Deutung auf Isabella wäre verständlich wegen der Ähnlichkeit ihrer Züge. Aber die inneren Dimensionen dieser Maske gehen klar darüber hinaus. Und die deutliche Verwandtschaft mit dem Antlitz Alianors auf ihrem Sarkophag steht dem entgegen.

Diese Maske auf langem schlanken Hals gibt ein Antlitz wieder, das zugleich erhabene Ruhe ausstrahlt und zutiefst Erregungen im Beschauer erweckt. Es zeigt eine Geladenheit mit Spannungen, Kräften und Trieben von solcher Mächtigkeit, daß man einen Menschen wahrzunehmen meint, der mit souveräner Haltung allen Erlebnissen und allen Aufgaben, die auf ihn herandringen, begegnet. Man nimmt die Stärke des Willens wahr und die unbedingte Entschlossenheit, mit denen er die Taten ausführt, die ihm seine Gesinnung und sein innerer Auftrag gebieten.

Man fühlt dabei auch die Größe dieser Gesinnung, die über alles Unbedeutende hinwegsieht und hinweggeht, die zugleich eine großzügige Milde und Güte ausstrahlt und den ihr Zugehörigen den hohen Lebensmut schenken kann. Man fühlt die beglückende Gabe zu gelöster Heiterkeit und Leichtigkeit, aber auch das Bedrohende gegen Feinde. Man fühlt den dunklen Lebensgrund, aus dem jener Trieb aufsteigt, der ohne Nachsicht mit anderen und ohne Nachsicht mit sich selbst das von innen gegebene Ziel verfolgt. Und auch die Leiden, die eine solche Haltung mit sich bringt, sprechen aus solchen Zügen.

Wer das in der kupfernen Maske und auf der Sarkophaggestalt sich darbietende Antlitz betrachtet und sich die geschilderten Werke und Taten der Dargestellten gegenwärtig hält, dem steht Alianor vor Augen als einzigartige, schöpferische Frau.

NACHTRAG ZU DEN BILDDOKUMENTEN

Es war eine aufsehenerregende Entdeckung, als im Jahre 1964 ein Wandbild über dem Eingang der Höhleneinsiedelei der heiligen Radegonde nahe bei Chinon gefunden wurde, das Alianor darstellt. Daß es zu dieser Darstellung an diesem Orte kam, verwundert nicht. Dort hatte man sie oft gesehen – sicher auch auf der Falkenjagd – und ein lebhaftes Gedächtnis von ihr behalten. Man kennt ihr Siegel, das sie so darstellt: in der rechten Hand eine Blume, auf der linken Faust den Falken. Die Stelle über dem Eingang zur Höhleneinsiedelei konnte gut für eine Darstellung der Herrin von Poitiers gewählt werden, wo diese Heilige eine besondere Verehrungsstätte hatte, die Alianor, wie wir wissen, angelegentlich pflegte. Was lag näher, als die Fürstin an der Wohnstätte dieser Heiligen, die sie sicher kannte und besuchte, und so verbunden mit jener darzustellen.

Das Wandgemälde auf der Höhlenwand zeigt Alianor mit einer Begleiterin. Ihr folgt, mit einem Gefährten, ein Falkner, der ihr einen

Sarkophag der Alianor von Aquitanien in Fontevrault

Kupfermaske der Alianor von Aquitanien (Museum, Angers)

164

Kupfermaske der Alianor von Aquitanien (Museum, Angers)

165

Jagdfalken zureicht. Sie reitet ein stolzes Roß und wendet sich mit großer Gebärde, ausgestrecktem Arm und großen Augen zurück, um den Falken, den man ihr reicht, auf ihre Faust zu nehmen. Vor ihr und ihrer Begleiterin reitet, den Zug anführend, ein König, der einen hermelingefütterten Mantel und einen kronenartigen Jagdhut trägt. Auch Alianors Haupt ist mit einem kronenartigen Jagdhut bedeckt, und auch ihr vom Arm zurückgeschlagener Reitermantel zeigt das königliche Hermelinfutter. Unter ihrer Krone quellen die üppigen Harre hervor. Das Antlitz ist im üblichen Schema weiblicher Gesichter auf romanischen Fresken gezeichnet. Aber die Zeichnung geht in manchen Zügen über dieses Schema hinaus: in der besonders hohen Stirn mit den sehr hochgestellten Brauen, in den sehr langen Wangen, der vornehmen Nase mit besonderen Nasenflügeln und mit dem großgezogenen und festen Kinn. Der stolze lange Hals, der das Haupt aus dem Reitermantel emporhebt, stimmt zu dem ihn bekrönenden Antlitz.

Der Entdecker dieses Bildnisses, der es mit eigenen Händen von der aufgetragenen Verhüllung befreite, kommt aus seinen eingehenden Studien und Erwägungen zu der folgenden Deutung der Gestalten dieses festlichen Zuges:

Johann ohne Land, schon gekrönter König von England, reitet voraus. Ihm folgt Alianor als gekrönte Königin von England, und eng mit ihr verbunden Isabella von Angoulème, die noch Ungekrönte, aber schon mit Johann Vermählte. Hinter Alianor kommen zwei Falkner heran, deren vorderer Alianor als Ehrung einen edlen Falken überbringt und ihn ihr in die entgegengestreckte Hand gibt.

Für diese Deutung sprechen gewichtige, sich damit verbindende Überlieferungen. Johann hatte die Verlobte des Hugo von Lusignan, die wunderschöne Isabella von Angoulème, zu deren Hochzeitsfeier er geladen war, für sich gewonnen, hatte Hugo und dessen Brüder auf Gesandtschaften in die Ferne entsandt und mit Zustimmung des Vaters der Braut sich selbst an dem anberaumten Hochzeitstag, zu dem er geladen war, mit ihr vermählt. Einsegnen ließ er diese seine Ehe von dem gleichen Bischof von Bordeaux, der Hugo und Isabella trauen sollte.

Dem Aufruhr des Adels von Poitou, der nach dieser Handlung des Königs zu erwarten war, und den zu erwartenden Reaktionen Hugos und seiner Brüder hatte er sich entzogen. Er nahm Isabella mit sich zunächst nach Fontevrault zu seiner Mutter Alianor, zu der dann Isabella offenbar sogleich ein nahes und inniges Verhältnis gewann. Die bedeutsamen Geschenke wichtiger Gebiete aus Alianors Herrschaftsbereich bestätigen

Alianor und Isabella von Angoulême, gefolgt von zwei Falknern.
(Ausschnitte aus der Wandmalerei in der Höhleneinsiedelei
der heiligen Radegonde bei Chinon)

167

ihre schnelle Zuneigung zu der von Johann Erwählten und sozusagen Entführten.

Von Fontevrault aber zogen Johann und Isabella mit Alianor in das nahe Chinon zu festlichen Tagen. Damals mag der dargestellte Festzug stattgefunden haben, der zu Radegondes Heiligtum führte, und die Falkner der dortigen Falkenzucht überbrachten wohl im Namen ihrer hohen Begleiter an Alianor einen sie ehrenden Edelfalken.

Zu diesen Vorgängen stimmen auch Nachrichten über Geschehnisse der folgenden Zeit: Als Alianor zwei Jahre später ihre Enkelin Blanka von Kastilien als Braut dem französischen Thronfolger (Ludwig VIII.) zugebracht hatte, wurde ein großes Versöhnungsfest zwischen Capets und Plantagenets in Paris verabredet. Zu diesem Fest sandte Alianor das zweite junge Paar, Johann und Isabella, nach Paris, und es ist berichtet, daß Isabella und Blanka sich eng befreundeten und wegen ihrer beider Schönheit als führende Damen der Versöhnungsfeste in ganz Paris gefeiert wurden.

Die indessen zur Königin von England gekrönte Isabella soll nach Alianors Tod, zum Gedenken der glücklichen Tage von Chinon, das Wandgemälde haben herstellen lassen zu Alianors Ehren. Und Isabella ließ sich später in Fontevrault nahe dem Grabplatz Alianors bestatten. Ihre Gestalt liegt noch heute nach manchen Veränderungen des Begräbnisplatzes auf ihrem Sarkophag benachbart dem Sarkophag Alianors, mit Zügen, die denen Alianors genau so sprechend ähneln wie Isabellas Züge auf dem Wandbild von Chinon.

10.
Der Karrenritter
des Christian von Troyes

Alianor von Poitou hat die Einbeziehung der Artuswelt in die französische Ritterdichtung herbeigeführt. Auf ihre Veranlassung hat der normannische Hofdichter Wace die Artuspartien aus der Historia regum Britanniae des Galfrit von Monmouth in französische Verse übertragen. Durch sie muß diese erste französische Artusdichtung zu ihrer Tochter Marie, deren Zusammenwirkung mit der Mutter so vielfach bezeugt ist, nach Troyes an den Hof der Champagne und zu Christian von Troyes gekommen sein. Es sind zwingende Schlüsse, die uns annehmen lassen, daß Mutter und Tochter dem Begründer der höfischen Epik die Artuswelt in die Seele gegeben haben, die er nach ihrem Willen dichterisch gestalten sollte. Gewißheit aber haben wir durch den Dichter selbst, daß seine Herrin, Marie von Champagne, ihm Stoff und Gehalt für seine Dichtung vom Chevalier de la Charette, die in seinem Werk so eine besondere Stellung einnimmt, gegeben hat.

DIE WIDMUNG DES WERKES

Die Widmung des Chevalier de la Charette an Marie de Champagne lautet in wörtlicher Übersetzung von Vers zu Vers:

> Da meine Dame von Champagne
> Will, daß ich unternehme, einen Roman zu machen,
> Werde ich es sehr gerne unternehmen,
> Wie einer, der ganz der ihre ist,
> 5 So viel er kann in der Welt zu machen,
> Ohne Lobpreisungen vorzubringen.
> Aber solch einer könnte es unternehmen,

169

Wenn er das Lob setzen will,
Und sagen, und das bezeuge ich,
10 Daß es die Dame ist, die übertrifft
Alle die lebend sind
So wie der Südwind die Winde übertrifft
Der im Mai oder im April weht.
Meiner Treu, ich bin nicht der,
15 Der seine Dame loben will.
Sage ich etwa: So viel wie eine Gemme
Gilt an Perlen und Sardonixen
Gilt die Gräfin an Königinnen?
Keineswegs. Ich sage gar nichts (davon),
20 Und doch ist es wahr gegen meinen Willen.
Aber so viel sage ich, daß mehr wirkt
Ihr Befehl an diesem Werk
Als Geist und Geschicklichkeit, die ich daran setze.
Vom Karrenritter
25 Beginnt Christian sein Buch.
Stoff und Sinn dazu gibt und liefert
Die Gräfin, und er nimmt es auf sich
Bedacht zu sein, daß er nichts hineinbringe,
Als seine Mühe und seine Anstrengung.
30 Von nun an beginnt seine Erzählung.

Die ersten beiden Verse betonen, daß es Maries ausdrücklicher Wille ist, daß der Dichter einen Roman mache, nicht etwa daß er dichten wollte und dann ihr Interesse für dieses Werk gewinnen. Und die nächsten drei Verse versichern, daß der Dichter diesen Willen seiner Herrin mit Freude und mit dem Einsatz aller seiner Kräfte erfüllen wolle als ein ihr ganz Ergebener. Das „der ihre sein" wird durch die Vergleichswendung und die Versicherung der Vollständigkeit dieser Zugehörigkeit über eine übliche Autorenfloskel hinausgehoben.

Die Verse 6–20 bringen ein eindrückliches Spiel mit den Gedanken des Herrinnenlobes. Der Dichter rühmt sich, er sage nicht, daß seine Dame alle sonst lebenden Herrinnen so weit übertreffe, wie der sprossen- und blütenweckende Südwind in den Frühlingsmonaten alle übrigen Winde. Er sagt, daß einer, der ganz der Ihre wäre, dieses Lob setzen könnte, und daß er das bezeuge. Aber nicht sein Wille sei es, seine Dame zu loben. Er lobe sie auch gar nicht und sage nicht, daß sie so viel an

Königinnen gelte wie eine Gemme an Perlen und Sardern, und doch sei dieses Lob wahr, auch gegen seinen Willen. Die Frucht dieses ganzen Spieles ist ein Lob Maries, das alles direkte Loben überstrahlt und eine Inbrunst zeigt, die einen ganz persönlichen, von konventionellem Lob sich unterscheidenden Charakter hat.

Die weiteren Widmungsverse behandeln die Art der Übergabe des Werkes an Christian von Marie und geben sehr genaue Aufschlüsse über das Verhältnis von Dichter und Dichterherrin bei diesem Beginnen. Statt üblicher Lobeserhebungen, sagt der Dichter in Vers 21–23, wolle er feststellen, daß das von der Herrin Gewollte in diesem Werk bedeutungsvoller wirksam sei als Geist und Geschicklichkeit, die er selbst daran wende, und bezeichnet sich damit klar als denjenigen, der sein dichterisches Vermögen und seine Kenntnisse im poetischen Metier anwende, um etwas von Marie Eingegebenes, in dem das eigentliche Gewicht des Werkes liege, mit seinen Mitteln darzustellen. Dann nennt er in Vers 24/25 den Titel dieses seiner Herrin und ihm gemeinsamen Werks. Dieser Titel ist aber nicht wie bei Christians übrigen Werken der Name des Helden, sondern die Bezeichnung des Erprobungsgeheimnisses, um das das ganze Werk kreist. Der Name des Helden wird erst im Vers 3687 genannt, vielmehr er erklingt da als Zuruf, als der Held im ersten Kampf um die Befreiung seiner Königin steht. Die Benennung des Werkes in der Widmung als die Erzählung vom Ritter von der Karre mußte und sollte offenbar die Hörer in die größte Spannung versetzen, wer dieser Ritter von der Karre sei und was es mit dieser Karre für eine Bewandtnis habe, da zu dieser Verhüllung des Namens noch die für das Ritterdenken unmögliche Verbindung von Ritter und Karre kam, die eine Lösung verlangte, und für die sich eine Lösung doch kaum ausdenken ließ. Vom Augenblick dieser Benennung des Werkes an wußte jeder Hörer, daß diese Dichtung ihm ein Geschehen von gesteigerter Spannung vor Augen führen würde, einer Spannung, die ein ganz neues, erst durch diese Dichtung begreifbares Element enthalten mußte. Und genau an dieser Stelle wird die Gräfin von Champagne als diejenige genannt, die dem Dichter „matiere et san" zu dieser Dichtung, also eben dieses neue, spannungs- und lösungsheischende Element in den faktischen Begebnissen der Erzählung und in ihrem geistigen Sinn gegeben habe.

Die Verse 26–29 bezeichnen die Belehnung des Dichters mit der Aufgabe dieses Werks durch seine Herrin, wie man den Vorgang nennen könnte, mit nachdrücklicher Genauigkeit. Es war ihr geistiges Gut, das sie ihm zur Gestaltung in Versen gab. Ihr Auftrag zu dieser Dichtung, wie ihn

Vers 2 nennt, und die Bedeutung ihres „Befehls" und seines Wirkens in diesem Werk, wie sie Vers 21–23 hervorheben, werden noch einmal beleuchtet. Er, der Dichter, gibt nur seine Arbeitskraft und seine Darstellungsfähigkeiten zu diesem Werk. Marie gibt den Stoff und den ganzen Gehalt. Und der Dichter verspricht, daß er nichts anderes in Stoff und Sinn des Werkes hineinbringen werde, als was er von Marie empfangen habe. Diese Versicherung erscheint als der Ausdruck unbedingter Bejahung der gestellten Aufgabe. Es scheint mir undenkbar, daß ein Dichter, der so von der Übernahme seiner Aufgabe spricht, nicht für den Geist des ganzen Unternehmens gewonnen gewesen sein könnte. Und es scheint mir widersinnig anzunehmen, daß er mit solchen Bekenntnisworten eines freudigen Dienstes einen Vorbehalt eigener abweichender Gesinnung habe andeuten wollen. Alle Versuche zu solchen Auslegungen scheinen mir von tendenziösen Deutungswünschen bestimmt und nicht im Text begründet.

Sehr bedenken muß man bei dieser Schilderung der Werkübergabe auch ihre Einzigartigkeit, sowohl im Gesamtwerk Christians wie in der ganzen höfischen Epik. Nirgends sonst ist uns, so weit ich sehe, ein solches geistiges Bündnis zwischen Auftraggeber und Dichter mit dem geistigen Übergewicht auf seiten des Inspirators in solcher Ausprägung überliefert. Dazu kommt noch ein gewichtiges Moment. Diese Auftraggeberin hat ihrem Dichter nicht, wie sonstige Widmungen höfischer Epik es ausschließlich berichten, die Quelle, „das Buch" vermittelt, aus dem er den Stoff für seine Dichtung entnehmen konnte, sondern sie hat ihm selbst diesen Stoff, die „matiere" gegeben (L'an donne et livre). Mir scheint der Schluß zwingend, daß es sich nicht nur beim Gehalt sondern auch beim Stoff dieser Dichtung, für den keine andere Quelle angegeben wird, um eine Findung von Marie von Champagne handelt, bei der wir uns nach unseren Kenntnissen nur ihre Mutter Alianor, als deren Verbündete Marie sich uns in allen dichterischen und erzieherischen Belangen zeigt, als Mitfinderin und Mitwirkerin denken können. Alle gegenteiligen Konstruktionen arbeiten mit späteren und meist viel später überlieferten Zeugnissen, in die Christians Werk schon eingegangen ist. Was sich aber auch etwa an Elementen einer für uns doch im Dunkel liegenden Überlieferung damals angeboten haben mag, es bleibt doch ohne Belang für die Eigenschöpfung neuer geistiger Gestalten und ihrer inneren Geschicke. Aus des Dichters Zeugnis in dieser Widmung müssen wir, alle unsere Kenntnisse über das Wesen und Wirken dieser beiden Frauen einbeziehend, den Schluß ziehen: Alianor und Marie sind die Schöpfer dieser neuen Gestalten und des in ihnen sich zeigenden Lebenssinnes gewesen und haben ihr inneres Anliegen in ihnen darstellen lassen.

Die Karre

Die Bedeutung dieses Karrens, nach dem der Held der Epe genannt ist, wird vom Dichter sorgfältig und ausführlich angegeben und oft von neuem beleuchtet:

Die Erzählung beginnt damit, daß ein Vertreter der wilden Widerwelt, die der geformten und geläuterten Artuswelt gegenübersteht, am Artushof erscheint und vor dem König und seinen Rittern triumphierend seine Übermacht behauptet. Er habe viele von Artus' Land und von Artus' Haus in seiner Gefangenschaft und werde sie behalten. Der König habe keine Macht, ihnen zu helfen. Nach dieser Berühmung geht er zur Tür des Saals, wendet sich und macht das herausfordernste Angebot: Habe der König einen Ritter, dem er wage die Königin anzuvertrauen, daß er sie ihm nach in den Wald führe, so werde er dort warten und mit diesem Ritter kämpfen. Siege der Ritter, so gewinne er die Königin zurück, und alle Gefangenen, die er selbst in seiner Gewalt habe, sollten frei sein und ins Artusreich zurückkehren. Siege er selbst, so wolle er die Königin mit sich führen zu den anderen Gefangenen.

Die Hörenden sind tief betroffen. Die Nichtannahme des Angebots würde erweisen, daß Artus, der angeblich die besten Ritter um sich versammelt, keinen Streiter hat, der dem Vertreter der Widerwelt gewachsen wäre, und die Einsatzbereitschaft der Artusritter für die dem Artusreich Angehörigen, die in der Widerwelt gefangen leben müssen, würde tief verdächtig. Es bleibt nur die Annahme.

Wie hoch der Einsatz ist und wie gefährlich die Probe, sieht klar die eingesetzte Königin. Beim Besteigen ihres Pferdes läßt der Dichter sie leise im Selbstgespräch sagen:

> Ha, ha! Wenn ihr es wüßtet –
> Niemals, glaube ich, ließet ihr mich
> Ohne Einspruch einen Schritt fortführen! (V. 211–213)

Ein Knappe hörte die Worte, die sie so leise zu sagen meinte, daß niemand sie höre, denn sie wollte damit ihren Einsatz offenbar nicht verhindern. Er sagt sie weiter, und nun ergreift größte Trauer den ganzen Hof, eine

Trauer so groß, wie es heißt, als ob die Königin tot auf der Bahre läge und alle dächten, daß sie in ihrem ganzen Leben nicht zurückkehren werde. Der Zwang zur Probe ist vom Dichter ebenso klar gemacht wie die Größe der Gefahr, die sie mit sich bringt.

Der Seneschall Keye, der sich unter der Drohung, sonst den Hof zu verlassen, die Gewährung eines Wunsches hatte zusichern lassen, verlangt nun die Übergabe des Kampfes mit dem Herausforderer an ihn selbst. Er reitet der Entführten nach. Gawan, der Königsneffe, bewegt den König, mit dem Hof zu folgen. In der Wildnis begegnen sie sehr bald Keyes verwundetem Pferd mit zerrissenen Zügeln, dann einem unerkennbaren Ritter, der offenbar sein Roß in einem Kampf verloren hat. Gawan gibt ihm eins seiner beiden Pferde und begründet damit eine Gefährtenschaft für ihren gemeinsamen Auszug auf die Suche nach der Königin. Nach einem weiteren Kampf, der dem Unerkannten abermals sein Pferd kostet, begegnen er und Gawan einem Karren.

Hier tritt der Dichter hervor und erörtert ausführlich die Bedeutung dieser Karre, damit der Hörer ganz einbezogen wird und die ganze Spannung der folgenden Augenblicke empfindet. Die Karre sei wie ein Pranger, ein beweglicher, der allen denen gemeinsam sei, die Verrat oder Mord begingen oder im Gerichtskampf unterliegen und damit schuldig befunden sind, den Räubern und Gewalttätern: Diese alle werden auf die Karre gesetzt und durch alle Straßen gefahren. Ein Ritter, dem das geschieht, hat alle Ehre verloren, er wird bei Hof nicht mehr gehört und ihm wird kein Gruß mehr zuteil. Und der Dichter warnt jeden seiner Hörer, damit er sich selbst in die Lage versetzt, in die der Held der Erzählung sogleich kommen wird: wenn du diese Karre siehst und ihr begegnest, dann bekreuzige dich und denke an Gott, daß dir kein Böses geschehe (323–346).

Nach dieser Warnung fährt der Dichter mit der Erzählung fort: Der unbekannte Ritter zu Fuß ohne Lanze geht vorwärts zum Karren und sieht einen Zwerg an der Deichsel, der wie ein Kärrner eine lange Rute in der Hand führt. Der unbekannte Ritter fragt den Zwerg und beschwört ihn, ihm zu sagen, ob er seine Dame, die Königin, hier vorbeikommen gesehen habe (352–355). Die Worte dieser Frage offenbaren dem Hörer jäh, daß der Unbekannte im Dienst der hohen Minne zur Königin steht, daß es seine Minneherrin ist, zu deren Befreiung er aufbricht. Der Zwerg, ein Böser von minderer Abkunft, will dem Ritter keine Auskunft geben, sondern fordert ihn zum Äußersten heraus: wenn er die Karre besteige, so könne er bis morgen erfahren, was aus der Königin geworden sei. Und sogleich setzt der Zwerg seinen Weg fort und wartet nicht auf den Ritter, „ne pas ne ore", keinen Schritt und keine Zeit. Da, in diesem Augenblick, nur zwei Schritte lang, die die Karrentiere schon machen, zögert der Ritter. An dieser Stelle tritt der Dichter abermals aus der Erzählung hervor und deutet voraus auf die Folge dieses Zögerns: zum Unglück habe er das getan, zum Unglück habe er die Schande gefürchtet. Daß er jetzt nicht auf den Karren sprang, dafür wird sich dieser Ritter künftig schlimm behandelt finden (365–366). Und der Dichter schildert den inneren Hergang genau, der den Helden zu diesem kurzen Zögern führte, und das Wirken der Macht, die ihn das Zögern überwinden ließ. Vernunft, die sich von der Liebe trennte, hat ihm gesagt, daß er sich hüten müsse, die Schandenkarre zu besteigen. Nicht das Herz ist es, das in seinem Munde spricht, die Vernunft wagt es, das zu sagen. Die Liebe aber, die in seinem Herzen ist, befiehlt und mahnt, daß er sogleich die Karre besteige. Liebe will es, und er springt auf und sorgt nicht mehr um Schande, da Liebe es so befiehlt (367–381).

Alsbald nach der Schilderung dieser inneren Entscheidung und des Aufbruchs auf die Karre läßt der Dichter den Hörer miterleben, welche Wirkung ein Ritter auf der Karre bei den ihm Begegnenden auslöst, und welche Unehre und Verunglimpfungen ihm entgegen kommen. Gawan reitet, der Held karrt, und zur Vesper kommen sie in einen reichen und schönen Burgflecken und ziehen durch das Tor. Da wundern sich die Leute über den angefahrenen Ritter, und sie flüstern nicht unter sich, nein sie schreien ihn an, Groß und Klein, Alte und Kinder, daß es durch die Gassen hallt von ihren Beschimpfungen. Und sie fragen den Zwerg, welcher Strafe dieser Ritter entgegenziehe, ob er geschunden oder gehängt, ertränkt oder verbrannt werde, und bei welchem Verbrechen er ertappt worden sei, als Dieb, als Mörder, als ein im Rechtskampf Besiegter? (399–413).

Von den vielen Stellen, an denen der Dichter im Hörer die Erinnerung an die Bedeutung der Karre erneuert, genügt es, diejenigen herauszuheben, an denen diese Bedeutung für den äußeren und inneren Verlauf des Geschehens noch gesteigert wird.

Die eine dieser Stellen ist die Schilderung eines Kampfes, in den der Held verwickelt wird, kurz ehe er die Schwertbrücke erreicht. Der Held und Gawan, die beiden Gefährten auf der Suche nach der Königin, haben erfahren, daß der Herausforderer nach seinem Sieg über Keye die Königin und den verwundeten Keye in das Reich Gorre, seines Vaters und sein eigenes Reich, entführt hat. In dieses Reich können die Suchenden nur auf zwei schwierigen Zugängen gelangen: auf einer Brücke so schmal und scharf wie eine Schwertschneide, der Schwertbrücke, und auf einer Brücke, die nicht über sondern unter dem Wasser verläuft, der Flutbrücke. Der Held hat die Schwertbrücke als seinen Weg gewählt und Gawan die Flutbrücke überlassen. Er hat sich auf einem abenteuerlichen Zug der Schwertbrücke genähert. Bei einer letzten Rast in einem gastlichen Haus tief im Walde erscheint ein schwerbewaffneter fremder Ritter und fragt nach dem übermütigen Ritter, der über die Schwertbrücke gehen wolle. Als er hört, daß es dieser hier gegenwärtige Gast sei, ruft er ihn an: „Du? Du? Wie wagst du daran zu denken?" und in heftiger Rede schleudert er dem Helden die Karrenschmach entgegen, die ihn unwürdig mache zu einem so großen Unternehmen, welches Ziel er auch damit erreichen könnte. Er möge sich der Karre erinnern, auf die er gestiegen sei. Einer der bei Sinnen wäre, würde solches nicht wagen, wenn ihn eine derartige Schande bedecke (2603–2614). Der Held schweigt. Der Gastgeber und die Seinen rufen Gott an bei diesem Mißgeschick und verfluchen die Stunde, in der die Karre zuerst erdacht und gemacht wurde. Sie fragen sich, welcher Schuld man diesen Ritter geziehen, für welche Untat man ihn auf der Karre gefahren habe. Wäre er von diesem Vorwurf frei, so könnte man keinen Ritter von solchem Wert finden, solange die Welt bestehe, und wenn man alle Ritter versammelte, keinen so schönen und wohlgestalteten unter ihnen finden (2615–2636).

Der Hörer wird vom Dichter in große Spannung versetzt. Er merkt, wie das Gerücht von der Karrenfahrt dem Helden vorausgelaufen ist, daß der fremde Ritter davon weiß und daß die so wohlwollenden und bewundernden Gastgeber angesichts der Karrenschmach in ihrem Glauben an den Helden verzagen. Und des Helden Erwiderung auf den Vorwurf, der ihm das Recht zu seiner gesuchten Tat, zur Befreiung der Königin, bestreitet, und seine Antwort auf die Zweifel seiner Gastgeber bleiben aus. Dann aber läßt der Dichter den Helden nicht mit Erklärungs- oder Verteidigungsworten erwidern, sondern mit einem Tun, das in seiner Schärfe und in seinem schneidenden Zugriff anzeigt, in welcher Tiefe er getroffen ist. Dennoch läßt er ihn, auch in der äußersten Kränkung, ritterlich verfahren.

Der Fremde fordert den Karrenritter zum Kampf heraus, entschlossen, dem mit solcher Schmach Bedeckten den Zugang zu seiner Aufgabe zu verwehren. Nach langem schweren Kampf auf der Heide besiegt der Held den Herausforderer, und der Besiegte bittet um Gnade. Jetzt erst kommt die Antwort des Helden: „Du selbst besteigst eine Karre. Nichts kann dir Gnade bringen, als wenn du selbst auf den Karren steigst, weil du einen so törichten Mund hast und es mir so elend vorwarfest." Der Besiegte erwiedert: „Nie gefalle es Gott, daß ich darauf steige." „Wenn nicht," sagt der Held „dann müßt ihr sterben" (2772–2782). Der Besiegte bietet an, jede andere Bedingung für seine Begnadigung anzunehmen, nur nicht den Aufstieg auf den Karren.

In diesem Augenblick erscheint ein Fräulein und erbittet den Kopf des Besiegten als Gabe. Viel später in der Erzählung zeigt sich, daß es die Tochter des Königs von Gorre war, die dieses Begehren an den Helden richtete, und sie erweist sich als eine der hellen Gestalten im dunklen Reich, die den Helden zuletzt aus schwerer Gefangenschaft befreit und zum großen Rechtskampf an den Artushof entsendet. Jetzt aber bleibt sie noch unerkannt, und nur die beschwörenden Worte, mit denen sie ihr Verlangen vorbringt, weisen auf die tiefere Bedeutung ihres Auftretens. Weither sei sie gekommen und mit großer Anstrengung, um diese Gabe zu erlangen. Ihr Lohn und ihre Vergeltung für die Gewährung der Gabe würden so groß sein, wie sie sie dem Helden nur machen könne, und der Held wieder würde so manches zu leisten haben, um in den Genuß ihrer Belohnung zu kommen (2811–2817).

Der Hörer muß den Eindruck haben, daß eine weiterkommende Botin guter Mächte von dem bevorstehenden Ehrenkampf des Helden bei der Annäherung an die Schwertbrücke vorausgewußt habe und aus gutem Grund dazu herangekommen sei. Die gleichen Eindrücke bringen den Helden zu notvoller ritterlicher Erwägung. Beiden, dem Besiegten und der Heischenden, möchte und müßte er ihr Begehren erfüllen. Großmut gebietet ihm, der unter solchen Zeichen vorgebrachten Bitte des Fräuleins nachzukommen, Gnade gebietet ihm, das Angebot des Besiegten anzunehmen und ihn zu schonen (2850–2861).

Die Lösung bietet sich für den Ritter nur durch neuen Einsatz des eigenen Lebens und mutet an wie ein Gottesgericht. Der Held gewährt dem Besiegten einen neuen Kampf und erst nach neuem Siege nimmt er ihm das Haupt und übergibt es dem Fräulein. Die Botin guter Mächte verheißt ihm noch einmal den versprochenen Lohn zur rechten Stunde, gelobt ihm großen Gewinn für den geleisteten Dienst und zieht fort. Die Gastgeber, ihrer Zweifel offenbar durch das Gottesgericht enthoben, bieten dem Helden ihre Dienste an und schenken ihm ein neues Pferd. Er reitet der Schwertbrücke zu.

Die zweite Stelle, an der die besondere Bedeutung des Karrengeschehens hervorgehoben wird, ist die Schilderung der Gedanken des Helden am Gelenkpunkt des ganzen Werkes, bei der Wendung, die zur Anerkennung seiner Minnebewährung durch die Königin führt:

Der Held hat das Land Gorre und den Königshof erreicht, hat den Herausforderer der Artuswelt, den Sohn des Gorrekönigs, dort gefunden und in einem ersten Kampf besiegt. Nur Ginevers Fürbitte auf Bitte des Königs hat den Tod des Besiegten verhindert. Die Freigabe der Königin und aller im Land Gorre gefangenen Lebenden der Artuswelt ist erreicht. Aber die Königin hat den Helden von sich abgewiesen. Er weiß noch nicht warum und zieht, mit diesem Rätsel beladen, Gawan entgegen, dessen Ankunft die Königin abwarten will. Da führen neue Ereignisse die Königin und den Helden zu letzter innerer Erprobung. Der Held ist auf seinem Zuge zu Gawan verräterisch von Gorrekriegern überfallen worden. Falsche Nachricht von seinem Tode ist zur Königin gekommen und läßt sie selbst erst die ganze Tiefe ihrer Minne erfahren. Falsche Nachricht vom Tode der Königin kommt zum Helden und bringt ihn zum Entschluß, sich selbst das Leben zu nehmen, aus dem ihn nur neue Nachricht vom Leben der Königin rettet.

Vor dieser rettenden Botschaft aber, und im Angesicht des selbstgesuchten Todes, bedenkt der Held noch einmal sein Besteigen der Karre, und was er nun zu sich selbst sagt, bestätigt die Vorgänge in seinem Innern, die der Dichter in jenen Augenblicken vor dem Sprung auf die Karre geschildert hatte, und setzt zugleich sein Verhalten beim Kampf mit dem Schmäher vor dem Gang zur Schwertbrücke ins richtige Licht: Erinnernd sieht sich der Held wieder vor seiner Entscheidung darüber, was einem Minnenden zu Vorteil oder Nachteil gereichen könnte, wenn er auf die Probe gestellt wird, schlimmste Schande vor der Welt auf sich zu nehmen um der Ehre seines Herzens willen, das dem Befehl der Minne folgen will und folgen muß. Und er billigt jetzt abermals seine Entscheidung von damals und sieht in ihr die echte gültige Bewährung seiner Minne. Damals habe er sich das Anrecht auf die Schätzung seiner Liebesherrin erworben. Ihren wahren Freund müsse sie ihn nennen, weil es ihm als die eigentliche Ehre erschien, zu tun, was die Liebe will. Durch eine solche Probe erkenne die Minne die wahrhaft Ihrigen, und er habe diese Probe bestanden (4383–4393).

Der so seiner Bewährung gewiß gewordene Held kehrt an den Königshof von Gorre zurück. Er wird dort seine Liebesherrin treffen, die eine entsprechende Erprobung in sich erlebt hat, sie wird ihm das Rätsel der Abweisung durch die für sie noch gesteigerte Bedeutung der Karrenprobe erklären, und sie werden den Sieg der Minne begehen. Der Schmäher des Helden wegen seiner Karrenfahrt, der fremde Kämpfer auf dem Weg zur Schwertbrücke, erscheint wie von der Minnegottheit gerichtet, die dem Helden den doppelten Sieg über den Vertreter weltlicher Ehre gegen die Ehre der Minne verliehen hat. Von dem Selbstgespräch des Helden in Todesnähe an weiß der Hörer dieser Dichtung, daß die Karre dem Sucher der Königin zur eigentlichen Erprobung gesandt worden ist und daß es dem tiefsten Sinn der Dichtung entspricht, wenn sie nicht den weltlichen Namen des Helden trägt sondern den des Chevalier de la Charette.

Die symbolische Lanze

Es gehört zur Art der Dichtung Christians und dann seiner Nachfolger, also zur Art der Dichtung, die wir höfische Epik nennen, daß sie oft geheimnisvolle, zunächst schwer verständliche Vorgänge zeigt, die den Hörer erregen und beunruhigen sollen, und die erst später, oft viel später, ihren Sinn offenbaren für den, der sich durch den Gang der Darstellung zu solcher Sinnerfahrung hat erwecken und bereiten lassen. Zu solchen erregenden und die Sinnerkenntnis fördernden Vorzeichen gehört in dieser Epe die Erzählung von der wunderbaren Lanze bald nach Beginn des Werkes.

Am Abend des ersten Tages ihrer Suche nach der Königin kommen Gawan zu Pferde und der Held auf dem Karren zu jenem schönen Burgflecken, dessen Bewohner den Gekarrten mit solcher Beschimpfung empfangen. Bei der Aufnahme in die Burg zeigt sich, daß es dort ein gefahrenbedrohtes Lager gibt, das den Gästen verwehrt werden soll. Der Karrenritter bewirbt sich um das Abenteuer dieses Lagers und fragt nach dem Grund der Verwehrung. Das Burgfräulein weist sein Begehren zurück: es käme ihm nicht zu, dieses Lager zu erbitten und seine Gefahren zu erfragen, da er in Schande sei. Als dem Helden das Lager dennoch zuteil geworden ist, erlebt er um Mitternacht eine Erscheinung. Durch die Decke des Gemachs kommt eine Lanze wie ein Blitz, und ihr Eisen will den Ritter durch seine Flanke mit Bettdecke und Bettuch an das Lager heften. An der Lanze ist ein Wimpel von flammendem Feuer. Bettdecke und -tuch werden vom Feuer erfaßt, das Lanzeneisen geht dem Ritter so dicht an die Flanke, daß es ihm die Haut vom Leibe hebt, aber nur ganz wenig hat es ihn getroffen und er bleibt unverletzt. Da richtet sich der Ritter auf, löscht das Feuer, ergreift die Lanze und schleudert sie mitten in den Saal, damit sie nicht im Bette liegen bleibt. Und sogleich legt er sich wieder und schläft.

Die Art der Zurückweisung des Karrenritters durch das Burgfräulein vor der Lagerprobe legt nahe, die Erscheinung der Flammenlanze und ihre Abwehr durch den Helden mit seinem Karrengeschick in Verbindung zu bringen. Die Stärke seiner Gefährdung und sein Sieg über die Gefahr werden dem Hörer durch symbolische Vorgänge vor Augen geführt, ohne daß er das geheimnisvoll Geschehende schon klar erfassen und deuten könnte. Viel später, erst nach jenem Selbstgespräch des Helden in Todesnähe, kann sich der erinnernde Hörer sagen: die niederfahrende Flammenlanze könnte von der Macht der weltlichen Ehre gesandt gewesen sein, die den auf den Karren Gestiegenen rächend ans Lager der Schmach heften wollte. Das brennende Lager und das die Haut an der Flanke abhebende Eisen könnte die Qualen angezeigt haben, die dem Verletzer weltlicher Ehre bevorstanden und ihn lange begleiten sollten. Daß aber die Flammenlanze den Helden nicht eigentlich traf, er dieses Feuer löschen und die Lanze wegschleudern konnte, möchte angezeigt haben, wie der dem Befehl der Liebe Gehorchende, einer anderen Ehre Verpflichtete den Stoß und das Feuer eines solchen Angriffs im Namen weltlicher Ehre aus höherer Kraft zu bannen vermag.

DER KAMM MIT DEN GOLDFARBENEN HAAREN

Das Finden dieses Kammes – er ist aus Elfenbein und in Gold gefaßt – und der in ihm verfangenen goldfarbenen Haare ist eines der Zeichen und Ereignisse, die dem Hörer gegenwärtig halten, daß bei der ganzen Suche des Helden nach der Königin noch höhere Mächte mitwalten, so daß dieser Suchende, von vielen Hindernissen und Gefahren Betroffene zugleich als ein tiefsinnig Geführter erscheint.

Auch bei der Findung und Deutung des Kammes wirkt ein Fräulein mit, das sich durch manches rätselhaft bedeutsame Verhalten wie eine Botin solcher lenkenden Mächte zeigt. Dieses Geschehen ist eingebettet in ein lang sich hinspinnendes Abenteuer des Helden mit diesem Fräulein, das erst Schritt für Schritt seinen Sinn enthüllt.

Nach einem schweren Kampf, der den Helden bis zur Erschöpfung beansprucht hat, tritt diese neue Erscheinung auf. Sie bietet ihm eine Herberge an, die sie für ihn vorbereitet habe, und rät ihm, ihr Angebot anzunehmen. Aber nur unter der Bedingung will sie ihn beherbergen, daß er mit ihr zusammenliegen wolle. Es gäbe viele, die ihr für dieses Geschenk fünfhundert Danke geben würden. Der Held antwortet anders: sehr gerne und dankbar würde er die Herberge nehmen, sich jedoch, wenn sie es genehmige, des Zusammenliegens enthalten. Aber das Mädchen erwidert, keinesfalls täte sie es anders „bei meinen Augen".

Da der Held sonst die Herberge nicht gewinnen kann, die ihm so not tut, gesteht er ihr zu, was sie verlangt, so sehr ihn dies Zugeständnis schmerzt. Er sieht die Not voraus, in die ihn dies Zusammenliegen bringen wird. Nachdem er sein Versprechen gegeben hat, führt sie ihn ein in die Burg. Nach dem Mahl schickt sie ihn in den Burghof: da möge er sich ergehen bis er denke, sie könnte zu Bett gegangen sein. Dann möge er kommen und sein Versprechen erfüllen. Als er dann zurückkommt, findet er das Fräulein nicht in der Halle. Er sucht sie um seines Versprechens willen, tritt in ein Zimmer und hört die lauten Schreie eines Mädchens. Durch eine offene Tür in das nächste Zimmer blickend, sieht er sich gegenüber das Fräulein, die ein Ritter auf den Rücken geworfen hat und sie quergelegt hält auf dem Bett ganz aufgedeckt. Sie ruft laut um seine Hilfe, die Hilfe des Ritters und des Gastes, und er sieht abermals, wie schimpflich sie der Angreifer hält, aufgedeckt bis zum Nabel. In diesem Augenblick treten zwei Ritter und vier Krieger hinter ihm durch das erste Zimmer heran, ihn zu bedrohen, wenn er der Angegriffenen helfe. Einen Augenblick steht er noch, sich besinnend, an der Tür. Dann nimmt er den Kampf auf und besiegt ihre Bedränger und seine Bedränger. Die Befreite sagt ihm, daß er sie gegen ihr ganzes Gefolge verteidigt habe. Sie nimmt ihn an der Hand und führt ihn zurück in die Halle.

Die ganze Szene behält etwas seltsam Gestelltes, Beabsichtigtes. Sollte das Gefolge nur getan haben, was seine Herrin dem Helden anmuten und zeigen wollte? Ist sie eine Erproberin, die ihm die Probe so schwer als möglich machen will? Hatte sie doch die Herberge wie eine Vorwissende schon für den Helden vorbereitet, hatte ihn in den Burghof geschickt, vielleicht um die Ausführung ihres Planes indessen vorbereiten zu können, so daß er die Szene vorfände, die sie ihm zeigen wollte? Und der Hörer findet seine noch zweifelnden Vermutungen bestätigt, wenn das Fräulein jetzt den Gast zu einem schönen Lager inmitten des Rittersaales führt, dessen Tuch, wie es heißt, nicht schmutzig war, sondern weiß, breit und zart, zu einem Bett nicht von gestückelten und harten groben Kissen, sondern mit einer Decke von doppelter Seide.

Und was sich nun ereignet, gibt sich in der Tat als eine neue Probe zu erkennen, die die begonnene Erprobung fortsetzt. Das Fräulein legt sich auf das Bett, aber sie zieht ihr Hemd nicht aus, wie es damals zum Schlafen üblich war und wie sie es nachher tut, allein in ihrem Zimmer auf ihrem eigenen Lager. Und mit anmutiger Grausamkeit schildert der Dichter die Not des Erprobten, in die ihn das Aufknöpfen und Ablegen seiner Kleidung bringt, und wie er sich, als ihn sein Versprechen doch neben die Wartende zwingt, ganz langsam im Hemde neben sie legt. Er hütet sich sehr, sie zu berühren, hält sich von ihr ferne, kehrt ihr den Rücken zu, spricht kein Wort, so wie ein Laienbruder, dem das Sprechen verboten ist, wenn er ausgestreckt auf seinem Bette liegt. Der Dichter tritt aus der Erzählung hervor und erörtert die Lage und das Verhalten des Helden: Er könne dem Fräulein keine schöne Miene machen, warum? Weil sein Herz sich nicht wandle. Sei die Erwartende noch so schön und anmutig, ihn könne sie nicht anmuten. Die Erklärung dafür wird in folgenden Versen gegeben:

> Der Ritter hat nur ein Herz
> Und das ist nicht mehr das Seine
> Sondern ist beherrscht von Einer,
> So daß er es nicht an andre verleihen kann.
> Ganz macht es an Einer Stelle bleiben
> Die Liebe, die alle Herzen beherrscht.
> Alle? Nicht tut sie das, nur jene die sie einnimmt.
> Und dasjenige Herz soll sich höher preisen
> Das die Liebe zu beherrschen würdigt.
> Dieses Herz hat die Liebe eingenommen
> So sehr daß sie es über alles beherrscht.
> Sie gibt ihm so großen Stolz
> Daß sie es vor jeder Schmach bewahren will
> Wenn es unterläßt was ihm die Liebe verbietet
> Und auf das hört was sie [die Liebe] will. (1240–1254)

In diesen Versen wird diejenige Liebe, aus der die ritterliche Stete entspringt, nachdrücklich abgehoben von der Liebe, die in allen Herzen wirksam ist. Die den Ritter beherrschende Liebesmacht wird als eine auswählende gezeigt, die keinesfalls alle Herzen lenkt, sondern nur die, die sie sich zur Wirkungsstätte nimmt, und diese erwählten Herzen sollen sich selbst als begnadet preisen, weil diese besondere Liebesmacht sie ihrer Herrschaft gewürdigt hat. Das Herz des Helden wird diesen erwählten Herzen zugezählt, da die Minne in ihm wirklich allmächtig geworden ist. So steht es aber auch unter dem Schutz der Minne, die ihm einen Stolz verleiht, der es unangreifbar macht, wenn es ihren Geboten folgt.

Die letzten der angeführten Verse verbinden die vom Helden soeben bestandene Probe der Stete mit der Erprobung seiner Minneehre; denn der Entschluß, den Karren zu besteigen, läuft den Ansprüchen weltlicher Ehre zuwider. Wie er sich dort als ein ganz der Minne Zugehörender erwiesen hat, der aus einer anderen Sittlichkeit handelt als aus aller sonst geltenden Sittlichkeit, und aus einer höheren, so erscheint er auch hier nicht als der Erfüller allgemeiner moralischer Gebote, sondern als Gefolgsmann einer obersten Macht, die die ihr Dienenden feit.

Die Antwort des Fräuleins auf das Verhalten des Helden enthüllt ihre Sendung als Erproberin. Das Mädchen, so schildert der Dichter, sieht gut und weiß, daß dieser ihre Gesellschaft haßt und gerne darauf verzichten will. Nicht mehr erwartet sie von ihm, daß er an sie rühren wolle, und sie sagt: „Wenn es Euch nicht verdrießt, Herr, so werde ich von hier fortgehen, in meinem Zimmer werde ich mich schlafen legen und Euch so angenehmer sein. Es scheint mir nicht, daß Euch meine Unterhaltung und meine Gesellschaft sehr gefallen. Nun ruht heute nacht, weil Ihr mir Euer Versprechen so gut gehalten habt, daß ich nichts mehr nach Recht von Euch erbitten kann. Nun will ich Euch Gott befehlen." Dann erhebt sie sich, und das betrübt den Ritter nicht, sondern er läßt sie gerne gehen, der ganz ein Freund ist einer anderen als sie. Gut bemerkt dies das Fräulein und weiß es wohl. Als sie in ihr Zimmer gekommen ist, hat sie sich ganz nackt hingelegt und dann hat sie zu sich selbst gesagt: „Von denen die ich vorher kannte, den Rittern, nicht einen einzigen habe ich gekannt, daß ich ihn im Vergleich zu diesem (nur) wie den dritten Teil eines Angevin schätzte. Aber dieser will, wie ich denke und vermute, nach einer so großen Sache trachten wie vorher kein Ritter es zu unternehmen wagte, nach einer so gefahrbringenden und schwierigen. Und Gott möge geben, daß er sie zu einem guten Ende führe." Dann schlief sie ein und lag bis der klare Tag erschien (1255–1292).

Nicht als eine Gekränkte, Verschmähte verläßt die Erproberin den Helden, sondern als eine ihn und seine Haltung Hochachtende. Das kommt schon in den Abschiedsworten zum Ausdruck und noch mehr in ihrem Selbstgespräch, als sie in ihrem Zimmer allein auf ihrem Bette liegt. Da erhebt sie diesen Ritter über alle anderen ihr bekannten mit einem ihre Einschätzung kühn hervortreibenden Bild: daß sie den Wert jener ihm gegenüber nur wie den Bruchteil einer kleinen Münze schätze. Daß der Dichter sie dabei gerade eine angevinische Münze nennen läßt mit dem volksgängigen Namen eines Angevin, scheint mir in einem kleinen Zug zu verraten, wie sehr er bei diesem Gedicht in der Welt seiner beiden Herrinnen lebt, die es ihm zugesonnen haben, Alianors und Maries, die so gerne auch gerade ihre geistige Haltung als angevinisch bezeichneten und bezeichnen ließen nach dem Ursprungsland des neuen Rittertums, dem Land, in dem sie ihre Minneschule errichtet hatten. Das Fräulein spricht als eine Angevinerin und zeigt damit ihre eigentliche Herkunft an, so dunkel ihr Herkommen auch in der Erzählung gelassen wird. Und die so spricht und handelt, kann keine Verführerin sein, die die Lust an der Liebesbegegnung sucht. Sie zeigt sich als eine wissende Erproberin. Die Darbietung der Vergewaltigungsszene erscheint jetzt als ein steigernder Teil der Probe. Der Schluß, den das Fräulein aus dem Bestehen der Probe zieht, zeigt sie als Eingeweihte und Mitwirkende.

Am nächsten Tag, als der Held den Kamm findet, ist es als ob er sich durch die Bewährung seiner Stete das Anrecht auf diese Beglückung habe erwerben müssen. Das Fräulein behält auch an diesem Tag die Rolle der nahen und doch wie von ferne her zugewiesenen Prüferin. Sie bietet dem Helden an, mit ihm auszuziehen unter der Bedingung, daß er ihren Schutz verbürge, und er nimmt das Angebot an. Oft sucht sie ihn auf ihrem gemeinsamen Zug mit ihren Blicken, aber er meidet ihre Unterhaltung. Denken gefällt ihm, sprechen quält ihn, wie es heißt, und er widmet sein Sinnen der für ihn kostbaren Wunde, die ihm die Liebe gemacht hat, und die er nicht schließen will, sondern mit Freuden trägt. Die Ziehenden kommen in die Nähe eines Brunnens mitten auf einer Wiese. Neben dem Brunnen liegt eine Steinplatte, und auf diesem Stein hatte – nicht weiß ich wer, sagt der Dichter – einen Kamm aus Elfenbein, in Gold gefaßt, vergessen. Niemand hat, so versichert der Dichter, sei es Weiser oder Narr, je einen so schönen Kamm gesehen seit uralter Zeit. Und in diesem Kamm hängen Haare, wie sie wohl beim Kämmen zurückbleiben, eine kleine Handvoll (1307–1369).

Vor dem Erreichen des Brunnens aber ereignet sich Seltsames: das Fräulein bemerkt den Born und den Steinblock zuerst und sucht den Helden davon abzuhalten. Sie nimmt einen anderen Weg, und der versonnene Held merkt nicht so schnell, daß sie von ihrem vorherigen Pfad abweicht. Aber sobald er es merkt, ruft er sie zurück auf den rechten Weg. Das Mädchen erwidert: „Herr, wir gehen besser hier, ich weiß es gut". Er aber antwortet: wo er gehe, sei der rechte Weg, und da er ihn gefunden habe, werde er nicht von ihm weichen. So kommen sie zum Brunenn und zum Steinblock und sehen den Kamm (1370–1397).

184

Der Vorgang trägt wieder den Charakter einer Probe, die das eingeweihte Fräulein anstellt, und dient der Erprobung der Wegwissenheit des Liebenden. Führt ihn sein Liebessinnen den rechten Pfad? Läßt er sich abwenden davon, ehe der Fund ihm zuteil wird? Und wieder besteht der Held die Prüfung.

Der Anblick des Kammes entzückt ihn. Das Mädchen bittet schnell, ihr den Kamm zu geben, und er kann ihr ritterlicherweise die Zusage nicht verweigern. Nun hebt er ihn auf, sieht ihn lange an, betrachtet die Haare. Und das Fräulein fährt in der Prüfung fort. Sie fängt zu lachen an und, befragt nach ihrem Lachen, heißt sie den Ritter davon schweigen und versichert ihm, daß sie ihm in diesem Jahre nichts darüber sagen will. Will sie die Probe auf die Tiefe seiner Ergriffenheit beim Anblick dieses Kammes und dieser Haare machen und auf die Stärke seiner Ahnungskraft? Der Ritter zeigt sich ganz im Bann des Fundes, über dessen geahnte Herkunft er unbedingt sicheres Wissen gewinnen will. Er bedrängt sie mit aller Macht der Beschwörung, ihm Auskunft zu geben und erreicht eine erste Antwort. Es sei, sie wisse es gut, der Kamm der Königin, und die Haare, die so schön und hell zwischen den Zähnen leuchten, seien vom Haupt der Königin und seien nie auf einer andern Wiese gewachsen.

Jetzt fordert der Held ganze Gewißheit: es gäbe genug Königinnen und Könige, von welcher sie spreche? Und die Prüfende zögert nun nicht mehr mit der Auskunft: von König Artus' Frau stammten Kamm und Haare. Der Liebende droht umzusinken und muß sich auf den Sattelbogen stützen. Farbe und Wort sind ihm entwichen, er scheint der Ohnmacht nahe. Und vor diesen Zeichen schmilzt ihr so lang und immer schärfer forschender Erprobungswille. Sie springt vom Pferd und läuft so schnell sie laufen kann, um ihn zu halten und ihm zu helfen, weil sie ihn um nichts in der Welt jetzt stürzen lassen möchte. Er sieht sie herankommen, und in Scham darüber, daß er seine Erschütterung nicht verbergen konnte, fragt er sie, warum sie zu ihm komme. Sie aber will ihn, nun selbst ganz ritterliche Freundin, nicht noch mehr beschämen und verbirgt, daß sie die Wahrheit seiner Liebesbindung erkannt hat. Stattdessen sagt sie, wie eine edel Erzogene sprechend: „Herr, ich komme den Kamm zu holen, damit er nicht auf die Erde fällt und ich ihn zur rechten Zeit fasse." Der Ritter gibt ihr den Kamm, die Haare aber zieht er vorher sanft und sorgsam heraus, so daß keines sich absondern kann (1398–1471). Dann aber beginnt er mit diesen Haaren ein Spiel liebender Verehrung und liebenden Vereinens, das der Dichter mitglühend schildert:

Nie werden menschliche Augen sehen
Ein Ding so geehrt.
Er fängt an sie anzubeten
Und wohl hunderttausendmal berührt er
Mit ihnen seine Augen und seinen Mund
Und seine Stirne und sein Antlitz.
Es gibt keine Freude die er sich nicht damit antut.
Sehr froh hat es ihn gemacht, sehr reich hat es ihn gemacht
An seiner Brust nahe dem Herzen macht er sie fest
Zwischen seinem Hemd und seinem Leib (1472–1481)

In diesen Versen tritt uns zum erstenmal eine Art sinnlicher Religiosität entgegen, wie sie in dieser Dichtung später in aller Klarheit herausgestellt wird, und man wird angesichts dieses Textes nicht sagen können, daß der Dichter sich dem „san" gegenüber, den ihm seine Herrin Marie für diese Dichtung gegeben hatte, fremd und ablehnend gezeigt hätte. Und nicht nur das Wie seiner Schilderung von der Inbrunst des Helden bei der Verehrung dieser Haare zeigt den Dichter als einen Selbstbeteiligten. Er fügt, als ob er dem Hörer diese Art der Religiosität erklären wolle, noch einen eigenen Preis dieser Haare hinzu. „Wie waren diese Haare?", fragt er rhetorisch und gibt zunächst noch ein einfach eingängiges Bild: würde man ihn für einen Lügner und Narren halten, so sage er doch wahr. Ein Markt in vollem Gang am Kirchtag mit allen seinen dargebotenen Schätzen – all das samt und sonders würde der Ritter wahrhaftig nicht haben wollen, wenn er dafür den Fund der Haare entbehren müßte. Wenn aber die Hörer die ganze Wahrheit hören wollten, so sei es diese: Gold hunderttausendmal gereinigt und dann noch einmal hunderttausendmal geläutert wäre um so viel dunkler als dieses Haar, wie es die Nacht ist gegen den schönsten Sonnentag, den dieses ganze Jahr gegeben hat (1491–1506).

Nach diesem Preis ruft der Dichter sich selbst zurück – warum mache er so viele Worte? – Er läßt das Fräulein schnell aufsteigen, den Kamm mit sich nehmen und den Helden ihr folgen, ganz in Entzücken und Lust an den Haaren, die er auf seiner Brust davonträgt.

Die Geschichte mit dem Fräulein wird noch vervollständigt. Der Ritter hält ihr sein Schutzversprechen und befreit sie von einem unerwünschten Freier, der auf ihrem Weg erscheint und die Auslieferung der Umworbenen verlangt. Und eine letzte Probe macht die Prüferin noch auf des Liebenden Verschwiegenheit. Sie reitet ihm nah zur Seite und bittet ihn ein- und abermals, ihr seinen Namen zu sagen, so dringlich, daß er zuletzt in Überdruß antwortet: „Hab ich Euch nicht gesagt, daß ich aus dem Reich des Königs Artus bin? Beim Glauben, den ich Gott und seiner Kraft schulde, von meinem Namen werdet Ihr nichts erfahren." Nach dem Bestehen auch dieser Verschwiegenheitsprobe verlangt die Prüferin schnell ihren Abschied, und er gibt ihn ihr mit freudigem Antlitz (2009–2022).

DIE „GEFANGENSCHAFT" DER ANGEHÖRIGEN DER ARTUSWELT IM REICHE GORRE

Auf der Suche nach der Königin begegnet der Held, sobald er sich dem Reich Gorre genähert hat, überall jenen Gefangenen aus dem Artusreich Logres, um deren Befreiung willen die Königin zu Beginn der Erzählung dem Herausforderer übergeben worden war. Das Auffallende aber ist, daß diese „Gefangenen" gar nicht im üblichen Sinn gefangengehalten werden. Sie leben in ihren Besitzungen und im Genuß ihrer Habe, können sich, wie es scheint, innerhalb des Reiches Gorre frei bewegen und ihr Rittertum ausüben. Sie können sich zusammentun und einen Aufstand machen, als sie von der Ankunft des unwiderstehlichen Ritters hören, der sie alle befreien wird. Sie können den Helden bewirten, beherbergen, beraten, können ihm helfen und ihm ihren kriegerischen Mitzug zum Königshof von Gorre anbieten. Es scheint, daß ihre Gefangenschaft nur darin besteht, daß sie in einem Banne leben müssen, der von dem Vertreter der Widerwelt, dem Königssohn des Reiches Gorre, ausgeht, und der sie hindert, in ihrer Heimat, der Artuswelt, zu leben. Ihr Gegensatz zum Reich Gorre entspringt aus ihrer inneren Gesinnung. Der Dichter sucht auf alle Weise, dem Hörer die innere Andersartigkeit dieser „Gefangenen" vor die Seele zu führen und die Inbrunst ihrer inneren Zugehörigkeit zur Artuswelt.

In diesen Schilderungen treten die Züge äußerer Gefangenschaft ganz zurück hinter der Darstellung ihrer inneren Gefangenschaft: Immer wieder hört man, wie sehr sie sich aus der langen Bedrückung, der inneren Last dieses Lebenmüssens in einer ihnen zutiefst fremden Welt, befreit wünschen, wie sehr sie sich sehnen, in der Artuswelt leben zu können. Den Ritter, der aus diesem ersehnten Lebensbereich kommt, nehmen sie mit Verehrung und Bewunderung auf und wollen ihm mit allem dienen. Zuerst sind sie noch tief bestürzt durch die Annahme, daß er ja, da er im

Reich Gorre auftaucht, ein Mitgefangener und Bezwungener sein müsse. Doch als er dann vor keiner Gefahr zurückschreckt, und sie sicher werden, daß er als ihr Befreier komme, können sie sich gar nicht genug tun, ihn zu bejahen und ihm alle Dienste anzubieten. Es kommt beinahe zu Kämpfen unter ihnen, weil jeder ihn beherbergen will, und sie drängen sich heftig an ihn heran, eifernd, wer ihm näher kommen und ihn berühren könne.

Als der Zweikampf des Helden mit ihrem Bedrücker, dem Königssohn, am Hof von Gorre ausgerufen wird, kommen sie – Ritter, Mädchen und Damen – aus der Umgebung herbei, um dem Kampf zuzuschauen. Sie haben zuvor gefastet und sind barfuß im Büßerhemd gegangen, damit sie wirksam Gottes Hilfe für ihren Kämpfer erbitten könnten. Nach dem Sieg ihres Befreiers und nach dem Vertrag über der Königin Rückkehr und ihrer Befreiung rufen sie den Helden an als ihren „Freudebringer" und drängen sich zu ihm. Jeder, so berichtet der Dichter, mühte sich darum, wie er ihn berühren könne, und der sich ihm am meisten nähern konnte, war darüber froher, als man es sagen kann (3927–3935). Als man ihnen später freistellt, bei dem Heimzug in die Artuswelt mit dem Helden zu ziehen oder mit der befreiten Königin, die noch Gawan erwarten und sich von ihm geleiten lassen will, teilen sie sich, und mit beiden, mit dem Helden und mit der Königin, kehren die in fremder Welt gefangen gewesenen in das Artusreich zurück.

So erscheint im ganzen Geschehen der Dichtung der Minnedienst des Helden an der Königin verflochten mit seinem Vorkämpfertum für die Artuswelt und seinen Königsdienst. Der Held erscheint als der Streiter, der das kostbarste Pfand, das der König für die Befreiung der in fremder Welt gefangenen Seinigen hatte einsetzen müssen, zurückgewinnt, und der dem König die in die Widerwelt gezwungenen Seinen zuführt.

Sieht man diesen doppelten „Sinn" der Dichtung sich entfalten und denkt an die Sinngeberin Marie und ihre in ihr und mit ihr wirkende Mutter Alianor, so wird man die Absicht der beiden Lenkerinnen der Ritterschule und der Minneschule von Poitiers nicht verkennen. Es sollte offenbar die Gestalt eines ritterlichen Mannes gezeigt werden, der die letzte Bewährung im Dienst der hohen Minne vollbringen kann, und, in der Hochgestalt einer Königin, die erzieherische Kraft einer Minneherrin, die im Bund mit ihm das ritterliche Menschenbild verbürgt.

Dieses ganze Ereignis sollte aber eingeflochten werden in ein Bild der Gefährdung und Behinderung des hohen ritterlichen Lebens durch den Vertreter seiner Widerwelt, unter dessen Druck viele dem Rittertum innerlich Zugehörige schmachten, der die Ritterwelt zur Kraftprobe herausgefordert hat und durch die Art seiner Forderung ihr Kleinod, die Königin, an sich brachte. Und gezeigt werden sollte, wie allein der vollkommene Minneritter das Kleinod zurückgewinnen und die „Gefangenen" aus der Widerwelt befreien kann.

Es ließe sich gut verstehen, wenn in dieser Dichtung die Artuswelt für die geistige Herrschaft von Poitiers stünde, die Alianor und Marie vertraten und deren Sieg sie erstrebten, wenn der Vertreter der Widerwelt für die mächtigen Feinde des Geistes von Poitiers stünde, und wenn die „Gefangenen" stünden für die vielen schon im neuen Rittergeist Gewandelten, die noch unter den Bedrückungen diesem Geiste fremder Mächte leben mußten.

Nimmt man mit der Forschung an, wofür viele und gute Gründe sprechen, daß die Dichtung vom Chevalier de la Charette um 1170 entstanden ist, als Marie und sicher auch ihr Dichter mit ihr oft in Poitiers bei Alianor zu Gaste waren, so fände man eine Lage, die die Sinngebung der Dichtung sehr begreiflich machte.

Alianor von Poitou hatte sich vom englischen Hof ihres Gatten nach fünfzehn Jahren gemeinsamen Wirkens, das sie von Anfang an unter das Artus-Symbol gestellt hatte, gelöst und war in ihre eigenen Länder als Herrin zurückgekehrt. Sie hatte in ihrem liebsten Sitze Poitiers eine von ihr und ihrer Tochter Marie gelenkte Ritter- und Minneschule ins Leben gerufen, und diese Schule stand in ihrer Blüte. Adlige Jugend beider Geschlechter aus vielen Ländern war dort versammelt. Jung-Heinrich, den ritterlichsten Sohn Alianors, hatte der Vater noch 1170 als Thronerben zum König gekrönt und der Erziehung Guillaume le Maréchals anvertraut – jenes Befreiers der Königin aus dem Überfall der Lusignans, der ihr seitdem und bis zu ihrem Tode tief verbunden blieb. Mit Guillaume war Jung-Heinrich auf dem Wege, ein Leben im neuen Rittergeist zu verwirklichen, und diesem Geist die Herrschaft im Staate zu erobern. Alianors Lieblingssohn Richard (später Löwenherz genannt) war damals, etwa 14- oder 15jährig, in Poitiers als Lieblingsschüler Maries eine Hoffnung für die Zukunft – ein junger Dichter und ein junger Streitbarer. Der neue Artushof, den Alianor immer erstrebt hatte, schien an ihren Hof von Poitiers verpflanzt, und der künftige Kampf Alianors im Bund mit den Söhnen gegen den ihrem geistigen Wirken entfremdeten Vater zeichnete sich ab. Die Macht des Königsvaters und seine Stellung in der Welt war durch den Mord an Thomas Becket und dessen Folgen erschüttert. Es war eine Lage, in der man ihm vieles sonst von ihm Verweigerte abzuringen hoffen konnte. Und schließlich standen manche Erwartungen für die Zukunft sicher mit im Gedankenkreis des Hofes von Poitiers: man hatte eben 1168 Alianors Tochter Mathilde an Heinrich den Löwen in die Ehe gegeben, und wie stark ihr Einfluß war, mit dem Alianor rechnen konnte, zeigt sich später darin, daß der gebannte Löwe für Jahre ins Reich der Plantagenets ging, und daß weiterhin der zweite Sohn aus dieser Ehe, der nachmalige Kaiser Otto IV., für lange Zeit in Alianors Erziehung gegeben wurde.

Man könnte viele Anklänge an diese Vorgänge in der Dichtung vom Karrenritter wirksam sehen. Im weiteren Gang der Erzählung sind sie immer wieder zu finden.

DIE OFFENBARUNG DES HELDENNAMENS
ALS RUF ZUM SIEG

Besonders stark erscheint der innere Trieb nach einem der Artuswelt gemäßen Leben, den wir bei den „Gefangenen" in Gorre finden, bei der ersten Beherbergung, die der Held in einer solchen Familie erfährt. Der Wirt selbst – er wird als „Vavasor" (Vasalle) bezeichnet – seine Frau, seine beiden Töchter und seine fünf Söhne wetteifern, dem Helden zu dienen. Der „Vavasor" gibt ihm ausführliche Ratschläge für den Weg zur Schwertbrücke. Da tritt einer der Söhne, selbst schon ein Ritter, hervor und bittet um die Erlaubnis, den Helden auf seinem Zug zu begleiten, und schon erhebt sich auch einer der jüngeren Söhne, noch ein Knappe, und bittet darum, mitziehen zu dürfen. Der Vater gibt beiden sehr gerne diesen Urlaub, und der Held nimmt ihr Geleit mit Dank an, weil er „sehr ihre Begleitung liebt" (2187–2198).

Gemeinsam mit diesen beiden besteht der Held zunächst ein Abenteuer an einem bewachten Engpaß, durch den sie sich den Durchzug erkämpfen. Nach diesem Kampf führen die Brüder ein Gespräch, das ihre ganze innere Bindung an den Sendling der Artuswelt zeigt. Der Ältere meint, der Held habe Wunder getan im Kampf, den sie gesehen hatten. Kein Ritter lebe, der sich ihm vergleichen könne. Und er ruft den „schönen Bruder" auf, zum Vater zu eilen und ihm die Wunder zu erzählen. Der Jüngere aber schwört und gelobt, daß er nicht zu diesem Bericht gehen werde, und daß er sich nie von diesem Helden trennen werde bis *der* und kein anderer ihn zum Ritter vorgeschlagen habe. Der Ältere möge doch selbst die Botschaft von dem Erlebten nach Hause bringen, wenn ihn so sehr danach gelüste. Und beide bleiben bei ihrem Erwählten. Mit ihrem Anführer kommen sie den Artuszugehörigen zu Hilfe, die bei der Nachricht vom Herannahen eines Retters den Aufstand begonnen haben, und führen sie zu einem ersten Sieg. Der Jüngere erobert sich in diesen Kämpfen Roß und Rüstung, Schild, Lanze und Ritterschwert. Und der Held erwählt wieder diese beiden als seine einzigen Begleiter, als alle mit ihm mitziehen wollen, und erreicht unter ihrem Geleit die Schwertbrücke.

Der Karrenritter hat die Schwertbrücke mit bloßen Füßen und Händen, schmerzhaft verwundet, überschritten. Für den Hörer der Epe ist er als Minnestreiter gekennzeichnet, der auf seiner Suche nach dem verpfändeten Kleinod der Artuswelt, der Königin, ist, zugleich aber seine Minneherrin sucht. Und er ist gekennzeichnet als Streiter des Ritterkönigs, als Bürge der Artuswelt, dem alle zufallen, die ihr innerlich angehören, weil sie in ihm ihren Befreier sehen. Aber die Hörer kennen den Namen des Helden nicht. Und kunstvoll hat der Dichter im Dunkel gelassen, wer von den Mitspielenden wohl diesen Unbekannten kennt, den er dem Hörer in seinem Wesen und in seinem inneren Geschick gezeigt aber nicht benannt hat. Der Hörer erfährt auch zunächst nicht, ob Gawan, der Gefährte des Suchezuges, weiß, wer mit ihm zieht, und ob König Artus weiß, wer für seine Königin und für sein Reich ausgezogen ist. Dem Sinn der Dichtung nach soll offenbar nur ein Mund den Namen dieses Streiters als erster nennen, der Mund der Königin.

Jenseits der Schwertbrücke gelangt der Held zu einem starken Turm und sieht den König des Reiches Gorre, Bagdemagus, und seinen Sohn, den Herausforderer Meleagant, am Turmfenster. Und in diesem Augenblick der Erzählung erst leuchtet der Dichter in dieses Reich Gorre, das der Artuswelt gegenüber gestellt ist, hinein und zeigt es selbst als ein in sich zwiespältiges, in dem zugleich die innere Artuswelt mächtig ist und die Gegenwelt, aus der die Herausforderung kam. Die beiden am Turmfenster sehen den vom Übergang über die Schwertbrücke verwundeten Helden herankommen und offenbaren bei seinem Anblick ihre Gesinnungen: der König Bagdemagus seine ritterliche, der unbändige Sohn Meleagant seine wilde, dem ritterlichen Wesen todfeindliche. Meleagant entfärbt sich in Zorn und Unwillen. Er weiß wohl, daß dieser Ankömmling ihm die Königin streitig machen wird. Bagdemagus bekennt sich zu ritterlichen Anschauungen und Gesetzen. Er will den Kampf mit einem Verwundeten nicht erlauben. Er mahnt und treibt den Sohn zu einem ganz anderen Kampf, dem ritterlichen Wettkampf in der Noblesse. Höfisch solle er sich verhalten, dem Kommenden die Königin zusenden, noch ehe er sie verlangte, ihm Ehre antun, da er so in sein Land gekommen. Ein Ritter von Edeltum (prodom) müsse den Ritter von Edeltum (prodom) an sich ziehen, ihn ehren und preisen. Sein würde die Ehre sein, wenn er einen solchen ehre und ihm Dienst erweise. Und der Dichter läßt den König das Entscheidende aussprechen, das sich ihm beim Anblick in die Seele gedrängt hat: „Der da kommt, ist ein Erlesener, er ist der beste Ritter der Welt nach Wahl (a devise), er ist ein Erwählter."

In diesem Zusammenhang steht der vielleicht schönste der Aussprüche, die diesem vom Geist von Poitiers inspirierten Dichter in seinem Bekenntniswerk gelungen sind, ein Ausspruch, der nach der Nennung des Prinzipes der Auswahl noch das Geheimnis der Ausstrahlung des Artusgeistes durch alle Glieder der Artuswelt bezeichnet:

Qui fet enor l'enors est soe (3229)

Wer Ehre gibt dessen ist die Ehre

Meleagant weist die Mahnungen des Vaters weit von sich. Der König trennt sich vom Sohn und reitet mit seinen Begleitern dem Helden entgegen. Er preist dessen kühne Tat, gibt sich als König zu erkennen und bietet ihm seine Dienste an. Zugleich mit der Warnung vor seinem Sohn deutet er an, daß die Königin unter seinem Schutz gestanden habe und unversehrt bewahrt sei, wie sehr auch der Wahn und das Rasen des Sohnes sich gegen die Bewahrung aufgelehnt habe.

Der Held aber will weder warten, bis seine Wunden geheilt sind, noch neue Waffen vom König annehmen, und der Kampf wird auf den nächsten Tag festgesetzt. Das ist jener Tag, an dem die innerlich der Artuswelt Zugehörigen im Lande Gorre – Ritter, Mädchen, Damen und Barone – herbeikommen, nachdem sie gefastet hatten und barfuß im Bußhemd gegangen waren, um Gott zur Hilfe für ihren Streiter zu bewegen.

Der Hörer der Epe hat die Königin nicht mehr zu Gesicht bekommen seit ihrem Auszug als Verpfändete mit dem Herausforderer. An diesem Kampftag und über diesem Kampfplatz erscheint sie am Turmfenster. Sie hatte König Bagdemagus in der Nacht vorher um einen solchen Platz gebeten, damit sie den Kampf ganz ungehindert sähe. Er hatte ihr versprochen, sie herbeizubringen, weil er alle Mühe an ihre Ehre und an ihren Dienst wenden wolle, und – sagt der Dichter – an ein Fenster setzt er sie nun.

Es folgt eine Kampfschilderung von solcher Einläßlichkeit, daß ein Forscher daraus die Vermutung berechtigt findet, der Dichter müsse einmal ein Waffenherold gewesen sein, weil er ganz wie ein Augenzeuge einen solchen Kampf berichten könne. Auf der Höhe der Kampfwoge läßt der Dichter eines jener Mädchen auftreten, die zu tieferem Wissen geboren und erzogen sind, und denen in seinem Werk so viele wichtige und gleichsam höhere Einwirkungen anvertraut sind. Dieses Mädchen weiß aus ihrem Herzen, daß der Held diesen Kampf nicht für sie anberaumt habe, noch für die Anderen, die herbeigekommen sind, und daß er ihn so nie unternommen hätte, wenn es nicht für die Königin gewesen wäre. Und es denkt, wenn der Held die Königin neben ihr am Fenster wüßte, wo sie war, und sähe, daß sie ihm zuschaue, daß er dann die höchste Kraft und Kühnheit davon empfangen würde. Und sie denkt, wenn sie seinen Namen wüßte, dann wollte sie ihn sehr gerne beim Namen rufen, damit er die Königin eine kurze Weile betrachte (3650–3665).

Das Mädchen tritt vor die Königin und bittet sie um Gottes und ihres eigenen Gewissens willen und um des Gewissens willen aller anderen dem Artusreich Zugehörigen – sie spricht von „unserem" Gewissen und schließt sich selbst mit ein (3668) –, ihr den Namen dieses Ritters zu nennen, dem man helfen müsse, wenn sie ihn wisse. Und nun fällt von den Lippen der Königin der Name des Helden: sie wisse ihn gut und keinen Haß und keine Tücke könne sie im Begehren des Mädchens wahrnehmen: „Lanzelot vom See heißt dieser Ritter!"

„Gott wie lacht mir das Herz und ist freudig und heil" ruft das Mädchen als sie diesen Namen hört, und sie springt ans Fenster und ruft so laut, daß es alle auf dem Kampfplatz hören und mit sehr lauter Stimme: „Lanzelot! Dreh dich um und sieh, wer es ist, die auf dich achtgibt!" (3666–3684).

Der Hörer muß annehmen daß es ein höchster Heldenname ist, der das Mädchen entzückt, weil der Träger dieses Namens die Gewähr für den Sieg bietet. Und der Hörer kann teilnehmen an dem Entzücken des Mädchens, daß sie in diesem Augenblick die in hoher Minne Verbundenen im Kampf vereinen könne, daß nun die Minneherrin den Kampf des ihr und ihrer Welt Dienenden mitkämpft. Die Wirkung des Zurufs auf den Helden ist übermächtig. Er hat auf dem Kampffeld mit dem Rücken zur Königin gestanden. Er wendet sich und sieht in der Loge des Turms das, was er von allen Dingen der Welt am liebsten erblicken wollte, und er kann Auge und Antlitz nicht mehr von der Königin wenden. Er verteidigt sich nur mehr nach rückwärts, und schon frohlocken die Leute von Gorre, weil ihr Kämpfer Meleagant jetzt Freiheit zum Angriff hat über sein Vermögen hinaus und den im Anblick der Königin versunken Helden leicht zu besiegen glaubt (3685–3698).

Da trifft den Versunkenen ein neuer Namensruf des Mädchens aus dem Turmfenster, der wieder ihr Vorwissen um diesen Helden zeigt: „Was ihn denn ankomme? Von ihm sei sie immer nur alles Gute und alle Tapferkeit gewohnt gewesen, und sie glaube nicht, daß Gott jemals einen Ritter gemacht habe, der sich ihm an Wert und Preis vergleichen könne. Nimmer solle er nach rückwärts kämpfen. Er müsse seinen Stand zum Turm hinwenden" (3706–3720).

Und Lanzelot, aus seiner Versunkenheit erwachend, empfindet eine ganze Weile lang vor aller Augen Scham über sein Unterlegensein im Kampf. Er springt zurück, erzwingt die Wendung der Kampfrichtung und stellt Meleagant mit Gewalt zwischen sich und den Turm. Der müht sich, wieder auf die andere Seite zu kommen, aber Lanzelot stürzt auf ihn zu und gönnt ihm kein Entrinnen mehr. Den Todesstoß wendet Bagdemagus vom Sohn, die Königin Ginever bittend, sie möge die Schonung erlangen. Die Königin spricht, des Bagdemagus Schutz und Dienst erwidernd, den Schonungswunsch aus, so daß Lanzelot und Meleagant davon hören, und Lanzelot, der mehr liebt als ein Mensch sonst lieben kann, erfüllt den Wunsch seiner Minneherrin.

Freier Heimzug der Königin und aller „Gefangenen" wird als Siegesfrucht verabredet, und ein neuer Kampf zu Ende des Jahres am Artushof anberaumt.

Der ganze Abschnitt der Erzählung läßt die großen Glaubenssätze des Rittergeistes neuer Prägung hervorgetreten: Auswahl des sich Bewährenden begründet die hohe Ehre. Ehrerweisung macht die den Erwählten Ehrenden seiner Ehre teilhaftig. Im Dienst der Minne empfängt der ihr ganz Dienende den siegverleihenden Hohen Mut. Der erlesene Artusstreiter *und* Minnestreiter siegt über den wilden Vertreter der Widerwelt. Dessen Herausforderung am Beginn der Epe ist abgewehrt. Aber die Unersättlichkeit nach Bewährung, die dieser neu gegründeten Minnewelt innewohnt, verlangt noch einen neuen Gang.

Die Abweisung

Es hat immer, eingestanden oder uneingestanden, Staunen und Unwillen, bei modernen Lesern und Auslegern wohl auch Schauder erweckt, wie der Dichter, offenbar dem Stoff und dem Sinn entsprechend, die ihm Marie von Champagne und die große Alianor geboten haben, nun das Verhalten der Königin darstellt. Von allen Erprobungen des Minnenden durch die Minneherrin, deren aus guten Gründen so viele in dieser Minnedichtung geschildert werden, ist die nun folgende Prüfung die schärfste und schneidendste. Aber es kann kein Maßstab für dieses Verfahren sein, ob es uns Heutigen gefällt und ob wir es für uns nachvollziehen können. Wir müssen es *in sich selbst* zu begreifen suchen, und aus der Lage, in die die neue Minnebotschaft von ihren Verkünderinnen gesandt wurde, wenn wir zu einem angemessenen Verständnis gelangen wollen.

König Bagdemagus führt den Sieger und Befreier zur Königin. Da geschieht das Überraschende, das sicher auch die damaligen Hörer tief betroffen und erregende Fragen in ihnen wachgerufen hat:

> Als die Königin den König sah
> Der Lanzelot beim Finger hielt
> Richtete sie sich gegen den König auf
> Und gab sich den Anschein großen Zornes
> Sie senkte den Kopf und sagte kein Wort (3955–3959).

Und als der König sie auf Lanzelot hinweist, der gekommen sei, sie zu sehen, was ihr doch sehr gefallen müsse, erwidert die Königin:

> Mir, Sire, mir kann es nicht gefallen
> Mit seinem Anblick weiß ich nichts zu tun (3963–3965).

Der König, tief betroffen, fragt sie mit höfischem Sinn, woher sie jetzt dieses Herz genommen habe, und mahnt sie daran, wie viel sie diesem Manne schuldig geworden sei, der ihr so viel Dienst dargebracht, solche Gefahren für sie auf sich genommen und sie von seinem wilden Königssohn befreit hat – und erfährt dazu nur ihre neue Abweisung.

Da ruft der Dichter die Hörer auf, ihren Blick und ihren Sinn auf Lanzelot zu wenden: „Seht dort Lanzelot tief in Gedanken!" (3978). Und in diese erweckte Aufmerksamkeit hinein erzählt er Lanzelots Erwiderung. Sehr ergeben habe er erwidert in der Art eines echten Liebenden:

> Dame, gewiß, das lastet auf mir
> Aber ich wage nicht zu fragen warum (3981–3982).

Lanzelot fragt sich, ob die Königin ihm überhaupt zuhöre, denn um ihn zu betrüben und zu verweisen, will sie ihm kein Wort antworten, sondern schickt sich an, aus dem Zimmer zurückzutreten.

Der Liebende aber, so schildert der Dichter, gibt ihr Geleit bis zur Türe mit Auge und Herz. Für die Augen war der Geleitweg kurz, weil das andere Zimmer zu nahe war, und er wäre sehr gerne ihr nach hineingetreten, wenn es hätte sein können. Das Herz aber, das mehr Herr und Meister ist und von sehr viel größerer Macht, ist mit ihr hineingegangen. Die Augen sind voller Tränen mit dem Körper draußen geblieben.

In diesen Aussagen des Dichters ist die Lehre vom „fin amant" – vom verfeinerten Liebenden, könnten wir sagen – in tiefer Verinnerlichung gegeben. Auch dem schmerzlichsten Rätsel im Betragen seiner Herrin begegnet er mit gefaßter Ergebenheit, mit einer Selbstprüfung und Ausschau nach der Lösung.

Diejenigen, die das Verhalten des Minnenden zu seiner Minneherrin aus sozialer Abhängigkeit und dem Zwang des Tiefergestellten, das Benehmen der höhergestellten Dame zu ertragen, ableiten wollen, werden von diesen Bekenntnissen des Dichters und seiner Inspiratorinnen Lügen gestraft. Ebenbürtig nach Abstammung (Lanzelot ist ein Königssohn) und nach Seelenhöhe ist Lanzelot ein freiwillig und unbedingt dienender Minner.

Lanzelots Haltung wird noch einmal bestätigt, als er mit Bagdemagus zum verwundeten Keye kommt und ihn um Gottes willen fragt, ob er ihm sagen könne, warum die Königin ihn hasse? Auf dessen Antwort, er wisse es nicht, sagt der Held „der es nicht besser sagen konnte":

> Or soit a son comandement (4094).

> Nun so sei es nach ihrem Befehl

Daß das Betragen der Königin nur als freilich furchtbare Erprobung gemeint war, kann nur der sehr aufmerksame Hörer aus zwei Stellen erahnen. Dort wo gesagt ist, die Königin habe sich den „Anschein" sehr großen Zornes gegeben, und dort wo es heißt, sie wolle ihm nicht antworten, um ihn zu betrüben und zu verwirren. Der Dichter mildert die Wucht dieser Abweisung mit keiner deutlichen sicheren Aussage und auch mit keiner Andeutung, was hinter ihr stehen könne. Das Rätsel, das den Helden trifft, soll auch den Hörer treffen, und das wahre Bild des Geschehens bleibt noch verborgen.

WANDLUNGEN

Nur einen Tag läßt der Dichter vergehen zwischen der Abweisung Lanzelots durch Ginever und ihrer beider neuen Begegnung. Aber es ist eine Spanne umbildender äußerer und innerer Ereignisse.

Beide Liebenden werden vor den Tod gestellt: vor den des geliebten Wesens und vor den eigenen, in der Entscheidung, ob sie dem entrückten Menschen ihrer Wahl nachsterben wollen.

Die Königin hatte beschlossen, die Ankunft Gawans abzuwarten und in seinem Geleit an den Artushof zurückzukehren. Lanzelot zieht Gawan entgegen. Da wird der Unbewaffnete jäh von Gorreleuten überfallen. Eine falsche Nachricht, daß sie ihn getötet hätten, kommt zu Bagdemagus und zur Königin. Eine falsche Nachricht vom angeblichen Tod der Königin kommt zu Lanzelot. Beide erleben den Tod des anderen wie eine Gewißheit und ihr eigenes dem Tode Überantwortetsein, ehe die rettenden Nachrichten von beider Leben sie wieder befreien.

Der Dichter scheut den Schematismus dieser oft in den Liebesdichtungen gebrauchten Erfindung nicht. Er nützt sie, große Vorgänge der Katharsis, der inneren Reinigung in den Liebenden sich ereignen zu lassen, die sie reif machen für die Höhe gegenseitiger Beglückung, der er sie zuführt.

Die Königin gewinnt in diesem Todeserleben die Einsicht, in der Härte der Erprobung die Grenze überschritten zu haben. Sie gewinnt auch die innere Freiheit vor sich selbst zu einem unbedingten Liebesbekenntnis, das den freien Willen zur Liebeserfüllung einschließt. Der Held gewinnt die innere Bestätigung seiner Haltung, die Vision der Vervollkommnung durch den fraglosen Gehorsam gegen die wahre Liebesmacht, der nicht zu folgen den Liebenden zunichte machen müßte.

Die Königin sitzt beim Essen, so schildert die Epe, als die Nachricht von Lanzelots angeblichem Tode sie erreicht. Ihr Schmerz ist so groß, daß sie zu vergehen meint und die Sprache verliert. Dann gewinnt sie die Kraft, vor den Leuten mit verhaltenen Worten die öffentliche Trauer der Königin auszusprechen und ihr Geheimnis zu wahren. Danach aber sagt sie leise zu sich selbst, so daß es niemand hört, daß trinken und essen ihr nicht

mehr zukäme, niemals, wenn es wahr sei, daß er tot sei, durch dessen
Leben sie lebte (por la cui vie ele vivoit) (4194). Bei diesen Worten fällt für
den Hörer der Schleier vor Ginevers Herz. Er kann nicht mehr zweifeln,
daß sie ebenso stark wie der Held fühlt, und weiß, daß ihrer beider Leben
aneinander gebunden ist. Die Aussage, daß sie durch sein Leben lebte,
leuchtet das Dunkel aus, das bisher das Innenleben der Minneherrin für
den Hörer bedeckte. Ihr Lieben tritt in die Waage zur Liebe des Helden.
Und der Dichter fügt eine Schilderung des inneren Widerrufs ihrer Grausamkeit bei, eine Palinodie ihres harten Liedes, die er zum Teil selbst singt,
zum Teil die Königin singen läßt. Sie soll im Folgenden möglichst wort-
getreu wiedergegeben werden:

Sogleich steht die Königin schmerzerfüllt vom Tische auf. Sie fragt
sich, immer auf die Wahrung des Geheimnisses bedacht, ob auch niemand
sie höre und auf sie achte. Ihr Schmerz ist so heftig, daß sie sich oft an die
Kehle greift. Und sogleich bekennt sie sich selbst ihre Schuld, „sie beichtet
bei sich allein" (se confesse a li sole) und sie klagt sich des Vergehens an,
das sie begangen hätte gegen den, von dem sie wisse, daß er der Ihre
gewesen alle Tage und es noch wäre, wenn er lebte. Solche Trauer über
ihre Grausamkeit hat sie überkommen, daß ihre Schönheit zu weichen
droht. Und noch mehr haben ihr ihre Grausamkeit und ihr schlimmes
Handeln zugesetzt und sie erbleichen lassen, als sie nun liegt und wacht.
Alle ihre Vergehen kommen wieder vor sie, und sie geht sie immer von
neuem durch und sagt sich: „Ha, unselig das, woran ich mich erinnere, als
mein Freund zu mir kam und ich ihn hätte freudig begrüßen müssen, daß
ich ihn gar nicht hören wollte. Als ich meinen Blick und mein Wort ihm
verweigerte, tat ich nicht wie eine Wahnsinnige? Welch ein Wahnsinn!
Damals – helfe mir Gott – welche Grausamkeit beging ich. Und das
glaubte ich zum Schein zu machen. Aber so glaubte er nicht. Niemand
außer mir hat ihm den tödlichen Stoß gegeben: als er zu mir kam lachend
und dachte, daß ich ihn sähe sehr freudig und ihm große Freude machte –
und ich wollte ihn nicht sehen! War das nicht für ihn der tödliche Schlag,
als ich ihm mein Wort verweigerte und ihm gewiß nahm Herz und Leib
zusammen. Die beiden Schläge haben ihn getötet, nicht andere Räuber.
Gott, werde ich Lösung finden von diesem Mord, von dieser Sünde?
Wahrlich nicht – eher werden verdorren alle Flüsse und wird das Meer
ausgetrocknet sein" (4195–4241).

Ohne Vorbehalt geht in diesen Versen die Königin mit sich ins
Gericht. Sie erspart sich nichts bei den Rekapitulationen ihres Tuns gegen
den, dem sie jetzt in ihrem inneren Selbstgespräch den Liebesnamen gibt:

mein Freund. Die Pflicht freudigen Grußes hat sie unerfüllt gelassen. Das Nichtanhören, die Verweigerung von Wort und Blick erscheinen ihr jetzt wie ein Wahnsinn, und daß sie das alles zum Schein, zur Probe tat, als auserlesene Grausamkeit, denn sie sieht jetzt ein, daß der Freund das nicht ahnen, nicht begreifen konnte, wie sie es sich vorgestellt. Sie hatte das Maß der Minneprobe überschritten. Der Hörer erfährt jetzt die Absicht ihres Tuns und den Liebesrang, den sie dem Helden gibt, sieht die Königin als ebenso Ergriffene, sieht die Bindung des Helden durch die gleiche Bindung der Königin erwidert, und das Minnepaar tritt ihm ganz vor Augen.

Die Königin zeigt sich darüber hinaus als unnachsichtige Richterin ihrer selbst. Sie führt sich ihre Taten abermals vor Augen und sieht: sie hat den Freund nicht nur maßlos getroffen, sie hat das auch in einem Augenblick getan, als er lachend kam und der Freude gewiß sein konnte. Sie spricht sich des Mordes am Freunde schuldig, sieht sich als den Räuber seines Lebens und erwartet auch von Gott, den sie anruft, keine Lösung für diesen Liebesmord.

Im Augenblick der inneren Reinigung aber durch das Bekenntnis, durch das Selbsterneuern des Getanen gewinnt sie die Freiheit, die Liebesvereinigung mit dem Freunde als bejahtes Wunschbild zu schauen, als heilige Erfüllung ihres Bundes, und sie ruft sich selbst an:

> Ha, lasse, con fusse garie
> Et come fust granz reconforz
> Se une foiz ainz qu'il fust morz
> L' ëusse antre mez braz tenu.
> Comant? Certes, tot nu a nu
> Por ce que plus an fusse a eise!
>
> Ha, wie wäre ich geheilt
> Und wie wäre es ein großer Trost
> Wenn einmal bevor er tot war
> Ich ihn in meinen Armen gehalten hätte.
> Wie? Gewiß, ganz nackt an nackt
> Denn das wäre die höchste Entzückung gewesen! (4242–4247).

Dieses Wunschbild im Angesicht des Todes, auch des eigenen, über den sie gleich nachsinnen wird, und vor der Gottheit, die sie eben angerufen hat, kennt keinen Vorbehalt, und der unverhüllte Preis des „nackt an nackt" spricht zum erstenmal in der christlichen Welt von der Heiligkeit der Erfüllung des Liebesgeistes in der Leiblichkeit.

Kein Gedanke an ein Jenseits oder gar an ein Wiedersehen dort kommt der Königin, als sie sich jetzt die Frage stellt, ob ihr Sterben oder Weiterleben mehr geziehme nach des Freundes Tod, sondern nur der Gedanke, wie sie ihn am meisten ehre, wie sie den größten Ruhm für ihn hervorbringe, wie sie ihm die meiste Freude bereiten würde, wenn er davon wüßte. Und sie wird sich gewiß, daß sie zu seiner Ehre in Trauer leben müsse, sich selbst nur mehr an ihrer Trauer freuend, daß schlecht sei, wer lieber sterben will als für seinen Freund leiden, daß sie lieber leben wolle und die Schläge leiden als sterben, um Ruhe zu haben.

Die Katharsis des Helden im Angesicht des Todes trägt notwendig ein anderes Gepräge. Er hatte keine Liebesschuld auf sich geladen, eher eine Schuld vor der Welt, weil er die Minneehre über die Weltehre gestellt und den Schinderkarren bestiegen hatte. Seine Rekapitulationen kreisen um diese Entscheidung und um die Einschätzung seiner Tat durch seine Minneherrin. Er fühlt sich als der Auserwählte der Liebesmacht, die in solchen Proben diejenigen erkennt, die ganz die Ihren sind, und er erkennt in dieser Macht, die ihn als den Ihren erwählt hat, noch eine andere Liebe als die, die viele betrifft und bewegt. Er erkennt in ihr eine höchste Macht, die verwandelnde Kraft hat, die den vervollkommnet, der ihr dient, und sein Tun den Ansprüchen und dem Urteil anderer Instanzen enthebt. Was der Täter im Dienst dieser ritterlichen Liebesmacht tut, erscheint ihm als geheiligt und unanfechtbar. Der nicht wagt, ihre Gebote zu befolgen, erscheint ihm als ein Nichtiger (4372–4414).

In diesem Besinnen wird ihm die Bejahung der Königin gewiß, die ihn, wenn sie am Leben geblieben, hätte erkennen und ihren wahren Freund hätte nennen müssen. Zu ihrer Ehre ihr nachzusterben scheint ihm der verbliebene Weg zur Erfüllung des ihnen beiden auferlegten Geschickes.

Als die beiden Liebenden die Botschaft vom Leben des Anderen vernehmen, ist es wie wenn sie aus einem Totenreich ans Licht zurückkehrten, als in dieser Entrückung ihrer selbst gewiß gewordene und Verwandelte. Die Bedrängnisse des langen Suchens und Harrens und die schmerzliche Spannung aller Erprobungen sind von ihnen abgefallen, und der Dichter kann sie einander zuführen, wie noch einmal neu dem Minnereich Eingeborene. Er spart nicht an zauberischen Schilderungen der Leichtigkeit und Anmut, mit denen sie sich nun begegnen können, ihrer ritterlichen Redeweise, der Zärte und Kühnheit ihres Verhaltens, und versagt sich nichts beim Schildern des großen Ganges ihrer Liebeserfüllung.

Die Minnenacht

In zwei Begegnungen zeigt der Dichter das Zueinanderkommen der Liebenden: im ersten Wiedersehen mit der Aufklärung des Geschehenen und der freudigen Abrede zu ihrem Alleinsein, und in den kühnen Schritten und der feierlichen Erfüllung ihrer Liebesnacht.

> Da ließ nicht sinken
> Die Königin ihre Augen zur Erde (4478–4479).

So beginnt die Schilderung ihres Wiedersehens. Ginever ehrt den Freund nach Kräften, läßt ihn neben sich sitzen. Die beiden unterreden sich in Ruhe, und Vergnügen entspringt ihnen daraus, und an Stoff der Rede fehlt es ihnen nicht, weil ihnen die Liebe genug davon gibt. Vertraulich unter vier Augen, als er den Weg sieht, nichts zu sagen, was ihr nicht sehr gefiele, spricht Lanzelot zu seiner Dame: er wundere sich sehr, warum sie ihm einen solchen Empfang geboten habe, vorgestern als sie ihn sah, ihm kein einziges Wort gesagt und ihm beinahe den Tod gegeben habe. Er würde nicht die Kühnheit haben, soviel von ihr zu erbitten, daß sie ihm sein Unrecht sage, das sie gemeint habe, wenn er nicht jetzt bereit wäre, es zu bessern. Die Königin erwidert, ihm ihr geheimes Mitwissen von der Karrenprobe enthüllend: Wie? Hatte er damals etwa keine Scham empfunden des Karrens wegen, und habe er etwa nicht gezaudert? Sehr ungern habe er ihn bestiegen. Daß er da so verweilt habe zwei Schritte lang – deshalb fürwahr hätte sie ihn nicht sprechen, nicht ansehen wollen. „Gott möge mich ein anderesmal behüten vor solcher Fehltat" sagte Lanzelot. Niemals solle Gott Gnade für ihn haben, wenn er nicht zugäbe, daß sie groß im Recht sei. „Dame, bei Gott, jetzt in jeder Weise sollt Ihr von mir Besserung erlangen. Und wann Ihr jemals nötig habt, mir etwas zu vergeben, sagt es mir." Die Königin aber erwidert: „Freund, Ihr seid ganz befreit, ganz und gar vergebe ich Euch von Herzen."

Dies ist die Stelle, wo der Dichter den zweiten Spannungsbogen löst, der beim Besteigen der Karre begann. Den Kampf zwischen Weltehre und Minneehre hat der Held in sich ausgetragen. Die Spannung, die aus seinem kurzen Zaudern entsprang, tilgen die Liebenden gemeinsam. Der Ritter gibt der Dame ihr Recht zu, und nicht umsonst nennt er sie „Dame" – Domina – Herrin – bei seinem Besserungsschwur. Er gibt zu, durch sein Zögern die Minnerechte verletzt zu haben, noch nicht ganz sicher und frei im Wissen darum gewesen zu sein, daß die von der Minnegottheit Erwählten vor jedem andern Anspruch der Welt enthoben sind. Jetzt wird Gott von ihm als der oberste Walter über die Minne angerufen. Die Königin läßt den Anspruch der Dame versinken. Sie nennt ihn „Freund" und nimmt ihn in die Herzensgemeinschaft der Mitliebenden.

Dem Freund ist der Weg offen zur Liebesbitte. Er dankt der Dame und bittet sie um ein noch anderes Gespräch in tieferer Geborgenheit, um ihr alles sagen zu können, das er ihr sagen möchte.

> Und die Königin ein Fenster
> Ihm zeigt mit dem Auge, nicht mit dem Finger
> Und sagt: kommt sprechen zu mir
> An jenes Fenster heut nacht
> Wenn drinnen alle schlafen.
> Und so kommt heran durch den Obstgarten.
> Eintreten und drinnen wohnen
> Könnt Ihr nicht mit Eurem Leib.
> Ich werde drinnen sein und Ihr draußen,
> Da Ihr nach innen nicht kommen könnt.
> Und ich kann nicht kommen
> Zu Euch, außer mit Mund und Hand.
> Aber, wenn es Euch gefällt, bis zum Morgen
> Werde ich Euch zu Liebe dort sein.
> Vereinen werden wir uns nicht können
> Weil im Zimmer vor mir liegt
> Keye der Seneschall, der leidet
> An den Wunden, mit denen er bedeckt ist.
> Doch die Türe ist und bleibt nicht offen,
> Sondern sie ist gut verschlossen und verwahrt.
> Wenn Ihr kommen werdet, hütet Euch
> Daß kein Späher Euch finde.
> „Dame" sagt er „wo ich kann
> Wird mich kein Späher sehen
> Der schlecht davon denkt und schlecht davon spricht"
> So haben sie ihr Gespräch gehalten
> Und trennen sich froh (4524–4550).

Mit dieser Abrede weist die Königin dem Freund den Weg und weiht ihn in die Lage ein, die sie beide bei der nächtlichen Begegnung erwartet. Und

der Dichter weiht den Hörer ein und läßt ihn die Entrückung voraus-
fühlen, der die Liebenden entgegengehen. Aber er läßt ihn auch mit den
Liebenden die Bedingungen fühlen, unter denen diese Entrückung steht:
die gesteigerten Gefahren und die Wahrung des Geheimnisses. Die Worte,
mit denen die Königin dem Freund die kommende Begegnung am Fenster
vorausmalt, die Trennung der Leiber, die Nähe aber mit Hand und Mund,
ihr Blick auf den Angang durch den Obstgarten, die Verheißung ihres
Verweilens am Fenster bis zum Morgen, bereiten den Hörer vor auf den
Zug dieser Stunden und auf seine Teilhabe an einer ebenso bedingten wie
heilig freien Begegnung.

Zwischen der Abrede und der Begegnung liegen die Stunden der
Erwartung. Der Dichter wendet alle Kunst daran, den Hörer in die Harre-
stunden seines Helden mithineinzuziehen. Froh läßt er ihn sein über die
Abrede, so froh, daß er sich an nichts von allem Leid erinnert. Nur treibt
die sich immer in ihrer Dauer wandelnde Zeit mit ihm ihr Spiel. Die Nacht
bleibt ihm zu lange aus, und dieser Tag dauert ihm so lange wie hundert
andere Tage oder ein ganzes Jahr. Sehr gerne ginge er zum Gespräch,
wenn es Abend wäre. Aber sehr ringend hat dieser Tag dagegen gerungen,
daß die sehr schwarze Nacht ihn unter ihre Decke nehme und ihm ihren
Mantel umhinge:

> Tant a au jor vaintre luitié
> Que la nuiz mout noire et oscure
> L'ot mis dessoz sa coverture
> Et dessoz sa chape afublé (4560–4563).

Müde ist der Ritter und abgemüht und hätte nötig zu ruhen. Und er redet
sich zu, daß er viel gewacht hätte. „Hört das" meint der Dichter und greift
hinaus in die Erfahrung der Hörer, „könntet ihr doch sehr gut verstehen
und euch erklären, die ihr es ebenso gemacht habt, daß er sich zu seinem
Quartier aufmachte und sich legte." Aber er konnte sein Bett nicht sehr
lieb haben und konnte nicht darin ruhn und wagte es nicht. Sehr früh
erhob er sich leise, und nicht leid war es ihm, daß kein Mond und keine
Sterne leuchteten und daß im Hause keine Kerze, keine Lampe und keine
Laterne brannte. So ging er hinaus, umherspähend, daß ihn keiner ge-
wahre und alle glaubten, er schliefe in seinem Bett die ganze Nacht. Ohne
Begleiter und ohne Führer sehr sachte zum Obstgarten ging er, und
nirgends traf er einen Menschen. Und gut traf es sich, daß noch vor
kurzem ein Stück der Obstgartenmauer herausgefallen war. Durch diese
Bresche geht er und kommt ans Fenster und hält sich dort so still, daß er

kein Geräusch macht, auch nicht etwa mit Husten oder Niesen, bis die
Königin kommt (4551–4596).

Das Hin und Wider in der Seele, die Zwiesprache mit sich selbst in der
Erwartung, das Sichdehnen der Zeit und ihr Sichzusammenziehn, das
Anwogen der Müdigkeit und ihr Entschwinden, dann, wenn man sie als
Bundesgenossin beim Harren zu gewinnen meint, das Suchen des Lagers,
das man doch nicht wie sonst als Müder lieben kann, das Liegen und doch
nicht Rastenkönnen, nicht zu rasten wagen, der überfrühe Aufbruch, das
Grüßen günstiger Zeichen, wenn das, was außer der eigenen Macht steht,
das von außen Zufallende und immer Eingreifende, das eigene Beginnen
zu bejahen scheint, das Anlangen und sich Hüten vor jedem Geräusch,
auch dem, das der eigene atmende Leib hervorbringen könnte – das sind
die Stationen, durch die der Dichter seinen Helden und mit ihm den
Hörer ans Fenster der Begegnung führt.

Kein Wort der Schilderung scheint entbehrlich, um das folgende Geschehen in seiner eigentlichen Bedeutung zu begreifen, und um wahrzunehmen, welche Eingebungen der Dichter von den beiden Minnefürstin-
nen Alianor und Marie empfangen haben muß.

> Die Königin ist gekommen
> In einem sehr weißen Hemd
> Hat nicht ihr langes Seidengewand noch den Rock angezogen
> Sondern nur einen kurzen Mantel hatte sie darüber
> 4600 Von Scharlach und Ziesel (gelbrotes Fell der Zieselmaus).
> Als Lanzelot die Königin sieht
> Die sich ans Fenster lehnt
> Das mit starken Eisen verschlossen war,
> Einen süßen Gruß hat er ihr voraus geboten
> 4605 Und auch sie gab ihm schnell einen wieder,
> Denn sehr sehnsüchtig waren sie
> Er nach ihr und sie nach ihm.
> Von Schmach und Verdruß
> Hielten sie kein Gespräch, kein Erörtern.
> 4610 Der eine drängt sich nah zum andern
> So daß Hand und Hand sich ineinander schlangen.
> Daß sie nicht zueinander kommen konnten
> War ihnen schwer über die Maßen
> So daß sie darüber das Eisen anklagten.
> 4615 Aber dessen rühmte sich Lanzelot

Daß, wenn es der Königin gefalle
Daß er zu ihr einträte
Nie um des Eisens willen bliebe er zurück.
Und die Königin antwortet ihm:
4620 „Seht Ihr nicht daß diese Eisen sind
Zu schwer zum Biegen und zum Brechen
Nie könnt Ihr sie so bezwingen
Noch an Euch ziehen und wissen
Ob Ihr sie dabei herausreißen könntet!"
4625 „Dame" sagt er „das kümmere Euch nicht:
Niemals glaube ich daß die Eisen so viel vermögen
Nichts kann mich von Euch ferne halten
Daß ich nicht gut zu Euch kommen könnte.
Wenn Eure Zustimmung es mir gewährt
4630 Dann ist mir der Weg ganz frei.
Aber wenn es Euch nicht gut gefällt
Dann ist er mir so verstellt
Daß ich ihn auf keine Weise gehen könnte."
„Gewiß" sagt sie „ich will es wohl.
4635 Mein Wollen halte Euch nicht zurück.
Aber sehr stillezuhalten ziemt Euch
Bis ich wieder in meinem Bette gelagert bin
Daß Euch kein Geräusch zustoße.
Es wird nicht geben Spiel und Lust
4640 Wenn der Seneschall, der da schläft
Erwacht durch ein Geräusch.
Darum ist es sehr richtig daß ich weg gehe
Damit er nichts gut gewahren könnte
Wenn er mich hier stehen sieht."
4645 „Dame" sagt er „so geht jetzt,
Aber fürchtet nicht je
Daß ich ein Geräusch machen müßte.
So sanft, glaube ich, die Eisen zu ziehen
Daß niemals ich so arbeiten werde
4650 Daß ich jemand dabei aufwecke."
Da geht die Königin weg
Und jener rüstet sich und beginnt
Das Fenster aufzubrechen.
Zu den Eisen greift er und zerrt und zieht.

4655 Er macht sie ganz sich biegen
Und heraus aus ihrem Platz zieht er sie.
Aber so schneidend war das Eisen
Daß er am kleinen Finger bis zur Sehne
Sich die erste Unze herausschnitt
4660 Und vom anderen Finger sich abschnitt
Das erste Glied ganz.
Aber vom Blut das zu Boden tropfte
Und von den Wunden fühlt Der nichts,
Der nach anderem trachtet.
4665 Das Fenster ist nicht niedrig
Trotzdem durchsteigt es Lanzelot
Sehr leicht und sehr schnell.

Die Königin erscheint am Fenster, so schildert der Dichter, in Farben der Freude: weiß, scharlach und gelbrot. Sie wählt keine trennende Bekleidung sondern läßt den Leib nah sein unter leichtem Gewand. Die süßen Begrüßungsküsse werden schnell getauscht, dem starken Sehnen entspringend als Urpfänder des liebendsten Zuwilllenseins. Die Liebenden hüten sich vor störendem Reden über das, was hinter ihnen liegt und ihr Glück gefährdete. Sie nähern sich einander so sehr sie es können, ihre Hände verschlingend. Das eiserne Gitter steht zwischen ihnen, alles verkörpernd was sie trennt. Lanzelot rühmt sich, daß ihn kein Eisen abhalten solle, zur Königin hineinzutreten, wenn es ihr gefalle. Die Königin glaubt nicht, daß er das Eisen mit seinen Händen bezwingen könne. Der Ritter aber fragt allein nach der Zustimmung seiner Dame, ohne die er sich ihr nicht nähern will noch kann. Er rühmt sich, daß ihn das Eisen nicht abhalten könne, zu ihr einzutreten, wenn es nur ihr gefalle, und der Königin, die an seiner Macht über das Eisen zweifelt, verkündet er ihre Macht über ihn, die allein seinen Weg zu ihr öffne oder hemme. Nicht der Stärke seines Leibes schreibt er die Macht über das Eisen zu, sondern nur ihrer Entscheidung, die seine Kräfte freigibt. Nun aber ist das Ja der Königin vom Glauben an das Gelingen getragen, daß sie schon vorausschaut auf die nach der Überwindung des Eisens drohenden Gefahren und nur meiden will, daß der etwa vom Geräusch des Eisenöffnens erwachende Keye sie am Fenster stehen sehe und zuviel erraten könne. Sie geht, vom Ritter bejaht, auf ihr Lager zurück. Er aber geht an sein Werk, die Eisen biegen sich unter seinen Händen, er zieht sie heraus umd merkt die Wunden nicht, die seine Finger vom Eisen empfangen, und nicht das tropfende Blut, und leicht und schnell steigt er durch das hochgebordete Fenster.

Der Dichter erreicht durch diese Beschreibung beim Hörer ein Fühlen der ganzen Minnemacht, die in dieser Nacht, noch anders als bisher das Geschehen durchwaltete, zu herrschen begonnen hat. *Ihr* weicht das trennende Eisen. Und welcher Art diese Macht ist und zu welcher Gebärdung sie die von ihr Ergriffenen befähigt, kann er umso leuchtender erscheinen lassen nach diesem Sieg über das Eisen. Kein stürmender Mann eilt da zum begehrten Besitz der geliebten Frau, vielmehr ein neuer Frommer zu seinem Heiligtum. Und der Name dieses neuen Frommen wird vom Dichter in diesem Augenblick feierlich genannt: Lanzelot. Er steht über dem folgenden Bericht:

> In seinem Bett findet er Keye schlafend
> Und dann kam er zum Bett der Königin
> 4670 Er betet sie an und verneigt sich vor ihr
> Denn an keinen heiligen Leib glaubt er so sehr *
> Und die Königin streckt ihm
> Ihre Arme entgegen, sie umarmt ihn.
> Eng an ihre Brust zieht sie ihn
> 4675 An ihre Seite, in ihr Bette.
> Und die schönste Aufnahme macht sie ihm
> Die sie ihm je machen kann
> Wie sie von der Liebe und vom Herzen entspringt.
> Von der Liebe kommt es daß sie ihn freudig begrüßt.
> 4680 Und so hatte sie zu ihm große Liebe
> Und er hunderttausendmal so viel zu ihr.
> Denn allen anderen Herzen ist versagt
> Diese Liebe, die dem seinigen nicht fehlt,
> Sondern sein Herz nahm ganz ein
> 4685 Die Liebe und war so darinnen
> Daß alle anderen Herzen armselig waren.
> Jetzt hat Lanzelot so viel immer er will
> Da die Königin nach Wunsch aufnimmt
> Ihren Gefolgen und ihren Trost

---

* Es muß der im Altarsakrament verehrte heilige Leib Christi gemeint sein und nicht eine „Heiligenreliquie" wie eine Übersetzerin es falsch wiedergibt, denn der Vers heißt: „Car an nul *cors* saint ne croit tant" (4671).

4690 Da er sie hält in seinen Armen
Und sie ihn in den ihren.
Soviel ist da an ihren guten und süßen Spielen
Und an Küssen und an Befühlen
Das ihm zuteil wird, ohne Lüge,
4695 Eine Freude und ein Wunder
So daß niemals von ihresgleichen
Weder gehört noch gewußt wurde.
Aber immer ist für mich zu verschweigen
Was in der Erzählung nicht gesagt werden darf.
4700 An Freuden war das Erlesenste
Und das Entzückendste dieses
Was die Geschichten uns verschweigen und verborgen halten
Viel hatte an Freude und Beglückung
Lanzelot diese ganze Nacht
4705 Aber der Tag kommt, was ihm sehr leid ist.
Als er von seiner Freundin sich erhebt
Beim Erheben war er ein echter Märtyrer
So sehr bedrängte ihn das Scheiden
Denn sehr litt er große Marter.
4710 Sein Herz hält fest ununterbrochen an dem Ort,
Wo die Königin zurückbleibt.
Er hat nicht die Macht selbst zurückzubleiben
Ob ihn auch die Königin so sehr beglückt
Daß er keinen Wunsch hat von ihr zu lassen.
4715 Der Leib geht fort, das Herz verweilt.

Und ausdrücklich bemerkt der Dichter wenige Verse später, daß auf diese Minnenacht keine Abrede zu einer neuen Liebesbegegnung folgte, ja nicht folgen konnte. Er läßt uns fühlen, daß eine solche Abrede einer Feier dieser Art nicht gemäß wäre.

Zu neuer Begegnung ist kein Zeitpunkt bestimmt
Das betrübt ihn, aber es kann nicht sein (4722–4723).

Das heißt mit anderen Worten: wohl könnte man sie sich wünschen aber sie dürfe nicht sein.

So beschreibt der Dichter das Geschehen. Und, nachdem der Ritter durchs Fenster gegangen ist und das Eisengitter wieder eingerichtet hat, heißt es noch:

Beim Abschied hat er sich verneigt
Zu dem Zimmer tut er ganz so
als wäre er vor einem Altar (4734–4736).

Die Erzählung von der Minnenacht ist in ihrer Form ebenso einfach wie kunstvoll. Das wirksamste Mittel des Dichters, einen flachen Ablauf der Darstellung zu vermeiden, ist die Vorausnahme von Vorstellungen, Gedanken, Fühlungen, die erst in der Folge, im nachhinein, zurückwirkend mit dem Vorhergehenden verknüpft werden, und die Ringe dieser Folgen werden oft erst spät geschlossen. Kühne, überraschende Neueinsätze scheinen dem Hörer schon Erwartetes vorzuenthalten, das ihm nach dem Zwischenspiel umso erfüllender gegeben wird. Dem gegenüber stehen schlichteste Folgen der Erzählung in wiegenden Schritten, die der Hörer ganz leicht mitzuschwingen vermag, bis die nächste Gegenwendung ihn mit neuer Frische trifft. Der Kunst der Unterbrechungen entspricht eine Kunst der Wiederholungen, die das Gleiche in neuer Weise oder in der gleichen sagen, oft zu vielen Malen, den Sinn des Aufnehmenden ganz mit einer Vorstellung erfüllend. Weittragende Aussagen und erhellende Bedeutungsblitze sind eingebettet in einfache Meldungen vom fortlaufenden Geschehen. Und all diese Wechselgänge kommen noch zu besonderem Leben durch den wechselnden Gebrauch der Zeitformen des Verbums, die die geschilderten Ereignisse in ganz verschiedene Lichter der Betrachtung tauchen und den Hörer zwingen, seinen eigenen Standpunkt immer von neuem zu wechseln, vom eben noch Anwesenden zu einem fernen und später Vernehmenden (und umgekehrt) und die Bilder der Vergleiche und der Geschehnisse im Präsens, im milden Präteritum und im festen Perfektum einander zuzuordnen.

So haben die Erzählformen dieses Dichters bei aller Schlichtheit etwas mitreißend Ergreifendes durch den Wechsel von Schritten und Sprüngen, von Gleiten und Einhalten und Weiterstürzen und durch den Wechsel der Blickrichtungen, die dem Aufnehmenden zugemutet werden – hier in der Darstellung der Minnenacht noch mehr als in anderen Teilen der Epe.

Bis heute aber läßt diese Beschreibung fühlen – und wieviel mehr müssen es die Damaligen empfunden haben – daß in ihr der christliche Makel, der so lange auf der Liebesbegehung lag, nicht wirksam ist, ja daß er vielleicht die Zone, in der sich dieses vom Dichter geschilderte Geschehen begibt, nie erreicht hat, wodurch sich ein unverletzter Glaube an die Heiligkeit des Leibes in ihr offenbart. Kein einziges Wort fällt, das auch nur andeutend das Wirken christlicher Moralität erscheinen ließe, sei es im schildernden Dichter, sei es in den handelnden Personen, und das im Hörer ein Denken in dieser Auffassungsweise auch nur zuließe. Und noch mehr: Geweihte christliche Vorstellungen werden zur Darstellung einer Religiosität verwendet, die die Kraft hat, sie sich einzuverwandeln. Am Anfang dieser Liebesbegehung stehen nicht Begierde und Leidenschaft, sondern die Anbetung eines dem Helden über alles heiligen Leibes. Er neigt sich betend vor diesem Leibe, in dem er die Gottheit für sich gegenwärtig fühlt. Durch die Aussage, daß er an keinen andern heiligen Leib so sehr glaube wie an diesen, erhebt der Dichter die bevorstehende Liebeserfüllung für den Helden und seine Gotteserfahrung in ihr auf die Höhe und in das Geheimnis des Altarsakraments. Beim Abschied neigt sich der Held vor diesem Zimmer wie vor einem Altar, als vor dem Ort der Darbringung ihres Tuns an die Gottheit. Das gebrauchte Bild für den Scheidenden als Märtyrer, als Glaubenszeugen, macht ihn zu einem neuen Zeugen der Liebesgottheit. Lust und Spiel mit allen Berührungen werden gezeigt, wie sie sich in ihrer Wunderfülle für das Paar und für den Dichter ins Unvergleichliche erheben.

Aber ehe diese Begehungen beginnen, wird in immer neuen Beschreibungen die Liebeskraft und die Liebestiefe dieser Liebenden beschworen, durch die sie geheiligt sind, und aus denen ihr Tun mit heiliger Notwendigkeit entspringt. Aus dieser Liebe und dem von ihrer Liebe erfüllten Herzen kommt der Empfang der Königin. In ihr wirkt die große Liebe, und noch unendlich mehr im Anbetenden, so daß alle anderen Herzen der Liebe beraubt erscheinen, die ganz in das seine fließt und so sehr darinnen wohnt, daß alle anderen arm werden. Das Schweigen über die innigsten und höchsten Beglückungen der Liebeserfüllung folgt, wie der Dichter sagt, dem Gebot, das in den „Erzählungen" gilt, läßt sie in ihrem unantastbaren Geheimnis bestehen, das Worte nicht berühren dürfen, und die Schweigeformeln des Dichters klingen wie das „favere linguis" vor dem die Menschen mit der Gottheit verbindenden Opfer.

Was der Dichter gibt – und wir müssen seine Inspiratorinnen mit am Werke sehen – ist eine Religion der Minne, das Ereignis eines neuen und erneuten Glaubens an die Gottesnähe und die Gottverbundenheit ihrer Begehungen, an ihre gottentsprungene, heilige und heiligende Gewalt.

Fühlbar wird in diesen Beschreibungen der Liebesnacht auch ein neuer und erneuernder Glaube an ein hohes ihr innewohnendes Wesen der Frau. Auch dieses ist in jener Zeit ein weltveränderndes Ereignis. Der weithin herrschenden Anschauung vom Weib als Gegenstand der Lust, als Verführerin zur Sünde, als Werkzeug der Fortpflanzung, als Dienerin des

Mannes, als Handelsobjekt bei politschen und besitzbezogenen Pakten, tritt eine andere gegenüber: jene von der Frau als Vertreterin formender und sittigender Mächte, als Erzieherin zu hoher Haltung, als Erweckerin der Tatkräfte, als Spenderin der Lebensfreude. Wenn das hohe Wesen des Weibes in Erscheinung tritt, die Frau zur Minneherrin wird, dann kann die Liebe zwischen Mann und Frau noch zu einem ganz anderen Bündnis führen als zu der rechtlichen Verbindung, zu der des Zeugens, zu der der Besitz- und Kindergemeinschaft: zu einem Bündnis höherer Art, das die Liebeskraft und den Liebestrieb in den Dienst der Steigerung der Lebenshöhe stellt. Die Fähigkeit, ein solches Bündnis zu gewinnen und zu erhalten, ist aber an strenge Bedingungen geknüpft: untadlige Haltung, Unabhängigkeit von den im Menschenwesen weithin herrschenden Konventionen, Messen aller Entscheidungen an einem den Verbundenen gemeinsamen Bild des Edeltums, tiefes Ehren des Andern in seinem Eigenwesen.

Das Christentum hat hier einen Gehalt empfangen, den es bis dahin entbehrte: die Heiligung der Liebeserfüllung als eines Augenblickes der Gottesnähe, des Gottesdienstes. Befreiung von Auffassungen, die einem in Paulinischen Doktrinen Befangenen als Schändung der Gottesschöpfung erscheinen mußten. Kein Wort von herkömmlichen moralischen Vorstellungen, aber auch keine Spur von Gottesferne. Gott ist einbezogen in die Erfüllung seines großen Lustgeschenkes an den von ihm geschaffenen Menschen. Große Voraussetzungen aber erscheinen hier für eine hohe Liebesfeier: Wahrung des Geheimnisses, Bewährung vor den Forderungen der Liebe*ehre*, hohe Entfaltung der Liebeskraft und Liebestiefe, Bereitschaft zu den Entsagungen, die die Liebesehre fordert.

Die Erfüllung dieser Bedingungen durch den Minnenden und seine Minneherrin in dieser Liebesnacht wird dem Hörer vor Augen geführt. Der Minner überhebt sich nie in den hingebenden Gewährungen, die ihm von der Minnenden zuteil werden. Die Herrin ehrt seine Erprobungen, ehrt sie mit ihren Liebesgaben ohne Rückhalt und bleibt immer auf die Wahrung des Geheimnisses bedacht. Er nimmt jede Gefahr auf sich, die ihm je von der Welt drohen könnte. Er tut keinen Schritt, ehe er der Zustimmung seiner Liebesherrin gewiß ist. Beide bezeugen sich als Ehrende von innerster Durchdrungenheit.

Die Verkündung der Heiligkeit des Liebesgeschehenes und die Verkündung des gottentsprungenen, in der Schöpfung gewollten Wirkens der hohen Frau sind geistige Taten dieser Dichtung von großer Tragweite, weil sie die Anschauungen der die andern führenden Menschen der damaligen Welt verwandeln wollten und verwandelten.

ABGESÄNGE

Was auf die Erzählung von der gemeinsamen Nacht der Liebenden in der Epe noch folgt, sind Abgesänge, spannungsreiche, vielfältige, sich oft noch zu großer Höhe steigernde, wie sie eine so hochgespannte Erzählung verlangte. Alle Mittel des „Romans" werden angewendet, die verschlungenen Gänge des Geschehens auszugestalten und zu lösen.

Meleagant beschuldigt den verwundeten Keye und die Königin unerlaubten Umgangs und führt die Blutspuren in beider Betten als Zeugnis an. Keye bietet vor König Bagdemagus den Rechtskampf an, sich und die Königin vom Verdacht zu reinigen. Bagdemagus hält ihm seine Verwundungen vor, aber er will trotzdem den Kampf mit dem Ankläger bestehen. Die Königin läßt Lanzelot holen und bietet ihn als Kämpfer an, an Keyes statt. Mit Freuden übernimmt Lanzelot den Kampf. Die beiden Rechtsstreiter schwören auf die Reliquien, und Lanzelot fügt seinem Schwur hinzu, daß er, wenn er siege, keine Gnade gewähren wolle. Angesichts der Härte des Kampfes und der sichtbaren Bedrohung des Sohnes durch Lanzelots Schwur bittet Bagdemagus abermals, wie schon beim ersten Kampf der beiden, die zuschauende Königin, den Kampf zu trennen. Ihrem Wort gehorcht Lanzelot. Den widerstrebenden Meleagant weist Bagdemagus auf den Endkampf hin, der am Artushof anberaumt ist, und in dem nun die doppelte Entscheidung fallen soll.

Lanzelot zieht aus auf Suche nach Gawan. Er wird von seinen Gefährten weggelockt und von Meleagant gefangengesetzt. Die andern finden Gawan an der Flutbrücke noch im Wasser und hören als seine erste Frage die nach der Königin, ob keiner sie befreit habe. Sie berichten, daß es Lanzelot vom See getan habe, daß er mit ihnen zur Suche nach Gawan ausgezogen und ihnen entführt worden sei. Gawan zieht mit ihnen an den Hof des Bagdemagus, wo sie Lanzelot zu finden hoffen. In die Trauer um sein Entschwundensein kommt ein gefälschter Brief, der meldet, Lanzelot sei schon am Artushof.

Nun ziehen die Königin, Gawan und Keye zu Artus. Bei der Ankunft bricht große Freude aus, und Gawan wird gepriesen, weil er die Königin zurückgebracht habe. Er weist das Lob zurück und verkündet Lanzelots Preis.

Die Ankömmlinge treffen am Artushof in die Vorbereitungen zu einem großen Turnier, das Artus auf Bitten der Damen und der Fräulein ausgeschrieben hat. Die Kunde von diesem Turnier kommt auch zum

Seneschall des Meleagant, der Lanzelot in Verwahrung hat, und die Gattin des Seneschalls läßt Lanzelot, auf sein Versprechen der Rückkehr, zum Artushof ziehen zum Turnier. Der unbekannte Streiter mit rotem Schild übertrifft alle Ritter. Die Königin ahnt, wer es sein kann, schickt ein Mädchen zu ihm und läßt ihm im geheimen ein Wort sagen, daß er zum Scheine schlecht kämpfen solle. Lanzelot läßt sich den ganzen Tag besiegen und verspotten. Am anderen Tag schickt ihm die Königin die gleiche Botschaft zu noch sicherer Probe, und Lanzelot läßt ihr danken für ihren Befehl. Da weiß die Königin in hoher Freude,

> Daß es Der ist, dem sie ganz angehört
> Und der ganz ihr angehört ohne irgendeinen Zweifel (5894–5895).

Sie schickt schnell das Mädchen zurück und läßt Lanzelot sagen, daß er nun wieder als der Beste kämpfen solle. Das Mädchen berichtet zurückkehrend, daß sie nie einen Ritter gesehen habe, der so schnell und so genau, ob im Guten oder im Bösen, ihren Befehl ausgeführt habe, und die Königin erwidert:

> Meiner Treu, das kann gut sein! (5935).

Lanzelot kämpft wunderbar, wird von allen gepriesen und verläßt heimlich das Turnier. Bis zu dieser Stelle hat Christian die Epe selbst gedichtet und sie dann einem Mitdichter anvertraut, von dem er wußte, daß er sie dem Plane gemäß vollenden würde.

Meleagants Seneschall – so fährt der Mitpoet fort – hat indessen Lanzelots Abwesenheit bemerkt und seinem Herrn Bericht gegeben. Der schwört, sobald Lanzelot zurückkomme, ihn so gefangen zu setzen, daß er nicht mehr entrinnen könne. Auf einer Insel in einem Meeresarm läßt er einen Turm bauen, Lanzelot hineinführen und den Turm bis auf eine kleine Öffnung in der Höhe zumauern. Dann zieht Meleagant an den Artushof und verlangt seinen Kampf. Man sagt ihm, daß Lanzelot verschwunden sei und daß man ihn zu finden hoffe innert einem Jahr, und Meleagant nimmt diese neue Frist an und fordert den Kampf mit Lanzelot nach Ablauf dieses Jahres.

Meleagants Schwester aber, die Bagdemagustochter, die schon einmal auf Lanzelots Erprobungsfahrt ihm als Retterin erschienen war, hat aus den Reden des Bruders gehört, daß Lanzelot lebt. Sie zieht geheim zu seiner Suche aus, kommt zum Turm am Meer und hört Lanzelots Klage.

Sie gibt sich ihm zu erkennen als diejenige, der er ehdem einen großen Dienst erwiesen, als er ihr das Haupt des Ritters gab, der sich an ihr vergangen hatte, und die jetzt ihr Versprechen, es ihm zu lohnen, einlösen will. Sie schickt ihm an einem Strick eine Hacke durch die kleine Öffnung, so daß er sich befreien kann, und pflegt ihn sehr liebevoll, bis er wieder zu Kräften gekommen ist.

Und Lanzelot erscheint genau an dem neu anberaumten Kampftag am Artushof. Gawan ist schon bewappnet und zu Pferde, um den Kampf an Lanzelots statt auszutragen, als er Lanzelot erblickt. In kurzem Freundeswettstreit um das Recht zum Kampfe bleibt der Sieg bei Lanzelot, der diesen *seinen* Kampf, den ihm ganz zugehörigen und von ihm beschworenen, dem Freund nicht überlassen kann und will.

Artus und der ganze Hof sind in Freude getaucht über die Rückkehr des langerwarteten, langumsorgten Helden, und alle versammeln sich, ihn zu feiern. Die Königin verbirgt mit Mühe ihr Glück und verwehrt sich noch mehr, auf Lanzelot zuzustürzen. Sie wahrt auch in diesem Augenblick ihr Geheimnis und verschiebt ihre wahre Begrüßung auf günstigere Zeit und einen vertraulichen Ort.

Artus tut Lanzelot die höchste Freude und Ehre an. Freund nennt er ihn und bekennt, von keinem Mann in dieser Zeit je schönere Kunde gehört zu haben als von ihm. Gawan bittet noch einmal den „schönen süßen Freund", ihm diesen Kampf zu schenken. Lanzelot erwidert, daß er diese Bitte nicht gewähren könne, weil dieser Kampf ganz der seine sei, den er mit seiner Hand gelobt habe. Er siegt über Meleagant und schlägt ihm das Haupt ab. Artus und alle Seinen begehen mit dem Helden den Rettungs- und Freudentag.

Für „matiere et san", für Stoff und Sinn dieser von seiner Herrin dem Dichter anvertrauten Dichtung, treten in diesen Abgesängen noch einige bedeutende Momente hervor. Die Anklage Meleagants bringt dem Helden die Möglichkeit, stellvertretend für die Königin einzustehen und symbolisch für sie beide den schützenden Kampf zu bestehen. Das Turnier bringt die Gelegenheit neuer Erprobung und Bewährung für Lanzelots Versprechen, ohne Zaudern dem Minnegeheiß zu gehorchen. Nun zögert er keinen Augenblick, die weltliche Ehre preiszugeben in leicht und schnell gehorchendem Dienst an der Herrin seiner Minne. Lanzelots ritterliche Bruderschaft mit Gawan kann neu entfaltet werden im Handeln füreinander, in der gegenseitigen Suche und im Wettstreit um den Entscheidungskampf. Als Zeichen für die auch ins Land Gorre schon eingewachsene Gesinnung der Artuswelt tritt zu dem Beispiel des Königs

Bagdemagus das Beispiel seiner Tochter, der Schwester Meleagants, in ihrer Rettungstat und ihrem, vom zweiten Dichter mit besonderer Inbrunst geschilderten Liebestun am Helden, endend mit seiner Rücksendung ins Artusreich. Die Liebesstärke der Königin und ihre Stärke im Bewahren des Geheimnisses werden noch einmal in ihrem inneren Kampf bei Lanzelots Rückkehr gezeigt mit sehr ähnlichen Wendungen und mit nicht geringerer Gewalt als bei den großen Liebesbewährungen des Helden, die ihr geschildert werden.

Am Ende können Artus der König, sein Ritterhof und die ganze Artuswelt im Glück des Sieges gezeigt werden. Der hohe Bestand der Artuswelt erscheint nach der abgründigen Herausforderung durch den Vertreter der Widerwelt gerettet und gestärkt durch die Bewährung der dieser Welt innewohnenden Kräfte, die aus ihrem edlen menschlichen Gefüge entspringen und sich steigern in der Gefahr.

Daß Christian einen Mitdichter finden konnte, der ihm sein Werk im geplanten Sinne vollendete, läßt uns einen Blick in die Werkstatt tun, in der die Waffen der geistigen Gründung geschmiedet wurden, die in der Artusdichtung ans Licht treten wollte und ans Licht trat und eine große Wirkungsbahn begann. Der Mitdichter tritt am Ende des Werks mit folgenden Versen hervor:

Herren, wenn ich weiter reden wollte
Das wäre über den Stoff hinaus.
Darum schicke ich mich an zu enden.
Hier endet der „Roman" ganz und gar.
Godefroiz de Leigni: der Schriftkundige (clerc)
Hat vollendet die Karre.
Aber keiner tadle ihn, noch lege es ihm zur Last
Daß er über Christian hinaus gearbeitet hat,
Denn er hat es getan nach dem Willen
Von Christian, der es begann.
Von da an hat er es gemacht
Wo Lanzelot eingemauert wurde
So weit die Geschichte gedauert hat.
So viel hat er gemacht, er wollte nicht setzen mehr
Noch weniger um die Erzählung nicht zu verderben (7120–7134).

Man kann diesem Schlußwort entnehmen, daß da ein Mitwissender, ein getreuer, mit an der Arbeit war, ein Getreuer nicht nur gegen den Dichter, dessen Aufgabe er zu Ende führte, sondern auch gegen die Aufgabe und gegen die hohen Herrinnnen, die sie gestellt hatten. Gottfried von Leigni konnte so nicht sprechen, wenn er nicht ein Eingeweihter in den Sinn des ganzen Werks gewesen wäre und ein diesen Sinn Mittragender. Daß es einen solchen gab – wo sonst als am Hofe Alianors in Poitiers oder am Hofe Maries in der Champagne – bestätigt die Herkunft dieses Werkes, und nicht nur dieses Werkes, aus einer lebendigen Gemeinschaft, die sich in der neuen Artusdichtung bekundete und den in ihr wirkenden Ritter- und Minneglauben in die Welt stellte. Daß auch der Mitdichter seine Ehre darin sucht, sich genau an die gegebene „matiere" und ihren gegebenen „san" zu halten, so wie es der Hauptdichter in seiner Widmung des Werkes an Marie für sich selbst gelobt hatte, zeigt, wie fest die Bindung der Geister war, die sich damals in diesen Gründungsjahren um die beiden Ritter-Fürstinnen versammelt hatten.

11.
Guillaume le Maréchal – Ein Ritterleben

EINLEITUNG

L'histoire de Guillaume le Maréchal, das Epos von Guillaume le Maréchal, zieht die Betrachtung an, weil darin kein Sagenheld in seinen Abenteuern und keine zur Sage gewordene Gestalt ferngerückter Zeiten behandelt wird, sondern das Leben eines fast noch Gegenwärtigen, eben erst durch den Tod Entrückten, durch seine Nächsten überliefert wird, die mit ihm gelebt hatten, und von einem Dichter dargestellt, der ihn in seinem späteren Leben gekannt, gesehen, ihn noch erlebt hatte. Das macht dieses Epos zu einer in gewissem Sinn einzigartigen Bekundung des ritterlichen Lebens und der ritterlichen Lebensauffassung, die sich zu seiner Zeit herausgebildet hatten. Als Entstehungszeit sind die Jahre nach Guillaumes Tod, am 14. Mai 1219, anzunehmen. Aus den Erwähnungen von Zeitereignissen im Gedicht ergibt sich der Schluß, daß das Werk etwa im Jahre 1226 vollendet worden ist.

In beiden Teilen des Epos werden uns reiche Fakten dargeboten. Sie sind in ein dichterisches Bild dieses Lebens eingegangen. Aber dieses Bild selbst ist als Geschichtsquelle wichtig, und das Ziel unserer Betrachtung eines solchen Zeugnisses soll es sein, uns die Züge dieses Bildes so deutlich wie möglich vor Augen zu stellen. Was wir dabei gewinnen können, ist ein tieferes Geschichtswissen, das über Fakten hinausgeht, nämlich das Wissen, wie ein bestimmtes ritterliches Leben überhaupt von Mitlebenden und von einem seiner Träger selbst gesehen wurde.

Das Werk enthält an mehreren Stellen Rühmungen des Rittertums und viele Beschreibungen ritterlichen Lebens. Sie werden dem Helden selbst in den Mund gelegt oder doch deutlich in seinem Sinne vorgebracht, werden von anderen Figuren der Dichtung geäußert, oder der Autor gibt sie in eigenem Namen als ein leidenschaftlich Anteilnehmender. Diese Rühmungen, Bekenntnisse und Beschreibungen gelten einem freien fah-

217

renden Rittertum, das sich selbst in neuen Prägungen erfüllen will, sich als
eine Erneuerung ritterlicher Ideale begreift, sich, um seinen Geltungsan-
spruch zu stützen, auf angenommene Vorgänger beruft oder sie sich
andichtet, um seinen Einschätzungen und seinen Forderungen Nachdruck
zu verleihen. Die Dichterworte gelten dem Preis ritterlicher Jugend und
eines freien ritterlichen Mannestums, das sich in festen, hochgehaltenen
Treue- und Gefolgschaftsbindungen weiß, sich von allen Einrichtungen
und Ämtern und von den Bedingnissen festen Besitzes unabhängig, seiner
Selbsterfüllung weiht – und das doch den Mächtigen und Besitzenden
begreiflich machen will, daß sie selbst und ihr Staats- und Wirtschaftswesen auf das Dasein eines solchen freien, unbedingten Rittertums an-
gewiesen sind, weil sie ohne dieses Element der eigentlichen Lebensblüte
verlustig gehen müßten.

Die Herrschenden und die Inhaber von Ämtern, Lehen und Besitz
erscheinen vor allem als die zu Gaben, zum Unterhalt, zur Förderung der
freien Ritterschaft Berufenen und Verpflichteten, die im wohlverstan-
denen eigenen Interesse für den ritterlichen Nachwuchs, zur Aufzucht
neuer freier Rittermänner, sorgen sollten. Gaben heischend treten diese
Besitzlosen und Fahrenden auf, aber auch ihre Kampfkraft und den Glanz
ihres freien ritterlichen Lebens bietend, die sie demjenigen in sein Staats-
und Wirtschaftswesen, in sein Haus und in seine Seele einbringen werden,
der sich ihnen verbindet und sie zu schätzen weiß.

Diese freien Ritter und Knappen erwerben ihren Unterhalt, soweit sie
ihn nicht von dem Herrn erhalten, dem sie dienen oder folgen, vielfach in
Turnieren, wo sie Roß und Rüstung oder auch Lösegeld vom besiegten
Gegner empfangen. Sie ziehen von Turnier zu Turnier. Von Pfingsten
bis Johannis, in den besonderen Turniermonden, ist ihre hohe Zeit. In
Poitiers, dem Herrschersitz der großen Alianor in ihren Eigenjahren,
brannten dann, wir wissen es aus anderen Berichten, die Fackeln in den
blühenden Birnbäumen. Das Ruhm- und Unterhalterwerben bei diesen
Friedensstreiten wird nicht nur als frohes Recht dieser freien Ritterschaft
gezeigt, sondern erscheint auch als die Erfüllung der hohen Pflicht, dem
Ritterbilde durch immer neue Bewährungen immer neuen Glanz zu verleihen. Als Maßstab für die Schätzung eines Mannes gelten nicht seine
Nützlichkeit und Mächtigkeit, sondern seine Erfüllung ritterlicher Haltung und ritterlicher Künste.

Jung-Heinrich, der Erbsohn Heinrichs II. von England, ehdem Thomas Beckets Zögling, nun Guillaume anvertraut und von ihm zum Ritter
geschlagen, der mit seinem Rittermeister von Turnier zu Turnier zieht,

erscheint im Epos als die schönste Erscheinung dieses freien Ritterwesens und erweckt Hoffnung auf seine künftige Mitwirkung im Staate. Die tatsächlichen Geschehnisse entsprechen diesem Bild: Jung-Heinrichs Streite mit dem Vater beginnen ja damit und gehen immer wieder darum, daß der Vater ihm seine Ritterfahrten verkürzen oder nicht gestatten, und daß er den Aufwand des Sohnes für sein ritterliches Gefolge und für den ritterlichen Nachwuchs nicht bezahlen will. Und der Vater Heinrich hat nicht falsch gesehen, wenn er den geistigen Ursprung und das geistige Zentrum der Erhebungen seiner Söhne in Alianors Ritterhof in Poitiers erkannte.

Was Guillaumes Erzieher, Wilhelm von Tancarville, Erbkämmerer der Normandie, einmal gesagt hatte, als sein Zögling seine Sippe in England besuchen ging, bezeichnet nicht nur dessen eigene Gesinnung und den Dünkel der französischen Normannen (die sich als des eigentlichen Ritterwesens Inhaber fühlten und auf England wie auf noch unkultiviertes Kolonialland herunterblickten), es bezeichnet auch Guillaumes Haltung und die Haltung seines nachherigen Zöglings Jung-Heinrich. Der Herr von Tancarville hatte nämlich dem jungen Guillaume dringend empfohlen, sehr bald aus England zurückzukehren. England sei nur ein Land für niedere Vasallen oder solche, die sich nicht um das „Fahren" (errer) kümmerten. Solche, die das Leben fahrender Ritter (chevaliers errantes) und Turniere liebten, würde man in die Bretagne oder in die Normandie schicken oder dahin, wo es sonst noch Turniere gäbe.

Drei Züge, die am Ende des Epos vom sterbenden Guillaume berichtet werden, scheinen mir zu bezeugen, wie sehr in dem 75jährigen, der indessen fünf Königen, und oft in hohen Ämtern gedient hatte, Graf von Pembroke und Striguil geworden war und in Irland große Ländereien besaß, der Rittergedanke und die ritterlichen Auffassungen seiner Jugend lebendig waren:

Als ein Pfaffe (clerc) namens Philipp im Sterbezimmer mit lauter Stimme sagt, da gäbe es viele Pelze und Scharlachgewänder im Haus, ganz neue, und wenigstens achtzig Murmeltiermäntel, man könne daraus viel Geld für die Kirche gewinnen, um Guillaume von seinen Sünden zu befreien, da ruft der Sterbende Worte, die man etwa so wiedergeben müßte: „Schweigt, schlechter Mensch, von eurem Rat will ich nichts mehr hören. Bald ist Pfingsten, da haben meine Ritter ein Recht auf Gewand, und es ist das letzte Mal, daß ich es ihnen geben kann, und Ihr sucht mich zu beschwatzen!" Und er befiehlt seinem Nächsten, Jean d'Erlée, die Gewänder an die Ritter zu verteilen, und wenn welche fehlen sollten, sie aus London zu ergänzen. Nach der Verteilung bleiben aber noch drei übrig, die den Armen gegeben werden.

Als der Sterbende bedrängt wird, an sein Seelenheil zu denken und das in unchristlichen Turnierbeuten gewonnene Gut der Kirche zu geben, entsinnt er sich seiner Turniergewinne und sagt darüber, die Geistlichen seien zu hart mit „uns". Er habe fünfhundert Ritter besiegt, deren Waffen er sich angeeignet habe mit den Pferden und allem Zubehör. Wenn ihm darum das Königreich Gottes versagt würde, so sei nichts daran zu machen, denn diese Beute könne er nicht hergeben. Wenn die Geistlichen ihn nicht ganz verderben wollten, so sollten sie aufhören, ihn mit solchen Ansinnen zu verfolgen. Entweder seien ihre Argumente falsch oder niemand könne gerettet werden.

Und als der Sterbende seine Güter an seine Kinder verteilt, gibt er dem jüngsten Sohne Ansel (Anselm) kein Teil und sagt etwa: Einer meiner Söhne hat nicht an dieser Teilung teil, und doch ist er mir sehr lieb. Wenn er lang genug lebt, um ein Ritter zu werden, so wird er, obwohl er kein Land hat, wenn er es verdient, den finden, der ihn liebt und ihm große Ehre erweist – größere als irgend ein anderer haben wird. Gott gebe ihm Kühnheit und Wissen (prouesse et savoir). Jean d'Erlée bittet, auf diesen Preis des fahrenden Ritters eingehend, Guillaume, dem Jüngsten wenigstens so viel zu vermachen, daß er sich sein Pferd beschlagen lassen könne, und Guillaume bewilligt ihm ein Stück Land dafür. Dieser Bericht läßt erkennen, wie Guillaume in seinem Jüngsten sein eigenes Bild sieht, und wie er diesen ritterlichen Weg zu Ehre und Besitz – seinen eigenen – als den besten ansieht, der ihm auch noch im Angesicht des Todes am meisten gilt.

Das Rühmen eines freien ritterlichen Lebens und des Bekenntnisses dazu wird noch übertroffen durch das Aufzählen der Einzelzüge, die vom Helden selbst und von seinen ritterlichen Lebensbeziehungen in diesem Epos berichtet werden. Vielleicht sind vor ihrer eingehenden Betrachtung einige allgemeine Bemerkungen über die Topoi angebracht, die zwar in diesen sehr lebendigen und lebhaften Darstellungen keineswegs überwiegen, aber doch – wie könnte es anders sein, da ein geschulter Trouvers am Werke ist – entweder bewußt mitverwendet werden oder sich mit Selbstverständlichkeit einstellen.

Verbreitete und sich forterbende Bilder und Wendungen sind ja nicht schon ohne weiteres schwach und abgegriffen. Sie können auch mit neuen Kräften gefüllt und sehr sprechend angewendet sein, und von welchem geschichtlichen Menschen kann man überhaupt sagen, daß er ein wirklich ganz neues Bild, eine ganz neue Sprachwendung gefunden habe, auch wenn er es selbst glaubt und sie gar nicht von anderen her kannte. Spricht doch jeder, der spricht, in einer Sprache, die es schon vor ihm und um ihn gibt, und in der alles vom Ursprung her schon angelegt und in tausenden Malen erprobt, ist, Erprobungen, von denen kein Bewußtsein mehr weiß, und die doch in die Sprache eingegangen und in ihr gegenwärtig sind. Und auch der bewußte Verwender geläufiger Topoi kann ihnen durch eine neue Nuance in neuem Zusammenhang etwas abgewinnen, das wieder neu zu wirken beginnt. Der Ausdruckswert der Topoi ist erst an ihrer mehr oder weniger fruchtbaren Anwendung zur Aussage zu erkennen. Nicht verkannt werden darf dabei außerdem, was sie gerade durch ihre Geläufigkeit, durch das Einflößen neuer Aussagen in schon geöffnete Erfahrungsbahnen an Wirkungsmöglichkeiten gewinnen, indem sie eine schon vorgebildete Vorstellungswelt ins Bewußtsein rufen und zum Begreifen eines neuen Gegenstandes hinführen.

Wenn der Verfasser des Epos die äußere Erscheinung, die Kindheit und Jugend seines Helden schildert, dann tauchen ihm – er ist Berufspoet und Kenner überlieferter Lieder und Epen – mit einer gewissen Notwendigkeit Züge von Heldenschönheit, Heldenkindheit und Heldenjugend auf, wie es sie schon beschrieben gab, und wie sie seine Hörer sicher begierig erwarteten, und es bieten sich ihm viele bekannte Elemente für seine Aussagen an. Aber welche hat er aus den noch weiteren vielen, die es schon gab, herausgegriffen und *wie* hat er es getan?

Die Beschreibung und Beurteilung der Erscheinung seines Helden, die der Autor in den Versen 715–736 gibt, lautet in wörtlicher Übersetzung:

715 In kurzer Zeit und in wenig Jahren
    War Wilhelm gewachsen und groß
    Und war von so wohl geformtem Körper
    Daß er, wenn er duch Kunst geformt worden wäre
    Wahrhaft keine so schönen Glieder gehabt hätte,
720 Denn ich sah sie gut und erinnere mich ihrer gut.
    Wenn er sehr schöne Füße und Hände hatte
    So war dies doch durchaus noch das Wenigste
    Im Vergleich zur Beschaffenheit des Körpers.
    Wenn ihn einer gut von außen betrachtete
725 Erschien er ihm so gut gemacht und richtig
    Daß, wenn der richtig zu urteilen verstünde,
    Er urteilen könnte, daß rings umher

221

Es keinen besser gemachten Körper gäbe in der Welt.
Wenn er braunes Haupthaar
730 Und Antlitz hatte, so glich er in der Geformtheit
Einem genug hohen Menschen
Daß er Kaiser von Rom hätte sein können.
Er hatte eine weite Gabelung [der Beine]
Und war von so schöner Statur
735 Wie kein einfacher Edelmann sein kann:
Ein sehr guter Meister [war am Werk] ihn zu formen.

Die beiden ersten Verse berichten von Wilhelms Schnellwüchsigkeit und
Hochwüchsigkeit. So etwas wird freilich vielen Helden zugesprochen.
Aber es gibt auch wieder Helden von gerühmt langsamem Wachstum und
von kleiner Gestalt, und wir werden es vermerken, daß der Autor diesem
Helden Schnell- und Hochwüchsigkeit nachsagt, weil diese Züge mit-
sprechen können bei einem freizügigen und tatfrohen Charakter, den wir
nun geneigt sein werden zu erwarten.

Vers 717–719 sucht die Wohlgeformtheit der ganzen Gestalt durch
einen Vergleich mit bildhauerischen Formungen hervorzuheben, die die
Schönheit dieser Glieder nicht hätten erreichen können. Der Vergleich der
Menschengestalt mit Kunstformungen ist ein bekannter, auch in der
Ritterdichtung bekannter Topos und nimmt seine Wirksamkeit aus der
Vorstellung, daß freischaffende Kunst einem Körper alle erdenkliche
Schönheit geben könne. Bemerkenswert ist immerhin, daß der Vergleich
hier in seiner gesteigerten Form gebraucht wird: diese leibhaftige Schön-
gestalt erreiche nicht nur die Schönheit kunstgeschaffener Formen sondern übertreffe sie noch, und Kunstkraft vermöchte es nicht, so schöne
Formen hervorzubringen. Aber seinen besonderen Wert empfängt der
Topos hier dadurch, daß er unmittelbar mit der Beteuerung des Autors
verbunden wird, daß ihm dieser Vergleich aus eigenem Anblick und aus
genauem Betrachten und Erinnern komme. Und diese Beteuerung wird
mit einem ausdrücklichen Begründungswort angefügt: *denn* ich sah sie
[diese schönen Glieder] *gut* und erinnere mich *ihrer* gut (V. 720). Und
sofort schließt noch eine Einzelbeobachtung von einer gewißen Besonderheit an, die auch auf eigene Findung am Objekt deuten könnte: der Held
hatte sehr schöne Füße und Hände (V. 721).

Die folgenden Verse (722–728) sprechen dem Helden, noch über die
sehr schönen Füße und Hände hinaus, den bestgemachten Leib in seiner
ganzen Umwelt zu. Das Vermögen, zu diesem Urteil zu gelangen, wird –

und das steigert seinen Gehalt – davon abhängig gemacht, daß ein gut Betrachtender auch so „richtig" zu urteilen verstünde wie dieser Leib „richtig" gemacht war. Ich halte dabei die Wortwahl „bien feit a dreit" und „jugier a dreit" nicht nur für reimbedingt sondern auch für reimgesteigert.

Wieder folgen (V. 729–730) Angaben der Einzelbeobachtung: das braune Haar und das gebräunte Antlitz. Und wieder wird darüber hinaus der Gestalt des Helden eine Geformtheit zugesprochen, die der eines so hohen Menschen glich, daß er Kaiser von Rom hätte sein können (V. 730–732). Abermals ein topischer Vergleich, der diesmal aus der Überlieferung über jenen Sagen-Artus stammen könnte, den sein Erfinder Galfrit von Monmouth in seiner „Historia regum Britanniae" nicht nur zum Sieger über den römischen Kaiser, sondern auch zum Lebensbild der höchsten bekannten Herrscherwürde zu steigern versucht hatte. Dieser Topos leistet in der ganzen Beschreibung etwas sehr Wichtiges. Er verbindet die Geformtheit der Menschengestalt nicht nur mit einem Schönheitsideal, sondern mit Rangvorstellungen, die dann auch in V. 734–735 von der Schöngestaltetheit über einen einfachen Edelmann hinaus wieder anklingen. Unmittelbar aber auf den Kaiservergleich – und sehr im Gegensatz zu den zuvor verwendeten Topoi – folgt die drastische Beschreibung eines Merkmals, das ihm am Helden als bezeichnend auffiel: er war weit gegabelt (si out large la forcheure), das heißt er hatte herrlich lange Schenkel (V. 733).

Der letzte Vers der Beschreibung biegt noch einmal zurück zum topischen Vergleich Menschengestalt – Kunstwerk und vollendet ihn erst: der oberste Künstler hat ihn gemacht (auf die Gemachtheit haben inzwischen mehrere der gewählten Ausdrücke gewiesen: faiture del cors, bien taillez, par art taillez). Gott hat ihn gemacht. Daß der mit „ein sehr großer Meister" umschrieben ist, macht die Vorstellungen von Gott als Künstler noch eindringlicher. Auch das ist topisch. Man denkt daran, wie etwa bei Heinrich von Morungen Gott als der große Bildergießer angerufen wird, der immer Bilder gießen sollte, weil er durch die Gestalt der hohen Herrin sein Künstlertum so groß bewiesen hat. Bei unserm Autor spricht aber nicht ein Minnender, dem die hohe Geliebte ohnehin selbst als Göttin erscheint, die den Erdkreis wie der Mond erhellt, sondern ein Epiker, der die Gestalt seines von ihm und seinen Hörern erlebten Helden, eines bekannten Ritters und Staatsmannes, in ihrem Rang zu bezeichnen sucht.

*

Es ist ein verständlicher Wunsch, von einem Menschen, den man liebt und ehrt, Kindergeschichten zu hören und zu erzählen, weil man gespannt ist zu wissen, was sich von dem, das man an ihm erlebt, schon am Kinde gezeigt hat, wie es sich gezeigt oder verborgen hat, wie sich die Befunde am erwachsenen Menschen zu den Befunden seines Kindtums verhalten, weil das Kind ja nicht nur Vorstufe des Erwachsenen, sondern eine eigentümlich in sich selbst bestehende Erfüllung des gleichen Wesens ist. Und auch von den Eltern und Verwandten wünscht man zu wissen, von ihrer Eigenart und von der Lebensluft, mit der sie das Kind umgaben. Es liegt nahe, daß in solche Kinder- und Elterngeschichten bei der Überlieferung Züge hineingebracht oder herausgestellt werden, die mit den am Erwachsenen wahrgenommenen Zügen zu korrespondieren scheinen und sie mit dem Glanz von Vorbedeutungen schmücken. Wir werden nicht nur erwarten können, wirkliche Gesten und Äußerungen des Kindes und der Eltern zu erfahren, sondern vor allem auch, was der Erzähler, der schon die zweite Erfüllung dieses Menschenwesens vor Augen hat, zusammen mit seinen Berichterstattern, in die erste hineinlegen und hineinsehen will, um sein Bild zu bereichern und zu bestätigen.

Die Geschichten, die der Autor von Klein-Guillaume erzählt, gehen darauf aus, den Freimut und die Anmut des Kindes zu zeigen, die es, weil sie so herzbewegend waren, aus großen Gefahren erretteten. Sie schildern auch die kühne Unbedingtheit des Vaters Jean le Maréchal, der als Vorkämpfer der verwitweten Mathilde, Erbtochter seines Königs Heinrichs I. und ehemaliger Kaiserin von Deutschland, diente und ihr zum endlichen Siege verhalf. Gegen diese Erbtochter hatte ein Neffe des Königs, Stephan von Blois, die Herrschaft in England usurpiert und sich selbst zum Nachfolger des Oheims gemacht. Unser Autor läßt Jean le Maréchal als einen, der auch schon zum rechten Rittertum und zu den „Fahrenden" Rittern stand und demgemäß handelte, erscheinen. Er habe die Tapferen an sich gezogen und sie zu halten gewußt. Dreihundert Ritter habe er in seinen Diensten gehabt. Von seiner Kühnheit und Unbrechbarkeit in Schicksalsschlägen wird erzählt: Wie er einmal mit einem einzigen seiner Ritter in einen Kirchturm flüchten mußte, um den die Gegner dann Feuer anlegten. Da habe er, während schmelzendes Blei auf ihn herabfiel und er ein Auge verlor, doch den Begleiter zu töten gedroht, wenn der sich ergäbe, sei, als die Feinde ihn längst verbrannt glaubten, verwundet und zu Fuß nach seinem Sitz Malborough gegangen, habe wieder ein Heer gesammelt und den unrechtmäßigen König bekämpft.

Auch schon dem Vater rühmt unser Autor die große Versöhnlichkeit und Freundschaftsfähigkeit nach, die er später im Sohn so stark verkörpert sieht. Seinen größten Gegner im Streit der Könige, den Grafen Patrick von Salesbury, habe er sich versöhnt, habe sich von seiner ersten Frau getrennt, des versöhnten Feindes Schwester Sibylle zur Frau genommen und mit ihm bis zum Tode Freundschaft gehalten. Der zweite Sohn aus dieser Ehe mit Sibylle von Salesbury, der vier Söhne und zwei Töchter entsprangen, war Guillaume. Diesen zweiten Sohn mußte Jean le Maréchal für einen von ihm erbetenen Waffenstillstand dem Gegenkönig Stephan als Geisel geben. Als Jean den Waffenstillstand benutzte, eine belagerte Burg mit neuen Kriegern zu füllen und seinen Widerstand fortzusetzen, drohte König Stephan, ihm den Sohn zu töten. Der Vater aber antwortete, es mache ihm nichts aus, er habe noch Amboß und Hammer, um sich schönere zu schmieden, ein Wort, bei dem die Härte auffällt, aber auch die Unbedingtheit und die unentwegte und unbrechbare Festigkeit im Entschließen und Handeln. Die Geschichten aus der zwei Monde dauernden Geiselschaft des Kindes Guillaume, das damals acht Jahre alt sein möchte, sind die einzigen, die der Autor aus der Kindheit seines Helden erzählt. Offenbar waren sie in der Sippe überliefert:

Der Knabe sollte am Galgen weithin sichtbar im Beisein des Königs und seines Gefolges gehängt werden. Man trug ihn zum Richtplatz. Da habe das Kind, das nichts von seinem drohenden Schicksal ahnte, den Grafen von Arundel einen so schönen Wurfspieß tragen sehen, daß es ihn gebeten habe, ihm diesen Wurfspieß in die Hand zu geben. Als der König das hörte, so berichtet der Autor, hätte er für alles Gold Frankreichs das Kind an diesem Tage nicht hängen lassen. Er habe es in die Arme genommen und gesagt: „Ich begnadige dich, du wirst heute nicht sterben."

Bald darauf, man hatte die großen Steinschleudern zum Beschuß von Turm und Mauer aufgestellt, rieten die Ratgeber dem König, das Kind an eine Schleuder binden und den Belagerten zuschleudern zu lassen. Der Knabe sei herangeführt worden, habe die Schleuder gesehen und gesagt: „Gott, was für eine Schaukel! Da muß ich mich gut in der Waage halten" und habe seinen Halt an der Schleuder gesucht. Der König aber habe befohlen: „nehmt ihn fort, er spricht zu edel!" Mag in der ersten Geschichte die ahnungslose Freude des Kindes an der Waffenschönheit den König bewirkt haben, in der zweiten weiß das Kind, was ihm droht. Und nicht nur seine Unerschrockenheit, sondern seine ritterliche, die Todesgefahr im Scherz herabsetzende Redeweise bewegt den König zur Schonung.

Ein drittes Mal machte man ein Dach von Flechtwerk, um darunter das Tor anzugreifen, und drohte den Belagerten, das Kind ihres Herrn auf das Dach zu setzen, so daß es umkommen müsse, wenn die Verteidiger das Flechtwerk einzuwerfen suchten. „So wird es, bei meinem Herrn, sterben und zerschmettert werden" war die Antwort des Konnetables, der die Burg hielt. Und er ließ einen großen Mühlstein über das Flechtdach an die Zinnen hängen zum Abwurf. Das Kind aber habe bei diesem Anblick gefragt, was das für ein Spielzeug sein könne, das man da aus dem Fenster hänge. Da habe der König gelacht und gesagt: „Guillaume, ein Spiel wie dieses wäre nichts für dich" und habe erklärt, daß er ihm kein Leid mehr zufügen wolle. Mut und Anmut des Kindes und offenbar abermals seine in der Todesgefahr ritterlich untertreibende Redeweise werden als die den König bewegenden Züge gezeigt.

In der vierten Geschichte sehen wir Kind und König schon im Königszelt verbunden zu gemeinsamem Spiel und in kurzer Rede und Gegenrede. Der Boden des Zeltes, in dem der König sitzt, ist nach damaliger Edelsitte mit Gräsern und Blumen bestreut. Da habe Guillaume die sogenannten „Ritter" vom lanzenförmigen Spitzwegerich aus der Bodenstreu genommen und den König gefragt: „Schöner lieber Herr, wollt Ihr mit mir Ritter spielen?" „Ja, schöner süßer Freund" habe der König erwidert und im Spitzwegerichtreffen habe der „Ritter" des Königs den Kopf verloren, zu großer Freude Guillaumes. Und in diesem Augenblick habe der Knabe einen Kammerdiener seiner Mutter bemerkt, der im geheimen spähen und über das Ergehen des Kindes berichten sollte, und habe ihm in argloser Freude zugerufen: „Willkommen Freund Willekin, wie geht's meiner Mutter und meinen Schwestern und Brüdern?" Der Diener sei davongestürzt und der König habe ihn vergeblich suchen lassen.

Die beiden letzten Geschichten fügen zu den Zeichen von Mut und Freimut und schon gekonnter ritterlicher Redeweise noch den Schimmer kindlicher Unbekümmertheit. Bald nach der Szene im Königszelt wurde Guillaume durch den Bruder des Königs, der einen Frieden vermittelte, befreit und seiner Familie zurückgegeben.

Das nächste Bild aus Guillaumes Werdegang, das uns der Autor zeigt, ist seine ritterliche Erziehung beim Vetter seines Vaters, Wilhelm von Tancarville, dem Erbkammerherrn der Normandie auf dem Festland. Mit nur einem Pagen (valet) und einem Knecht sei er nach Tancarville gesandt worden. Acht Jahre, so meint der Autor gehört zu haben, sei Guillaume

Knappe (ecuyer) geblieben, und wir müssen nach unsern sonstigen Kenntnissen annehmen, daß diese Zeitangabe übertrieben ist, um der nachfolgenden Erzählung besondere Wirksamkeit zu geben. Man habe gefunden, daß dieser Knappe nichts täte als trinken, essen und schlafen. Man habe sich gefragt, wozu dieser „Guillaume gate viande" (was man in Österreich wohl mit Umsonstfresser übersetzen würde) eigentlich nütze sei, aber der Kammerherr habe lachend erwidert, der wisse wohl die Bohne aus dem Topf zu holen, sie aber wüßten nicht, wen er da aufziehe. Guillaume selbst habe nur geschwiegen, und es habe den Anschein gehabt, als ob er das Böse, das man über ihn sagte, gar nicht höre.

Der von vielen verkannte, nur von Einem erkannte junge „Stumme", der es sich lang an Speise und Trank und Schlaf genügen zu lassen scheint, und den Vorwürfe darüber nicht aus seiner Reserve holen, das sind bekannte Topoi für Heldenaufwuchs. Aber so wie sie der Autor anwendet und mit einem Faktum, dem Spitznamen, schmückt, lassen sie uns doch aufhorchen, und wir werden vermerken, wie uns der Autor zeigen will, daß bei Guillaume der Schnellwüchsigkeit im Leiblichen und der Offenheit und wachen Freimütigkeit des Kindes die innere Langsamkeit und Verhülltheit, das späte Sich-Öffnen der Knospe in den Werdejahren gegenüberstand.

Sein Hervortreten geschieht, nach seinem Ritterschlag durch Wilhelm von Tancarville, bei einem großen Turnier, bei dem die Ritter Anjous, der Maine und des Poitou gegen Franzosen der capetingischen Länder, Normannen und Engländer kämpften. Auch diese „Epiphanie" ist mit topischen Zügen geschmückt. Guillaume, der bei der Verteilung der Schlachtrosse unter die Ritter von Tancarville vergessen wird, besteigt etwa ein übriggebliebenes, als unzähmbar geltendes Pferd und zähmt es. Aber vor allem berichtet der Autor uns Fakten. Nach seiner Erzählung stürzt sich Guillaume, indes der Erbkämmerer mit seinen vierzig Rittern sich noch wartend abseits hält, in den Kampf, erst auf Herrn Philipp von Valognes, einen schönen und hochaufgeschossenen Ritter, ergreift dessen Pferdes Zügel und zieht ihn mit Gewalt aus der Kampfbahn. Nachdem er dem Gefangenen sein Gelöbnis abgenommen hat, kehrt er in die Bahn zurück und macht noch zwei weitere Gefangene. Die Schilderung, schon durch den Namen des ersten besiegten Gegners sich dingfest zeigend, enthält noch einen besonderen Zug, der auf genaue Überlieferung weist. Als Guillaume seinen dritten Gefangenen vom Pferd steigen ließ, habe sich ihm ein Ritter genähert und gesagt, da er bei der Gefangennahme zugegen sei, müsse er teil am eroberten Pferde haben. Guillaume habe

227

eingewilligt und obwohl es ihm nachher leid tat, sein Wort nicht zurück-
genommen. Am Morgen dieses Tages sei er noch arm an Geld und Pferden
gewesen, am Abend reich und wohlversehen mit Schlachtrossen, Zeltern
und Packpferden. Und gleich noch ein neues Turnier folgt im Bericht.
Guillaume kommt nach dreitägigem Ritt dazu, wie sich gerade alle
wappnen. Er besiegt im Turnier einen Ritter. Fünf andere kommen,
greifen in seine Zügel und drehen ihm den Helm verkehrt herum. Es
gelingt ihm, seine Helmschnur zu zerreißen, sich zu befreien, und nach
vielen Taten gewinnt er den Preis des Tages.

Von da ab durchzieht Guillaume nach dem Bericht, wenn nicht in
Kriegen, so von Turnier zu Turnier, alle Länder, wo Ritterehre zu gewinnen ist, und sein Ruhm verbreitet sich im capetingischen Frankreich, im
Pays de Val, im Hennegau, im Anjou und in Aquitanien, in Flandern, in
der Bretagne, der Maine und der Normandie. Der so im Ruhm Gewach-
sene besucht England, seine Familie und den Mutterbruder Patrick von
Salisbury. Er kehrt, der Mahnung seines Erziehers Tancarville folgend,
bald zurück und gelangt, als Heinrich II. mit der großen Alianor aufs
Festland kommt und die Königin der Hut des Patrick von Salisbury
übergibt, in dessen Gefolge. Beim Überfall der Lusignans fällt Patrick,
hinterrücks ermordet, und Guillaume deckt die Flucht der Königin. Wir
sehen ihn, mit dem Rücken an eine Hecke gelehnt, gegen die Übermacht
kämpfen, dann, von hinten durch die Hecke hindurch angefallen, schwer
verwundet und gefangen. Die ihn gefangenehmen nennt der Autor
„schlechte Leute", denn sie versorgen den Verwundeten nicht. Er muß
sich selbst mit Gewandfetzen verbinden und wird mitgeschleppt. Die
Rettung seines Lebens verdankt er einer Dame, die ihn sieht, sich nach ihm
erkundigt, von Patricks und seinem Schicksal hört, und ihm heimlich in
einem ausgehöhlten Brotlaib gezupftes Leinen für seine Wunden schickt.
Ein zweiter Bericht schildert, wie er als Gefangener im Zug zu einem
Ritter kommt, dessen Knappen gerade Spiele mit dem Wurfstein machen.
Der Verwundete schleudert den Stein weiter als alle, seine Wunden
brechen auf, und erst nach neuen Heilungsmühen kann er genesen. Die
durch seinen Heldenkampf gerettete Königin stiftet in St. Hilaire, in
ihrem Sitz Poitiers, für Patrick von Salisbury eine dauernde Messe, löst
Guillaume aus der Gefangenschaft und begabt ihn mit Waffen, Rossen,
Geld und Kleidern.

In sehr hohes Ansehen war Guillaume durch seinen Ruhm und durch
seinen Kampf mit den Lusignans auch bei Heinrich II. gekommen. Der
König wählte Guillaume in das Gefolge seines Sohnes Heinrich, und als er

nach seiner Rückkehr nach England Jung-Heinrich zum König krönen läßt (1170), übergibt er ihn im besonderen der Obhut Guillaumes mit dem Auftrag, ihn zu schützen und zu lehren (por lui garder et enseigner). Da ist Guillaume wahrscheinlich sechsundzwanzig Jahre alt, Jung-Heinrich fünfzehn.

Drei Jahre später nach vielen Turnierfahrten mit dem jungen König auf dem Festland – der erste Krieg zwischen Sohn und Vater ist schon ausgebrochen – fordert man, so berichtet der Autor, den achtzehnjährigen jungen König auf, sich zum Ritter schlagen zu lassen. Der sagt, er würde sich den besten Ritter, den es gäbe, aussuchen, daß der ihn mit dem Schwerte gürte. Als Schwert und Schwertgehäng gebracht werden, reicht es der junge König dem Guillaume und sagt: „Schöner Herr, ich will diese Ehre Gottes von Euch empfangen." Guillaume gürtet und küßt den Jüngling und bittet Gott, ihm Tapferkeit und Ehre zu erhalten. Und der Autor fährt fort: „So groß war die Ehre, die Gott dem Maréchal erwies. In Anwesenheit der Grafen, Barone, hohen Ritter gürtete er den König von England mit dem Schwert. Und doch besaß er kein Fleckchen Erde noch sonst etwas außer seiner Ritterlichkeit."

Mit diesem Bericht schildert der Autor Guillaumes Eintritt in die höfische Welt, und er versäumt auch nicht, das Entscheidende hervorzuheben. Guillaume wird, ins Licht gehoben durch seinen Kampfruhm und die Rettungstat an der Königin, der Erzieher des jungen Königs. Der Zögling wird auch innerlich der Seine und erkennt in Guillaume den Besten des alt-neuen, von der Sage getragenen, in den geistigen und kriegerischen Wirklichkeiten mächtigen freien Rittertums. Die Wahl des besitzlosen Ritters zur Erteilung des Ritterschlags, wie sie der junge König trifft, besiegelt die gemeinsame, diesem Erziehungsverhältnis entspringende Begründung der ritterlichen Würde, die der politischen Macht und der Besitzwelt als Kraft eigenen Wesens gegenübertrat. Es steht offen und zu erhoffen, daß der so erzogene junge König diesem Rittertum auch zur Geltung im Staate verhelfen kann, und damit den Vorbildern Artus und Alexander gleichkommen, ja sie überbieten könnte. Der Autor weist ausdrücklich auf diese Möglichkeiten hin und sagt, aus seiner Dichterstunde auf den frühen Tod Jung-Heinrichs zurückblickend: wenn Gott ihn länger hätte leben lassen, hätte er sie überboten an Tapferkeit und Wert (valeur). Und der Autor begründet diese Ansicht mit der Behauptung, daß Jung-Heinrich schon mehr gute Ritter um sich versammelt hatte, als Kaiser, König und Graf davon hatten, eine Behauptung, die von Giraud de Barri, dem Biographen des jungen Königs, bestätigt wird. Und der Autor hebt hervor, daß dieses Rittergefolge vom jungen König in Guillaumes Sinne gesammelt war. Wir können sein Handeln als Erfüllung seiner Erziehung durch Guillaume sehen. Der junge König habe die Wahl gehabt unter den jungen Männern des capetingischen Frankreichs und Flanderns und der Champagne. Er habe nicht mit ihnen gehandelt, aber er habe so mit ihnen umzugehen gewußt, „daß sie die Seinen wurden".

Bedeutsam ist bei diesen Aussagen noch, daß die Länder des Vaters, mit dem Jung-Heinrich damals im Kriege lag, bei der Auswahl ganz ausgespart werden, und daß die Champagne, wo Heinrichs Halbschwester Marie, die Meisterin in der Minneschule ihrer Mutter in Poitiers, Fürstin war, besonders hervorgehoben wird, einer der Hinweise, daß die junge Ritterschaftsgründung nicht ohne Zusammenhang mit ihrem geistigen Zentrum unternommen wurde.

*

Von seiner „Epiphanie" ab werden das Leben und das Wirken Guillaumes vom Dichter sowohl in ihrem großen Gang wie in vielen einzelnen Zügen als durch und durch ritterlich dargestellt. Wir können nun das einzelne im Epos Gegebene unter den ritterlichen Gesichtspunkten der Treue, des Dienstes, der Milde, der Freigiebigkeit und des Kämpfertums zusammenfassen.

Guillaume erscheint als ein Getreuer, der *groß im Dienen* ist, und der das Vertrauen derer, denen er dient, und ihre Achtung vor seiner Auffassung von ritterlicher Treue und Ehre gewinnt. Über das Zusammenleben mit dem jungen König wird uns vom Dichter berichtet, wie er bei den gemeinsamen Turnierzügen mehrmals in Wettkämpfen von Guillaume aus großer Gefahr gerettet wird, und wie dieser unablässig für seinen Schützling einsteht. Dann, als Guillaume nach schlimmen Verdächtigungen den Hof Jung-Heinrichs verlassen hat und in freiwillige Verbannung gezogen ist, wird uns berichtet, wie er alle wiederholten Angebote anderer Dienste mit sehr hohen Ehren und bedeutenden Einkünften ablehnt und sich frei hält für seinen von Verleumdern ihm entfremdeten jungen Herrn, während etwa Philipp von Flandern, Herr von Béthune, der Oheim des Freundes Balduin, der Herzog von Burgund und andere ihn für sich zu gewinnen suchen.

Noch während der Trennungszeit folgt Guillaume fraglos dem Ruf des jungen Königs zu einem großen Turnier und steht ihm dort bei, wiewohl sie nicht miteinander umgehen. Als endlich der junge König, von gewichtigen Zeugen dazu bekehrt, an Guillaumes Nichtschuld zu glauben, ihn zurückruft, kommt Guillaume sofort zu ihm in die belagerte Stadt, harrt dann in allen Kämpfen an der Seite des jungen Königs aus bis zu dessen Tod und hält ihm die Treue noch über den Tod hinaus. Auf seinem Sterbelager bittet der junge König Guillaume, er möge nach seinem Tode sein Kreuzzugsgelübde für ihn erfüllen. Guillaume gelobt es und geht, sobald er dafür gerüstet ist, für zwei Jahre als Kämpfer ins Heilige Land. Er bringt das Kreuzfahrerkreuz vom Mantel des jungen Königs nach Jerusalem zum Heiligen Grab.

In Guillaumes Verhältnis zu Heinrich II. tritt ein Moment aus den Berichten besonders hervor, bei dem sich nicht nur Guillaumes Treue gegen den Königsvater, der ihm den Sohn anvertraut hatte, erweist, sondern bei dem sich auch zeigt, wie weit Heinrich II. selbst in ritterlicher Gesinnung lebte und sie bei Guillaume anerkennen konnte. Vor seiner Rückkehr zum jungen König, der mit dem Vater im Kriege liegt, wendet sich Guillaume an den alten König und erbittet dessen Zustimmung, daß er seinem jungen Herrn auch gegen den Vater die Treue halten dürfe. Als der alte König, so heißt es im Bericht, eine „solche" Bitte hörte und „in solcher Weise" vorgebracht, sandte er Guillaume „Gruß und Liebe" und genehmigte ihm „zu seinem Herrn" zu gehen. „Und überdies hörte ich", so fährt der Autor fort, „daß er ihm gute Erlaubnis gab ihn selbst zu bekriegen und zu berennen und alles (gegen ihn) zu tun was er vermöchte" und daß er ihm deshalb nie Ungnade erzeigen würde. Bei diesem ganzen Geschehen handelt es sich um eine doppelte Großtat aus ritterlichen Gesinnungen, die sich in der Wirklichkeit und nicht in idealisierter Sage abspielt.

Von Guillaumes Treue und seinem großen Dienen wird weiterhin im Epos in großer Folge berichtet. Nach Jung-Heinrichs Tod steht Guillaume an des Königsvaters Seite. Im Kriege Heinrichs II. gegen Philipp August von Frankreich tritt er ebenso durch Waffentaten wie durch ritterlichen Rat hervor. An der Ulme von Gisor, als noch einmal über den Frieden verhandelt werden soll, macht ein Ritter Heinrichs II. den Vorschlag, die Entscheidung durch einen stellvertretenden Kampf von je vier Rittern von jeder Seite herbeizuführen. Philipp August nimmt den Vorschlag an – indessen sind die Heere gegeneinander aufgezogen – und benennt vier Ritter von seiner Seite, aber auch die vier englischen Ritter für den Kampf. Heinrich hält einen Rat, in dem alle verstummen. Da rät Guillaume, den stellvertretenden Entscheidungskampf an einen neutralen

Ort zu verlegen, damit nicht Verwandte und Freunde den Kämpfenden in der Not zur Hilfe kommen könnten, und schlägt den Kaiserhof oder einen der Königshöfe von Navarra oder Aragon vor. Seine vier Kämpfer aber, so riet er, solle Heinrich selbst auswählen, und er schlägt vier andere Ritter, darunter sich selbst vor. Richard Löwenherz beschwert sich, daß er nicht dabei sein solle, Guillaume aber erklärt, der Erbe des Königreichs solle nicht in diese Sache gezogen werden. Philipp August lehnt diese Vorschläge ab. Graf Philipp von Flandern aber, der unter den von Philipp August benannten vier französischen Rittern war, hatte, als er die Namen der von den Engländern vorgeschlagenen Kämpfer hörte, lachend gesagt, er sei doch nicht toll, daß er sich mit Guillaume schlagen wolle. Der Kampf der Heere beginnt. Die Franzosen werden zurückgeschlagen.

Wir sehen in diesem Bericht nicht nur Guillaumes persönlichen Mut und Einsatz, wir sehen auch seine erfahrene Einsicht, seinen politischen Weitblick und vor allem seine Vision von einem ritterlich geordneten Europa, wobei er besonders den Kaiserhof Barbarossas (1184 war die Ritterschaft Europas vereinigende Schwertleite der Barbarossasöhne in Mainz!) oder die Königshöfe Navarra und Aragon als Ritterhöfe einschätzt, an denen ein feierliches und bindendes ritterliches Schiedsgericht mit stellvertretenden Entscheidungskämpfern abgehalten werden könne. Daß Guillaume den Königssohn als Kämpfer ausschließt, zeigt, daß seine Treue dem ganzen erwählten Königshause gilt und auch der Königinmutter Alianor, die er in England gefangen weiß, und deren Liebe zu dem Sohne Richard ihm wie allen vor Augen stand. Philipp von Flanderns lachende Bemerkung zeigt uns wieder den Kampfruhm, der Guillaume voraufging, und Philipps Wissen um Guillaumes Kampfkraft, die er auf vielen Turnieren mit eigenen Augen gesehen hatte.

Als Richard im weiteren Verlauf des Krieges auf Philipp Augusts Seite getreten war und nun selbst gegen den Vater kämpft, bekommt Guillaume den wilden Richard, der sich nur mit einem Eisenhut und Schwert im bloßen Wams auf die Verfolgung geschlagener Engländer stürzt, vor seine Lanze. Aber er tötet ihn nicht, tötet nur sein Roß und schaltet ihn so aus der Verfolgung aus, wieder seine Treue gegen das erwählte Königshaus und seine ritterliche Gesinnung besiegelnd.

Als Guillaume nach Heinrichs II. Tod sich Richard stellt, ist er sich dieser Treue bewußt und scheut die Probe nicht, der seine Gefährten mit großer Sorge um ihn entgegensehen. Nicht umsonst, daß Richard gerade Guillaume sogleich als Befreiungsboten zur Mutter schickt, daß Guillaume bei Richards Krönung das Zepter voran trägt, und daß Richard

im weiteren Verlauf ihres Zusammenwirkens gegenüber allen Verleum-
dungsversuchen auf Guillaumes Treue schwört. Es ist eine ritterliche
Treue-Trias, in der Alianor, Guillaume und Richard während Richards
ganzer Regierungszeit, während seines Kreuzzugs und während seiner
Gefangenschaft und dann nach seiner Befreiung über dem Reich der
Plantagenets walten.

Unter Johann ohne Land hatte sich Guillaumes Treue unter besonders schwierigen Umständen zu bewähren. Guillaume setzt, wahrscheinlich von Alianor entsandt, nach Richards Tod beim Erzbischof von
Canterbury Johanns Thronfolge durch, dient ihm in seinen schweren
Kämpfen mit Frankreich unablässig mit Rat und Tat, sucht sein Mißtrauen
einzuschränken und gibt ihm willig gegen die Bitten seiner Gattin Isabella
die Söhne als Geiseln, als er das ihm zustehende Erbe Isabellas in Irland
sich erkämpfen muß und Johann ihn dabei mit allen erdenklichen Hem-
mungen und Intrigen zu behindern sucht. Während er seine Rechte gegen
den König wahrt, wahrt er zugleich unbeirrbar auch dieses schlimmen
Königs Rechte. Als die englischen Barone nach der Schlacht von Bou-
vines, die Philipp August den Sieg über Kaiser Otto IV. brachte, Philipp
Augusts Sohn Ludwig, den späteren Ludwig VIII., im Aufstand gegen
Johann zum König von England wählten, blieb Guillaume fest an Johanns
Seite, und so geschieht es, daß der sterbende Johann seinen noch kindlichen Sohn gerade Guillame anvertraut wissen will. Johanns Worte im
Epos, die er in Todesnähe spricht, scheinen gut überliefert und haben ihr
Gewicht. Er sagt zu den um ihn versammelten, ihm noch anhängenden
Baronen: „Um Gottes Willen, bittet den Maréchal, mir alles Unrecht zu
verzeihen, das ich ihm angetan habe, und das ich ganz bereue. Immer hat
er mir treu gedient, niemals gegen mich gehandelt, was immer ich ihm
antat oder sagte. Um Gott, meine Herren, bittet ihn mir zu vergeben. Und
da ich seiner Treue sicherer bin als der irgendeines anderen, bitte ich Euch,
ihm meinen Sohn anzuvertrauen, dem es nie gelingen wird, das Land zu
behalten, wenn nicht durch ihn."

Die Größe und Umsicht, mit der Guillaume dem Kinde Heinrich III.
die Treue hielt und ihm diente, hat der Verfasser unseres Epos offenbar
noch selbst erlebt, und sie war zur Abfassungszeit noch allen Mitlebenden
im Bewußtsein. Sie werden im Epos besonders lebhaft geschildert, und
Guillaumes Worte, als er nach langem Zögern die Obsorge für das viel-
bedrohte Kind übernimmt, können gut die Folge von ritterlichen Treue-
und Dienstschilderungen abschließen: „Beim Schwert Gottes, dieser Rat
ist wahr und gut und geht mir so ans Herz, daß, wenn alle ihn verließen,

wißt ihr, was ich tun würde? Ich würde ihn auf meinen Schultern, ein Bein da, ein Bein dort, von Insel zu Insel, von Land zu Land tragen. Und ich würde ihn nicht verlassen, selbst wenn ich mein Brot erbetteln müßte."

Im ganzen Epos wird Guillaume immer wieder als der ritterlich Freigebige gezeigt und als der „*Milde*", als einer, der dem Besiegten ritterliche Gnade gibt. Oft sei Guillaume aus den Turnieren durch seine vielen Siege und Gefangennahmen der Gegner als ein Reicher zurückgekehrt. Aber er habe keinen Geiz gekannt und habe wohl gewußt, dasjenige „gut" auszugeben,was er gewonnen hatte. Diese allgemeine Feststellung wird durch viele Einzelberichte beleuchtet: etwa wie er einen im Turnier gefangenen Ritter seinen Freunden übergibt, damit sie aus dessen Lösegeld ihre Schulden zahlen könnten, oder wie mehrere von einer Überzahl bedrängte Ritter sich lieber Guillaume ergeben wollen als ihren Angreifern; wie er das annimmt, wie die Angreifer daraufhin weichen und Guillaume die sich ihm Ergebenden freiläßt. Hier reiht sich auch die hübsche Geschichte an, wie der Graf von Saint-Pol vor einem Turnier dreißig Pferde an seine Ritter verteilt und dann keines für sich selbst übrig hat. Da bietet ihm Guillaume eines seiner beiden Rosse an, und – „der Graf nahm es an, und wißt, er nahm nicht das schlechtere".

Bei der Verteidigung von Le Mans läßt Heinrich II. Feuer in eine Vorstadt legen. Guillaume unterbricht seine mächtigen Kampftaten und hilft einer Frau, die weinend vor ihrem brennenden Hause steht.

So wie Guillaume den fast waffenlosen, jedenfalls schlechter als er bewaffneten Königssohn Richard in der Schlacht nicht angreift und ihm nur das Pferd tötet, so läßt er auf einer andern Stufe einen Vagabunden laufen, der ihm sein schönstes Pferd gestohlen hatte. Der hatte es einem Jungen, der es bewachen sollte, entwendet. Guillaume habe sein Pferd am Wiehern erkannt und den Dieb gefunden, der nun gehängt werden sollte.

Als der wirksam Mildernde wird Guillaume besonders in seinem Verhältnis zu Richard Löwenherz, dem Ungestümen, gezeigt. Bezeichnend ist schon, daß Heinrich II. bei Richards Abfall zu Philipp August von Frankreich keinen anderen als Guillaume aussendet, um den Sohn zurückzuholen. Der Eposdichter läßt durchblicken, daß das Guillaume wohl gelungen wäre, wenn Richard nicht schon in der Abfallsnacht mehr als zweihundert Briefe abgesandt hätte, um seine Anhänger zum Aufstand gegen Heinrich zu sammeln.

Schön und Frieden stiftend gelingt Guillaume Richards Milderung in dessen späterem eigenen Kampf mit Philipp August. Der schickt, selbst nicht wagend, zur verabredeten Zusammenkunft zu kommen, den Kardinal Pierre von Capua als Unterhändler. Der listig-betrügerische Kardinal erregt schon bei Beginn der Verhandlung Richards wilden Zorn, weil er den Krieg der beiden Könige als Sünde bezeichnet, die den Verlust des Heiligen Landes, für das sie zu streiten versäumten, zur Folge habe. Richard schleudert ihm, seiner Erfahrungen auf dem gemeinsamen Kreuzzug mit Philipp August eingedenk, entgegen, daß Philipp August damals, ungerügt von der Kirche, ihn im Heiligen Land verlassen, seine Länder daheim angegriffen und ihn zur Rückkehr gezwungen habe. Ganz Syrien wäre ohne diesen Verrat von den Heiden befreit worden. Und als man ihn, den heimkehrenden Kreuzfahrer, der allen hätte heilig sein sollen, gejagt, gefangengenommen und gefangengehalten habe, sei Philipp August der Mitanstifter zu allem und der Gegenspieler seiner Freilassung gewesen. Dann bezwingt Richard seinen Zorn noch einmal und zeigt sich bereit, den gewünschten fünfjährigen Waffenstillstand zu schließen. Als aber der Kardinal noch als Vorbedingung die Befreiung des Bischofs von Beauvais nennt, bricht Richard in unbändigem Zorn los. Nie werde er diesen Räuber, Tyrannen und Brandstifter, der sein Land verwüstet habe, herausgeben. „Macht Euch fort von hier" herrscht er den Kardinal an, „Herr Verräter, Lügner, Betrüger, Pfründenverkäufer. Macht daß ich Euch nie wieder begegne." Und nach der Flucht des Kardinals schließt sich der König „wie ein verwundeter Eber" in seinem Zimmer ein. Da ruft ihn laut sein Marschall Guillaume. Ihm wird aufgetan, und es gelingt ihm, Richard zu beruhigen. Er solle über all das lachen. Er habe alles gewonnen. Guillaume verbürge sich, daß die Franzosen schon morgen zu neuen Verhandlungen wiederkämen. Und tatsächlich kommt statt des verängstigten und erschütterten Kardinals schon am andern Tag der angesehene Erzbischof von Reims, und der Vertrag wird geschlossen. Wie wild und unversöhnbar entflammt aber Richard gewesen und wieviel Guillaume gelungen war, sieht man aus den entsetzten Berichten des rückkehrenden Kardinals: Dieser König sei stolzer als ein Löwe. „Er geriet in solche Wut und sah mich mit solchen Augen an, daß ich dachte, er würde sich auf mich stürzen." Einige bei den Franzosen lachten freilich über diesen Bericht. Der König Richard sei keine Ziege und sei nicht leicht zu erschrecken.

Als Beispiel für Guillaumes Freigebigkeit bleibt noch anzufügen, daß es seine Gewohnheit war, seine Ritter in großer Zahl an Pfingsten mit Pelzmänteln zu beschenken, wie es aus dem berichteten leidenschaftlichen Beharren bei dieser Sitte noch auf seinem Sterbelager hervorgeht.

Das sind einige Beispiele aus den reichen Belegen, die der Eposdichter gibt. Am größten aber erscheinen Guillaumes Rittergnade und seine Racheverzichte nach der Besiegung seiner Gegner in Irland. Guillaume hatte durch seine Gattin Isabella, die Schöne-Gute-Weise (la bonne, la belle, la sage) auch große Länder in Irland gewonnen, die zu ihrem Erbe gehörten. Sein unablässiger Dienst im Reich unter Richard hatte ihn noch nicht zur Inbesitznahme dieser Länder kommen lassen. Nach großen Diensten in Tat und Rat während Johanns erster Regierungszeit bittet Guillaume um Urlaub nach Irland. Johann sucht ihn zurückzuhalten, indem er auch noch Guillaumes zweiten Sohn, der sicher nicht ohne Beziehung den Namen Richard trug, als Geisel verlangt – der älteste Sohn Guillaumes war schon als Geisel beim König. Isabella und Guillaumes Barone raten, den zweiten Sohn nicht zu schicken. Guillaume erwidert: „Ich werde gern alle meine Kinder dem König schicken, wenn er es wünscht", schickt Richard zum König und geht nach Irland. Der dortige königliche Oberrichter Meilier erreicht vom König, daß er Guillaume zugleich mit ihm selbst nach England zurückruft, und befiehlt seinen Leuten, indessen Guillaumes Länder zu überfallen. Guillaume vertraut seine Länder seinen Getreuen an, versammelt seine irischen Barone in Kilkenni und gibt seine schwangere Frau in ihren Schutz, die Barone mahnend, daß Isabella die Tochter des Grafen Richard de Clare sei, der das Land erobert und sie alle belehnt habe: „Sie bleibt als Schwangere unter euch, ich bitte euch, sie treu zu hüten, bis Gott mich zurückführt, denn sie ist eure Dame, und ich habe das Land nur durch sie."

Guillaume und Meilier gehen nach England. Meiliers Anhänger beginnen in Irland den Krieg. Meilier beredet den König, Guillaumes Getreue nach England zurückzuberufen, Meilier selbst nach Irland zu entlassen und Guillaume die Rückkehr nach Irland zu verweigern. Aber Guillaumes Getreue bleiben im Land, besiegen und fangen Meilier. Als die Nachricht davon nach England kommt, läßt der König Guillaume nach Irland fahren. In Kilkenni erbitten die besiegten Feinde und die verräterischen Barone Guillaumes Gnade. Isabella bittet den Gatten, die Gnade zu verweigern angesichts der unsäglichen Qualen, die sie ihr angetan, für die er grausame Rache nehmen müßte, wenn er sie ermesse. Guillaume aber vergibt den Verrätern, begnadigt die besiegten Feinde und gibt ihnen die Geiseln, die sie alle stellen mußten, zurück, nur nicht dem Meilier. Der wird als Oberrichter abgesetzt, muß Guillaume gesondert um Vergebung flehen und muß die Vergebung sogleich mit seiner Burg Doumas bezahlen und für die Zukunft mit dem Abtreten aller seiner Länder an Guillaume als Erben.

Dieser Versöhnliche, Freigebige, Mildernde wird weiterhin im Epos als ein mächtiger und schöner ritterlicher *Kämpfer* gezeigt. Von seinem Walten durch viele Länder in vielen Turnieren, die manchmal alle vierzehn Tage stattfanden, und zu denen, wie es heißt, unzählige Ritter mit reichen Rüstungen kamen, sogar aus der Lombardei und aus Sizilien, wird viel berichtet:

Wie er den jungen König immer schützt und aus gefährlichen Lagen rettet, einmal in einem großen Turnier, an dem dreitausend Ritter teilnehmen, als dem jungen König schon sein Helm entrissen ist und ihm Gefangennahme droht. Wie er oft den Preis des Tages gewinnt – einmal suchen ihn die Überbringer des Preises und finden ihn in einer Schmiede mit dem Kopf auf dem Amboß, wo der Schmied ihm mit Gewalt den zerschlagenen Helm ablöst (faossé et enfouce jusqu'au col). Wie er in einem Jahre zwischen Pfingsten und Fasten einhundertdrei Ritter besiegt, wie er einen gefangenen Ritter, der verwundet ist, mit Rüstung und Waffen auf seinen Armen aus der Kampfbahn trägt, und wie er einem Ritter das Pferd am gleichen Tage zweimal abgewinnt: Der hat es beim jungen König zurückerbeten und zurückerhalten, doch abends bittet er den jungen König wieder um sein Pferd. Der König fragt Guillaume, warum er es nicht zurückgegeben habe, und erfährt, daß dieser es inzwischen schon wieder neu gewonnen hat.

Auf seinem Sterbelager schätzt Guillaume, daß er in seinem Leben mehr als fünfhundert Ritter im Turnier besiegt und große Lösung von ihnen gewonnen habe, und er macht diese Schätzung, als ihm solches Tun als Buße heischende Sünde angemerkt wird.

Nicht weniger reich sind die Berichte von Guillaumes Bewährung in ernsten Kämpfen, von jenem Kampf an der Hecke, der die Flucht der Königin Alianor beim Überfall deckte, bis zu den Kämpfen in England für das Kind Heinrich III. gegen die eingedrungenen Franzosen, bei denen es den von Guillaumes Schwertstreichen zermürbten Franzosen schien, als ob die Büsche überall und Berge und Täler auf dem Schlachtfeld voll von lauter Maréchals seien.

> Qu'il cuid (i) érent que li buisson
> Partot, e es monz e es vals
> Fussent tuit plein de Maréchals

Er war ein großer Verfolger, der den Sieg ganz zu nützen wußte, ähnlich wie Gneisenau nach der Schlacht von Belle Alliance, die die Engländer zu Unrecht noch immer die bei Waterloo nennen. Eine eindrucksvolle Szene ist auch aus der Zeit seiner Kämpfe an der Seite von Richard Löwenherz berichtet. Bei einer Belagerung rettet Guillaume einen Ritter von der Sturmleiter, dringt selbst als erster in die Burg – Richard, der auch auf die Leiter wollte, wird indessen zurückgehalten – und bringt dem König einen gefangenen Ritter zum Geschenk, den er aber zurückerhält mit der Verfügung, er selbst solle dessen Hüter und Herr sein.

Die Schönheit des Kämpfens aber, auf die man ja in allen ritterlichen Zeiten einen besonderen Wert legte – so schon bei den Spartanern, die von den Vorkämpfern der ersten Reihe, wenn sie sich bewährten, zu sagen pflegten „sie haben schön getanzt" – wird bei Guillaume gerade in seinen späten Streiten gegen die in England eingedrungenen Franzosen besonders hervorgehoben. Da sei er in einem Entscheidungskampf, nachdem er die Engländer mit dem Kreuzfahrerruf „Gott will es" angefeuert und die Normannen an ihr Vorrecht des ersten Schlages erinnert hatte, allen voraus drei Lanzen tief in die feindlichen Reihen eingedrungen und *schön* sei er dabei erschienen und „leicht wie ein Vogel" (si très legiers come uns visels. V. 16608). Damals war Guillaume dreiundsiebzig Jahre alt.

*

Guillaumes Ritterlichkeit erscheint im Epos weiterhin in seinem Erziehertum und Gefährtentum und in seinem eigenen Wirken als Gefolgsherr. Diese Fähigkeiten treten in drei besonderen Beispielen hervor oder in vieren, wenn wir die Milderungen an Richard Löwenherz, die ihm gelangen, mitrechnen wollen. Die drei großen Beispiele sind der junge König Heinrich, dann Guillaumes Schildknappe Jean d'Erlée, später sein nächster Getreuer, dessen Überlieferungen und Aufzeichnungen dem Epos zugrunde liegen, und das Kind Heinrich III. Eben diesen dreien hat Guillaume auch selbst den Ritterschlag gegeben.

Wie Guillaume am jungen König Heinrich das „garder" und das „eseignier" ausübte, das ihm der Vater Heinrich II. übertragen hatte, ist uns schon bekannt. Er hat ihn zu einem bedeutenden Erfüller und Pfleger des neuen Rittertums gemacht, dessen Träger Guillaume selbst war, so daß man im jungen König das Erstrebte, zutiefst Erwünschte verkörpert fand, und dieser schnell an Preis und Ehre wuchs und der schönste unter christlichen und heidnischen Fürsten genannt wurde. Ein Licht auf den

Kern dieses Verhältnisses fällt aus dem Wort, das der Dichter in Vers 2633/35 ausspricht:

> Que par ce fu il puis marut jor
> Sire et mestre de son seignor

> Da er ihn zu ritterlichem Leben erzog,
> wurde er Herr und Meister seines Herrn.

Da Jean d'Erlée selbst die Hauptquelle für die Berichte im Epos ist, so ist es verständlich, daß er mit seinem Eigenen wenig hervortritt und im Verhältnis zu seiner Bedeutung für Guillaumes Leben sehr sparsam behandelt ist; verständlich auch, daß über die Tiefe seines Lebensbundes mit Guillaume nichts ausgesagt wird. Wir können diese Tiefe aber aus einer Reihe von Berichten über Fakten und Hergänge erschließen und vor allem aus der Rolle, die Jean d'Erlée nach 30jährigem unverbrüchlichem Bündnis an Guillaumes Sterbelager spielt.

Bei Guillaumes kühnem Ritt auf die Brücke bei der Belagerung von Montmirail, die ihm Heinrich II. aufgetragen hatte, wird Jean d'Erlée im Epos zum erstenmal erwähnt als Schildträger und Knappe Guillaumes. Das war im Jahre 1188, Guillaume war 36 Jahre alt. Für den Knappen, der damals, wie erwähnt wird, zu Guillaume kam, dürfen wir etwa ein Alter von 18 Jahren annehmen. Das nächste was wir im Epos von diesem Knappen erfahren, ist, daß er in dem gespannten Augenblick nach dem Tode von Richard Löwenherz (als die Nachfolge zwischen Johann und Arthur offen ist und Guillaume den Erzbischof von Canterbury, der damals in Frankreich weilte, für Johann gewonnen hat), von Guillaume sogleich nach England vorausgesandt wird, um für die Krönung Johanns zu wirken. Für deren Vorbereitung folgt ihm Guillaume dann mit dem Erzbischof von Canterbury nach. Das ist elf Jahre später, Jean d'Erlée ist schon von Guillaume zum Ritter geschlagen worden und als Ritter in Guillaumes Gefolge. Daß er in diesem Augenblick entsandt wird, zeigt uns, in wie nah vertrauter und wie gewichtiger Stellung er damals bei Guillaume gewesen sein muß.

Und wieder in einem gespannten Augenblick, diesmal nicht der Reichsgeschichte aber der persönlichen Geschichte Guillaumes, taucht Jean d'Erlée im Epos auf. Als Guillaume seine Länder in Irland, die er eben erst in Besitz genommen hat, und seine schwangere Gattin durch die Intrigen des Oberrichters Meilier und des Königs Johann verlassen und nach England zurückkehren muß, steht Jean d'Erlée an der Spitze der

Getreuen, denen er sein Land und die Schwangere anvertraut. Auf Meiliers Bitten befiehlt der König auch diesen Getreuen, nach England zurückzukehren. Jean d'Erlée aber setzt unter den Zurückgelassenen den Beschluß durch, diesem Befehl des Königs die Folge zu verweigern und das Land ihres Herrn zu verteidigen. Sie suchen Verbündete, besiegen die Gegner Guillaumes und nehmen Meilier gefangen. Als Guillaume endlich nach Irland zurückkehrt, findet er d'Erlée gerüstet, den Frieden im Land zu sichern. Als Johann dann mit einem Heer nach Irland kommt und Guillaume des Verrates bezichtigt, verlangt er Jean d'Erlée als Geisel – und Guillaume verweigert als einzige gerade diese Geiselgabe, eher zu allen anderen Garantien willig: „Ihr habt meine Söhne als Geiseln und alle meine Burgen in England. Wenn Ihr meine Burgen in Irland auch haben wollt, gebe ich Euch so viel Ihr wollt, wie auch die Söhne meiner Vasallen. So kann niemand handeln, der schlechte Absichten hat." Später, als Johann Guillaume für seinen Krieg gegen Frankreich als Helfer braucht, gibt er Guillaume beide Söhne, die er zu Geiseln hatte, zurück. Guillaume vertraut die Söhne Jean d'Erlée an zu Hut und Erziehung und macht ihn zu seinem Hausmarschall.

Man sieht aus all dem, welches Gewicht Guillaume dem zum nächsten Gefährten gewordenen an seiner Seite verlieh und wie dieses Gewicht auch vom König wahrgenommen und eingeschätzt wurde. Mit ihrem ganzen Zauber aber tritt diese Gefährtenschaft bei Guillaumes Übernahme der Obhut über den kleinen Sohn Johanns, Heinrich III., hervor und dann, alles überbietend, was uns intime Zeugnisse solcher Verbindungen aus der Ritterzeit sonst kennenlehren, in den Wochen am Sterbelager Guillaumes.

Guillaume hatte nach der Bitte der Barone um Übernahme der Obhut drei Berater zu sich nach Gloucester gerufen. Die beiden anderen rieten zu, Jean d'Erlée riet vorerst ab von der schweren Last, wies auf die drohenden großen finanziellen Schwierigkeiten beim Geldmangel des Königshauses und auf die zu erwartenden Mühen und Qualen. Guillaume wartet noch die Ankunft des Grafen von Chester ab, sucht ihn zu Übernahme der Obhut zu bewegen und stellt ihm seine Mithilfe in Aussicht. Der Graf erwidert, das gehe nicht an. Guillaume gelte für den besten Ritter der Welt, Guillaume müsse gewählt werden, und er selbst wolle ihm mit allen Kräften dienen. Wieder ruft Guillaume seine Berater und befragt sie, weil er sich in ein Meer ohne Grund und Ufer treten sehe. Nun aber sagt d'Erlée – und der Dichter gibt als Grund dieser Aussage an, daß d'Erlée Guillaumes „Gedanken verstanden hatte" – es ginge um eine Aufgabe, die „um jeden Preis" erfüllt werden müsse. Was sie auch bringe, und selbst wenn es zum schlimmsten Ende käme, ihre Erfüllung allein bringe die große Ehre. Selbst wenn alle zu Ludwig von Frankriech übergingen, alle Verrat begingen und alle ihre Burgen übergäben, so daß Guillaume in England nirgends mehr Zuflucht finden könne, das Land verlassen und in Irland ein Asyl suchen müßte, bringe dies Tun immer noch die große Ehre. Und da auch der schlimmste Ausgang die Ehre gebe, würde ein günstigerer Ehre und Freude zugleich geben. Kein Mann auf der Erde würde eine *solche* Ehre gewinnen.

Von diesem Rat sagt Guillaume, daß er wahr und gut sei und ihn ins Herz getroffen habe, und tut jenen Schwur, den wir schon an der Stelle, die Guillaume als Verkörperung ritterlicher Treue zeigt, gehört haben. Der Hinweis des Dichters, daß d'Erlée in diesem Augenblick die inneren Gedanken Guillaumes verstanden habe, zeigt uns an, daß der greise Erzieher und der gereifte Zögling in dem innersten Grunde ritterlicher Gesinnung verbunden waren in dem, was man die Heilige Ehre nennt.

Das so beschaffene Bündnis konnte dem Tod wie dem Leben begegnen und über ihn hinaus bestehen. Wähend Guillaumes Krankheit und in seinen Sterbewochen sehen wir Jean d'Erlée immer um ihn, wenn er nicht gerade zu kurzen Aufträgen entsendet wird. So muß er etwa noch zwei Tücher aus Seide herbeiholen, die Guillaume sich aus dem Heiligen Land mitgebracht hat, damit sie nach seinem Tod seinen Leichnam bedecken sollen, und auch für die Überdecken sorgen, mit denen, falls beim Begängnis schlechte Witterung herrschen sollte, die heiligen Tücher geschützt werden könnten.

Über seine letzten Verfügungen berät sich Guillaume immer wieder mit dem Freunde und gibt ihm seine Aufträge. Mit ihm versteht er sich über die Gesinnung, aus der er seine letzten Entscheidungen trifft. Als Guillaume die Zumutung von geistlicher Seite, allen in seinen Turnierkämpfen erlangten Gewinn für sein Seelenheil der Kirche zu geben, ablehnt, tut er es mit des Freundes glühender Zustimmung. Der Freund bekommt den Auftrag, die über achtzig Pelzmäntel im Vorrat an Guillaumes Ritter zu verteilen. Ihm vertraut Guillaume den leidenschaftlichen Wunsch zu singen an, der ihn auf dem Sterbelager mit seltsamer Gewalt überkommt, in seinen Armen übersteht er eine große Ohnmacht, ihn bittet er, Rosenwasser auf seine Schläfen zu sprengen.

Nicht erwähnt wird im Epos, was wir aus Dokumenten wissen, daß Guillaume nach seiner Heirat, als er zu Besitz gekommen war, den Freund mit Einkünften und Bezügen ausgestattet hatte, und daß er ihn zu seinem

Testamentsvollstrecker einsetzte, ein nicht ungewichtiges Siegel auf das Vertrauens- und Freundschaftsverhältnis, das aus dem Erzieher–Zöglingsverhältnis entstanden war. Wir wissen, daß Heinrich III. nach Guillaumes Tode dieses Bündnis zu ehren wußte. Als Jean d'Erlée zehn oder zwölf Jahre nach Guillaume ohne Nachkommen stirbt, zieht der König das Erbe nicht ein, sondern bestimmt den Bruder d'Erlées zum Erben.

Guillaumes Verhältnis zum Königskind Heinrich erscheint im Epos als das dritte besondere Beispiel seines ritterlichen Erziehertums. Schon bei der Übernahme der Obhut tauchen solche Momente auf, und das Verhältnis Guillaumes zu seinem ersten königlichen Zögling, zu Jung-Heinrich, dem Sohn Heinrichs II., wird gegenwärtig. Der auf den Armen seiner Hüter hereingetragene neunjährige Knabe begrüßt Guillaume in höfisch erzogener Weise mit der Formel: „Ich ergebe mich Gott und Euch" und bittet Gott, er möge seinem Beschützer die Gnade gewähren, ihn gut zu bewahren. Guillaume versichert dem neuen Schützling bei seiner eigenen Seele, daß er nichts versäumen werde, um ihm in guter Treue zu dienen. Die Zeugen dieses gegenseitigen Anvertrauens brechen in Tränen aus, und da Guillaume die alsbaldige Krönung vorschlägt, wird er selbst von den anwesenden Baronen gebeten, den Ritterschlag, der als Vorbedingung der Krönung erscheint, sogleich zu vollziehen. Der Knabe wird, mit ritterlichen Gewändern angetan, von Guillaume zum Ritter geschlagen, und der Dichter versichert, es sei „ein schöner kleiner Ritter gewesen". Zwei Ritter tragen nach dem Vollzug der Handlung das Ritterkind hinaus, und alle strecken ihm dabei die Hände entgegen. Diesen Schilderungen im Epos entsprechen die Berichte anderer Quellen. In einer heißt es, der junge König habe Guillaume „rector noster et regni nostri" genannt und als Guillaumes Titel angegeben: „regis rector et regni" also etwa des Königs und des Königreiches Lenker. Das klingt wie ein zweiter entsprechender Klang zu dem „Sire et mestre de son seignor" wie es zur Bezeichnung von Guillaumes Verhältnis zu Jung-Heinrich geheißen hatte.

Nach dem Bericht von Guillaumes Erkrankung – er hatte sich aus London zu Schiff nach seiner Burg Caversham bringen lassen, um auf eigenem Grunde zu sterben – schildert das Epos als erstes Guillaumes Fürsorge für den jungen König. Er vertraut ihn mit feierlichen Worten dem päpstlichen Legaten Pandolf an: er übergebe ihn Gott, dem Papst und dem Legaten, nimmt den jungen König beim Abschied an der Hand und mahnt ihn, er möge ein „Tapferer" (prodom) werden und ein „Mann des Guten" (homme de bien). Wenn er aber ein Verräter würde, wie der schlechte Vorfahr, dann wünsche er ihm ein kurzes Leben. Und der junge

König besiegelt den doppelten Wunsch mit seinem Amen – das ja heißt: so möge es sein. In dieser Abschiedsszene mit den Worten Guillaumes an seinen Zögling ist so etwas wie sein ritterliches Erzieherprogramm angedeutet und die Einigkeit von Erzieher und Zögling in dieser ritterlichen Lebensauffassung. Die offene Verurteilung König Johanns gegenüber dem Sohn und das Bekenntnis, auch den geliebten Zögling lieber tot als ohne Ehre zu sehen, soll offenbar deutlich machen, wie fest und klar auch Könige nach diesen ritterlichen Maßstäben gemessen werden.

Außer zu den ihm Nachwachsenden, unter seinem Einwirken Heranwachsenden und Erwachsenen wird Guillaume auch sonst im Epos in vielen Bündnissen mit Männern gezeigt, die ritterlichen Charakter haben. Oft genug hören wir von Guillaumes Gefährtenschaft mit geteiltem Kampfgewinn und mit gegenseitig um die Wette bezeigter Noblesse. Roger de Gaugi bittet Guillaume um „compagnie" (Turniergefährtenschaft) und sie reiten zwei Jahre zusammen zu den Ritterspielen und machen mehr Gewinn als andere, die sich zu sechst oder zu acht zusammengeschlossen haben. Als der Graf von Saint-Pol bei einem Turnier Guillaume begrüßt und ihn bittet, mit ihm sein zu dürfen, erwidert Guillaume höfisch: „Herr, nicht Ihr werdet mit mir sein, sondern ich mit Euch, so viel ich Kraft dafür habe". Sie reiten zusammen und Guillaume befreit den Grafen von mehr als sieben Rittern, die ihn gefangenehmen wollten. Wir hörten schon von den drei Turniergefährten, denen Guillaume einen verwundeten und gefangenen Ritter auf seinen Armen zuträgt: sie sollen mit dem Lösegeld des Gefangenen ihre Schulden bezahlen. Es mag uns Heutigen weniger gefallen, wie sich fahrende besitzlose Ritter auf Turnieren zeitweilig ihren Lebensunterhalt verdienten, und wie die Turniergefährtenschaften neben dem Ruhmesziel auch solche Zwecke verfolgten. Dem Dichter erscheint die Art, wie Guillaume es tat und wie er seinen Gewinn dabei verwendete, sehr rühmenswert.

Schon verhältnismäßig früh scheint Guillaume eine Gruppe von fünfzehn Rittern als Gefolge um sich gesammelt zu haben, und in jener Szene auf dem Sterbelager, wo es um die mehr als achtzig Pelzmäntel ging, werden wir gewahr, ein wie großes Gefolge Guillaume im Alter hatte.

Über diese Gefährtenschaften und Gefolgschaften hinaus hören wir im Epos noch von einer hohen Freundschaft, die Guillaume mit Balduin von Béthune, der als ein etwa Gleichaltriger mit ihm am Hofe Jung-Heinrichs war, verband. Balduin, so wird uns erzählt, habe Guillaume von den Verdächtigungen und Anschuldigungen seiner Neider bei Jung-Heinrich unterrichtet und von deren Briefen an den Königsvater Heinrich II., die Guillaume auch dort aus seiner Vertrauensstellung reißen sollten, und habe alles getan, diese Gegner zurückzuweisen und den jungen König von Guillaumes Nichtschuld zu überzeugen. Der Vater Balduins habe Guillaume nach dessen selbstgewählter Entfernung vom Hofe des jungen Königs – offenbar auch auf Betreiben des Sohnes – die Aufnahme in seine Gefolgschaft mit ansehnlichen Einkünften angeboten und habe ihm seine Tochter vermählen wollen. In der Zeit, als Guillaume aus der Nähe Jung-Heinrichs verbannt war, sehen wir Balduin mehrmals an Guillaumes Seite, und als später die Nichtschuld Guillaumes erwiesen war, ist Balduin unter denen, die ihn zum jungen König zurückholen.

Später finden wir Balduin von Béthune abermals als Verteidiger Guillaumes gegen seine Verleumder bei König Johann. Guillaume hat ein Gottesurteil angeboten, keiner der Ritter des Königs wagt, sich ihm zum Rechtskampf zu stellen, keiner will als Ankläger sprechen. Nur die „Bacheliers" sprechen gegen Guillaume. Da herrscht sie Balduin nieder: „Schweigt Ihr Herren ohne Erbe. Es geziemt weder Euch noch mir, über einen Ritter vom Wert des Maréchal am Hofe zu urteilen. Es gibt hier keinen Mann, der kühn genug ist zu beweisen, was Guillaume gegen den König getan haben soll." Besonders bemerkenswert ist an dieser Rede, daß Balduin sich in ihr, auf Guillaumes inneren Rang hinweisend, hinter den Maréchal zurückstellt und sich selbst zu denen zählt, denen kein Urteil über ihn zustehe.

Balduin von Béthune war es auch, der sich auf der Heimfahrt mit König Richard aus dem Heiligen Land, als der Sturm sie nach Istrien verschlagen hatte, auf der Flucht für den König ausgab und an seiner statt gefangen nehmen ließ. Danach steuerte er, selbst schon befreit, das weitaus meiste Gut zum riesigen Lösegeld bei, das Kaiser Heinrich VI. für den gefangenen Richard verlangte. Guillaume wußte die Treue dieses Freundes vor dem rückkehrenden Richard zu würdigen. Aus allen diesen Berichten geht hervor, daß die Freundschaft zwischen Guillaume und Balduin von Béthune auf dem tiefsten gemeinsamen Lebensgrund gewachsen ist, auf der Ritterehre.

Endlich taucht im Epos spät, am Sterbelager Guillaumes, noch ein Freund und ritterlicher Bündner von besonderer Bedeutung auf: der Templer Aimerie de St. More, dessen Freundschaft Guillaume offenbar im Heiligen Land erworben hatte, und mit dem er in Verbindung geblieben ist. Ihn läßt Guillaume an sein Sterbelager holen und bittet ihn, das seit einem Jahre vorbereitete Templergewand, das offenbar bei Aimerie verwahrt war, zu bringen. Das tut Aimerie und stirbt dann in einer Art

Schicksalsverbundenheit noch vor Guillaume in London. Der Dichter
überliefert uns seine Worte vor seinem Tode, in denen er seine ganze Nähe
zu Guillaume bezeugt: Er wolle neben dem Freunde, neben dem frère
Guillaume, wie er ihn als einen, der sich dem Templerorden angelobt
hatte, nennt, bestattet sein. Er habe seine Gesellschaft in dieser Welt sehr
geliebt und wünsche sich den Maréchal auch als Gesellschaft im Himmel.
Aimeries Wunsch der Bestattung neben dem Freund wurde bei der
Bestattung Guillaumes im „Temple", das heißt im Heiligtum der Templer
in London, erfüllt.

*

Dieser Kämpfer und Erzieher, dieser Freigebige und Milde, dieser Getreue und Tiefgründige in seinen Bündnissen mit Männern, den wir bisher
in den Bezeugnungen seiner Ritterlichkeit durch den Dichter verfolgten,
erscheint im Epos auch als ein *Minnender* und ein Liebe Erweckender in
Begegnungen mit Frauen. Es ist erklärlich, daß der Dichter dabei ver-
schwiegener ist, nicht nur aus allgemeinen Gründen der Dezenz, sondern
weil sein Held unter dem Gebot der Verborgenheit stand, das in der
ritterlichen Minnewelt galt.

Das Liebeweckende, das vom jungen Guillaume ausging, wird uns
vergegenwärtigt, als der unversorgte verwundete Gefangene nach dem
Überfall der Lusignans auf den Zug Alianors sich durch seinen Anblick
eine Retterin gewinnt. Er hatte die Wunde nur mit Gewandfetzen füllen
und verbinden können und wurde, sei es auf einem Karren oder auf einem
Esel, mitgeschleppt und war in Lebensgefahr. Beim abendlichen Halt des
Zuges in einem Schloßhof sieht eine Dame die große schlanke Gestalt, die
ein Bein nachzieht. Sie fragt nach dem Verwundeten und erfährt vom
Schicksal Patricks von Salisbury und dem des Jünglings. Was sie für ihn
tut, zeigt, daß sie dem Gefangenen nicht offen helfen durfte, beweist also
noch einmal die unritterliche Grausamkeit der Lusignanleute, und man
muß annehmen, daß Rastschloß und Dame der Lusignanschen Seite zugehören. Sie schickt dem Verwundeten ihre Hilfe heimlich verborgen,
gezupftes Linnen in einem ausgehöhlten Brotlaib, und scheut nicht, sich
selbst in Gefahr zu bringen bei der Erfüllung einer ritterlichen Pflicht und
bei ihrem Horchen auf die ritterliche Zuneigung, die sie bei seinem
Anblick ergriff:

> La dame franche e debonaire
> Fist que bone dame dut faire

Die kühne und wohlgesinnte Dame
Tat wie eine gute Dame tuen soll

Über das innerliche Dienstverhältnis ritterlicher Art, in das Guillaume zu Alianor trat, und das bis zum Tod der Königin dauerte, macht der Dichter wieder nur Andeutungen. Aber eben aus diesen Andeutungen und aus dem faktischen Geschehen ergibt sich zwingend der Schluß auf die Nähe dieser Verbindung. Sie beginnt schon früh mit Guillaumes Heldenkampf für die Rettung der Königin vor der Gefangennahme, wo Guillaume mit dem Rücken gegen die Hecke gelehnt, sechzig Gegner auf sich gezogen haben soll durch seine kühnen Rufe. Es folgt die Lösung aus der Gefangenschaft durch die Königin und seine Neuausstattung mit Kleid und Roß und Waffen durch sie, als er befreit zu ihr nach Poitiers kam. Dort hat Alianor auch in der Kirche, die dem Heiligen Hilarius geweiht war, der zusammen mit der Heiligen Radegonde Poitiers und das ganze Poitou schon durch Jahrhunderte geistlich beherrschte, eine dauernde Totenmesse gestiftet für Patrick von Salisbury, dem sie nicht mehr, so wie eben Guillaume, als einem Lebenden für ihre Rettung danken konnte. Der Dichter betont beim Bericht von der Loslösung Guillaumes durch die Königin, daß sie als höfische Herrin gehandelt habe (eu femme vaillante et courtoise).

Wir müssen aus allem Folgenden wohl schließen, daß Guillaume damals in die geistige Welt von Poitiers eingeweiht wurde, die Alianor eben zu verwirklichen begann. Und es kann nicht ohne ihr Zutun gewesen sein, daß Guillaume zwei Jahre später der Erzieher und ständige Begleiter des jung vom Vater gekrönten Sohnes Heinrich wurde, der auszog, den Geist von Poitiers durch die Länder zu tragen. Seine Wahl Guillaumes als des einzigen, von dem er den Ritterschlag empfangen wolle, zeigt an, daß er wohl wußte, wem er sein eigenes Einwachsen in das neue Ritterwesen nächst der Mutter am meisten zu verdanken hatte. Man kann sich gut die Partnerschaft Alianors mit Guillaume bei der Erziehung und im Geleit des jungen Königs vorstellen und kann mit guten Gründen vermuten, wer seit 1174 die Königin im ersten Jahrzehnt ihrer Gefangenschaft trotz aller Bewachung so vorzüglich von den Schicksalen des jungen Königs zu unterrichten wußte. Auch in den folgenden Jahren 1183 bis 1189 läßt es sich gut denken, daß Guillaume, der dem alten König damals nahe zur Seite stand, mit Ausnahme der zwei Jahre seiner Kreuzfahrt 1184/86, der geheime Vermittler wichtiger Nachrichten an die in England gefangengehaltene Königin war.

Sicher hat Richard Löwenherz nach des alten Königs Tod (6. Juli 1189) der geliebten Mutter keinen ihr gleichgültigen Mann als Befreiungsboten gesandt. Guillaume fand die Königin freilich schon in Freiheit und als tätige Herrscherin in Winchester, und das Epos deutet in wenigen Worten viel von dem Eindruck an, den sie damals auf Guillaume machte. „Vornehmer aussehend als je", heißt es im Epos, habe Guillaume sie gefunden, und die Beifügung des Dichters, der zu jener Zeit schon dem Hause Maréchal nahestand und schon ein bewußt Mitlebender war, könnte ein Widerklang von dem sein, was Guillaume von der neu gesehenen Königin damals berichtete: Im Relativsatz fügt der Eposdichter an dieser Stelle die folgende Deutung des Namens Alianor hinzu:

qui ont le nom d'ali et d'or

die ihren Namen von Adler und Gold hatte.

Diese Deutung könnte man sich als von Guillaume inspiriert denken, denn als „Goldadler" erschien ihm vielleicht die neu befreite Herrin, der er in innerem Dienst verbunden war.

Wir wissen, daß Guillaume in den folgenden Jahren der Regierung Richards mit Königin und König nahe zusammenwirkte. Bei Richards Krönung – erinnern wir uns daran – trug Guillaume das Szepter voraus. Richard ließ ihn während seiner eigenen Kreuzfahrt an der Seite der Mutter zurück als einen der Wahrer seines Reiches, während er den Freund Balduin von Béthune mit sich nahm, und das Epos berichtet von der wichtigen Rolle, die Guillaume während Richards Abwesenheit im Heiligen Land und in der darauf folgenden Gefangenschaft, aber auch bei Richards Befreiung und nach seiner Heimkehr gespielt hat.

Als Richard, beim abendlichen Umritt um eine belagerte Burg von einem Pfeilschuß schwer verwundet, in den Armen seiner Mutter gestorben war, geht der erste Bote, offenbar mit Wissen und Willen der Königin, nach Vaudreill, wo Guillaume sich aufhält, so daß Guillaume schon zum Erzbischof von Canterbury Hubert Goutier nach Notre-Dame-du-Pré kam, als der gerade erst die Nachricht von Richards Verwundung empfangen hatte, und beim Erzbischof – man muß annehmen in der Königin und Richards Auftrag – für die Thronfolge Johanns wirken konnte, wieder einen wichtigen Lebensdienst für seine Herrin vollziehend. Was Guillaume in den folgenden letzten Jahren der Königin und dann darüber hinaus an der Seite des verräterischen Johann leistete und ausharrend duldete, kann nicht ohne Einvernehmen mit der Königin geschehen sein und nicht ohne das Bewußtsein, in ihrem Sinne weiter zu wirken.

Minnedienst noch anderer Art muß Guillaume mit der jungen Königin Margarete, der Gemahlin Jung-Heinrichs verbunden haben. Nicht aus den Anschuldigungen der Neider ist das zu schließen, deren gemeine Motive und deren niederträchtiges Verfahren zur Beschaffung falscher Zeugen vom Dichter, der offenbar genau unterrichtet ist, bis ins einzelne entlarvt werden, sondern aus der stummen Trauer des jungen Königs: Er nimmt Guillaumes Entfernung hin, übergeht Guillaumes Anerbieten eines ihn und die Königin reinigenden Rechtskampfes im Gottesgericht am Weihnachtshof Heinrichs II. in Caen 1182, und verweigert jede Versöhnung, die Guillaumes Freunde, und unter ihnen auch politisch so bedeutende wie Graf Philipp von Flandern, herbeizuführen suchen. Erst als der Hauptankläger, Jung-Heinrichs eigener Seneschall, sich selbst als Verräter erweist und den von seinem Vater in Limoges belagerten jungen König in höchster Gefahr verläßt, ist Jung-Heinrich von Guillaumes Unschuld überzeugt und ruft ihn zurück. Seltsam mutet es uns Heutige an, daß wir, bei allen diesen genauen Berichten, vom Dichter kein einziges Wort über die Königin Margarete hören, die doch Mitangeklagte, mit der Guillaume der Liebesvereinigung bezichtet wird (que il le fait a la reine). Das würde sich aber gut aus dem Minneschweigegebot erklären, das alle hielten, die den Dichter über diese Vorgänge unterrichteten.

Das Verhalten des jungen Königs ist meiner Ansicht nach nur zu erklären, wenn ein Minnedienstverhältnis zwischen Guillaume und der jungen Königin bestanden hat, in dem die Möglichkeit einer Überschreitung der Treuegrenzen gegenüber seinem Herrn gegeben war. Bestätigt scheint mir diese Auffassung durch das Verhalten Guillaumes bei seinem Angebot eines Reinigungskampfes, das ganz den Angeboten Lanzelots bei seinem Reinigungskampf für Ginever entspricht:

Guillaume hatte, nach seines Dichters Bericht, bei der ersten Warnung, die ihm über das Gerede und das Planen der Ankläger zuging, nicht darauf eingehen wollen, als auf eine schamlose Anmutung. Er hatte dann des jungen Königs Betragen, der nicht mehr mit ihm sprach, zuerst still und auf Gott vertrauend hingenommen, hatte sich dann, wie der Dichter berichtet, an die heilige Susanna, an Daniel und an die drei Könige erinnert und hatte endlich den Hof verlassen. Er war auf des jungen Königs Befehl zu einem großen Turnier zurückgekommen, hatte im Turnierkampf den König zweimal aus einer Gefangenschaft befreit, und der König hatte zuletzt den Preis des Tages gewonnen. Guillaumes Gegner hatten sich in der Sorge, der junge König könne Guillaume wieder bei sich aufnehmen, durch Botschaften an den Königsvater Heinrich II. gewandt, um dessen Vertrauen zu Guillaume zu erschüttern. Guillaumes Antwort war sein Erscheinen auf jenem Weihnachtshof Heinrichs II. 1182 in Caen, diesem, wie es bei dem Dichter heißt, schönsten Fest, das über die Länder hin bis Köln angekündigt worden war. Die Gegner geraten in Furcht. Guillaume tritt vor den jungen König und erklärt sich bereit zu behaupten, daß er niemals einen Verrat gegen ihn begangen habe und bereit sei, für diese Behauptung im schwersten Kampf einzustehen. Er sei bereit, sich gegen drei Gegner zu schlagen, und das an drei Tagen hintereinander mit immer neuen Gegnern. Wenn er dabei auch nur eine Niederlage erleide, sei er bereit, sich hängen zu lassen. Jung-Heinrich erklärt, er nehme Guillaumes Verteidigung gegen die Beschuldiger nicht an und verzichte auf den Rechtskampf. Guillaume erwidert: „Die Beschuldiger sind hier. Warum spricht keiner? Sie hören mich doch!" Und er macht ein zweites Angebot: man möge ihm einen Finger abschneiden lassen von der rechten Hand, welchen man wolle, und dann solle ihm der stärkste der Beschuldiger als Ankläger stehen, und er droht für den Fall der Ablehnung dieses Angebots mit seinem Weggang vom Hofe. Als auch dieses Angebot nicht angenommen wird, wendet sich Guillaume in einer stolzen Rede an den Königsvater Heinrich II. Er bäte ihn um freies Geleit bis außer Landes. Er, Guillaume, müsse sich einen besseren Aufenthalt suchen, wenn ihm hier sein Recht verweigert werde.

Heinrich II. gewährt das Geleit. Guillaume zieht davon. Die Beschuldiger jubeln, daß der Stolze niedergeschlagen sei. An ihrem Gebaren geben sie sich zu erkennen, und der Freund Balduin de Béthune schreibt Guillaume eine Zusammenfassung, wer aller sich durch seine Freude als Verräter bekannt habe. Als dieser Brief Guillaume vorgelesen wurde, berichtet der Dichter, habe er gelacht.

Diese Vorgänge am Weihnachtshof von Caen sind mehrfach bezeichnend: für Heinrichs II. wissende Zurückhaltung und für seinen bekannten Gerechtigkeitssinn im Geben des freien Geleits. Für Jung-Heinrichs Vorsicht, diese bisher nur geheim vorgebrachten Beschuldigungen gegen seinen Erzieher, die zugleich eine Anklage gegen seine Königin gewesen wären, nicht öffentlich anzunehmen und den Erzieherfreund keinesfalls Kämpfen solcher Art auszusetzen. Vor allem aber bezeichnend für den leidenschaftlichen Willen Guillaumes, die Gegner zu offener Anklage zu zwingen und sich und die Königin von ihren Vorwürfen zu

reinigen, so wie es der hohe Minnedienst verlangte. Seine bis zum Über-
maß gesteigerten Kampfangebote gemahnen deutlich an die damals und
gerade in dieser Umgebung lebendige Sage von Lanzelot und Ginever,
vom ersten Helden und von der Königin am Artushof und von dem
Reinigungskampf, den Lanzelot unter ähnlich gesteigerten Bedingungen
gegen eine ähnliche Anklage im Dienst der Minne für seine Königin auf
sich nahm und vollbrachte. Nicht allzu lange vor diesen Ereignissen am
Hofe Jung-Heinrichs hatte Christian von Troyes sein Lanzelot-Epos vom
„Chevalier de la Charette" gedichtet, zu dem ihm in der Hoch-Zeit von
Alianors geistigem Minnereich in Poitiers deren Tochter Marie von
Champagne „Stoff und Sinn" gegeben hatte. Wir haben also nach den
offenbar gut fundierten Berichten in unserem Epos Guillaume le Maréchal
auch als einen Dienenden im Bezirk der hohen Minne zu sehen und als
einen Erfüller ihrer Gebote.

Es lohnt vielleicht, den Beginn der gegen Guillaume gerichteten
Intrige noch im einzelnen zu verfolgen, weil da vom Eposdichter einmal
die Gegenseite gezeigt wird, der ein Vertreter hohen Rittertums in seiner
neuen Prägung ausgesetzt sein konnte. Am Beginn seiner Schilderung
beruft sich der Dichter in bemerkenswerter Weise auf sein genaues Wissen: er wisse wohl, wer die Verleumder gewesen seien, aber er könne sie
nicht alle nennen, denn es gäbe noch Personen von ihrem Geschlecht. Das
mag für die Nachkommen des Hauptintriganten, Jung-Heinrichs Seneschall, gelten, auf den der Dichter erst später, bei dessen Abfall vom
jungen König in der Gefahr hindeutet. Dann geht er auf die zu nennenden
Akteure ein. Er erwähnt als ersten einen Adam de Iquebeuf und charakte-
risiert ihn mit dem Sprichwort, daß aus einem schlechten Gefäß ein
schlechter Trunk komme (De malveis vaissel malveis beirre, V. 5154). Als
zweiter wird ein Thomas de Coulonces genannt, der nur in „solchen
Küchen" gut gewesen sei und zwei Unzen von seinem Salz dazugegeben
habe. Diese beiden suchen bezeichnenderweise einen Mittelsmann, der die
Aktion auf sich nimmt, und versuchen es zunächst mit einem Raoul de
Hamars. Daß sie empfindliche „Franzosen" sind, sieht man dabei an ihren
Hetzreden gegen den „Engländer" Guillaume le Maréchal: „Wir wundern
uns" so reden sie auf Raoul ein, „daß dieser Guillaume über alles gilt. Wir
sind alle gedemütigt, da ein Engländer uns alle übersteigt (Quand uns
engleis toz nos surmonte, V. 5215). Er hat allen Ruhm in Frankreich."
Woher käme das denn, wenn nicht daher, daß der Herold Henri li Norreis
(also auch ein Normanne soll Raoul offenbar heraus hören) bei jedem
Turnier rufe „Gott helfe dem Maréchal". Daher habe der dann seine

Geldgewinne und seine guten Freunde. Aber es sei noch schlimmer: dieser Guillaume sei der Geliebte der Königin. „Sagt es dem König", drängen sie Raoul „que il le fait a la reine". Mit dem „le fait a la reine" ist offenkundig das faire l'amour gemeint.

Raoul weist die beiden Andränger zurück. Da bitten sie ihn, über ihr Ansinnen zu schweigen. Das verspricht Raoul, aber Pierre de Préaux bekommt Wind davon und warnt Guillaume, der aber auf diese Unverschämtheit, wie er es nennt, nicht eingehen will. Die beiden Anstifter aber wenden sich nun an einen Raoul Farei, den sie trunken machen und ihm dabei das Versprechen der Anzeige an den König abnehmen. Farei macht dem König Meldung und bietet fünf Zeugen an. Darauf folgen Jung-Heinrichs Trauer und sein Schweigen gegenüber Guillaume.

Sieben Jahre nach diesen Ereignissen beginnt Guillaumes Liebesbund mit Isabella, Gräfin von Pembroke und Striguil aus dem Geschlecht de Clare, deren Vater Richard de Clare (Strongbow genannt) bei der Eroberung Irlands entscheidend gewesen war. Er hatte einem der irischen Könige, König Dermot von Leinster, der Hilfe gegen seinen Nachbarn suchte, Beistand geleistet, war dafür zu Dermots Erben eingesetzt worden und hatte Dermots Tochter zur Frau bekommen, die Mutter Isabellas. Schon Heinrich II. hatte die früh verwaiste, sehr schöne und sehr reiche Erbin vieler Länder und Güter Guillaume als Gemahlin versprochen als Lohn für seine Dienste. Richard Löwenherz hatte sie ihm nach Heinrichs II. Tod abermals zugesprochen. Als Richards Befreiungsbote an Alianor, die in England schon wieder als Königin waltete, hat Guillaume sie wirklich gewonnen.

Isabella wird Guillaume von Raoul von Clanville, der sie in Obhut hatte, übergeben, und er vermählt sich mit ihr „ohne Zögern", wie es im Epos heißt. Der Dichter nennt sie an dieser Stelle die Schön-Gute, die Weise und Höfische von hoher Geburt. Nach der Hochzeit, die Guillaume eigentlich in den Erbländern Isabellas feiern wollte, aber auf Wunsch der Freunde noch in London beginnt, habe er die Dame nach Stones, einem friedlichen und angenehmen Ort geführt. Von dem inneren Verhältnis der beiden Gatten spricht der Autor, der noch zu Isabellas Lebzeiten dichtet, verständlicherweise nie direkt. Aber die ihr verliehenen Beiworte versichern uns, daß dieses Bündnis von beiden Seiten her auf ritterlichem Grunde blühte. Wir können auch mit großer Wahrscheinlichkeit annehmen, daß die junge Isabella nicht unberührt blieb von dem Wirken Alianors, das seit ihrer Krönung zur Königin von England 1154 überallhin ausstrahlte.

Guillaume hatte mit Isabella zehn Kinder, fünf Söhne und fünf Töchter. Den ältesten Sohn, der wieder den Namen Wilhelm trägt, vermählten die Eltern mit der einzigen Tochter des Freundes Balduin von Béthune. Im Verlauf des Epos taucht Isabella nur wenige Male auf. Einmal, als sie, die Mutter, Guillaume von der Geiselgabe auch des zweiten Sohnes an König Johann abzuhalten sucht. Damals bricht Guillaume mit ihr nach Irland auf, um ihre dortigen Länder endlich in Besitz zu nehmen, was ihm bei seinem unablässigen Wirken für das Reich der Plantagenets bis dahin nicht möglich gewesen war. Als König Johann in einem großen Intrigen-Zusammenspiel mit dem Oberrichter in Irland Guillaume plötzlich nach England zurück beruft, empfiehlt Guillaume die schwangere Isabella der Obsorge seiner dortigen Barone, da sie als Tochter des Mannes, dem jene ihre Lehen verdankten, doch ihre Dame sei. Nach der endlich beim König erkämpften Rückkehr Guillaumes nach Irland sehen wir Isabella, wie sie dem die abtrünnigen Barone begnadigenden Guillaume entgegentritt und gerechte Rache für die ihr indessen angetanen Unrechte und Qualen verlangt, die sie bei ihrem schwangeren Zustand besonders tief verletzt hatten. Es mag in diesem starken Rachebegehren außer den erlittenen Kränkungen auch ein angestammter keltischer Zug in ihr gewirkt haben. Aber wir hören nichts davon, daß sie sich im weiteren nicht in den Gnadenentscheid Guillaumes gefügt hätte.

Bei Guillaumes Erkrankung im Alter – er ist eben aus dem Felde aus den abschließenden Kämpfen nach der Vertreibung der französischen Invasion zum Tower von London zurückgeritten – ist Isabella bei ihm. Er läßt den ältesten Sohn und einen seiner Ritter dazu holen und macht sein Testament. Dann läßt er sich aus dem ungesunden London in seine Burg Caversham bringen, auch weil er auf seinem eigenen Boden sterben will. Er wird in ein Themse-Schiff gebettet, und Isabella begleitet ihn auf einem zweiten Schiff. In den Wochen seines Sterbelagers muß sie manchmal wegen ihrer übergroßen Trauer hinausgeführt werden. Einmal ruft Guillaume Isabella noch zu inniger Nähe und sagt zu der, wie der Autor sie nennt, freimütigen und süßen und guten Comtesse:

Bel'amie, or me besereiz
Car ja mes nul jor nel (l) ferez

und der Bericht fährt fort:

El se trest avant, sil besa
Il plora et el (e) plora

252

Schöne Freundin, jetzt werdet Ihr mich küssen
Denn Ihr werdet es keinen Tag mehr tun.
Sie ging vorwärts und küßte ihn
Er weinte und sie weinte.

Bei dieser Schilderung des Abschieds ist in der Handschrift eine Lücke, aber die erhaltene Anrede und Geste – dem Autor sicher gut und jüngst vor der Abfassung seines Gedichts überliefert – zeigen noch einmal die ritterliche Art dieses Liebesbundes.

Als Guillaume den Tod nahen fühlt, bittet er, alle Türen und Fenster zu öffnen, und läßt alle, die in der Burg sind, mit Isabella zu sich kommen. Sie hört seine ritterliche Entschuldigung für dieses einzigemal, wo er sich besiegen lassen müsse. „Ich kann mich nicht gegen den Tod verteidigen".

An der Entstehung des Epos, das Guillaumes Leben schildert, wird Isabella sicherlich nicht unbeteiligt gewesen sein, wenn sie auch der Autor in seinem Schlußbericht nicht unter den Stiftern seiner Dichtung nennt. Denn wir wissen, daß *sie* es war, die schon in früher Jugend von König Heinrich II. erbeten hatte, daß die Taten und Schicksale ihres Großvaters, des irischen Königs Dermot, in einem Epos besungen würden. Und dieses Wissen von ihrem Interesse an der dichterischen Gestaltung dieser Überlieferungen erlaubt uns die Vorstellung, daß sie mit Guillaume auch im Leben mit der Sage und mit ihren dichterischen Bezeugungen verbunden war.

*

Das lebendige Wissen um die *Dichtung* reiht sich an die bisher betrachteten Züge von Guillaumes ritterlicher Lebensart und Lebensauffassung. Wir können es an so manchem Aufleuchten der Dichter- und Sagenwelt im Gang des Epos fassen. Wenn dies unmittelbar zwar nur vom Autor des Gedichtes bezeugt ist, so müssen wir es doch auch vom dargestellten Helden annehmen, in dessen Sinn der Autor immer wieder spricht. Dieser wendet sich an Menschen, die in der Umgebung Guillaumes gelebt und seinen Sinn gekannt hatten, und auf deren Verständnis er rechnen konnte.

Der Autor kennt, wie er ausdrücklich angibt, den „Brut" des Dichters Wace, mit dem, auf Alianors Antrieb hin, die Ritterdichtung von König Artus und seiner Tafelrunde begonnen hat. Der Autor glaubt an Merlin und wünscht, daß sich Merlins Prophezeiungen für die Könige von England, wie er sie bei Wace gefunden hatte, erfüllen möchten. An einer Stelle

253

seines Epos, wo er von der Bestattung König Johanns berichtet, sieht er mit Genugtuung eine Prophezeiung Merlins handgreiflich erfüllt, die voraussagte, daß dieser König zwischen Heiligen ruhen sollte. Denn Johann sei in der Tat zwischen dem Heiligen Wulstan und einem andern Heiligen zu liegen gekommen. Das bestätigen übrigens auch andere Zeugnisse, aus denen wir erfahren, daß der zweite Heilige der hl. Oswald war (V. 15221–15228).

An einer andern Stelle des Epos zeigt sich gleichsam beiläufig, daß der Autor an die große Geschichtserfindung des Galfrit von Monmouth glaubt. Dieser hatte in seiner 1136 abgeschlossenen „Historia regum Britanniae" (der von Alianor vermittelten Quelle des Dichters Wace) den Britenanführer Artus, der gegen die in England einbrechenden Sachsen gekämpft hatte, zu einem weithinreichenden Weltherrscher hinaufgesteigert, der den Kaiser von Rom besiegte und gegen ihn gewaltige Feldzüge in Frankreich führte. Bei der Meldung von der Zerstörung der französischen Flotte in König Johanns Krieg gegen Frankreich heißt es nämlich, nie seit König Artus' Zeit sei so große Beute aus Frankreich nach England gekommen:

Cher unques meis ne vint de France
Si grant g(a)aing en Engleterre
Puis que Artur l'ala conquerre

Bei seinem Preise des jungen König Heinrich aber setzt unser Autor die Geläufigkeit der Sagengestalten Alexanders des Großen und Artus' bei seinen Hörern voraus, die ja in einer Art Wettkampf miteinander als Vorbilder die ganze frühe Ritterepik beherrschten. Da heißt es als Gipfel der Lobrede etwa: weder Artus noch Alexander hätten so viel Gutes in so kurzer Zeit getan. Wenn Gott ihn (den jungen König) länger hätte leben lassen, dann hätte er jene überboten an Tapferkeit und Wert (valeur).

Schließlich sprechen – im Abschnitt über Guillaume als „Minnenden" schon geschildert – deutliche Zeugnisse dafür, daß das Epos vom Karrenritter des Chrétien de Troyes Guillaume und seinen Mitlebenden gut bekannt und unter ihnen wirksam war.

Wenn wir annehmen dürfen, daß Guillaume und seine Freunde und Angehörigen ein ebenso tiefes Wissen um Dichtung und Sage hatten, wie sie uns beim Verfasser seiner Lebensbeschreibung entgegentreten, so können wir aus dem Epos auch Rückschlüsse auf Guillaume als Sänger gewinnen. Damit schließt sich der Reigen der Erscheinungen und Verkörperungen seines ritterlichen Wesens.

Es führt zu reizvollen Vorstellungen sich auszudenken, wie sich Guillaume als Sangesliebender mit Richard Löwenherz vereint hätte, der als Gefangener in Deutschland nicht nur seine Wächter, sondern auch Kaiser Heinrich VI., der selbst ein Dichter war, mit seinem Dichten und Singen bezauberte und mit dem Kaiser gerade in Hagenau (das auch sonst im mittelhochdeutschen Dichten und Singen durch die „Nachtigall von Hagenau" keinen schlechten Klang hat) mit dem Kaiser um die Wette sang. Besonders wenn man den mächtigen Sangeseifer der beiden bedenkt, etwa den Richards, der so musikalisch war, daß er nicht nur einmal beim Gottesdienst in der Kirche seinen Platz verließ, um selbst den Chor zu dirigieren, oder den Guillaumes bei der Belehrung seiner Töchter über das richtige Singen und Sagen noch auf seinem Sterbelager.

Wir erfahren zwar nirgends etwas von den Sangbegegnungen zwischen Richard und Guillaume, erfahren aber bei Guillaume etwas von der Art seines Singens, denn der Verfasser seiner Lebensgeschichte in Versen hat uns zu den vielen Schätzen aus Guillaumes ritterlichem Leben auch noch einzigartige Zeugnisse von ritterlichem Singen geschenkt:

Das eine ist die Schilderung von Guillaumes Umdiewettesingen mit einem kecken jungen Herold vor dem Turnier von Joigny in der Zeit seiner Turnierzüge mit dem jungen König Heinrich. Diesmal zieht Guillaume allein mit den Seinen ohne König und Königsgefolge zum Turnier. Die Schilderung im Epos lautet: Nach der Ankunft in Joigny wappneten sich die Ritter und ritten wieder hinaus aus der Stadt (Burg) an einen angenehmen und schönen Ort in der Nähe des Turnierplatzes. Dort stiegen sie ab und warteten auf die Ankunft der Gegner und den Beginn der Kämpfe. Da trat die Gräfin aus der Burg und mit ihr Damen und Fräulein so schön und so geschmückt, daß nichts an ihnen zu tadeln war, und daß sie nichts mehr zu lernen brauchten an höfischer Sitte und höfischem Sinn. Die Ritter sprangen ihnen entgegen, wie sie es schuldeten, und sie hatten sehr den Eindruck, daß sie durch die Erscheinung der Damen „verbessert" würden. Und sie waren es. Denn in Leibern und Seelen verdoppelten sich ihnen Kühnheit und Mut. Einer aber sagte: „Wohlan, tanzen wir, während wir hier warten, so wird uns die Weile nicht lang" (V. 3474). Und sie nahmen sich schon bei den Händen und einer fragte: ‚Wer wird so höfisch sein, daß er uns singe?' Der Maréchal, der gut sang, sich aber keiner Sache brüstete, begann ein Lied mit einfacher Stimme und süßem Ton. Sehr gefiel es allen, und in der rechten Weise sangen sie mit ihm. Und als er sein Lied gesagt hatte, das sie alle entzückte, begann ein kleiner Sänger (chanter cals) der ein junger Waffenherold war, und sang ein neues Lied. Ich weiß nicht, wen er pries und was nicht, aber der Refrain war: „Maréchal gebt mir ein gutes Pferd". Schnell und unbemerkt verließ der Maréchal den Reigen, sprang aufs Pferd und winkte nur dem jungen Herold, ihm zum Turnierplatz zu folgen, wo gerade die Vorkämpfer und Herausforderer die Kämpfe begannen. Der Maréchal hob einen von denen aus dem Sattel, ohne noch eine andere Zahl zu zählen, und nahm dessen Pferd. Dann läßt er den kleinen Herold aufsitzen, und der dringt so schnell wie möglich zurück in den Reigen und singt jetzt sein Lied weiter mit einem neuen Refrain:

> J'ai un cheval! Me le donc le Maréchal!
> Vez quel cheval! Cest me donc le Maréchal!

> Ich hab ein Pferd, das mir gab der Maréchal
> Seht welch ein Pferd! Das gab mir der Maréchal

Wir können den ganzen Hergang genießen, wie sich Damen und Ritter vor dem Turnier die Wartezeit vertreiben. Mehr noch werden wir begierig alles verfolgen, was hier über ritterlichen Tanzgesang gesagt und berichtet wird:

Da können wir zunächst feststellen, daß hier zu Sang getanzt wurde, und zwar in der Weise, daß einer mit ihm anhob und die andern Tanzenden einfielen und mitsangen. Von einem Instrument ist nicht die Rede, und es sieht so aus, als ob es gar keines dabei gegeben hätte, sondern vielmehr der Ansänger wie ein Reigenführer im Singen auch mit getanzt hätte. Es wird nicht völlig klar, ob das Tanzlied, das er anstimmte, den andern schon bekannt war oder ob sie es, was ja sehr zur Erregung der Tanzbewegung beiträgt, erst im Tanz von Strophe zu Strophe lernten und etwa bei wiederholten Zeilen und Strophen mit einfielen. Die Feststellung, daß das angestimmte Lied allen sehr gefiel, spricht eigentlich für das letztere, zumal auch am Ende von Guillaumes Gesang noch einmal berichtet wird, daß es den andern sehr gefallen und sie entzückt habe. Ebenso könnte man die Feststellung, daß sie „in guter Weise" mitsangen, dahin deuten, daß sie sich auf dieses Lernen des Liedes im Tanzen und auf das rechte Einfallen dort, wo sie es schon konnten, verstanden haben. Das schnelle Lernen eines vorgesungenen Liedes durch die Zuhörer und ihr alsbaldiges Einfallen und Mitsingen kann man ja auch heute noch, zum Beispiel in Österreich oder in Griechenland häufig finden. Es setzt freilich eine gewisse Singtradition voraus, die die Skala der Tonwendungen und Sinnwendungen in gewissem Maße schon kennt, und sie dann leichter im neuen Liede wiedererkennt. Das spätere Tanzlied des kleinen Herolds heißt übrigens ausdrücklich ein „neues" Lied, und daß das „neu" hier nicht nur ein anderes Lied meint, sondern ein neu gemachtes, muß man schon deshalb annehmen, weil es jenen sehr aktuellen Refrain hatte, der direkt an den ersten Vorsänger gerichtet war: „Maréchal, gebt mir ein gutes Pferd!"

Den Tanz kann man sich vielleicht als geschrittenen Reihentanz mit belebenden Zwischenschritten vorstellen, wobei sich die Tanzenden an den Händen halten, was ja gesagt wird, so wie es noch heute, auf langer Tradition beruhend, im Süden Europas und besonders in den Balkanländern getanzt wird, in Griechenland in besonders schönen Ausprägungen. Und dort ist dieser Reihentanz ja auch schon auf einer antiken Vase dargestellt, wo ihn Theseus nach der Besiegung des Minotaurus mit den von der Opferung befreiten Jünglingen und Mädchen beim Dankopfer an Apollon auf Delos tanzt. Der Wechsel des Reihenführers, in unserm Falle also auch des Vorsängers, gehört auch zu den Gepflogenheiten dieser heute noch lebenden Reihentänze. Bei unserer Schilderung springt ein kecker, sehr jugendlicher Sänger auf den Platz, der sich offenbar die Gelegenheit nicht entgehen lassen will, dem als so freigebig bekannten Maréchal mit einem neuen geschickt gewendeten Tanzlied ein gutes Pferd abzubitten, zumal er dabei vor den Damen als Zeuginnen an die ritterliche Freigebigkeit des Angegangenen appellieren konnte.

Aber auch andere Beobachtungen drängen sich auf in unserem Wunsch, etwas von der damaligen ritterlichen Singweise zu erfahren. Dem Maréchal wird ein „gutes" Singen nachgesagt, und als Merkmale dieser Güte werden angegeben, daß er „mit einfacher Stimme und süßem Ton" gesungen habe. Es liegt nahe, aus dem „mit einfacher Stimme" auf einen schlichten Sprechgesang zu schließen, bei dem die Stimme nicht so sehr zu einem musikalischen Tönen verwendet wird, sondern im gehobenen Sprechton eines Hersagens in Sangesweise bleibt, wobei der „süße Ton" eben das Ausschalten üblicher Sprechklänge meinen könnte mit ihrem Zweck mitteilender Sinnbetonung und mit ihrer Verwendung von in der alltäglichen Mitteilungs- und Zwecksprache üblichen, nicht auf einen Rhythmus abgestimmten Lautfolgen und Lautgegensätzen. „Mit einfacher Stimme und süßem Ton" als Lob dieses gut Singenden würde dann heißen, daß sich die Güte dieses Singens nach dem Treffen einer wohllautenden Klangfolge bemißt, bei Innehalten des Sprechtones ohne musikalische Ausschwingungen, wobei sich doch noch eine erheblich weite Spanne der Möglichkeiten des Tönens ergäbe. Für diese Deutung spräche, daß es am Ende von Guillaumes Tanzlied heißt: als er sein Lied gesprochen (dîte), wonach dieses „Singen" zugleich ein „Sagen" gewesen wäre. Und diese Auffassung wird wiederum gestützt dadurch, daß später bei der Singelehre an die Töchter für die gelobte ältere Tochter das gleiche Verbum „sagen" für ihr Singen gebraucht wird und abermals das Lob erscheint, daß sie es „mit einfacher Stimme in süßem Ton" getan hätte.

Zuletzt wäre noch die Art der Frage zu beachten, mit der das Tanzlied Guillaumes auf dem Plan vor der Burg von Joigny hervorgerufen wird, als sich die Reihe der Tanzwilligen schon an den Händen hält: Wer wird so höfisch sein, daß er uns (zum Tanzen) singt? Dieses Singen zum Tanz wird damit als eine ritterliche Kunst bezeichnet, die den, der sie gut ausübt, als einen ritterlich Erzogenen schmückt.

Erscheint Guillaume le Maréchal auf dem Plan von Joigny als Könner in dieser Ritterkunst, so zeigt er sich – und das gibt allem, was da Sangliches geschieht und vom Singen gesagt wird, eine besondere Steigerung – noch auf seinem Sterbelager als ein ganz leidenschaftlich von dieser Kunst und ihren Gesetzen Bewegter:

Es war schon ein langes Krankenlager vorausgegangen. Im Februar hatte die Krankheit begonnen. Draußen war voller Mai. Immer mehr hatte sich Guillaume auf das Kommen des Todes vorbereitet. Jenes schöne Gespräch über Guillaumes jüngsten Sohn Anselm bei der Verteilung des Erbes war geschehen, das Testament war durch Übergabe an den päpstlichen Legaten gesichert worden, die zwei Seidentücher aus dem Heiligen Land, die seinen Leichnam bedecken sollten, waren geholt worden und ein Decktuch, sie bei schlechtem Wetter zu schützen. Der Grabort war bestimmt: im „Temple", im Sitz der Templer in London wollte Guillaume begraben sein. Guillaumes bis dahin geheimgehaltenes Templergewand, das schon ein Jahr vorher gemacht worden war, hatte der Templerbruder Aimeri auf Guillaumes Bitten herbeigeholt. Es war jetzt allen offenbar geworden, daß Guillaume sich schon bei seiner Kreuzfahrt im Heiligen Land den Templern zugelobt hatte. Der Ordensmantel war nun vor ihm ausgebreitet worden, die letzten feierlichen Küsse mit Isabella waren getauscht. Die Ansinnen von geistlicher Seite, Guillaumes von mehr als fünfhundert besiegten Rittern gewonnene Turnierbeute für sein Seelenheil anzuwenden, indem er ihren Wert der Kirche stifte, hatte Guillaume zurückgewiesen und zugleich den Anspruch der Geistlichkeit, diese Beute für unrecht Gut zu erklären, und Jean d'Erlée hatte dieser Abweisung glühend zugestimmt. Da ruft Guillaume den Freund Jean d'Erlée nahe zu sich heran: „Ich muß Euch eine sehr wundersame Sache (grant merveille) sagen, aber ich wage es doch Euch zu erzählen. Ich weiß nicht woher es kommt, aber ich habe jetzt seit drei Tagen die größte Singlust, größer als in den letzten drei oder mehr Jahren. Ich weiß nicht ob es Gott gefallen wird." Jean ermuntert ihn zu singen. Die Natur in ihm würde sich stärken, er werde sich freier danach fühlen und er werde wieder Lust zu essen bekommen. Guillaume scheut sich vor den andern Anwesenden. Da kommt der Vorschlag, er solle seine Töchter für sich singen lassen. Man läßt die zwei Töchter holen, die noch im Elternhause sind, und Guillaume spricht zunächst die ältere an: „Singt zuerst Mahaut!" Und nun kommt folgender Bericht: „Sie hatte kein Verlangen danach, denn ihre Trauer war sehr bitter. Aber sie wollte den Befehl des Vaters nicht übergehen. Sie fing an zu singen, denn sie wollte ihrem Vater gefallen. Und sie verstand es sehr gut zu tun. Und sie sagte (dist) eine Strophe eines Chansons mit einfacher Stimme (simple voiz) und süßem Ton." Darauf spricht Guillaume die Jüngere an: „Joane, singt nun Ihr wie es an Euch kommt". Und der Bericht fährt fort: „Sie sagte (dist) eine Strophe von einem Refrainlied, aber sie tat es ängstlich. ‚Singt nicht verschämt', sagte der Graf, ‚wenn Ihr singt. Denn Ihr werdet es dann nicht gut machen, und Ihr werdet es nicht richtig sagen (dirrez) wenn Ihr es nicht frei sagt. Das Wort kommt nicht richtig frei auf frei (dreit a dreit) heraus.' Und er begann, ihr zu zeigen, wie sie es singen sollte."

Dieser übermächtige Singtrieb, der ihm angesichts des Todes noch einmal erwacht, zeigt Guillaume als ritterlichen Sänger von Geblüt, nicht nur von Erziehung und Kunst. Das Singen der älteren Tochter, die wußte, wie es der Vater wollte und es wohl von ihm gelernt, jedenfalls aber gehört hatte, gibt ein weiteres Beispiel seiner Sangesart, das alles bekräftigt, was wir von Guillaumes Singen auf dem Plan von Joigny gehört haben. Und dieses Maß des guten Singens, nämlich melodisch-rhythmischen Sagens, wird hier auf das Erklingenlassen eines Chansons angewendet und nicht nur, wie bei der Schilderung von Joigny, auf einen Begleitgesang zum Reihentanz.

Die Singlehre Guillaumes an die jüngere Tochter aber gebraucht abermals den Ausdruck des „Sagens", jetzt auch für das Singen eines Refrainliedes, und sieht den Schaden eines schüchtern verschämten Singens darin, daß die Worte dabei nicht frei und klar heraustreten. Das „dreit a dreit" weist doch offenbar darauf hin, daß es dabei nicht nur um das klare Erklingenlassen eines Wortes geht, wobei andere Worte absinken könnten, sondern um eine ununterbrochene klare Klangfolge, in der jedes Wort im sagenden Gesamtton unverkümmert (frei) verlautet wird. Die bekannte

Formel vom „Singen und Sagen" gewinnt hier für das Verlauten mittelalterlicher Dichtung jener Zeit einen präzisen Sinn.

Und da Guillaume es nun der Tochter zeigen will und zeigen kann, wie sie es machen muß, kommt es doch dahin, daß er, wie er es sich so sehr gewünscht hat, vor seinem Tod noch einmal singt.

*

Überblicken wir diese Lebenssage von Guillaume le Maréchal, so tritt uns ein besonderes Rittertum neuer Prägung entgegen, das mit Alianors geistigem und politischem Wirken über Europa hin begonnen hatte und in einer Gestalt wie Guillaume eine ihrer schönsten und vollsten Blüten fand. Nach zwei Generationen von Troubadourgesängen, die im Süden Frankreichs im Austausch mit der arabischen Kulturwelt Spaniens und Syriens begonnen hatten, und mitten in der Entstehungszeit der von Alianor und ihrer Tochter Marie inaugurierten Artusepik, tritt uns in Guillaumes Leben die neue ritterliche Wirklichkeit entgegen – eine Wirklichkeit, die zugleich von vorausgeschauten dichterischen Gebilden hervorgebracht wird und wieder als Lebens- und Wuchsgut in dichterische Gebilde eingeht.

Es sind keine Sagen- und Traumgestalten mit gewollter symbolischer Ausdeutung, die hier erscheinen, oder solche aus ferngerückten Zeiten, mit denen Dichter ihre Zuhörer in eine Ideenwelt entrücken wollen, damit sie Kräfte und Züge für die Gestaltung und Umgestaltung ihres eigenen Lebens aus solchen Bildern gewinnen. Ein wirklicher Mann und Ritter der neuen Prägung wird durch reiche Jahrzehnte seines Lebens von einem Poeten geschildert, der ihn selbst lange Zeit hindurch erlebt, die Aufzeichnungen des besten Augenzeugen als seine schriftliche Quelle hat, und der den Vorsatz hochhält, sich unbedingt treu (er selbst sagte „religieusement") an seine Quellen, sein Eigenwissen und die Überlieferung der Hauptzeugen zu halten. Und dieser Mann und Ritter der neuen Prägung wird für die Mitlebenden, seine Anghörigen und Freunde geschildert, so daß der Verfasser immer damit rechnen muß, daß er in allem, was er sagt, von gleich guten oder besseren Kennern kontrolliert wird und es vor ihnen verantworten muß. Und doch hat er keine Chronik gegeben, sondern eine dichterische Gestaltung, die über ganz andere Mittel gebietet, um das Dargestellte in gefügter Sageweise in seinem Wesentlichen fühlbar und schaubar zu machen.

Paul Meyer, der Herausgeber der „Histoire de Guillaume de Maréchal", ein Kenner der französischen Literatur und Geschichtsquellen, hat schon 1902 vieles über die Entstehung dieser Dichtung beobachtet und zusammengestellt, und es läßt sich hier zusammenfassen und ergänzen:

Der Verfasser dieser Dichtung nennt sich selbst im Epilog seines Werkes mit seinem Namen Johan und beschreibt die Vorgänge der Entstehung seines Gedichts. Man habe dem ältesten Sohn Guillaumes, der auch den Namen Wilhelm trug und sich durch sein schönes Handeln schon bei allen als gute Frucht von gutem Baum erwiesen hatte, geraten, die Geschichte seines Vaters schreiben zu lassen, und seitdem sei er ohne Rast gewesen, bis dieser Plan in die Tat umgesetzt wurde. Vielleicht dürfen wir in diesem ratenden „man" Isabella vermuten, die ja schon eine Dichtung über Taten und Schicksale ihres Großvaters und ihres Vaters in ihrer Jugend hervorgerufen hatte, und die dem nun geplanten Werk nicht fernestehen konnte. Wir können auch an Jean d'Erlée als Ratgeber denken, denn der Epilog spricht auch von solchen, deren Voraussicht dieses Buch vorbereitet habe. Das würde auf die Aufzeichnungen Jean d'Erlées zutreffen, wenn er sie schon früher, zu Lebzeiten Guillaumes, in der Absicht solcher späteren Verwendung begonnen hätte.

Nächst dem Sohne, der offenbar zu den Kosten des Werkes und besonders zur Bezahlung des Verfassers zugesteuert, wird mit ganz besonderem Nachdruck Jean d'Erlée selbst genannt. Der habe die matière der Dichtung besorgt bis zu ihrer völligen Vollendung, also auch noch durch Ergänzungen während der Arbeit, und habe wohl sehen lassen, daß er seinen Herrn – er war ja Gefolgsmann Guillaumes – liebte. Er habe sein Herz, sein Denken und sein Geld hineingegeben, und man sehe jetzt das Ergebnis davon. Gute Liebe erweist sich in guten Taten. Nach diesen Nennungen rühmt der Verfasser, in nur einem Satz, an sich selbst nichts weiter als seine Wahrhaftigkeit. Dieses Werk sei keine lügenhafte Erfindung. Dafür könne er, Johan, der dies Buch gemacht (fêt) und verfaßt (trové) habe, den Beweis erbringen.

Daß die matière der Dichtung, die Jean d'Erlée dem Verfasser gab, auch in Aufzeichnungen d'Erlées bestanden hat, geht daraus hervor, daß der Verfasser öfter die geschriebene matière erwähnt, an die er sich unbedingt halte und über deren Angaben er nicht hinausgehe. Ebenso wird mehrfach in den Versen deutlich – etwa in Wendungen wie: das und das habe ich gesehen – daß der Verfasser etwa bei Turnieren gegenwärtig war, in denen Guillaume kämpfte, und daß er überhaupt vieles vom Berichteten selbst miterlebt hat. Er entschuldigt sich manchmal, daß er sich an dies oder jenes nicht erinnern könne und unterscheidet Selbsterlebtes und ihm von anderen Überliefertes mit Wendungen wie „ich war nicht dabei", oder „ich will nicht lügen". Andererseits versichert er auch, daß er etwa Namen und Verhältnisse dunkler Taten sehr genau kenne, sie aber aus bestimmten Rücksichten nicht angeben könne oder nicht anzugeben wage. Da ihm Berichte von Guillaumes Kreuzfahrt offenbar fehlten, sagt er auch nichts davon außer der Tatsache der Unternehmung, um den Wunsch des sterbenden jungen Königs zu erfüllen.

Der Herausgeber der Epe spricht den über neunzehntausend Versen des Gedichtes Perfektion der Form, Kunst der Versifikation und reiche Reime zu und schließt daraus, daß der Verfasser ein professioneller Trouvers gewesen sein müsse. Er verfüge über eine großartige Kunst szenischer Darstellung. Sein Vortrag sei einfach und klar, er „poetisiere" nicht. Sein Hauptanliegen sei die Treue für seinen Gegenstand. Das Werk vermittle die Kenntnis des wirklich Geschehenen und zeige zugleich die Seele eines Mannes, der zu seiner Zeit der Typus des Ritters ohne Furcht und Tadel war.

12.
Die Bedeutung der deutschen Minnedichtung für das Rittertum

Das Minnewissen und Minnedenken der Schule von Poitiers wirkte über Europa, besonders aber nach Deutschland, wo ihm verwandter Geist der Dichtenden erwiderte. Hier wuchs es zusammen mit einer ritterlichen Liebesdichtung, die an der Donau, im heutigen Österreich begonnen hatte – vor allem mit dem „Kürenberger" –, und nach der Verwandlung erklang der neue Preis der hohen Minne langehin in erlesenen Stimmen. Erst mit dem (vielleicht gerade deshalb besonders beliebten) Walter von der Vogelweide sank er ab in übliches Liebessingen oder „Tandaradei", sich von der beschwerlichen Hohen Minne zur sogenannten natürlichen Liebe bekehrend.

Innigst verwandt mit Alianors Minnedenken aber erscheint in Deutschland eine Anzahl hoher Sänger: so *Friedrich von Hausen,* der als erster am Rhein den neuen Sang vernimmt und nachbildet, der am Hofe Barbarossas sang und den Kaiser in politischen Entscheidungen und dann auf dem Kreuzzug begleitet und im Kampfe fällt. Die hohe Frau ist ihm das große Gottwunder, das ihn zu höherem Leben führt. Minne ist ihm, wie die Rittertat, Gottesdienst. Oder *Reimar,* die „Nachtigall von Hagenau", der in Wien am Hofe Leopolds des Glorreichen sang. Reimar weist alle zu Ansprüchen an die Minneherrin ausartende Verehrung von sich ab. Er sieht sein höheres Ich als Falken, der sich über ihn selbst hinaus und der Minneherrin entgegen schwingt:

> Was er begehrt
> Wird kaum gewährt
> Und dennoch fliegt er von mir hin
> Und dient auf Ungewinn

Heinrich von Morungen preist die geliebte Herrin als gottgeschaffene Gestalt und empfindet ihre verwandelnde Macht, die sie befähigt, als geistiges

Bild durch Mauer und Wall bei ihm einzutreten. *Dietmar von Aist* sieht die erziehende Herrin, die ihm „das Wilde" genommen hat, als Steuermann seines Schiffes, wenn die gestillte See ihre wilden Wogen ganz gelassen hat. Der dichtende Kaiser Heinrich VI. erblickt die Geliebte als Trägerin einer noch höheren Lebenskrone als der seinen. *Wolfram von Eschenbach* schließt eines seiner Tagelieder an die Geliebte bei morgendlichem Aufbruch mit den Abschiedsworten:

Nun will ich reiten
Dein edler Frauensinn sei mein Wächter
Und sei Du mein Schild heute hin und her und dann zu allen Zeiten

Die Liebe, die uns in der Minnedichtung, der deutschen Ausbildung des ritterlichen Sanges, entgegentritt, erscheint in einer fortwährenden Umformung, in einem fortwährenden Kampf um sich selbst begriffen. Zu jedem Zug dieser Liebesart, den wir feststellen können, läßt sich ein Gegenzug bei dem gleichen Dichter oder bei seinem Nachbardichter finden. Es wäre verfehlt, all die Richtungen und Gegenrichtungen, die dabei auftreten, nur durch „Entwicklung" erklären und begreifen zu wollen. In den frühesten Liedern tritt manchmal das schon ausgeprägt hervor, was in den spätesten nachleuchtet. Und auf dem Höhepunkt der ganzen Bewegung brechen Gegenkräfte hervor, die von Anfang an dem neuen Liebesglauben entgegenstanden und doch an ihm mitgeschaffen haben. Das Feld, auf dem die Kämpfe ausgetragen werden, ist das menschliche Herz. Und das menschliche Herz ist in seinen Regungen gegenwendig, und zwar gegenwendig in jedem Augenblick, nicht nur in Entwicklungen von einer Meinung zur anderen, aus einer Richtung zur anderen im Wechselspiel der Zeiten.

In der Mitte dieser Kämpfe um eine neue Art der Liebe steht die Idee von der hohen Verkörperung des Menschentums in der edlen Frau. Das auf adligen Wettkampf und staatliche Leistung gerichtete ritterliche Mannestum war imstande, seinen Gegenpol, die im innern Aufbau der Menschengesellschaft wirkende Frau, als eine Vertreterin hohen Menschentums zu erfassen, und es vermochte sich die Kräfte der Frau zum gemeinsamen Ziele einer Erhöhung und Veredelung des Lebens verbinden.

Die Frau aber, die sich vom verehrenden Mann in ihre Rechte als große Erzieherin eingesetzt fand, gab dem ritterlichen Mann alles das zurück, was aus ihrer großen Naturkraft, der jede Regung des Mannes

vertiefenden und läuternden Teilnahme, entspringen konnte. Für einen
weltgeschichtlich bedeutsamen Augenblick waren die beiden Geschlechter in der Aufgabe verbunden, eine bis dahin so nicht ausgebildete Art
menschlicher Haltung heraufzuführen.

Wie in Alianors Welt, erscheint auch in der deutschen Minnedichtung
die Frau als Erzieherin und zugleich als die an der ihr zugekommenen
Aufgabe selbst Erzogene – so, wie jeder Erzieher durch sein Wirken am
Zögling selbst geformt wird und das, was er gibt, zurückempfängt. Der
Mann erscheint vor allem als der Erzogene, und doch zugleich als der
Erzieher der Frau. Indem er die Erziehung durch die Frau sucht, ihre
veredelnden Wirkungen auf ihn selbst beobachtet, preist, besingt, ihre
Haltung verherrlicht, gibt er ihr die Möglichkeit, ihre heilvollen Kräfte zu
entfalten. Er gibt ihr durch seine aufwertende Verehrung den Rückhalt,
durch den sie die Macht des Edlen in sich selbst gegen alle Hindernisse
von außen und gegen alle Anfechtungen im Innern durchsetzen kann.

Nu ist ez an ein ende komen dar nach min herze ie ranc
daz mich ein edeliu frouwe hat genomen in ir getwanc
der bin ich worden undertan
als das schif dem stiurman
swanne der wac sin ünde so gar gelazen hat
so hoh owi!
si benimt mir mange wilde tat.

Jetzt ist das Ziel erreicht, nach dem mein Herz immer gerungen hat
Daß mich eine edle Frau in ihren Zwang genommen hat.
Der bin ich untertan geworden
So wie das Schiff dem Steuermann (ganz) untertan wird,
Wenn das Meer seine Wogen alle gelassen hat.
Heil mir, heil!
Sie nimmt mir manche wilde Tat.

In diesen Versen aus einem Minnelied der Frühzeit (von Dietmar von
Aist) rühmt der Mann es als einzig immer angestrebtes Glück seines
Herzens, daß ihn eine hohe Frau in ihren Zwang, in ihre Erziehung
genommen hat. Sie hat ihn von der „wilden tat" befreit. Sein Wesen ist
durch sie eben und schön geworden wie das gestillte reine Meer. Nun
kann die steuernde Herrin das Schiff seines Lebens führen zur schönen
klaren Fahrt.

Was in dieser frühen Strophe klingt, ist hundert Jahre nicht mehr verstummt: der Preis des Mannes für seine Befreiung zu seinem edleren Selbst und zum reineren Spiel seiner Kräfte durch die erziehende Frau. Dieser dankende Preis des Erhobenen, Gefügten, Befreiten wird immer eindringlicher, wissender, kühner in den Bildern, verfeinerter – aber auch schmerzgeprüfter, von Zweifeln bedrängt, und doch wieder rein und stark die unbedingte Hingabe bezeugend.

Auch von der Seite der Frau kann man bis zur Spätzeit des Minnesangs Beispiel an Beispiel dafür reihen, daß sie um ihre Aufgabe weiß und welche erhebende Wirkung sie wieder vom Mann erfährt.

Aber wieder ist es eines der frühesten Gedichte des Minnesangs, wohl ein Lied des „Kürenbergers", das uns am eindringlichsten den schönen Triumph der Frau beschreibt, die ihr Erziehungswerk am Manne gelungen sieht. Da sagt die liebende Frau:

> Ich zoch mir einen valken mere danne ein jar.
> do ich in gezamete als ich in wolte han
> und ich im sin geviedere mit golde wol bewant
> er huop sich uf vil hohe und floug in anderiu lant.

> Sit sach ich den valken schone fliegen:
> er fuorte an sinem fuoze sidine riemen
> und was im sin gevidere alrot guldin.
> got sende si zesamene die gerne geliep wellen sin!

Die liebende Frau hat sich den Mann erzogen wie der Jäger den Falken erzieht. Sie hat sein Inneres wie sein Äußeres gleich schön gemacht. Dann hat sie ihn wie der Jäger den Jagdvogel in die Luft geworfen, ihre Augen haben seinen Flug verfolgt, und er hat sich im Flug bewährt: sie sah ihn „schön" fliegen. Auch seine äußere Schönheit (das vergoldete Gefieder) ist in der Welt draußen untadelig geblieben. Und sie sah an seinen Füßen die seidenen Riemen – die Zeichen, daß er auf ihre Hand zurückkehren wird, daß er an sie gebunden bleibt.

*

Der Sinn der neuen ritterlichen Liebesart läßt sich also mit dem Wort *Erziehung* umschreiben. Die wichtigsten Wege, die diese erzieherische Liebe geht, sind Dienst, Arbeit an sich selbst, das Wahren des Geheimnisses und die Annahme der Nichterfüllung in der Liebe.

Das Wort Dienst ist heute so unbeliebt wie die Sache. Im Kreis der ritterlichen Kultur dagegen sucht man den Dienst als eine der edelsten Formen des menschlichen Lebens. Auch der Stolzeste und der Höchste, bis zum Kaiser selbst, sucht sich den Gegenstand der Verehrung, vor dem er sich beugen kann: vor Gott, vor dem erwählten Herren, vor der erwählten Frau. Die Antriebe und Vorstellungen, die das germanische Gefolgschaftswesen auszeichneten, leben noch: das freiwillige und gewollte Sichwidmen und Sichzuordnen an den Besten, den man freilich suchen und finden muß und für den es sich zu leben lohnt – die Gegenseitigkeit des Dienens, der Treue, des füreinander Daseins, des füreinander Einstehens zwischen Gefolgsherrn und Gefolgsmann, zwischen Freunden, zwischen Liebenden.

Dieser aus gegenseitiger Wahl und Hingabe entspringende freiwillige Dienst ist der Grund, aus dem die ritterliche Welt lebt: das Meiden, ja das Fliehen ungebundener selbstischer Triebe. Die Überzeugung dieser Menschen könnte man so umschreiben: Dienst aus Zwang macht niedrig, und zwar den, der ihn leistet, und ebenso den, der ihn empfängt. Dienst aus verehrender Lust erhöht beide, macht frei, überhebt der gemeinen Schranken, macht stark zur Überwindung, verklärt die Lasten der Existenz, verklärt die Genüsse, verklärt das sich selbst frei verschenkende und damit erst sich selbst frei besitzende Ich.

Oft wird der Dienst auch so geschildert, daß er der Minne selbst gewidmet ist. Die Geliebte erscheint als die Verkörperung der Liebesgottheit. Der Dienst an der erwählten Frau erscheint als Dienst an allen hohen Frauen, als Dienst am Hochbild der Frau. Dieser Dienst ist ein wesentliches Anliegen des Liebenden, das nicht von der Erfüllung oder Nichterfüllung seiner Wünsche abhängt.

Der zweite Weg dieser Liebe ist der, den Reimar von Hagenau die „süeze arebeite" nennt. Gemeint ist die Arbeit an sich selbst. Sie bedingt die Wachsamkeit auf das äußere wie das innere Geschehen, die Wachsamkeit in allem Tun und Leiden, weil alles mit der Liebeskraft zusammenhängt, weil sich in allem ihre Wirkungskraft bewähren muß, weil alles ihre Wirkungen und ihren Bestand gefährden kann.

Gemeint ist auch die innere Verwandlung, das immer neue Sicherproben an den Forderungen der hohen Liebe: im täglichen Tun und Lassen, beim Gehen und Stehen, in der Reinlichkeit, in der Befolgung edler Sitte: im Anzug, beim Essen und Trinken, beim Sprechen und Schweigen, im Erinnern und Vergessen, beim Fragen und beim ungefragt Ruhenlassen.

267

Gemeint ist schließlich die Selbstzucht, die die niederen Triebe bändigt, den hohen Trieben ihr Maß gibt. Denn diese Liebe fordert die „mâze" das Gemäße, das Angemessene in allen Dingen. Sie wird vom Ungemäßen verletzt, denn ihr Leitstern ist die „êre".

Nicht meiden dürfen diese Liebenden die Bewährung – sie müssen sie suchen: in der Entfernung, in Kämpfen, in Leistungen, im Umgang mit den Menschen in der Welt und besonders in der Gefahr. Besiegen muß diese Liebe ihren eigentlichen großen Feind: das Lässige, das Bequeme. Nur eins erscheint als unverzeihlich bei diesen Liebenden: wenn sie nichts aus ihrer Liebe machen, nichts aus sich selbst, nichts aus einander.

Der dritte Weg verlangt das Wahren des Geheimnisses. „Wer das Verbergen versteht, der hat die höchste Kunst in der Liebe" sagt Meinloh von Sevelingen in seinem Liebesrat. Und eine ohne Namen überlieferte Strophe spricht das ganze Prinzip aus und das Bewußtsein von der aus der Geborgenheit entspringenden Kraft.

> Tougen minne diu ist guot
> Diu wil geben vil hohen muot
> Ir sol man sich vlîzen
> Swer mit triwen der niht pfliget
> Deme sol man daz verwizen
>
> Geheime Liebe die ist gut
> Die kann geben den hohen Mut
> Ihrer soll man sich befleißen
> Wer sie nicht treu erfüllt
> Dem soll man das verweisen

„Tougen" (verborgen, geheim) ist ein Lieblingswort der Minnesänger und bezeichnet bei ihnen alle Stufen der Geborgenheit vom einfachen Verschweigen bis zum Geborgenhalten des lebenspendenden Geheimnisses.

Das strengste Gesetz des Minnesangs ist das Gesetz, den Namen der Geliebten nie zu nennen und keine Anspielung zu machen, die den „merkern", den Aufpassern die gemeinte Person verraten könnte. Dieses Gesetz ist nie gebrochen worden. Wir kennen keine einzige der besungenen Herrinnen und hohen Freundinnen.

Bei dieser Haltung wirkt sicher die Scheu mit, die immer ein Zeichen der Noblesse gewesen ist. Aber darüber hinaus wird das Geheimhalten noch als hohe Kunst entwickelt, und das aus gutem Grund. Was einmal allgemeinem Bekanntwerden preisgegeben wird, wird aufgelöst aus dem Besonderen in das Allgemeine. Auch im großen Kräftespiel ist es eines der wirksamsten Mittel, dem andern sein Geheimnis auszuforschen und ihn durch dessen Bekanntgabe zu entmächtigen.

Die Minnesänger haben das zarte und verletzliche Wesen der leben-spendenden Kraft mit allen Mitteln geschützt. Sie wußten, daß es dabei nicht auf ein ängstliches oder eigensinniges Verstecken ankam, sie wußten, daß schon das Nichtbenennen, Nichtbereden auch des Bekannten eine große bergende Kraft hat und ein Geschehen ermöglicht, das nach inneren Gesetzen vollzogen werden muß, das aber, wenn ausgesprochen, nicht vollzogen werden dürfte und könnte.

Der wichtigste Weg der erzieherischen Liebe ist aber die Hinnahme, ja das Lieben der Nicht-Erfüllung in der Liebe. Das vielbegehrte Glück aller Liebenden, die Gegenwart des geliebten Menschen, Nähe, Vereinigung, hat auch seine Schatten. Die dauernde Nähe schwächt den Eindruck und bringt Gefahren: Verbrauch der Reize und der Kräfte, sich verlieren im andern, sich verlieren im Genießen, Auflösen der steigernden Spannun-gen, die die Liebe schöpferisch machen. Die Vereinigung kann, wenn sie zur bloßen Befriedigung wird, die Kraft der Liebe brechen. Und hinter dem allen droht die erstickende Macht der Gewohnheit.

Das Rittertum erkannte diese Gegebenheiten und suchte ihnen durch das Streben nach Erhöhung der menschlichen Lebensformen zu begegnen. Dabei kamen ihm manche Umstände zur Hilfe und es wußte diese Um-stände zu großen Zwecken zu nutzen. Das gemeinsame Aufwachsen der jungen Knappen auf den Ritterburgen, das Zusammenleben von Knappen und Rittern auf den Burgen und an den Höfen ihrer Lehensherren (der Kaiser, der Fürsten) brachte sowohl die aufwachsenden wie die erwach-senen ritterlichen Männer in Beziehung zu den Herrinnen dieser Bur-gen und Höfe. Sie waren ja die gegebenen Erzieherinnen der jungen Ritter zur Sitte des gemeinsamen Lebens, die gegebenen Wächterinnen edler Sitte unter den Erwachsenen.

Diese Umstände begünstigten die Übertragung der Vorstellungen des Lehensverhältnisses zwischen Lehensherr und Lehensmann auf das Ver-hältnis der Ritter zu jenen Herrinnen. Das Rittertum war bestrebt, Be-wunderung, Verehrung, Vertrauen, Neigung, Liebe, Hingabe des Mannes auf die Herrin zu lenken und umgekehrt die gleichen Regungen bei der Frau auf den sich durch Tat und Dienst auszeichnenden Lehensmann. Es entstand das Streben, alle Verhältnisse zwischen Mann und Frau unter diesem Bilde zu sehen: die Frau vor allem unter dem Typus der Herrin zu bewundern und zu lieben und von ihr die Kräfte und die Haltung einer Herrin zu verlangen, den Mann auch in der Liebe zur Frau zum ritterlichen Kämpfer und Sänger zu machen, der seine Leidenschaft in Taten und Diensten und in seiner Haltung erfüllen muß.

Damit war der Ausgangspunkt gegeben zu einer folgenreichen Umdeutung dessen, was in der Liebe erstrebenswert sei und Geltung haben könne. Es entwickelt sich etwa das folgende Bild: Nähe und Vereinigung sind ausgeschlossen, insofern es sich bei den verehrten Herrinnen um die Gattinnen anderer Männer handelt. Die Begegnung ist hier auf das Zusammentreffen in der Gesellschaft beschränkt, die Liebeszeichen auf den Gruß, auf die Blicke, auf das „schauen", d. h. das gegenseitige Betrachten, auf das Neigen, auf das Zulachen. Umso größere Wichtigkeit erhält das in Töne gesetzte Gedicht, das Lied, denn dieses kann der Ritter in der Gesellschaft und damit auch vor der geliebten Herrin vortragen, und in ihm (oft in ihm allein) der Geliebten Kenntnis von seinem Fühlen und Denken geben. Wo aber Nähe und Vereinigung möglich sind, bleiben sie eingeschränkt auf Augenblicke, auf Stunden, auf Zeiten, die die Liebenden der „huote" der Behütung und Bewachung, unter der sie in der Gesellschaft stehen, abgewinnen und in denen sie sich allein zusammenfinden können.

Das Entscheidende ist nun, daß diese strengen Bestimmungen verwehrter oder seltener Nähe, sei es in der realen oder in der idealen Wirklichkeit, von den ritterlichen Menschen – trotz aller Auflehnung der natürlichen Triebe und des leidenschaftlichen Verlangens – nicht nur ertragen und auf sich genommen, sondern gesucht werden! Der Vorteil des sich lange von ferne Bewunderns, der Vorteil seltener und beschränkter Nähe, der Vorteil der Gefahr und des Geheimnisses für die Entfaltung, die Stärke und die produktive Spannung der Liebeskräfte werden erkannt. Und man entscheidet sich um dieser Vorteile willen, und gerade der Strenge der Bedingungen wegen für diesen Liebesweg und nimmt den Verzicht an Genuß und Befriedigung, den er mit sich bringt, auf sich.

Dieser ritterliche Verzicht auf das bloße Glücklichsein, auf das ungestörte Glück des Genießens geschieht nicht aus Askese und nicht aus moralischen Bedenken, sondern aus dem großartigen Wunsch, die Liebeskräfte in den Dienst der Erhöhung des menschlichen Daseins und der Steigerung seiner Leistungen zu stellen. Freilich mußte dieser Verzicht den ritterlichen Menschen viele und große Leiden bringen, er hat sie aber auch gelehrt, das Leid zu lieben, das zur hohen Liebe gehört.

> Liep und leit die waren ie
> An minnen ungescheiden
> Man muoz in inen beiden
> Er unde lop erwerben
> Oder ane si verderben

Liebes und Leides (Glück und Schmerz) waren in der hohen Liebe immer ungeschieden verbunden. Man muß in beiden Ehre und Lob erwerben, d. h. man muß sie beide gestalten und tragen, oder man muß auf die hohe Liebe verzichten. So sagt Gottfried von Straßburg in der Einleitung zu seinem großen Liebesepos von Tristan und Isolde. Schön ist das stolze Wort Reimars von Hagenau:

> Dieses und keines anderen will ich Meister sein so lange ich lebe
> Dieses Lob soll mir bestehen bleiben
> Und diese Kunst soll man mir zusprechen:
> Daß kein anderer Mann sein Leid so schön tragen kann wie ich.

Dieses Werten der Nichterfüllung in der ritterlichen Liebe kommt nicht aus einer Schwäche der Sinne und des Blutes, nicht aus einer Schwäche der Leidenschaft. Sinne und Leidenschaft werden bejaht, aber ihre Bändigung um einer höheren Lebensform willen wird verlangt. Nur das Versinken und sich Verlieren im Liebesgenuß wird als Vergehen gegen die hohe Liebe gesehen. Hartwic von Rute singt:

> Wenn ich sie sehe
> Wie kann ich's vermeiden
> Daß ich umfange den reinen Leib
> Und sie zwinge zu mir?
> Oft stehe ich auf dem Sprunge und will dahin
> Wo sie so süß vor mir steht
> Und sähe es die Welt
> Wenn mich der minnende Wahnsinn ankommt
> Ich würde ihn nicht lassen
> Ehe der Sprung getan würde
> Wähnte ich [könnte ich glauben] daß ich bei ihr
> Durch diesen Wahnsinn eine Huld erwerben könnte.

271

Nicht die Welt, nicht die Sitte könnte ihn abhalten vom Sprung der Leidenschaft – nur die Sorge, die geliebte Frau zu verletzen, ihre über alles gewertete Huld zu verlieren.

Das Wissen der hohen ritterlichen Liebe um den Sinn der Trennung und um die steigernde Wirkung seltener Begegnung und seltener Gemeinsamkeit ist auch nicht auf das Verhältnis des Mannes zu seiner Herrin, die oft die Gattin eines anderen ist, beschränkt. Das „Sichverliegen" des Ritters, das untätige Versinken in den Liebesgenuß und in den Liebesbesitz gilt als Schimpf in jedem Fall.

An die Ehe wird die gleiche Frage gestellt wie an die Liebe zur freigewählten, der Liebesnähe vielleicht überhaupt entrückten Herrin: was sie zur Erhöhung des ritterlichen Lebens tauge und wo sie es gefährde. Im Ritterepos stehen die entsprechenden Antworten und Beispiele. In Hartmanns Erec ist es der Mann, der im Glück der Ehe zu versinken droht. Die Frau empfindet diese Schmach, die ihrem Gatten unter den Edlen die Ritterehre nimmt. Er hört die eigene Gattin in der Verborgenheit klagen über die Schande, die ihn und sie durch sein Sichverliegen getroffen hat, und zieht aus zu neuer ritterlicher Tat.

Diese Verzichte der ritterlichen Liebe sind mit den glühendsten Regungen des Leibes und des Geistes verbunden. Das zeigen die Traumbilder, in denen die Dichter das Glück der ganzen Erfüllung der Liebessehnsucht zu schildern wagen. Das zeigt die ganze Gattung des sogenannten Tagelieds. In ihr allein ist es dem ritterlichen Sänger erlaubt, von der Liebeserfüllung im Bild der Dichtung zu sprechen. Und er darf das deshalb, weil es sich in diesem Bilde um eine Liebeserfüllung in strengem Geheimnis und in der höchsten Gefahr handelt. Das Tagelied schildert, nach einem im Minnesang geltenden und feststehenden Kunstbild, den Abschied der Liebenden am Morgen nach der von Wächtern bedrohten, in tiefem Geheimnis verbrachten Nacht. Nur unter diesen Bedingungen darf der ritterliche Dichter vom Zauber des Leibes, von der Seligkeit innigster Nähe sprechen. Und noch im sinnlichsten Bild seiner Tagelieder ruft Wolfram von Eschenbach, der Dichter des Parzival, die hohe Minne zum Zeugen dieser Entzückung auf und zur Herrscherin auch über dieses Glück:

> Sie hatten sich beide entschlossen
> Nie ist so nahe aneinander gelegen worden
> Davon hat die hohe Liebe den Ruhm.
> Und hätten drei Sonnen versucht dahinein zu schauen
> Sie hätten nicht zwischen die beiden leuchten können.

Er sprach: nun will ich reiten
Dein edler Frauensinn sei mein Wächter
Und sei du mein Schild heute hin und her und dann in allen Zeiten.

Den ganzen Gegensatz dieser Liebesart gegen eine sattmachende nur
genießende Liebe gibt das berühmte Bild von Schwalbe gegen Nachtigall,
das Heinrich von Morungen in seinem Sang über das Singen nutzt:

Es ist site der nahtegal
swan sich ir liep volendet so geswiget sie,
durch dez volge ich na der swal
diu durch liep noch leit ir singen niene lie.

Es ist Sitte der Nachtigall
Wenn sie ihren Liebeswunsch befriedigt hat so schweigt sie
Ich aber folge der Schwalbe nach
Die läßt in Glück und Leid ihr Singen nie.

Aus solcher Minne entspringt ein Hochgefühl des Daseins: die schöpferische Freude, der „hohe muot". Darüber ist bei allen Dichtern nur eine
Stimme: Die geliebte Herrin kann das „hochgemuete" geben allein durch
ihr Dasein wie keine andere. Der ganzen Welt gibt sie hohen Mut. Sie
selbst lebt „besser" durch Mut und Freude des geliebten Mannes. Auch sie
empfängt den hohen Lebensmut durch sein Dasein und durch seine
Haltung. Dieses Hochgefühl entspringt der Entdeckung der Unabhängigkeit des Geistes und des Fühlens.

Die Not der vielen Ferne, des langen Wartens ließ die ritterlichen
Liebenden die Raum und Zeit überwindende Macht des Geistes auf ihre
Weise entdecken. Daß der fernziehende Mann im Geist bei der Geliebten
sein kann, daß die Frau den ihr teuren Mann im Geist auf ferner Fahrt
begleiten kann, daß kein Wächter und keine „huote" die Liebenden hindern können an der glühenden Hingabe des Herzens, daß der Geist den
Wandel der Umstände, den Wandel der Erscheinungen, ja den Wandel der
Regungen durch alle Zeiten zu überwinden vermag durch seine Kraft des
steten Denkens und durch seine Kraft des Festhaltens an hohen Bildern –
das alles wird als ein Triumph der neuen Liebesart empfunden. Ja der
Liebende fühlt sich unabhängig sogar von der Annahme oder Ablehnung
seiner Neigung. Auch Abwehr kann die widmende Kraft seiner Seele
nicht hindern, sich dem geliebten Menschen zu weihen.

Gleichzeitig mit der Entdeckung dieser Unabhängigkeit des Geistes und des Fühlens, und verbunden mit ihr, gelingt der ritterlichen Liebe die Entdeckung des Schicksals als einer befreienden Macht. In immer neuem Durchsinnen ihrer Lage, ihrer Freuden und Bitternisse, ihrer unentrinnbaren zugleich auferlegten und gewollten Gebundenheit stellt sich den Liebenden alles, was ihnen geschieht, als ein zugeteiltes unausweichliches Los dar. Und indem sie dies Geschick als ganz das ihre erkennen, indem sie es sich mit vollem Bewußtsein zueignen, entdecken sie eine neue Freiheit, die aus der Anerkennung, aus der tätigen Erfüllung des Schicksals entspringt.

Die höchste Freiheit, die die ritterliche Liebe gewinnt, ist die Befreiung vom geistlos Wirklichen, die Freiheit zum Eintritt in die Welt des Zaubers. Hier ist Heinrich von Morungen der Anführer. So unentrinnbar, sagt er, wie das Mondlicht des nachts über die Länder hingeht, licht und breit, so daß sein Schein die ganze Welt umfängt, so geht von der Geliebten das Licht ihrer Schönheit aus. Sie kann in das Herz einbrechen wie die Sonne durch das Glas. Sie kann als Zauberbild an sein Fenster treten und ihn anschauen wie das Licht der Sonne. Sie kann mit einmal zu ihm hereintreten durch die Mauer hindurch, und wenn sie will, so führt sie ihn hinaus an ihrer weißen Hand hoch über alle Zinnen. Sie muß eine Göttin sein, sie muß die hehre Venus selbst sein, weil sie so viel kann.

Im Zusammenhang mit der Entdeckung der Unabhängigkeit durch Geist, Schicksal und Traum steht die Entdeckung des geistigen Bildes, der Idee. Indem der Mann immer von neuem nachsinnt, wie sich die übermächtige Wirkung erklärt, die von der Schönheit und dem Adel der Frau auf ihn ausgeht, wird er der beteiligten göttlichen Kräfte gewahr.

So etwa sprechen die Minnedichter darüber: Die Schönheit dieses Bildes ist gottgeschaffen. Deshalb reißt sie den Blick an sich, mehr als der Himmel und der Himmelswagen. Gott als Weibschöpfer ist der größte Künstler. Denn er hat Schönheit und Hoheit in ein Gebilde zusammengeschlossen mit der besten Kunst der Zusammenfügung. „Der sollte immer Bilder gießen der dieses Bild gegossen hat". Und dieses Bild ist zugleich ein Abbild Gottes und ein Bild der ganzen Welt. Gott hat die edle Frau geschaffen „auf daß sie ein Spiegel sei und ein ganzes Bild der Welt".

*

Die Leistung des Minnesangs, die Veredelung der Liebe zwischen Mann und Frau ist eng verschwistert mit der größten Leistung des Rittertums, der Veredelung des Kampfes, seiner Verwandlung aus einem Vernichtungskampf, aus einem Kampf um die bloße Existenz und um Vorteil und Gewinn in einen Wettkampf zum Erweis des höheren Rechtes und der höheren Ehre. Das Denkwürdige dabei ist, daß der Antrieb zu dieser Verwandlung nicht aus Mitleid, nicht aus Erbarmen, nicht aus sogenannter „Menschlichkeit" kommt, sondern aus dem hohen Stolz der Ehre, die sich nicht durch ein gemeines Handeln, möge es auch noch so große Vorteile bringen, erniedrigen will. In dieser Auffassung ist allerdings auch „Menschlichkeit" wirksam, aber eine, die diesen Namen in höherem Sinn verdient: die Ehrfurcht des Menschen vor sich selbst.

Auch diese größte Leistung des Rittertums, die Veredelung des Kampfes, wäre aber nicht möglich gewesen ohne das Bündnis von Mann und Frau zur Begründung eines höheren Lebens in der Liebe. Die zur Minne gesteigerte Liebe der Geschlechter wird zum Wächter eines adeligen Verhaltens auf allen Gebieten des Lebens, und sie wacht auch bei der schwersten Probe: beim edlen Verhalten gegen den Feind im Kampf um Leben und Tod. Denn im Rittersinn wird diese Liebesart und Denkensart zum geistigen Gesetz eines ganzen Standes, und zwar des damals in der Welt führenden Standes, erhoben und für Jahrhunderte wirksam gemacht.

Wenn ein einzelner Mensch einen hohen Wert erkennt, so mag er ihm nachleben und vielleicht noch einige mit ihm, die ihn sehen und durch ihn bewogen werden. Wenn eine Anzahl geistiger Menschen sich hohen Gedanken zuwendet und ihr Leben entsprechend führt, so gibt es einen der geistigen Auftritte in der Geschichte, auf die wir zu unserem Trost und zu unserer Stärkung hinschauen und in deren Bezeugungen wir uns versenken. Aber wenn diejenigen, die die Macht haben, wenn der Stand, der die Mittel der Herrschaft in Händen hält, seine Kräfte in den Dienst hoher Werte, geistiger Bilder, leitender Ideen stellt, dann entsteht das beste, was den Menschen geschehen kann: eine Veredelung und Erhöhung des Lebens, die einen ganzen Erdkreis durchdringen kann.

NACHWORT DES HERAUSGEBERS

Besonderen Dank schuldet der Herausgeber Frau Edda Cremer, Berchtesgaden, und Frau Dr. Ulla Ott, Orientalisches Seminar der Universität Freiburg i. Breisgau, die bereits mit dem Verfasser bei der Interpretation alt-französischer bzw. orientalischer Texte zusammengearbeitet und vor der Drucklegung nochmals die Schreibweise überprüft haben. Frau Frigga Schmidt-Lohss, Annweiler, hat auch bei der Beschaffung der Bilddokumente mitgewirkt. Neben den genannten waren viele ungenannte Helfer und Helferinnen beteiligt, denen der Verfasser seinen Dank für Mitarbeit oder für Bestärkung in seinem Vorhaben aussprechen wollte. Dies sei nun durch den Herausgeber nachgeholt.

Die Umschrift der orientalischen Eigennamen und Begriffe, die auf arabische, persische oder türkische Quellen zurückgehen, wurde soweit wie möglich vereinfacht, da sich das vorliegende Buch an einen allgemeinen Leserkreis richtet. Dabei wurde die folgende Umschrift gewählt, die sich nahe an die phonetischen Gegebenheiten hält:

dh wie englisch „there"
gh weicher Kehllaut, ähnlich dem französischen r
h umschreibt drei verschiedene Laute:
    ein h wie in „haben",
    ein h als Preßlaut und
    einen Laut ähnlich dem ch in „lachen".
    Das h ist auch in der Mitte des Wortes, z. B. in „Pahlawān" hörbar
    auszusprechen.
q gutturales k
th wie englisch „thing"
w wie englisch „word"
y wie „jung"
z wie „Sage"
' Stimmeinsatz wie in „be'achten"

Lange Vokale wurden mit Längezeichen versehen, um die richtige Betonung zu erleichtern.

276

Auf die Kennzeichnung „emphatischer" oder „gepreßter" Laute, die in europäischen Sprachen nicht vorkommen, wurde verzichtet, ebenso wie auf die Wiedergabe des Stimmabsatzes am Wortanfang. Die bereits im Deutschen eingebürgerten Namen und Begriffe wurden in der üblichen Schreibweise wiedergegeben.

Das Auffinden der vom Verfasser für Zitate benutzten Quellen war nicht mehr in allen Fällen möglich. Doch sind alle gesicherten Quellen in der nachstehenden Bibliographie aufgeführt, zusammen mit einer Auswahl weiterführender Literatur. Dort, wo der Verfasser Bedeutendes von anderen Forschern gelernt und übernommen hat, ist dies im Haupttext angegeben. Fußnoten und kritische Auseinandersetzungen um ihrer selbst willen hat er bewußt vermieden, da es ihm vorerst darum ging, seine eigene Sicht der Dinge klarzulegen, die nicht immer mit der anderer Autoren übereinstimmen muß.

*

Außer der Festschrift zu seinem 65. Geburtstag (Verlag Bouvier, Bonn 1969) ist bisher noch keine eingehende Würdigung von Rudolf Fahrners Leben und Werk erschienen. Er selbst hat Aufzeichnungen über wichtige Stationen oder wichtige Begleiter seines Lebensweges, wie Frank Mehnert (1909–43) und Alexander Schenk Graf von Stauffenberg (1905–63), hinterlassen, sowie Berichte über den Erhebungsversuch vom 20. Juli 1944 und dessen Vorbereitungen, soweit er daran beteiligt war. Seine Verbindung mit Claus und Berthold von Stauffenberg war ein Faktor, dessen Bedeutung aus dem kürzlich veröffentlichten Buch von Peter Hoffmann „Claus Schenk Graf von Stauffenberg und seine Brüder" (Stuttgart 1992) hervortritt. Allerdings war der Autor durch seine Voreingenommenheit gegenüber Fahrner und dem geistigen Hintergrund des Freundeskreises gehindert, das wahre Wesen dieser Verbindung zu sehen und zu vermitteln. Eine mit den Gestalten besser vertraute Darstellung ist im Buch „Geist der Freiheit" von Eberhard Zeller (G. Müller Verlag, München, 5. erweiterte Auflage, 1965) zu finden, das auch Hoffmann als Quelle benutzt hat und in dem die relevanten Abschnitte aus Fahrners Erinnerungen erstmals abgedruckt worden sind.

Der Leser, der nach der Lektüre des „West-östlichen Rittertums" in andere Teile des Gesamtwerkes von Rudolf Fahrner eindringen möchte, sei auf das nachfolgende Werksverzeichnis (S. 280) verwiesen. Während die früheren Arbeiten längst vergriffen und nur noch in Bibliotheken aufzufinden sind, können die Privatdrucke, soweit noch vorhanden, mit der beigelegten Bestellkarte angefordert werden.

AUSGEWÄHLTE BIBLIOGRAPHIE

BEZZOLA, RETO: Les Origines et la formation de la littérature courtoise en occident (500–1200), Paris 1958–1963

—, Liebe und Abenteuer im höfischen Roman, Reinbeck 1961

BROGSITTER, K. O.: Artusepik, Stuttgart 1965

BÉDIER, JOSEPH (Hrsg.): La Chanson de Roland, Paris 1922

COHEN, G.: Histoire de la Chevalerie en France, Paris 1949

CHRESTIEN DE TROYES: Lancelot, übersetzt und eingeleitet von Helga Jauss Meyer (Klassische Texte des Romanischen Mittelalters in zweisprachigen Ausgaben, Bd. 13), München 1924

DIEZ, HEINRICH F. v.: Buch des Kabus oder Lehren des persischen Königs Kjekjawus für seinen Sohn Ghilan Schach, Berlin 1911

DUBY GEORGES: Guillaume le Maréchal oder der beste aller Ritter, Frankfurt 1986

GABRIELI FRANCESCO: Die Kreuzzüge aus arabischer Sicht, Zürich 1973

HOFER, STEFAN: Chrestien de Troyes, Leben und Werk, Graz 1954

KARNEIN, ALFRED: De Amore – Der Tractatus des Andreas Cappelanus in der Übersetzung Johann Hartliebs, München 1970

KEEN, MAURICE: Chivalry, Yale 1984

—, Das Rittertum, Zürich 1987

KELLY, AMY: Eleanor of Aquitaine and the four Kings, Harvard 1950

KIESSMANN, RUDOLF: Untersuchung über die Bedeutung Eleonores von Poitou für die Literatur der Zeit, Bernburg 1901

KRISTIAN VON TROYES: Der Karrenritter, Hrsg. Wendelin Förster, sämtliche Werke, Bd. IV, Halle 1899

—, Wörterbuch zu seinen sämtlichen Werken, Hrsg. Wendelin Förster, neubearbeitet von H. Breuer, Tübingen 1973

MALORY, TH.: Die Geschichte von König Artus und den Rittern seiner Tafelrunde, Frankfurt 1974

MEYER, PAUL (Hrsg.): L'Histoire de Guillaume le Marechal, Paris 1891–1901

MONMOUTH, GEOFFREY of: Historia Regum Britanniae (Hrsg. A. Griscom–R. E. Jones), London 1929

PAINTER, SIDNEY: William Marshall, Baltimore 1933

PERNOUD, RÉGINE: Eleonore von Aquitanien, Düsseldorf–Köln 1965
—, Die Kreuzzüge in Augenzeugenberichten, Düsseldorf 1969
RUNCIMAN, STEVEN: Geschichte der Kreuzzüge, München 1957
SCHACK, ADOLF F. VON: Heldensagen von Firdausi in deutscher Nachbildung, Berlin 1865
SINGER, S.: Wolframs Willehalm, Bern 1918
WACE: Roman de Rou, Hrsg. H. Andersen (Geste des Normands, 2 Bde), Paris 1877/79
WELLHAUSEN, J.: Das arabische Reich und sein Sturz, Berlin 1902/1960
WELLNER, FRANZ: Die Trobadors – Leben und Lieder, Bremen 1966
WETTER, MAX: Das Rolandslied, Überlingen 1949

RUDOLF FAHRNER – WERKVERZEICHNIS

Wissenschaftliche Werke und ausgewählte Einzelschriften

Hölderlins Begegnung mit Goethe und Schiller, Marburg 1925 (Beiträge zur deutschen Literaturwissenschaft Nr. 25)

Wortsinn und Wortschöpfung bei Meister Eckehart, Marburg 1929 (Beiträge zur deutschen Literaturwissenschaft Nr. 31)

K. Ph. Moritz' Götterlehre, Marburg 1932

Die religiöse Bewegung in der deutschen Romantik, Burg Giebichenstein, Halle 1934

Arndt – Geistiges und politisches Verhalten, Kohlhammer, Stuttgart 1937

Gneisenau, Delfin Verlag, Überlingen 1942

Bilder aus Anatolien: Höhlen und Hane in Kappadokien (zusammen mit C. und G. Holzmeister), Österreichische Staatsdruckerei, Wien 1955

Dichterische Visionen menschlicher Urbilder in Hofmannsthals Werk, Ankara 1956 (Veröffentlichungen der Philosophischen Fakultät Ankara)

Alaeddin Keykubad, in: Robert Boehringer, eine Freundesgabe, Tübingen 1957

Auflösung des Dogmatismus – Goethes Lebenssage im Wilhelm Meister als Wegweisung zu einer neuartigen freien Menschlichkeit, Universität Ankara 1974

Übertragungen

Ausgewählte Gesänge aus Homers Odyssee (zusammen mit Frank Mehnert und Alexander Schenk Graf von Stauffenberg), Delfin Verlag, Überlingen, ab 1941

Parzifal (zusammen mit Gottfried Baumecker), Delfin Verlag, Überlingen 1941

Neugriechisches Gespräch. Der Dialog des Dionysios Solomos, Verlag Irmgard Böhm, München 1943

Eigene dichterische Werke (Privatdrucke)

Kaihosrau, 1970

Launcelot, 1971

Drei Spiele (nach Erzählungen aus 1001 Nacht), 1972

Perlenbaum (Shagarat ad-Durr), 1973

Knappen, 1976

Alianor, 1977

Fedelm (ausgewählte Gedichte), 1980

Lauten und Schweigen (ausgewählte Gedichte), 1983